DIDACTICA NOVA

Band 22

Rainer Bolle / Jörn Schützenmeister (Hrsg.)

Die pädagogische Perspektive

Anstöße zur Bestimmung pädagogischer Bildung und zur Profilierung des Pädagogikunterrichts

Schneider Verlag Hohengehren GmbH

Didactica Nova
Arbeiten zur Didaktik und Methodik des Pädagogikunterrichts
herausgegeben im Auftrag
des Verbandes der Pädagogiklehrer und Pädagogiklehrerinnen (VdP) von
Eckehardt Knöpfel

Der Verband der Pädagogiklehrer und Pädagogiklehrerinnen (VdP) vertritt als Fachverband die Interessen der Lehrerinnen und Lehrer der Fächer *Erziehungswissenschaft, Erziehungskunde, Pädagogik, Sozialpädagogik* und *Sozialwesen* an allgemeinbildenden (Gymnasien, Realschulen, Gesamtschulen und Hauptschulen) und beruflichen Schulen (Berufsfachschulen, Fachoberschulen, Berufskollegs, Höheren Berufsfachschulen, Beruflichen Gymnasien, Fachgymnasien). Interessenten wenden sich bitte an die **Geschäftsstelle des VdP, Hubertusstr. 32, 46485 Wesel**

Mail: geschaeftsstelle@vdp.org
Internet: www.vdp.org
FAX: VdP-Geschäftsstelle 0281 / 82452

Umschlaggestaltung: Simone Spörckmann

Gedruckt auf umweltfreundlichem Papier (chlor- und säurefrei hergestellt).

Bibliografische Information der Deutschen Nationalbibliothek

Die Deutsche Nationalbibliothek verzeichnet diese Publikation in der Deutschen Nationalbibliografie; detaillierte bibliografische Daten sind im Internet über ›http://dnb.d-nb.de‹ abrufbar.

ISBN 978-3-8340-1376-7 – **3. unveränderte Auflage**
Schneider Verlag Hohengehren, Wilhelmstr. 13, D-73666 Baltmannsweiler
Homepage: www.paedagogik.de

Printed in Germany – Druck: Format Druck, Stuttgart

Vorwort des Herausgebers der Reihe Didactica Nova

Als 1997 die Reihe Didactica Nova ins Leben gerufen wurde, ging es dem Herausgeber darum, zur „Überwindung der didaktisch-methodischen Dürre in den 90er Jahren“ (Didactica Nova Band 1, 1997, S. V) beizutragen. Es sollte ein Forum entstehen, auf dem die fachdidaktischen Vertreter des Unterrichtsfaches Pädagogik miteinander ins Gespräch kommen konnten. Dabei sollten nicht nur die Didaktiker des allgemeinbildenden Schulwesens, sondern auch diejenigen der berufsbildenden Schulen zu Wort kommen. Dass der Pädagogikunterricht auch in der Sekundarstufe I bei der Konzeptionierung der Reihe Berücksichtigung finden musste, versteht sich von selbst. Die Gründung und die Verbreitung pädagogischer Bildung in der Sekundarstufe I – z. B. in der Gemeinschaftsschule! - gehört auch in der Zukunft zu den hervorragenden Aufgaben, die bildungs- und schulpolitisch zur Lösung anstehen.
Die anfangs gesetzten Ziele wurden im Verlauf der letzten 17 Jahre nur bedingt eingelöst; die erhoffte Vertiefung fachdidaktischer Diskurse fand statt, aber in überschaubaren Grenzen. Dass viele Bände der Reihe im Bereich der Pädagogiklehrerausbildung an Universitäten, schulpraktischen Zentren für Lehrerbildung (Studienseminaren) und auf Fortbildungsveranstaltungen und auch im Schulalltag eingesetzt wurden, zeigen die Verkaufs- bzw. die Auflagenzahlen. Es bleibt die Hoffnung für die nächsten Jahre, dass die Veröffentlichungen auch weiterhin kreative Anstöße für die fachdidaktische Weiterentwicklung des Pädagogikunterrichts geben können.
Bereits im Vorwort zum ersten Band der Reihe wurde auf einige in der Bildungstheorie ungelöste Probleme zur Bildungsgenese hingewiesen. Welche Fächer, welche Inhalte bzw. welche Methoden eignen sich besonders, um Bildung im schulischen Bereich durch Förderung zielführend zu erreichen? Welche Fächer sind anfangs des 21. Jahrhunderts bildungstheoretisch verzichtbar? Welche Maßnahmen müssen ergriffen werden, um Bildungsfinalität zu organisieren? Was leistet das Fach Pädagogik im Kontext der gestellten Fragen? Wo finden sich Spezifika, die von anderen Fächern nicht oder nur unvollständig geleistet werden können? Hinsichtlich dieser Fragen erweist sich der Band 22 als weiterführend, weil viele Autoren den Bildungsgehalt des Faches Pädagogik deutlicher konturieren.
Mit Rainer Bolle und Jörn Schützenmeister haben zwei Hochschullehrer als Herausgeber Verantwortung übernommen, die bereits durch viele fachdidaktische Veröffentlichungen ausgewiesen sind. Dass sich an der Universität Münster unter der Ägide von Jörn Schützenmeister ein fachdidaktisches Zentrum entwickelt, das weit über den westfälischen Raum hinaus Wirkung zeigt, belegt diese wichtige Veröffentlichung.
Es ist mittlerweile fünf Jahre her, dass Gernod Röken vor einer fachlichen Entgrenzung des Pädagogikunterrichts gewarnt und gleichzeitig zu einer Neuorientierung des Faches durch eine pädagogische Akzentuierung und Durchdringung aufgerufen hat (Röken PU 2/3 2009, 12ff). Begründet wurde dies axiomatisch mit einem Dik-

tum Pranges, dass „Erziehung (…) das eine und ganze Thema der Pädagogik“ sei. Der damit verbundene Aufruf zu einer „veränderten Aneignung der pädagogischen Perspektive mittels didaktischer Rekonstruktion“ (Röken, 16) führte in der Folge zu einer lebhaften fachdidaktischen Diskussion, die in der Zeitschrift Pädagogikunterricht ebenso geführt wurde wie auf Lehrerfortbildungsveranstaltungen, in Studienseminaren und Fachkonferenzen. Geschadet hat dem Ansatz, dass bis heute keine geschlossene Fachdidaktik auf Grundlage der geforderten pädagogischen Perspektivierung vorliegt. Die vorliegende Veröffentlichung schafft hier zwar keine Abhilfe, ist aber ein erfreulicher Schritt auf dem Weg weiterer Klärung. So dürfte das Buch nicht nur in der universitären Fachdidaktik, sondern auch in den Studienseminaren bzw. Zentren für schulpraktische Lehrerausbildung Anlass zu weiterem Nachdenken sein. Ich wünsche dem Band eine weite Beachtung in der Fachwelt, aber auch im schulischen Raum. Die damit verbundenen Diskurse mögen dem Ziel dienen, dem Fach Pädagogik die Beachtung zu kommen zu lassen, die es seiner gesamtschulischen Bedeutung nach verdient.

Wesel, im Frühjahr 2014 Dr. Eckehardt Knöpfel

Vorwort der Herausgeber des Bandes

Der vorliegende Band ist ein leidenschaftliches Plädoyer für einen allgemeinbildenden Pädagogikunterricht, wie er in der Bundesrepublik insbesondere im Bundesland Nordrhein-Westfalen seit den 1970er Jahren offiziell etabliert ist.

Indem die Autoren dieses Bandes nach dem Proprium des Pädagogischen fragen und dabei an die spezifischen pädagogischen Grundbegriffe erinnern, die pädagogischen Kategorien und Grundfragen herausstellen, geraten sie in einen bemerkenswerten Gegensatz zum schulischen Lehrplan. Und wenn man bedenkt, dass die Aufgabenstellungen des Zentralabiturs sich notwendig auf den Lehrplan beziehen müssen, dann entsteht ein Gegensatz nicht nur zu einem amtlichen Dokument, sondern zugleich zur Gestaltung, vor allem zur inhaltlichen Gestaltung des Pädagogikunterrichts überhaupt.

Dieses Phänomen ist nicht ganz so neu. Denn die Veröffentlichung dieses Bandes ist weitgehend motiviert durch die Wahrnehmung, dass der Lehrplan in der nordrhein-westfälischen Tradition von den 1980er Jahren bis in die jüngsten Festschreibungen (2013) hinein die kritisch begleitende fachdidaktische Diskussion um die Profilierung des Faches schlicht kaum zur Kenntnis genommen hat. Dies ist umso bedauerlicher als die konstatierte Differenz keine Frage methodischer Kosmetik, von Stundenkontingenten oder anderen äußeren Rahmenbedingungen, sondern eine substanziell inhaltliche Frage ist.

Es geht darum, dass in der lehrplanmäßigen Ausgestaltung des Pädagogikunterrichts in Nordrhein-Westfalen die Entfaltung eines genuinen pädagogischen Grundgedankens mithilfe der ganz spezifischen Grundbegriffe der Pädagogik nicht im Zentrum des Faches steht. Bestimmte pädagogische Grundbegriffe, wie z.B. jener der Bildung oder jener des Lehrens sind marginal, und eine Reihe der darauf bezogenen einschlägigen Theorie- und Wissensbestände kommen nicht im Ansatz zur Geltung. Stattdessen hält sich der Pädagogikunterricht bei Begriffen und Themen der Psychologie und der Soziologie auf, wie z.B. bei psychologischen Lerntheorien oder beim Identitätsbegriff.

Dieser Tatbestand ist beinahe vergleichbar damit, als würde sich der Mathematikunterricht wenig auf Zahlen einlassen wollen, als wollte der Musikunterrichts kaum etwas von Tönen, Intervallen und Rhythmen wissen, als würde man im Geographie-Unterricht über alle möglichen Planeten und Sonnensysteme sprechen, aber den Planeten Erde weglassen, als würde der Religionsunterricht die Gottesfrage nur beiläufig behandeln.

Im augenblicklichen Pädagogikunterricht werden zumindest offiziell mit der Ausblendung der spezifischen pädagogischen Perspektive und des pädagogischen Profils Fragen und Themen übergangen, die für die kompetente Bewältigung pädagogischer Herausforderungen in einer Welt erforderlich sind, in denen das Pädagogische im Allgemeinen zunehmende Bedeutung gewinnt. Dieser Mangel der Allgemeinbildung kann von keinem anderen Fach kompensiert werden.

Demgegenüber bleibt ein naives und subjektivistisches Erziehungsverständnis unterrichtlich vollkommen unangetastet, weil der Eindruck erweckt wird, in pädagogischen Kontexten seien ganz andere Fragen bedeutsam.
Dabei könnte ein am spezifisch pädagogischen Problemfeld ausgerichteter Pädagogikunterricht sowohl einer existenziellen Selbstvergewisserung und Orientierung sowie einer personalen Bildung, auch unter widerständigen Bedingungen von Schule, zuarbeiten. Der Pädagogikunterricht könnte dabei Bedingungen und Maßstäbe pädagogischer Urteilsbildung eruieren, pädagogische Fehlformen von pädagogischen Gelingensbedingungen unterscheiden. Der Pädagogikunterricht würde dem Bildungsbegriff nicht eine formal-soziologische, sondern eine inhaltlich-pädagogische Bedeutung geben. Bildung würde analysiert und kritisch reflektiert, könnte im praktischen Vollzug unterstützt werden.
Die Autoren in diesem Band machen deutlich, wie diese Ansprüche realisiert werden können. Sie zeigen, wie die pädagogische Perspektive konturiert wird, welche pädagogischen Grundbegriffe, Grundkategorien und Grundfragen dazu gehören und wie damit ein Pädagogikunterricht entwickelt werden kann,

- der pädagogisch fundiert ist,
- der zeitgemäß Themen und Fragen der pädagogischen Theorie und Praxis aufnimmt, und
- der durch die Bildung der pädagogischen Kompetenz bei Schülerinnen und Schülern seinen Beitrag zur Allgemeinbildung leisten kann, den kein anderes Fach in der Lage zu leisten ist.

Die Beiträge des Bandes sind damit wichtige Eckpunkte für die pädagogische Profilierung des Pädagogikunterrichts.

Mai 2014

Prof. Dr. Rainer Bolle und
Prof. Dr. Jörn Schützenmeister

Inhaltsverzeichnis

JÖRN SCHÜTZENMEISTER / ELMAR WORTMANN

Die pädagogische Perspektive und die pädagogische Profilierung des Pädagogikunterrichts

1. Einleitung

Unter der Bezeichnung Pädagogikunterricht werden alle Unterrichtsfächer zusammengefasst, in denen es im Schwerpunkt um die Vermittlung pädagogischen Wissens und um pädagogische Bildung geht (vgl. Wierichs 1996, S.1161). Die konkreten Fachbezeichnungen für den Pädagogikunterricht an allgemeinbildenden und an berufsbildenden Schulen können von Bundesland zu Bundesland variieren. Pädagogikunterricht gehört zum festen Bestandteil der Erzieher/innenausbildung in jedem Bundesland. An den allgemeinbildenden Schulen ist der Pädagogikunterricht weit weniger etabliert als im berufsbildenden Schulwesen, denn er gehört nicht in allen Bundesländern zum allgemeinbildenden Fächerangebot. Dort, wo er dazugehört (vgl. Knöpfel 2002, S.94), ist er in der Regel ein Wahlfach. In solchen Bundesländern kann die Etablierung des allgemeinbildenden Pädagogikunterrichts anhand seiner Verbreitungsdichte und anhand seiner Beliebtheit im Rahmen der Kurswahl eingeschätzt werden.
Im Bundesland Nordrhein-Westfalen wird der Pädagogikunterricht unter der Bezeichnung Erziehungswissenschaft in der gymnasialen Oberstufe als Fach des gesellschaftswissenschaftlichen Aufgabenfelds an ca. drei Viertel aller Gymnasien und Gesamtschulen angeboten. Im Schuljahr 2012/13 sind Leistungskurse (LK) im Fach Erziehungswissenschaft in der gymnasialen Oberstufe an 508 nordrhein-westfälischen Schulen eingerichtet worden, an denen insgesamt 30.826 Schülerinnen und Schüler teilgenommen haben (vgl. MSW 2013a, S.86). Pro Schule haben damit ca. 61 Schülerinnen und Schüler an solchen erziehungswissenschaftlichen LK teilgenommen. Damit zählen die erziehungswissenschaftlichen Kurse mit zu den beliebtesten und am meisten angewählten Kursen des Leistungskursbereiches. Im Vergleich dazu sind die anderen Fächer des gesellschaftswissenschaftlichen Aufgabenfeldes so vertreten: Im Fach Geschichte gab es an 722 Schulen Leistungskurse, an denen insgesamt 30.598 Schülerinnen und Schüler teilnahmen (ca. 42 pro Schule). Im Fach Erdkunde hatten an 495 Schulen 24.412 Schülerinnen und Schüler einen Leistungskurs belegt (ca. 49 pro Schule), im Fach Sozialwissenschaften waren an 413 Schulen Leistungskurse mit insgesamt 19.339 Teilnehmer vertreten (ca. 47 Teilnehmer pro Schule), (vgl. ebd.). Nur 15 Schulen bieten in der gymnasialen Oberstufe einen LK in Psychologie an und lediglich 996 Schülerinnen und Schüler nehmen an einem solchen Psychologie-LK teil (ca. 66,4 pro Schule), (vgl. ebd.). Bemerkenswert ist, dass das Fach Erziehungswissenschaft trotz der Belegverpflichtungen im gesellschaftswissenschaftlichen Aufgabenfeld die höchste Teilnehmer-

zahl aufwies. Wer nämlich in den gymnasialen Oberstufen der Gymnasien und Gesamtschulen in NRW Erziehungswissenschaft als Leistungskurs (und damit als Abiturfach) anwählt, muss in der Qualifikationsphase zusätzlich jeweils zwei aufeinanderfolgende Kurse in Geschichte und Sozialwissenschaften belegen. Umgekehrt ist das nicht so. Man kann also die Zulassung zum Abitur nur dann bekommen, wenn man diese Kurse in Sozialwissenschaften und Geschichte belegt hat, während man sie erhalten kann, ohne jemals Unterricht im Fach Erziehungswissenschaft besucht zu haben. Eine Folge dieser Vorgaben ist, dass die Schülerinnen und Schüler, die das Fach Erziehungswissenschaft belegen, es angesichts des zusätzlichen Aufwandes auch zu einem sehr hohen Prozentsatz als Abiturfach nehmen, es also als Leistungskurs oder im Grundkurs als 3. oder 4. Abiturfach wählen. Für die Pädagogiklehrerinnen und –lehrer entsteht dadurch jedes Jahr ein hoher Druck, ihre Schülerinnen und Schüler auf die Prüfungen vorzubereiten. Mit der Einführung des Zentralabiturs (die erste Prüfung fand 2007 statt) ist dieser Druck noch gestiegen.
Der Pädagogikunterricht ist im Bereich der Leistungskurse ein Fach, das vor allem von Mädchen besucht wird. In erziehungswissenschaftlichen LK der gymnasialen Oberstufe liegt der Jungenanteil bei ca. 20%, womit dieses Fach einen Gegenpol zu den Physik- und Informatik-Leistungskursen im mathematisch-naturwissenschaftlichen Aufgabenfeld darstellt, in denen der Jungenanteil bei ca. 83% und 86% liegt (vgl. ebd., S.86, 85). In den Fächern des gesellschaftswissenschaftlichen Aufgabenfeldes ist die Verteilung so: In den Geschichts-Leistungskursen beträgt der Jungenanteil im Landesdurchschnitt 60%, in den Erdkunde-Leistungskursen 63%, in sozialwissenschaftlichen LK 57% und in psychologischen LK 35% (vgl. ebd., S.86).

Der fachdidaktische Diskurs um die „pädagogische Perspektive“ kam um 2005 in Gang. Als Folge des PISA-Schocks plante die Landesregierung in Nordrhein-Westfalen (wie fast alle anderen Landesregierungen) die Einführung des Zentralabiturs. Als ein, wie sich schnell zeigen sollte, wirkungsmächtiges Instrument wurden dazu in allen Fächern „Vorgaben zu den unterrichtlichen Voraussetzungen für die schriftlichen Prüfungen im Abitur in der gymnasialen Oberstufe“ veröffentlicht. Zentraler Bestandteil dieser Vorgaben waren „verbindliche Unterrichtsinhalte“, die in Form von „inhaltlichen Schwerpunkten“ die Grundlage für die Aufgaben lieferten, die den Schülerinnen und Schülern in der Abiturprüfung vorgelegt wurden. Obwohl in diesen Vorgaben festgelegt wurde, dass die Bestimmungen des Lehrplans Erziehungswissenschaft uneingeschränkt Geltung behielten, entwickelten sich diese „inhaltlichen Schwerpunkte“ in der Unterrichtspraxis zu einem Kanon, der im

Unterrichtsalltag nach und nach, oft ohne systematische Bezüge abgearbeitet wurde.[1]
Die „inhaltlichen Schwerpunkte“ sahen für 2007 so aus:

1. „Modelle der Beschreibung psychosexueller und psychosozialer Entwicklung im Kindesalter: Freud, Erikson
2. Modell der Beschreibung der kognitiven Entwicklung des Kindes: Piaget
3. Sozialisation als Rollenlernen: Mead, Krappmann
4. Entwicklungsaufgaben des Jugend- und Erwachsenenalters - Modell der produktiven Realitätsverarbeitung: Hurrelmann
5. sozialpsychologische und psychoanalytische Ansätze der Prävention und Intervention bei Jugendkrisen, insbesondere bei, Gewalt'
6. Jugendkrisen aus systemischer Sicht: Schlippe, Stierlin
7. Geschichte der Kindheit: Aries, de Mause
8. Entwicklung des Schulwesens in Deutschland seit den 60er-Jahren des 20. Jahrhunderts
9. Ansatz und Praxis einer pädagogischen Konzeption: Montessoripädagogik
10. Ansatz und Praxis der Waldorfpädagogik
11. Entwicklung und Konstruktion von Identität: Oerter/Krappmann“[2]

Von den elf Inhalten sind lediglich vier genuin pädagogisch, die Mehrzahl stammt aus der Psychologie und den Sozialwissenschaften, ohne dass eine pädagogische Thematisierung erfolgt. Die Beiträge von Röken (2005, S. 31 ff., 46 ff.; 2006, 6 ff.) und Wigger u.a. (2008, S. 15 ff.) weisen als erste kritisch auf die immer deutlicher erkennbare Gefahr hin, dass das fachliche Proprium im Unterrichtsalltag einer großen Mehrzahl der Pädagogiklehrerinnen und –lehrer verloren geht. Dies war (und ist) vor allem ihrer nachvollziehbaren Motivation geschuldet, die Schülerinnen und Schüler sachangemessen und zielgenau auf die Aufgaben des Zentralabiturs vorzubereiten. Die systematische „Entfaltung der pädagogischen Perspektive“ (Beyer 2010) geriet darüber aus dem Fokus, zumal die Konstruktion der Abituraufgaben in den folgenden Jahren die Praxis der Vorbereitung auf die Abituranforderungen immer wieder bestätigte. Die Aufgabenstellungen der Abituraufgaben forderten umfangreiche Wiedergaben, Erläuterungen und Vergleiche der in den inhaltlichen Schwerpunkten angeführten „Theorien“, vernachlässigten aber oft die Urteilsbildung mit Hilfe von pädagogischen Kriterien.
Gleichzeitig mit der Einführung des Zentralabiturs sollten für die Fächer der gymnasialen Oberstufe Kernlehrpläne entwickelt werden, die die bereits in der Sekundarstufe I im Jahre 2004 eingeführten Kernlehrpläne fortführten. Dazu wurden für alle Fächern der gymnasialen Oberstufe 2007 Kommissionen eingesetzt, deren

[1] Dazu wurden vor allem die Texte aus dem bei Cornelsen in der Reihe „Kursthemen Erziehungswissenschaft“ erschienenen „Ergänzungsband Zentralabitur“ genutzt. Heribert Fischer: Kursthemen Erziehungswissenschaft. Ergänzungsband Zentralabitur. Berlin 2005.
[2] MSW 2005.

Arbeit aber 2008 abgebrochen wurde, weil inzwischen die Einführung des achtjährigen Bildungsgangs im Gymnasium (G 8) von der Landesregierung beschlossen worden war. Man befürchtete eine Überlastung aller Beteiligten, wenn parallel neue kompetenzorientierte Kernlehrpläne einzuführen und die organisatorischen Herausforderungen der Verkürzung des Bildungsgangs zu bewältigen wären. Die Kommission für das Fach Erziehungswissenschaft (Monika Gesell, Fred Heindrihof, Gernod Röken, Elmar Wortmann) beschloss angesichts dieser Entwicklungen, fachdidaktische Konzeptionen und Unterrichtsbeispiele zur Rehabilitierung der pädagogischen Perspektive, die auch die Arbeit am Kernlehrplan geleitet hatte, in der Zeitschrift Pädagogikunterricht zur Diskussion vor- und zur Diskussion zu stellen.

Die Idee dabei war - erneut - deutlich zu machen, weshalb Pädagogikunterricht heute ein genuiner Bestandteil der Allgemeinbildung ist und worin der eigentliche >>spezielle<< Beitrag des Pädagogikunterrichts zur Allgemeinbildung besteht. Es muss sich hierbei um einen Beitrag handeln, welchen kein anderes Unterrichtsfach, wie z.B. Psychologie oder Sozialwissenschaften leisten kann. Es geht um die grundlegende Frage, was das Pädagogische an der pädagogischen Bildung und am Pädagogikunterricht ist. Hiermit verbinden sich Fragen nach einem pädagogischen Grundgedanken, nach der so genannten pädagogischen Perspektive und ihren Kategorien sowie nach den zentralen Grundbegriffen der Pädagogik. Der fachdidaktische Diskurs zielt in der Klärung solcher Fragen auf eine Stärkung des pädagogischen Profils bzw. auf eine pädagogische Profilierung des Pädagogikunterrichts.

Dieser Artikel führt in den fachdidaktischen Diskurs zur pädagogischen Perspektive ein und erleichtert so die Einordnung der im vorliegenden Sammelband versammelten grundlegenden Beiträge zur pädagogischen Perspektive. Hierzu stellt er Argumente für eine pädagogische Allgemeinbildung zusammen, erörtert die Kritik an der mangelnden pädagogischen Perspektive des Unterrichtsfaches Erziehungswissenschaft in Nordrhein-Westfalen, zeigt das Spektrum der Beiträge zur Stärkung des pädagogischen Profils des Pädagogikunterrichts und beschäftigt sich mit der Frage nach dem Umgang mit der Pluralität von pädagogischen Perspektiven und Profilierungsangeboten.

2. Wozu heute Pädagogikunterricht? - Pädagogische Bildung als Bestandteil zeitgemäßer Allgemeinbildung

Allgemeinbildung kann man als eine Bildung aller Menschen, als eine Bildung im Medium des Allgemeinen, d.h. in allen alle Menschen angehenden grundlegenden Fragen, sowie als eine Bildung in allen Grunddimensionen menschlicher Interessen und Fähigkeiten ansehen (vgl. Klafki 1993, S.53 f.). Lassen sich triftige Gründe

dafür aufführen, dass pädagogische Bildung, alle Menschen angeht, dass sie grundlegende Fragen berührt, die alle Menschen betreffen, und dass sie eine Grunddimension menschlicher Interessen und Fähigkeiten ist, so kann die Forderung erhoben werden, dass Pädagogikunterricht in den Fächerkanon bzw. in das Bildungsangebot allgemeinbildender Schulen gehört.
Solche Gründe sind bereits durch eine Vielzahl von Veröffentlichungen zusammengetragen worden. Wir verweisen an dieser Stelle u.a. auf Beiträge von Geissler, Heiland, Knöpfel und Beyer im Sammelband „Grundlagen der Fachdidaktik Pädagogik" (Beyer 2000)[3], auf die Veröffentlichung von Beyer, Knöpfel und Storck (2002) mit dem Titel „Pädagogische Kompetenz: die Basiskompetenz im 21. Jahrhundert", auf die Beiträge von Storck, Schützenmeister und Wortmann im Sammelband „Zeitgemäße pädagogische Bildung" (vgl. Schützenmeister 2009a)[4] sowie den Artikel Beyers „Das besondere Bildungspotential des Unterrichtsfaches Pädagogik" (vgl. Beyer 2011). Mit Blick auf die genannten Merkmale der Allgemeinbildung seien hier die Gründe dafür verdichtet, dass pädagogischer Bildung Bestandteil der Allgemeinbildung sein muss:

- Pädagogische Praxis ist ein wichtiger Bestandteil der gesellschaftlichen Gesamtpraxis, gleichberechtigt mit z.B. ökonomischer Praxis oder juristischer Praxis, und insofern ein wichtiger Teil der Lebenswirklichkeit. Sie ist grundlegend für die Tradierung bzw. generative Weitergabe und für die Entwicklung von Werten, Normen, Kulturgütern und kulturellen Techniken einer Gesellschaft.
- Jeder Mensch ist in seinem Leben in erheblichem Maße von pädagogischen Prozessen, wie Erziehung und Bildung betroffen (z.B. als Sohn, Tochter, Edukand oder Schüler) und in solche Prozesse entweder aktiv ausübend (z.B. als Vater, Mutter oder Lehrer) und mitverantwortlich involviert (z.B. als Vertreter im Elternbeirat eines Kindergartens).
- Die Expansion des Pädagogischen in der Moderne und Postmoderne, die Ausweitung pädagogischen Denkens und Handelns auf immer mehr pädagogische Praxisfelder erfordert in zunehmendem Maße pädagogische Ur-

[3] Geissler, E.E.: Bildungstheoretische Legitimation des Pädagogikunterrichts. In: Beyer 2000, S.27-33; Heiland, H. (1989): Pädagogikunterricht – ein notwendiges Teilprojekt der Moderne. In: Beyer 2000, S.49-53; Knöpfel, E. (1997): Pädagogikunterricht als Antwort auf die Anforderungen der Postmoderne. In: Beyer 2000, S.54-57. Beyer, K.: Die Unverzichtbarkeit eines allgemeinbildenden Pädagogikunterrichts. In: ders. 2000, S.66-78.

[4] Storck, C. / Schützenmeister: Pädagogikunterricht in der Sekundarstufe I. In: Schützenmeister 2009a, S.3-13; Wortmann, E.: Pädagogikunterricht als allgemeinbildendes Fach in der Sekundarstufe II. In: Schützenmeister 2009a, S.14-41; Storck, C. (2009): Was ist die Aufgabe des Pädagogikunterrichts in der Sekundarstufe II? In: Schützenmeister 2009a, S.42-60.

teilskraft sowie pädagogische Handlungskompetenz. – Die Triebkräfte dieser Expansion sind vielfältig, vor allem aber verursachen Globalisierung, Pluralisierung und Flexibilisierung der Arbeits- und Lebenswelten Herausforderungen (wie z.B. lebenslanges Lernen, Nutzung der Ressource Bildung für die ökonomische Innovation und Wettbewerbsfähigkeit) und Probleme (z.B. Sozialisationsschwierigkeiten, Orientierungslosigkeit usw.), für deren Bewältigung in wachsendem Maße pädagogische Kompetenz erforderlich ist.

- Pädagogische Interessen und Kompetenzen bilden eine wichtige Dimension menschlicher Entfaltungsmöglichkeiten. So stehen soziale Interessen und Kompetenzen bei vielen Menschen im Vordergrund ihres Interessen- und Kompetenzspektrums.

Wenn pädagogische Bildung zur Allgemeinbildung gehört, müsste sie konsequenter Weise ihrer Niederschlag im Fachkanon der Sekundarstufe I finden, da in eben dieser Schulstufe noch sämtliche Schülerinnen und Schüler erreicht werden. In weiterführenden allgemeinbildenden Schulen der Sekundarstufe II wäre pädagogische Bildung zum einen als Erweiterung pädagogischer Allgemeinbildung und zum anderen als Vorbereitung auf pädagogische Studien und pädagogische Berufe wissenschafts- und berufspropädeutisch auszurichten. An beruflichen Schulen des Sekundarbereichs müsste die berufliche pädagogische Bildung auf eine in der Sekundarstufe I vermittelte pädagogische Allgemeinbildung aufbauen können. Des Weiteren sollten berufliche Schulen ebenfalls die pädagogische Allgemeinbildung erweitern.
Das Fach Pädagogik im allgemeinbildenden Schulwesen besitzt bis heute nicht den gleichen Staus wie Geschichte oder Sozialwissenschaften. Angesichts der triftigen Gründe für die pädagogische Bildung als Bestandteil einer zeitgemäßen Allgemeinbildung mag das als sehr problematisch erscheinen. Dass das Fach Pädagogik den gleichen Status wie Geschichte und Sozialwissenschaften erlangen sollte, könnte auch vor dem Hintergrund des gegenwärtig manifesten Bildungsrückstandes der Jungen gegenüber den Mädchen gestützt werden. An dieser Stelle sei hierzu nur die Frage gestellt, ob es für den Bildungserfolg der Jungen nicht wichtig wäre, wenn sich diese u.a. über ihre eigene Bildung und Erziehung im Pädagogikunterricht reflektieren würden.

3. Wie pädagogisch ist der Pädagogikunterricht heute?

Pädagogikunterricht trägt dann nachhaltig zur Allgemeinbildung bei, wenn er sich als pädagogisch erweist, und vor allem wird er sich so gegenüber Tendenzen zu seiner Marginalisierung im allgemeinbildenden Fachkanon langfristig behaupten können. Wie pädagogisch ist jedoch der gegenwärtige Pädagogikunterricht?

Betrachtet man Beiträge aus dem fachdidaktischen Diskurs zum Pädagogikunterricht, so kann man den Eindruck gewinnen, dass das Unterrichtsfach Erziehungswissenschaft der gymnasialen Oberstufe in Nordrhein-Westfalen nicht gut pädagogisch profiliert ist. Es fehlt eine klare pädagogische Perspektive, welche die pädagogische Thematisierung von Inhalten im Pädagogikunterricht gewährleistet und sichert.

3.1 Expertenkritik am pädagogischen Profil des Pädagogikunterrichts

Ein Schlüsselbeitrag, der auf das Problem des pädagogischen Profils des Pädagogikunterrichts hinweist und der den fachdidaktischen Diskurs zur pädagogischen Perspektive in gewisser Hinsicht eröffnet, ist der Artikel des Allgemeinen Erziehungswissenschaftlers *Armin Bernhard* „Pädagogische Bildung: Thesen zu ihrer Notwendigkeit in einer verkehrten Welt" aus dem Jahr 2004 (Bernhard 2004, auch in diesem Band). Bernhard konstatiert darin „Die Erziehungs- und Bildungswissenschaft glänzt mit Blick auf die Vermittlung ihres eigenen Gegenstandes mit Abstinenz. (…) Schon an der jungen Geschichte des Schulfaches Pädagogik (…) kann mühelos aufgezeigt werden, dass die Disziplin Erziehungswissenschaft auf die Verdolmetschung ihres ureigenen Gegenstandes: der Pädagogik keine nachdrückliche Bedeutung legt. Nicht systematisch, eher zufällig treten Erziehungswissenschaft und Didaktik des Schulfaches Pädagogik in einen produktiven Austausch: eine zu schmale Basis für die bildungs- und gesellschaftspolitische Thematisierung des Pädagogischen im öffentlichen Raum." (Bernhard 2004, S.26) Diese Ansicht korrespondiert mit Bernhards Grundlagenkritik an der Didaktik (vgl. Bernhard 1999) und mit der Kritik Schlehahns (2003) am Schulfach Pädagogik, welche beide die Vernachlässigung der gesellschaftskritischen Dimension im Pädagogikunterricht zeigen.

Gernod Röken, Erziehungswissenschaftler und Fachdezernent für den Pädagogikunterricht in Nordrhein-Westfalen, hat mit seinem Artikel zu „Lehr- und Lernfallen im Pädagogikunterricht" von 2005 die Kritik und den fachdidaktischen Diskurs zwischenzeitlich sehr belebt. „Lehr- und Lernfallen" bezeichnen Fehlentwicklungen in einem Unterrichtsfach[5]. Röken hat die Kritik bei der Erläuterung der „Kontext- oder Entpädagogisierungsfalle" erstmals sehr prägnant auf den Punkt gebracht: „Der Gegenstand des Pädagogikunterrichts verschwindet hinter den Zugriffen der anderen Human- und Sozialwissenschaften, löst sich in allgemeiner Sachinformation auf, ohne die pädagogische Dimension zu erreichen. Der spezifische Auftrag des Pädagogikunterrichts (…) ist nicht mehr erkennbar, weil die eigengesetzliche Dig-

[5] Den Begriff „Lehr- und Lernfallen" entlehnt Röken aus der Politikdidaktik, mit ihm werden didaktische Fehlentwicklungen gekennzeichnet.

nität des Pädagogischen außer Kraft gesetzt wird. Der Pädagogikunterricht verliert seine Konturen, degeneriert zum `Verschnitt´ verschiedener nicht-pädagogischer Fachdisziplinen, weil nicht mehr durchgängig auf ein gedankliches Referenzsystem zurückgegriffen wird, das auf einer bildungs- und erziehungstheoretischen Fundierung beruht. (…) Ohne eine Reflexion des Pädagogischen, ohne Bezüge zu einer allgemeinen Pädagogik und ihren konstitutiven Prinzipien, ohne Aneignung eines pädagogischen Grundverständnisses unter Einschluss einer entsprechenden fachlichen Begrifflichkeit und ohne Auseinandersetzung mit den spezifischen gesellschaftlichen Bedingungen pädagogischer Prozesse und der damit verbundenen Befragung der gesellschaftlichen Voraussetzungen im Hinblick auf den Grad der Verwirklichung pädagogischer Prinzipien geht nicht nur die domänenspezifische Ausrichtung des Faches Pädagogik und der Gegenstand des Faches verloren, sondern es wird zum `Gemischtwarenladen´ vermeintlicher Lebenshilfe und unverstandener Lebenskunde. Als `Patchwork-Collage´ psychologisch-soziologischer Grundfigurationen macht es sich damit im Angebot der anderen Fächer des gesellschaftlichen Aufgabenfeldes allmählich selbst überflüssig.“ (Röken 2005, S.31 f.)

Jörn Schützenmeister, ein Erziehungswissenschaftler mit dem Arbeitsschwerpunkt Fachdidaktik Pädagogik an der Universität Münster, hat 2007 in einem Artikel das Verhältnis zwischen der Allgemeinen Erziehungswissenschaft und der Fachdidaktik des Pädagogikunterrichts erörtert, dabei Defizite kristallisiert und Entwicklungsperspektiven aufgezeigt. Schützenmeister weist darauf hin, dass in den 1990er Jahren und um die Jahrtausendwende eine Reihe von wissenschaftlichen Artikeln erschienen ist, die sich kritisch mit der Allgemeinen Erziehungswissenschaft auseinandergesetzt haben. Er arbeitet als ein Defizit heraus, „dass innerhalb der Allgemeinen Erziehungswissenschaft kein konsistenter pädagogischer Grundgedanke mehr erkennbar ist“, und er hält fest, dass diese „Disziplin (…) deswegen Erkenntnisse erziehungswissenschaftlicher Teildisziplinen nicht ausreichend auf die Erziehungswirklichkeit zurückbeziehen“ kann, woraus „Probleme bei der pädagogischen Theoriebildung und (…) ein systematisches, ein technologisches und kritisches Defizit“ resultieren (Schützenmeister 2007, S.4). Der Mangel an Konsistenz und Einheitlichkeit der Allgemeinen Erziehungswissenschaft bezüglich eines pädagogischen Grundgedankens, sei auch der Grund dafür, dass „die Allgemeine Erziehungswissenschaft auf den gesellschaftlichen Modernisierungsschub während der letzten Jahrzehnte nur unzureichend reagieren“ konnte und insbesondere „die Expansion des `Pädagogischen´ außerhalb des Praxisfeldes Schule kaum beachtet“ hat (ebd., S.4). Für den Pädagogikunterricht hält Schützenmeister im Anschluss an Wierichs und Heiland nach wie vor ein unterrichtstheoretisches Defizit fest, „dass sich (…) in der Unklarheit darüber äußert, welchen Begriff von Pädagogik man der Konstitution der Inhalte im Pädagogikunterricht zugrunde legen möchte.“ (ebd., S.5)[6] Dabei kritisiert er in Anbetracht der Expansion des Pädagogischen die relativ verengte pädagogische Perspektive des Schulfaches Pädagogik (vgl. ebd.) und er fordert die Entwicklung eines zeitgemäßen pädagogischen Grundgedankens in der Kooperation von Allgemeiner Erziehungswissenschaft und Fachdidaktik Pädagogik für die pädagogische Bildung (vgl. ebd., S.7).

Das Verhältnis zwischen Allgemeiner Pädagogik und Fachdidaktik Pädagogik analysierte auch *Volker Ladenthin*, Hochschullehrer für Historische und Systematische Pädagogik an der Universität Bonn. Auch er konstatiert einen Bedeutungsschwund der Allgemeinen Pädagogik (Ladenthin 2008, S.4). Allgemeine Pädagogik stellt Ladenthin als eine Art des Fragens dar, nach dem, was Pädagogik ist, warum Pädagogik nötig ist und wie Pädagogik möglich ist (vgl. ebd., S.9). Insofern ist sie „in allen Bereichspädagogiken immer schon (theoretisch) enthalten.“ (ebd.) Er zeigt, dass Allgemeine Pädagogik und Fachdidaktik Pädagogik die gleiche Grundfrage stellen und dass Fachdidaktik Pädagogik auf Allgemeine Pädagogik verwiesen ist: „Allgemeine Pädagogik und Fachdidaktik Pädagogik treffen sich in der Grundfrage nach dem, was man \`pädagogisch´ nennt. Schwächt man nun die Allgemeine Didaktik, dann bürdet man der Fachdidaktik Pädagogik eine Last auf, die sie in der hochgradig spezialisierten Wissenschaft nur unter Qualitätsverlust erfüllen kann. Zwar treffen sich Allgemeine Pädagogik und Fachdidaktik Pädagogik in dieser Grundfrage, aber sie bearbeiten diese Grundfrage nicht identisch. Denn die Fachdidaktik Pädagogik hat weitere Frage zu bearbeiten. Wenn man die Allgemeine Pädagogik vernachlässigt oder abwertet, dann nimmt man – langfristig oder systematisch betrachtet – der Fachdidaktik den angemessen reflektierten Gegenstand. Nicht mögliche Inhalte, aber den Gegenstand, d.h. die Einheit des Faches, das Proprium, den Praxisbereich, den es zu bearbeiten gilt. Eine Schwächung der Allgemeinen Pädagogik schwächt daher die Fachdidaktik Pädagogik (…) Übrigens gilt auch der Umkehrschluss: Eine Schwächung der Fachdidaktik Pädagogik schwächt die Allgemeine Pädagogik.“ (ebd., S.10 f.) Wenn Ladenthin nun einen Bedeutungsschwund der Allgemeinen Pädagogik in der Gegenwart feststellt, bedeutet dies, dass damit die Fachdidaktik Pädagogik geschwächt wird und die Fragehaltung nach dem genuin Pädagogischen im Pädagogikunterricht allmählich verschwindet.

---

[6] Wierichs (1992): 30 Jahre Fachdidaktik Pädagogikunterricht. Überlegungen anläßlich einer Bibliographie. In: Zeitschrift für Pädagogik 38(1992)5, S.725-744, hier S.740 f., Heiland, H. (1999): Fachdidaktik im Regelkreis – Didaktik der Pädagogik zwischen Pädagogikunterricht und Erziehungswissenschaft. In: Knöpfel, E. / Langefeld, J. / Rauch, B. (1999), (Hrsg.): Pädagogikunterricht – ein notwendiger Beitrag zur Schulentwicklung. Bd.6 der Reihe Didactica Nova. Baltmannsweiler: Schneider Verlag, S.136-141, hier: S.139 f.

Eine sehr grundlegende und direkte Kritik am mangelnden pädagogischen Profil des Pädagogikunterrichts vertraten der Erziehungswissenschaftler *Lothar Wigger* aus dem Bereich der Allgemeinen Pädagogik und seine Kolleginnen *Barbara Platzer, Claudia Equit und Nicole Börner* von der Universität Dortmund auf dem Forum „Umgang mit psychologischen Theorien im Pädagogikunterricht“ auf dem 27. Pädagogiklehrertag 2007 in Dortmund. Ihre Vorträge sind zu einem Artikel in der Zeitschrift Pädagogikunterricht zusammengefasst worden (Wigger / Platzer / Equit/ Börner 2008, in diesem Band). Lothar Wigger artikulierte auf dem Forum und in dem Artikel die Kritik an der Psychologisierung des Pädagogikunterrichts. Deutlich wird der Ausgangspunkt der Überlegungen benannt, nämlich der „Eindruck, der sich aufgrund der Themen des Zentralabiturs in Nordrhein-Westfalen und bei der Betrachtung des Lehrplans des PU sowie aufgrund von (nicht repräsentativen, einzelnen) Berichten und Beobachtungen von Teilnehmern des PU aufdrängt, nämlich der Eindruck einer gewissen `Psychologielastigkeit´ des PU.“ (ebd., S.15) Dazu, was mit „Psychologisierung“ gemeint ist, wird ausgeführt: „Zum einen eine Dominanz psychologischer Theorien, Gesichtspunkte und Fragestellungen auf Kosten erziehungswissenschaftlicher Ansätze und Fragen, zum anderen eine bestimmte Umgangsweise mit den im PU behandelten Themen, die den Bildungsanspruch von Unterricht auf eine psychologisierende Selbstreflexion reduziert. (…) Die Dominanz psychologischer Theorien, Gesichtspunkte und Fragestellungen unter Verzicht auf andere, zumindest relativierende Sichtweisen begünstigt eine einseitige Auffassung der thematisierten Sachverhalte mit der Gefahr einer Reduktion gesellschaftlicher, institutioneller und politischer Zusammenhänge auf kommunikative, individuelle und private Aspekte. So werden soziale Probleme individualisiert, für Interessenkonflikte und Machtfragen werden kommunikative Lösungen suggeriert“ (ebd., S.15). Diese Kritik weist in die gleiche Richtung wie jene o.a. Armin Bernhards. Wigger belegt seine Kritik damit, dass er auf die Dominanz sozialwissenschaftlicher und entwicklungspsychologischer Bezugstheorien verweist, die mit einer verstärkten Thematisierung von Identität und Therapie korrespondieren (vgl. ebd., S.16 f.).

Im Jahr 2009 gab die Ausgabe der Zeitschrift Pädagogikunterricht mit dem Titelthema „Pädagogische Grundbegriffe: Bildsamkeit und Mündigkeit“ dem Diskurs um die pädagogische Perspektive im Pädagogikunterricht neue Nahrung und entfachte relativ heftige Reaktionen. In dieser Ausgabe waren Beiträge von Friedhelm Brüggen, Hochschullehrer für Allgemeine Erziehungswissenschaft der Universität Münster, Elmar Wortmann, Monika Gesell, Fred Heindrihof und Gernod Röken versammelt. Ihnen gemeinsam ist, dass sie sich für die pädagogische Profilierung des Pädagogikunterrichts einsetzen.

Friedhelm Brüggen kritisiert in seinem Beitrag den Lehrplan Erziehungswissenschaft in Nordrhein-Westfalen.[7] „Zwar wird an mehreren Stellen, durchaus gehaltvoll, wenngleich in der üblichen Präambel-Prosa, auf Mündigkeit verwiesen, von Erziehung und Bildung ist freilich relativ wenig die Rede." (Brüggen 2009, S.9) Erneut und mit begründetem Nachdruck legte *Gernod Röken* in seinem Artikel „Pädagogikunterricht reloaded" den >>Finger in die Wunde<< des Pädagogikunterrichts (vgl. Röken 2009, auch in diesem Band). Wie Brüggen kritisiert er die „Vorwortlyrik" des Lehrplans im Fach Erziehungswissenschaft, der aber in seinen konkreteren Vorgaben wenig geeignet ist, den Erziehungsbegriff auszuschärfen; Röken kritisiert Zentralabiturvorgaben und Schulbücher, welche die Tendenzen der Entfachlichung und Entgrenzung des Pädagogikunterrichts verstärken, und er verweist auf die Kontext- bzw. Entpädagogisierungsfalle sowie auf die Appendixfalle, bei der im Anschluss an die Behandlung von psychologischen oder soziologischen Theorien im Pädagogikunterricht lediglich die Frage nach dem pädagogische Anwendungsbezug nachlässig angehängt wird.

3.2 Skeptischer Einwand im Diskurs

Zwar erheben all die hier genannten Beiträge explizit oder implizit die Kritik, der Pädagogikunterricht hätte kein klares pädagogisches Profil, jedoch stellt sich die Frage, ob es sich >>tatsächlich<< so verhält. Keiner der hier genannten Beiträge weist bspw. empirische Befunde aus. Heinz Dorlöchter, Fachseminarleiter für den Pädagogikunterricht in der zweiten Ausbildungsphase, moniert in seiner Replik „Pädagogikunterricht upgraded" auf den Röken-Beitrag, dass die Notwendigkeit eines paradigmatischen Perspektivwechsels, den Röken vor dem Hintergrund seiner Kritik forderte und der die pädagogische Profilierung des Pädagogikunterrichts zum Ziel hat, keinesfalls empirisch erwiesen sei und nicht sachlogisch abgeleitet werden könne (vgl. Dorlöchter 2010, S. 41). Er schreibt: „Die `Notwendigkeit´ eines `paradigmatischen Perspektivwechsels´ begründet sich in dieser geforderten Dramatik weder aus empirischen Befunden noch gründet sie sich im Anschluss an geführte fachdidaktische Diskussionen. Die `Beschreibung von Fehlformen des Pädagogikunterrichts´ kann wichtige Hinweise für die Konzentration auf das Proprium des Faches geben, eine `Defizitanalyse´, erst recht wenn sie sich auf Einzelstunden bezieht und den Kontext einer Reihe nicht genügend berücksichtigt, birgt die Gefahr unzulässiger Verallgemeinerungen und legt einen `Zustandsbericht´ des Unterrichts in dem Fach Erziehungswissenschaft nahe, der die Diskussionen um einen `Guten Pädagogikunterricht´ weder in der fachdidaktischen Auseinandersetzung noch in der Unterrichtswirklichkeit genügend berücksichtigt. Der gute Pädagogikunterricht bzw. das Bemühen um einen guten Unterricht ist keine Ausnahmeer-

[7] Zu der damaligen Zeit war der Lehrplan von 1999 (vgl. MSWWF NRW 1999) in Kraft.

scheinung, die Beobachtung von Defiziten und eine daraus gefolgerte Systematik ist keine zureichende Begründung für eine Neuorientierung (…)“ (ebd.).

Es gibt aus unserer Sicht durchaus fundierte Betrachtungen und Untersuchungen, welche die Kritik der o.a. Experten und so auch Rökens Kritik flankieren. Einige lagen bereits zum Zeitpunkt Rökens Veröffentlichung vor, andere sind kurz danach hinzugekommen. Wenn die pädagogische Perspektive im Pädagogikunterricht hinterfragt wird, so kann und sollte dies auf mehreren Ebenen geschehen. Wir wollen die folgenden Ebenen unterscheiden:

- Ebene der inhaltlichen Vorgaben für das Fach Pädagogik. Bildet sich in den Lehrplänen und Zentralabiturvorgaben eine pädagogische Perspektive ab, die Orientierungen bietet?
- Ebene der Schulbücher und anderer Unterrichtsmaterialien. Liegt Schulbüchern und anderen Unterrichtsmaterialien eine pädagogische Perspektive zugrunde?
- Ebene der Lehrerqualifikation und Lehrerbildung. Wie sehr können Pädagogiklehrer und Pädagogiklehrerinnen eine pädagogische Perspektivierung bzw. Thematisierung inhaltlicher Vorgaben vornehmen, also eine pädagogische Perspektive in den Pädagogikunterricht einbringen? Wie sehr bereiten Lehrerausbildung und Lehrerweiterbildung auf diese Fähigkeit vor?
- Ebene der konkreten Realisierung im Pädagogikunterricht. Kann die Realisierung einer pädagogischen Perspektive im Pädagogikunterricht anhand empirischer Befunde aus der Praxis des Pädagogikunterrichts nachvollzogen werden?

Wir beschränken uns in diesem Artikel darauf, die Kritik der Experten anhand der Lehrpläne, der Schulbücher und anhand konkreter empirischer Befunde zum Pädagogikunterricht zu prüfen.

3.3 Das pädagogische Profil des Pädagogikunterrichts in den Lehrplänen

Beide Autoren dieses Artikels haben die Lehrpläne für das allgemeinbildende Fach Erziehungswissenschaft in NRW in je eigenen Beiträgen bereits kritisch erörtert (vgl. Wortmann 2009a, Schützenmeister 2014a). Diese Analysen beziehen sich auf die Lehrpläne von 1972, 1981, 1999 und auf den Kernlehrplanentwurf von 2013.

Der fachdidaktische Anspruch des *Lehrplans von 1972* ist relativ gering, da es zu diesem Zeitpunkt noch keine etablierte Fachdidaktik Pädagogik gab. So lesen wir in den Vorbemerkungen: „Der Kommission war zu jeder Zeit ihrer Arbeit die Problematik des eigenen Vorgehens bewußt. Dem Verfahren, in kurzer Frist ein Curriculum zu entwerfen, das – nicht unbedingt wegen der ihm eigenen Qualität, wohl aber in Ermangelung brauchbarer Alternativen – einige Bedeutung für die Unterrichtspraxis erlangen wird, muß etwas Unbefriedigendes anhaften. In der Hoffnung auf permanente Korrektur und Ergänzung ging es vor allen wissenschaftstheoretischen Grundsatzdebatten darum, den Lehrern des Faches Erziehungswissenschaft halbwegs praktikable Hilfen an die Hand zu geben.“ (Busch u.a. 1973, S.7).

Der *Lehrplan von 1981* muss eigentlich als >>der<< Lehrplan im historischen Gesamtzusammenhang angesehen werden, weil er die grundlegende inhaltliche Gestaltung des Pädagogikunterrichts für Jahrzehnte festlegt und weil er sehr deutlich in den inhaltlichen Vorgaben der Novellierungen von 1999 und 2013 wieder zu erkennen ist, er demnach bis in die Gegenwart hinein stark nachwirkt. Im Hinblick auf die pädagogische Perspektive bzw. pädagogische Grundlegung führt dieser Lehrplan allerdings Folgendes aus: „Es ist im gegenwärtigen Stand der wissenschaftlichen Diskussion und der fachdidaktischen Entwicklung weder möglich noch wünschenswert, im Rahmen und mit dem Anspruch von Richtlinien, die jeden Fachlehrer binden, einen Erziehungsbegriff festzuschreiben.“ (Kultusminister des Landes NRW 1981, S.29) Der Lehrplan geht vielmehr davon aus, „daß wesentliche Aspekte von Erziehung darin liegen, daß Erziehung in zwischenmenschlichem Handeln und in Orientierung an normativen Bestimmungen verwirklicht wird, daß Lernen für Erziehung wesentlich ist und daß Erziehung nicht ohne Aufklärung ihres gesellschaftlichen und anthropologischen Kontextes verstanden werden kann. Diese Aspekte werden im Folgenden in drei Lernbereichen thematisiert und entfaltet:

Lernbereich I:
Erziehungswirklichkeit unter den Aspekten von Interaktion und Lernen

Lernbereich II:
Erziehungswirklichkeit unter den Aspekten von Entwicklung und Sozialisation

Lernbereich III:
Erziehungswirklichkeit im Bedingungsfeld von Normen und Institutionen (…)

So ist (…) der in allen drei Lernbereichen genannte Begriff `Erziehungswirklichkeit´ hier zu verstehen: Gegenstand des erziehungswissenschaftlichen Unterrichts sind nicht primär wissenschaftliche Aussagesysteme im Sinne der Universitätsdisziplin Erziehungswissenschaft, sondern die Lebenswirklichkeit unter dem Aspekt erzieherischen Geschehens, Handelns und Denkens. (…)
Mit dem Begriff Erziehungswirklichkeit erhält der erziehungswissenschaftliche Unterricht seinen einheitlichen Bezugspunkt.“ (ebd., S.29)

Auch für den *Lehrplan von 1999* bleibt die Erziehungswirklichkeit grundlegend für die inhaltliche Konstitution des Pädagogikunterrichts (vgl. MSWWF 1999, S.8 f.).[8] Zwar fordert der Lehrplan – wie schon Brüggen und Röken kritisch bemerkten – in einer Art >>Proklamations-Prosa<< die Ausschärfung des Erziehungsbegriffs (vgl. ebd., S.10) oder explizit „eine pädagogische Perspektive" (vgl. ebd., S.16). Worauf diese aber wissenschaftlich und fachdidaktisch fundiert sind, das begründet der Lehrplan eigentlich nicht klar. Vielmehr bleibt er hierbei höchst diffus und widersprüchlich.

So wird im Lehrplan von 1999 ganz offen zugegeben, dass „Auswahl und Zuschnitt der Kursthemen (...) an bewährten Traditionen des Faches Erziehungswissenschaft" orientiert sind (ebd., S.9). Das zeigt, dass die Lehrplankommission im Prinzip über den Stand des Fazits zur erziehungswissenschaftlichen Diskussion und zur fachdidaktischen Entwicklung des Jahres 1981 nicht hinausgekommen ist und immer noch keine Bestimmung des Erziehungsbegriffs und der pädagogischen Perspektive vornehmen mochte. Es ist im Lehrplan davon die Rede, dass der „Lehrplan (...) nicht als geschlossene Fachdidaktik in ihrer ganzen Komplexität angelegt werden" (ebd., S.5) kann und weiter heißt es: „Die fachdidaktische Akzentuierung ist vielmehr Aufgabe jeder Fachlehrerin und jedes Fachlehrers. Aus demselben Grund wird darauf verzichtet, einen Erziehungsbegriff definitiv festzuschreiben. Da außerdem in der gegenwärtigen Erziehungswissenschaft die Auffassungen über ihren Gegenstand weit divergieren und vielfältige unterschiedliche Erziehungsbegriffe existieren (und eine Änderung dieses disziplinspezifischen Dilemmas nicht absehbar ist), wäre die Einengung der fachlichen und didaktischen Möglichkeiten des Unterrichts unsachgemäß und wissenschaftlich unredlich. Es ist vielmehr die ständige Aufgabe der Lehrerinnen und Lehrer des Faches Erziehungswissenschaft, mit ihren Lerngruppen gemeinsam sich immer erneut darüber Klarheit zu verschaffen, von welchen Erziehungsvorstellungen sie ausgehen und welche Fragestellungen genuin fachspezifisch sind." (ebd., S.5)

Die Schwierigkeit, welche die Lehrplankommission mit der pädagogischen Perspektive selbst hatte, kann anhand der folgenden Aussage aus dem Lehrplan belegt werden: „Das Fach Erziehungswissenschaft findet seine Begrenzung darin, dass es sich auf die Erschließung der Erziehungswirklichkeit konzentriert. Dabei ist es auf Erkenntnisse anderer Wissenschaften, insbesondere der Psychologie, der Soziologie, der Biologie und der Philosophie angewiesen und insofern bereits in sich interdisziplinär." (MSWWF 1999, S.8) Was die Aussage verdeutlicht, ist die Tatsache, dass die Lehrplankommission die Begrenzung des Faches Erziehungswissenschaft größtenteils unter Bezug auf Interdisziplinarität erklärt, aber wenig konkret mit dem, was die Disziplin Erziehungswissenschaft eigentlich ausmacht. Aus dieser Aussage wird im Übrigen die Forderung nach fachübergreifendem Unterricht abge-

[8] Zur inhaltlichen Erschließung tritt im Lehrplan noch die methodische Erschließung der Erziehungswirklichkeit als Auftrag des Pädagogikunterrichts.

leitet (vgl. ebd., S.8). An anderer Stelle des Lehrplans dahingegen wird davor gewarnt, dass der erziehungswissenschaftliche Unterricht nicht zu einem Psychologie- und Soziologieunterricht gerät (vgl. ebd., S.10).
Betrachtet man die konkrete Themenobligatorik und die Vorschläge für mögliche Zugänge zu den Themen im Lehrplan von 1999, dann kann man über weite Teile Rahmenvorgaben und Hinweise nachweisen, welche so offen sind, dass mit diesen wohl ohne Probleme auch Unterricht in Psychologie und Sozialwissenschaften erteilt werden könnte.
Nimmt man all diese Anhaltspunkte aus dem Lehrplan zusammen, so darf durchaus die Frage erlaubt sein, ob die Forderung des Lehrplans, die Pädagogiklehrer/innen mögen sich mit ihren Lerngruppen selbst Klarheit darüber verschaffen, welche Fragestellungen genuin fachspezifisch sind, nicht doch eine ganz erhebliche Anforderung, teils sogar Überforderung darstellen könnte, wenn er hierzu selbst keinerlei Anhaltspunkte gibt und derart offen bleibt.

Nach weiteren 14 Jahren Geschichte des Pädagogikunterrichts erschien 2013 der Entwurf des neuen kompetenzorientierten Lehrplanes (MSW 2013b), welcher den Verbänden zur Diskussion vorgelegt worden ist. Er enthält aber wie sein Vorgänger keine griffigen Aussagen zum Proprium des Faches Erziehungswissenschaft. Die Gesellschaft für Fachdidaktik Pädagogik (GFDP) stellte sinngemäß hierzu fest, dass der Kernlehrplanentwurf über die >>Vorspann-Prosa<< zur pädagogischen Perspektive nicht hinausgekommen ist (vgl. GFDP 2013, S.47). Fünf der sechs Inhaltsfelder des Faches Erziehungswissenschaft stimmen in beeindruckender Weise mit Halbjahresthemen des Lehrplans von 1999 überein und schreiben die inhaltliche „Tradition“ fort, die 1999 noch als bewährt bezeichnet worden ist. Trotz Verbändebeteiligung und großer Kritik bei der Lehrplanentwicklung unterscheidet sich die endgültige Fassung des neuen Lehrplans in Erziehungswissenschaft (vgl. MSW 2013c) recht wenig vom Lehrplanentwurf, der den Verbänden zur Diskussion gestellt worden ist.

Elmar Wortmann resümiert im Hinblick auf die ersten drei Lehrpläne (1972, 1981, 1999): „Besonders durch die Richtlinien von 1981 gewinnt das Fach seine charakteristische Ausprägung, die durch die in der Folgezeit erscheinenden Lehrwerke wirksam in den Unterrichtsalltag implementiert wird. Als Gefahr zeigt sich eine Tendenz zur Psychologisierung und Soziologisierung des Faches, zu seiner Entpädagogisierung. Ein Grund dafür könnte sein, dass die Lehrpläne von 1981 und 1999 (…) darauf verzichten, einen bestimmten Erziehungsbegriff festzuschreiben und stattdessen mit dem Begriff der `Erziehungswirklichkeit´ das einigende Kriterium des Faches setzen. Dies öffnet die Tür für den Import von Inhalten aus pädagogikaffinen Bereichen, die nicht aus einer pädagogischen Perspektive betrachtet werden, weil sie irgendwie schon mit `Erziehungswirklichkeit´ zusammenzuhängen scheinen.“ (Wortmann 2009a, S.34) Dieses Resümee könnte nachträglich noch auf den

neuen kompetenzorientierten Lehrplan (MSW 2013c) ausgedehnt werden. Die Lehrpläne geben keine einschlägige und praktikable pädagogische Perspektive vor, unterstützen jedenfalls nicht die pädagogische Profilierung des Faches, sondern bergen mit ihrer Unverbindlichkeit und Unbestimmtheit erhebliche Gefahren zur Entgrenzung des Pädagogikunterrichts.
Welche Steuerungswirkung Lehrpläne im Fach Erziehungswissenschaft hatten und haben, das bleibt zu untersuchen. Es ist insbesondere zu fragen, ob diese seit der Einführung des Zentralabiturs durch die einleitend erwähnten „Vorgaben zu den unterrichtlichen Voraussetzungen für die schriftlichen Prüfungen im Abitur in der gymnasialen Oberstufe“ nicht unerheblich eingeschränkt worden ist.

3.4 Schulbücher für den Pädagogikunterricht

Lehrbücher sind neben dem Lehrplan in Erziehungswissenschaft nach wie vor sehr wichtige Orientierungspunkte bei der Gestaltung des Pädagogikunterrichts. Als sich der Pädagogikunterricht Anfang der 1970er Jahre in der gymnasialen Oberstufe Nordrhein-Westfalens zu etablieren begann, war die Zahl der Lehrbücher und Lehrmaterialien noch sehr begrenzt und überschaubar. Allerdings setzte in den darauffolgenden Jahrzehnten eine „Welle der Produktion von Pädagogik-Schulbüchern“ ein, mit der die Zahl der Lehrbücher erheblich angewachsen ist (Adick 1992, S.704 ff.). Jedoch wurden in unterschiedlichen Zeiträumen stets bestimmte Schulbücher bzw. Lehrbuchreihen in der Praxis des Pädagogikunterrichts bevorzugt genutzt und waren deswegen verbreiteter als andere.[9] Gleichwohl kann in diesem Beitrag nur beispielhaft auf das vorliegende breite Spektrum der Schulbuchliteratur zum Pädagogikunterricht geschaut werden, wenn man der Fragestellung nachzugehen sucht, ob bzw. inwiefern die Lehrbücher für den allgemeinbildenden Pädagogikunterricht die pädagogische Perspektive entfalten. Dabei gelangt man zu widersprüchlichen Resultaten.

Ein Lehrbuch aus der Anfangszeit des Pädagogikunterrichts in der reformierten gymnasialen Oberstufe, das durch eine offene pädagogische Systematik orientiert wird, ist das im Schwann-Verlag verlegte „Arbeitsbuch Pädagogik“ von Wolfgang Fischer, Dieter-Jürgen Löwisch, Jörg Ruhloff. Es erscheint zwischen 1975 und 1979 in 5 Bänden, die den Vorgaben der „Empfehlungen für den Kursunterricht im Fach Erziehungswissenschaft“ von 1973 folgen. Im Sinne des transzentalkritischen

[9] So listete Adick zu Beginn der 1990er Jahre allein 18 Schulbuch-Reihen für den Pädagogikunterricht (vgl. Adick 1992, S.707). Sie berichtet zu diesem Zeitpunkt von mindestens 110 Schulbüchern für den Pädagogikunterricht, von denen schon 50 für den Pädagogikunterricht in der nordrhein-westfälischen gymnasialen Oberstufe genehmigt gewesen waren (vgl. ebd.).

Ansatzes der Autoren geht es darum, das Umstrittene und die Vielschichtigkeit pädagogischer Probleme so zu präsentieren, dass „das eigene, Schwierigkeiten nicht scheuende pädagogische Denken“ (Fischer / Löwisch / Ruhloff 1976c, S. 8), der problematische pädagogische Vernunftgebrauch (Ruhloff), hervorgerufen wird. „‘Lehr/Lernmittel‘ als einer besonderen Klasse von Unterrichtshilfen steht es nicht zu, ein didaktisches Gesamtkonzept zu vertreten, wiewohl sie eben darin einem systematisch-pädagogischen Gedanken folgen“ (Fischer / Löwisch / Ruhloff 1976c, S. 8). Themen der Psychologie und Soziologie werden aus dieser pädagogischen Perspektive ausgewählt und interpretiert (Fischer / Löwisch / Ruhloff 1976a, S. 7). Dass dieses Lehrbuch in der Unterrichtspraxis wenig verbreitet war, lag wahrscheinlich vor allem daran, dass auf Aufgabenstellungen verzichtet wurde und die kommentierenden Zwischentexte der Herausgeber im Schriftbild nur schwer von den Quellentexten unterschieden werden konnten.

Ein Lehrbuch, das fachdidaktisch fundiert die pädagogische Perspektive systematisch entfaltet, ist die von Klaus Beyer, Eckehardt Knöpfel und Andreas Pfennings herausgegebene Reihe „Einführung in pädagogisches Denken und Handeln“ (Schöningh-Verlag), die zwischen 1984 und 1987 in sieben Bänden erscheint. Sechs Bände sind nach den „Richtlinien Erziehungswissenschaft“ von 1981 auf die Kurshalbjahre der gymnasialen Oberstufe zugeschnitten, folgen dabei aber einer pädagogischen Systematik, die in Klaus Beyers (z.T. zusammen mit Andreas Pfennings verfassten) wissenschaftlichen Veröffentlichungen umfangreich begründet wird (u.a. Beyer / Pfennings 1979). Ein weiterer Band enthält Fallbeispiele und liegt damit „quer“ zu den anderen Bänden. Im ersten Band schreiben Klaus Beyer und Andreas Pfennings: „Wer als Erzieher den Anspruch erhebt, die Persönlichkeit des Edukanden fördern zu wollen, und sich dabei des Pluralismus konkurrierender Menschenbilder und Wertsysteme bewußt bleibt, wird den Edukanden nicht ein für allemal auf ein bestimmtes Menschenbild festlegen, sondern ihn für die eigene Entscheidung über seinen künftigen Standpunkt qualifizieren. Dabei muß der Erzieher einkalkulieren, daß der Edukand Lebensinhalte bejaht, die er selbst ablehnt. (…) Sinn-Norm eines solchen pädagogischen Denkens und Handelns ist ‚Mündigkeit‘ als ‚Fähigkeit zur Selbstbestimmung‘. Welche Konsequenzen ein solcher Ansatz im einzelnen für pädagogisches Denken und Handeln hat, werden wir unter verschiedenen Gesichtspunkten (Lernfähigkeit und Entwicklungsstand des Edukanden, institutionelle Rahmenbedingungen des Erziehens) in den folgenden Bänden zu erörtern haben. Dabei werden wir auch auf das Problem der Operationalisierung von Mündigkeit bzw. der Deduktion von Erziehungszielen aus der Sinn-Norm des Erziehens ebenso eingehen wie auf die Entstehungsbedingungen des Pluralismus.“ (Beyer / Knöpfel / Pfennings 1984, S. 50) Deutlich wird, dass ein pädagogischer Grundgedanke, der in diesem Band 1 in einem ersten Zugriff eingeführt wird, in den folgenden Bänden schrittweise aus unterschiedlichen Perspektiven angereichert, ausdifferenziert und in verschiedene (auch außerpädagogische) Kontexte gesetzt wird. Im letzten Band wird dieser Ansatz noch einmal explizit vorgestellt. „Schon im 1. Band unserer ‚Einführung in pädagogisches Denken und Handeln‘ haben wir dargelegt, warum wir ‚Mündigkeit' im Sinne von ‚Fähigkeit zur Selbstbestimmung' als Sinn-Norm für die Beurteilung und Gestaltung von Erziehungswirklichkeit ansehen. Diesen Leitgedanken haben wir bei den verschiedenen Aspekten, die wir in den vorhergehenden Bänden behandelt haben, mitthematisiert, wenn wir zum Beispiel fragten: Wie kann ein an der Mündigkeit orientierter Erzieher das Lernen des Edukanden fördern, oder: die moralische Entwicklung des Edukanden fördern, oder: die Entwicklung unangemessener Aggressionsbereitschaft verhindern. Der 5. Band bot mit der Erörterung von Normativität und Institutionalisierung von Erziehung auch die Möglichkeit zur vertiefenden Betrachtung der pädagogischen Sinn-Norm. Da wir in diesem 6. Band wieder zur Komplexität unserer Ausgangsfrage zurückkehren und in diesem Zusammenhang mit Hilfe des Identitätsbegriffs nach der Förderung der Persönlichkeit im ganzen fragen, ergibt sich das Problem, wie denn ‚Mündigkeit' und ‚Identität' zusammengedacht werden können.“ (Beyer / Knöpfel / Pfennings 1987d, S. 65) Die Reihe „Einführung in pädagogisches Denken und Handeln“ kann exemplarisch aufzeigen, wie es in einem Lehrbuch gelingen kann, die pädagogische Perspektive systematisch zu entfalten. Eine besondere Stärke liegt dabei im Reichtum des Textangebots, das von zahlreichen Fallbeispielen und autobiographischen Texten über objekttheoretische bis hin zu wissenschaftstheoretischen Texten reicht. Dabei werden Erkenntnisse von affinen Fächern wie Psychologie oder Soziologie eingebracht, aber eben aus pädagogischer Perspektive interpretiert. Aus heutiger Sicht ist sicher zu kritisieren, dass auf Aufgabenstellungen und Visualisierungen verzichtet wurde. Abgesehen davon aber setzt das Lehrbuch erfolgreich ein konzeptionelles Niveau um, an das einige später folgende Lehrbücher für das Fach Erziehungswissenschaft nicht heranreichen. Das Lehrbuch konnte sich im Unterrichtsalltag nicht durchsetzen und erfuhr keine Neuauflage. Ein Grund dafür mag auch in dem 1981 in Geltung gesetzten Lehrplan liegen (s.o.), der nicht auf die systematische Entfaltung der pädagogischen Perspektive angelegt war. Die fachdidaktische Position dieses Lehrplans und seines Nachfolgers aus dem Jahre 1999 wird in der Folge von zwei Lehrwerken erfolgreich bedient, die in mehreren Auflagen erscheinen an fast allen Schule, an denen Pädagogik unterrichtet wird, zum Einsatz kommen.

Die „Kursthemen Erziehungswissenschaft“ (Bubolz 2000a,b,c,d, 2001, 2002), in überarbeiteter Form als „Kursbuch Erziehungswissenschaft“ erschienen (Bubolz / Fischer 2010), gehen davon aus, dass Bildung und Erziehung die genuinen Gegenstände des Pädagogikunterrichts sind. Sie verzichten aber auf die systematische Entfaltung eines pädagogischen Grundgedankens und setzen dezidiert darauf, dass Bildung und Erziehung nur fächerübergreifend und fächerverbindend erschlossen werden können. Eine Folge dieses Ansatzes ist, dass die Begriffe der Erziehung und Bildung kaum Kontur gewinnen. Ein Indiz dafür ist, dass im letzten Teil des Kursbuchs Erziehungswissenschaft („Das Wichtigste in Kürze – der rote Faden zur Prüfungsvorbereitung", Bubolz / Fischer 2010, S. 540 ff.) der Auflage aus dem Jahre 2010 lediglich einige sehr allgemeine Bestimmungen zusammengestellt werden. Sie fassen das Quellentextangebot des ersten Teils zusammen, das in der Tat wenig mehr hergibt. Weitere wichtige pädagogische Grundbegriffe werden nicht ausreichend deutlich, so dass sich eine pädagogische Perspektive auch nicht in einem konsistenten, einsehbaren Zusammenhang erschließt. Ungeklärt bleibt auch, welche Funktion genau die Theorieimporte aus anderen Wissenschaften jeweils übernehmen sollen. So werden in der Regel zunächst die psychologischen, soziologischen, neurowissenschaftlichen etc. Theorien eingeführt, um danach „pädagogische Konsequenzen" aus ihnen zu ziehen. Das aber verdreht, wie Volker Ladenthin bemerkt, die Sachsystematik: „Wir haben eine genau bestimmte pädagogische Aufgabe – und fragen dann, wie andere Wissenschaften helfen können. Pädagogik steht nicht auf der Grundlage einer anderen Wissenschaft." (Redaktion der Zeitschrift Pädagogikunterricht 2013a, S. 25) Ladenthins Hinweis ist auch geeignet, ein Missverständnis auszuräumen, dem der Herausgeber des Lehrwerks unterliegt (Bubolz 2010, S. 11ff.). Er geht davon aus, die Orientierung an der pädagogischen Perspektive habe zur Folge, dass Erkenntnisse anderer Wissenschaften keine Rolle mehr spielen würden und ein Rückfall in das restringierte Verständnis von Erziehung und Bildung als pädagogischem Bezug die notwendige Folge sei. Bereits die seit den achtziger Jahren bekannte fachdidaktische Position von Klaus Beyer lehrt ebenso wie die Beiträge in diesem Buch, dass das abwegig ist.

Das von Heinz Dorlöchter und Edwin Stiller verfasste, weit verbreitete Lehrbuch „Phoenix" (Dorlöchter / Stiller 2005, 2006) ist konzeptionell durch einen „systemisch-konstruktivistischen" Erziehungsbegriff fundiert. „Erziehung ist einerseits Mittel der Gesellschaft, die Gesellschaft zu reproduzieren, und andererseits eine höchst persönliche inter-individuelle Beziehung. Wenn die reproduzierende Seite im Erziehungsbegriff zu stark betont wird, erscheint Erziehung als bloßes Anpassungsinstrument. Wenn die emanzipatorische Seite überbetont wird, werden gesellschaftliche Notwendigkeiten und Realitäten ausgeblendet. In beiden Fällen kann Erziehung, aus systemisch-konstruktivistischer Sicht betrachtet, nicht gelingen." (Dorlöchter / Stiller 2005, S. 9) Edwin Stiller hat ausgehend von diesem Erziehungsbegriff in seiner Dialogischen Fachdidaktik Pädagogik eine offene Liste von zehn Inhaltsfeldern des Pädagogikunterrichts vorgestellt, die mit Hilfe von Leitfragen erschlossen werden sollen (Stiller 1997, S. 61 – 65). Dies wird im Phoenix in Gestalt von Textsequenzen, Aufgabenstellungen und methodischen Anregungen konkretisiert. Hier zeigt sich, dass der systemisch-konstruktivistische Erziehungsbegriff mit seiner Vorstellung einer Balance zwischen der emanzipatorischen und affirmativ-reproduzierenden Seite von Erziehung nicht davor schützt, dass pädagogisches Handeln als Anwendung von Theorien anderer Wissenschaften verstanden wird. Dies spiegelt sich im Aufbau der einzelnen Kapitel wider, die eine wiederkehrende Grundstruktur aufweisen: Einführung, Grundbegriffe und Grundthesen, Vertiefung, pädagogische Anwendung, Schluss-Punkt, Projektvorschlag. Die Vielzahl der im Phoenix präsentierten pädagogischen Texte, die problemorientierte Anlage der Kapitel, die Vielfalt der methodischen Anregungen sowie die angebotenen Verknüpfungs- und Vernetzungsoptionen kompensieren dieses im Sinne der pädagogischen Perspektive grundsätzliche konzeptionelle Manko teilweise. Ein Beleg dafür ist das letzte Kapitel des zweiten Bandes (Dorlöchter / Stiller 2006, S. 513 – 556), in dem es unter anderem um Erziehung zur Autonomie geht. Allerdings erhält in diesem Kapitel der Psychologe Carl Rogers mit seinem personzentrierten Ansatz das Schlusswort.

3.5 Das pädagogische Profil des Pädagogikunterrichts anhand empirischer Befunde

Es existieren empirische Studien zum Pädagogikunterricht in der gymnasialen Oberstufe Nordrhein-Westfalens, die darauf Rückschlüsse gestatten, inwiefern im Pädagogikunterricht eine pädagogische Perspektive angelegt ist. Sie wurden im Zeitraum veröffentlicht, in denen der fachdidaktische Diskurs zur pädagogischen Perspektive belebt wurde. Die Studien beziehen sich auf die Zeit eines Pädagogikunterrichts, in der nach dem alten Lehrplan (MSWWF 1999) unterrichtet worden ist, und zum Teil auch auf eine Zeit des Generationenwechsels in der Pädagogiklehrerlaufbahn. Gleichwohl steht der neue kompetenzorientierte Lehrplan (MSW 2013c), der am 01.08.2014 in Kraft tritt, relativ stark in einer inhaltlichen Traditionslinie bzw. Nachfolge der alten Lehrpläne. Zudem sind auch jüngere Pädagogiklehrer/innen noch durch die inhaltliche Ausrichtung des alten Lehrplans geprägt. Aus diesen Gründen sind die Befunde der empirischen Studien im Hinblick auf die pädagogische Perspektive alles andere als überholt, sondern – auch mit Blick auf ein historisch bewusstes Verstehen - aufschlussreich.
Kirsten Bubenzer befragte im Rahmen ihrer empirischen Studie Schülerinnen und Schüler sowie Lehrerinnen und Lehrer erziehungswissenschaftlicher Kurse u.a. nach den Themen, die im Unterrichtsfach Erziehungswissenschaft behandelt worden sind. Einer geringen Zahl von Kernthemen (10 von 47) und einer geringen Anzahl von Randthemen (12 von 47), von denen eine Mehrheit der Schüler und Lehrer behauptet, sie sei entweder ausführlich oder nur am Rande behandelt worden, steht eine große Zahl von Themen gegenüber (25 von 47) die offenbar einen höchst unterschiedlichen Stellenwert im Unterricht einnehmen (vgl. Bubenzer 2010, S.255 f.). Die folgenden Themen sind als Kernthemen identifiziert worden (in der Rangfolge ihrer Bedeutung aufgeführt):

- Entwicklung, Sozialisation und mögliche Störungen,
- Lerntheorien,

- Erziehungsziele-, mittel- und –stile,
- Identitätsentwicklung im Jugendalter,
- Erziehung in verschiedenen Gesellschaftssystemen und historischen Kontexten,
- Entwicklungsaufgaben und Identitätsfindung,
- Wahrnehmung, Denken, Gedächtnis,
- Alternative Schulmodelle,
- Anlage-Umwelt-Problem,
- Wandel und Strukturen des Bildungswesens (vgl. Bubenzer 2010, S.256).

Bubenzer konstatiert eine Dominanz psychologischer und vor allem entwicklungspsychologischer Themen sowie einen geringen bis mittleren Stellenwert gesellschaftswissenschaftlicher Perspektiven (vgl. ebd., S.256 f., S.260). Sie schreibt, dass mit allen ermittelten Schwerpunktsetzungen „die Unterrichtspraxis einerseits curricularen Vorgaben“ folgt, „diese jedoch keineswegs vollständig“ abdeckt und „demgegenüber eigene Akzente“ setzt, „die vermutlich eher an der `Tradition´ des Faches, den thematischen Präferenzen von Schülern und/oder Lehrkräften sowie den jeweils greifbaren Materialien orientiert sind.“ (ebd., S.257) Sie geht davon aus, dass den Rahmenvorgaben des Lehrplans zwar entsprochen, dass die Gestaltungsspielräume aber weitgehend ausgelotet werden (vgl. ebd.). Bei den thematischen Präferenzen bzw. Interessen von Pädagogiklehrerinnen und –lehrern hat Bubenzer ein sehr heterogenes Interessenspektrum herausgefunden, sie erkennt darin, dass psychologische Themen und Fragestellungen ausnahmslos mittlere und hohe Rangplätze einnehmen (vgl. ebd., S.229 f.). Sie stellt vor dem Hintergrund ihrer Befunde zu Themenprofil und Lehrerinteressen fest, dass die thematischen Interessen der Lehrer für die thematische Gestaltung des Unterrichts „nicht unbedeutend“ sind (ebd., S.261).

Anhand der Befunde Bubenzers, die durch Befunde der Studie zu pädagogischen Interessen von Schülerinnen und Schülern erziehungswissenschaftlicher Kurse von Schützenmeister gestützt werden können (vgl. Schützenmeister 2011, S. 61 ff.) kann zumindest nicht abgelesen werden, dass in der Praxis des erziehungswissenschaftlichen Unterrichts der gymnasialen Oberstufe in Zeiten des alten Lehrplans eine konsistente und schlüssige pädagogische Perspektive angelegt gewesen ist (vgl. Schützenmeister 2014a, S.108). Vielmehr scheinen die konkreten Themen des Pädagogikunterrichts von Kurs zu Kurs oder zumindest von Schule zu Schule im Rahmen der sehr offenen Vorgaben des alten Lehrplans stark variiert zu haben, wobei nicht etwa genuine pädagogische Grundbegriffe und Grundfragen einen erkennbaren Akzent setzten, sondern entwicklungs- und lernpsychologische Zugriffe.

Die neuen kompetenzorientierten Kernlehrpläne sollen eine Beschränkung auf zentrale Kompetenzen bewirken und so dazu beitragen, dass Freiräume zur Vertiefung und Erweiterung der Kompetenzen entstehen (vgl. MSW 2013c, S.8). Würde dies tatsächlich im Pädagogikunterricht eintreten, wären die Befunde der genannten Studien durchaus sehr relevant, weil Lehrerinnen und Lehrer dann in ähnlicher Weise wie in den Zeiten des recht offenen alten Lehrplans Freiräume für die inhaltliche Gestaltung ausloten würden. Eine nahe liegende Konsequenz wäre dann, die Pädagogiklehrerbildung so zu entwickeln, dass Lehrerinnen und Lehrer eine pädagogische Perspektive im Rahmen ihrer Planungsspielräume verwirklichen. Daran, dass die Planungsspielräume durch den neuen Kernlehrplan entstehen, besteht allerdings erheblicher Zweifel. Das Gegenteil wird auf informeller Ebene wahrgenommen und diskutiert, nämlich eine gewisse Einengung von Planungsspielräumen, nicht unwesentlich auch aufgrund des Festhaltens an den „Vorgaben zu den unterrichtlichen Voraussetzungen für die schriftlichen Prüfungen im Abitur in der gymnasialen Oberstufe“ (Zentralabiturvorgaben). Möchte man unter engeren Planungsspielräumen eine pädagogische Perspektive verwirklichen, dann wäre es wichtig, wenn sich die Lehrerinnen und Lehrer diesbezüglich auf die inhaltlichen Vorgaben verlassen könnten. Der neue kompetenzorientierte Lehrplan wie auch die Zentralabiturvorgaben sind jedoch bezüglich der pädagogischen Perspektive nach wie vor als problematisch einzustufen. So ist zu befürchten, dass der Pädagogikunterricht in der Praxis nicht stärker pädagogisch profiliert wird als in der Zeit des alten Lehrplans.[10]

3.6 Zwischenfazit: Der Pädagogikunterricht muss pädagogisch profiliert werden!

Wie geht man mit Einwänden um, welche die Kritik am Profil bzw. am Mangel der pädagogischen Perspektive im Fach Erziehungswissenschaft der nordrhein-westfälischen gymnasialen Oberstufe ablehnen? Unserer Ansicht nach kann anhand der Analyse der inhaltlichen Entwicklung des Faches seit 1972 und anhand der Betrachtung empirischer Befunde im historischen Zusammenhang belegt werden, dass ein Problem mit der pädagogischen Perspektive des erziehungswissenschaftlichen Unterrichts in Nordrhein-Westfalen besteht. Insofern sind die kritischen Eindrücke und Ansichten zum pädagogischen Profil des Pädagogikunterrichts der Vielen, die sich zu Wort gemeldet haben, durchaus zu stützen.

Defizitanalysen können hier nicht als `unzulässige Verallgemeinerungen´ abgewiesen werden. Die Ansichten einer Reihe einschlägiger Experten, die Analysen und

[10] Bemerkenswert ist, dass die Top-Themen, die unter den relativ offenen Rahmenvorgaben des alten Lehrplans in der Praxis stark behandelt worden sind, sich vielfach mit den inhaltlichen Vorgaben des neuen Kernlehrplans überschneiden. Mit anderen Worten: Das, was damals im Rahmen von Spielräumen bereitwillig behandelt worden ist, ist nun in den Vorgaben obligatorisch. Jedoch könnte sich gerade deswegen zu wenig am pädagogischen Profil der Praxis ändern.

die Schlussfolgerungen aus empirischen Befunden ergeben ein stimmiges Bild – nämlich eine Profilschwäche des Pädagogikunterrichts. Es würde absurd erscheinen, diese Defizitanalysen damit abzuqualifizieren, dass sie die Diskussionen um einen `Guten Pädagogikunterricht´ weder in der fachdidaktischen Auseinandersetzung noch in der Unterrichtswirklichkeit berücksichtigen würden. Denn sie sind zurzeit der zentrale Dreh- und Angelpunkt des fachdidaktischen Diskurses und eine Triebkraft im Bemühen um den `Guten Pädagogikunterricht´.

Die zeitgemäße pädagogische Profilierung des Pädagogikunterrichts kann unserer Ansicht besonders gut durch die Kooperation zwischen der Hochschule und der Schule sowie durch die Zusammenarbeit von Allgemeiner Erziehungswissenschaft und Fachdidaktik Pädagogik gelingen.
Der Mangel dieser Kooperationen kann allerdings als ein ursächlicher Problemkomplex wahrgenommen werden. Pädagogische fachdidaktische Entwicklung mit übergreifender Praxisrelevanz für den Pädagogikunterricht sind bisher ganz hauptsächlich von kleinen Gruppen, überwiegend aus Pädagogiklehrerinnen und Pädagogiklehrern vorangetrieben worden – der kleine Zirkel der Entscheidungsträger, der Mitglieder von Lehrplankommission und der überschaubare Kreis der Schulbuchautoren. Forschung und Theoriebildung zur pädagogischen Bildung ist dahingegen primär an den Hochschulen vertreten und institutionalisiert, in der Fachdidaktik Pädagogik, in der Allgemeinen Erziehungswissenschaft und in der Schulpädagogik, jedoch auch in einem sehr überschaubaren Kreis von Mitwirkenden.
Bei der Lehrplanentwicklung ist seit den 1980er Jahren über die Lehrplanperioden hinweg jene Forschung und Theoriebildung in der Erziehungswissenschaft (insbesondere Fachdidaktik Pädagogik, Allgemeine Erziehungswissenschaft, Schulpädagogik) >>zur<< pädagogischen Allgemeinbildung und >>im Hinblick auf<< pädagogische Bildung zu wenig und verhältnismäßig undifferenziert zur Kenntnis genommen worden, welche ein zeitgemäßes Reframing des Pädagogikunterrichts möglich gemacht hätte. Die mangelnde Expertise[11] ist an dem Widerspruch auffäl-

[11] Der Mangel an Expertise aus dem Bereich der Erziehungswissenschaft bei der Lehrplanentwicklung zum Pädagogikunterricht ist in den 1990er Jahren von Christel Adick (1992) offen gelegt worden: „Die Lehrplanentwicklung war und ist eine elaborierte Praxisveranstaltung des über den Staat vermittelten `Regelkreises Schule – Schule´. Indizien hierfür sind: Die Lehrplan-Kommissionsmitglieder sind überwiegend in der Schulpraxis tätig, sie arbeiten auf der Basis ministerieller Vorgaben, sie ziehen zur Beratung selten Experten oder Vertreter aus anderen Bereichen hinzu, sie arbeiten extrem fachgebunden (jeweils für ein Unterrichtsfach) und bei ihnen besteht von Anfang an oder doch ohne größere Auseinandersetzungen ein Konsens über ihre Aufgabe. (…) Und nicht zuletzt: Über die Hälfte der Mitglieder von Lehrplankommissionen produzieren selbst Unterrichtsmaterialien. Die Erziehungswissenschaft ist demnach (…) alles andere als die oder eine Leitwissenschaft für die Lehrplan- und Curriculumarbeit.“ (Adick 1992, S.719)

lig, dass bei den Lehrplannovellierungen einerseits der Verzicht auf die Bestimmung des Erziehungsbegriffs mit Verweisen auf die Vielfalt und die Heterogenität der Erziehungswissenschaft begründet wird, dass andererseits aber an alten psychologisch akzentuierten Rahmeninhalten festgehalten wird.[12] Auch die Schulbuchentwicklung ist bisher mit wenig Unterstützung aus dem Bereich der Hochschule ausgekommen.

Kritisch zu beleuchten ist auch die Seite der Erziehungswissenschaft. Es ist zumindest unter den Erziehungswissenschaftlern, welche den Pädagogikunterricht im Blick haben und mit seinen Sorgen sowie Nöten vertraut sind, ein Allgemeinplatz: Die Erziehungswissenschaft als Disziplin und Institution kümmert sich zu wenig um die Vermittlung ihrer eigenen Gegenstände und um die pädagogische Bildung in der Schule (vgl. Beyer 2001, S.313, Beyer 2003, S.32, Bernhard 2004, S.26, Schützenmeister 2007, S.2). Die Fachdidaktik Pädagogik ist an den Universitäten längst nicht ausreichend institutionalisiert. Das hängt damit zusammen, dass es das allgemeinbildende Schulfach Pädagogik eben nicht in allen Bundesländern gibt. Aber auch in Nordrhein-Westfalen ist die Fachdidaktik Pädagogik an jenen Hochschulen, die Pädagogiklehrer/innen ausbilden, zum größten Teil personell nur durch wissenschaftliche Mitarbeiter/innen vertreten. Der Mangel fachdidaktischer Lehrstühle erschwert die Pflege und die Entwicklung einer fachdidaktischen Forschungskultur.

Des Weiteren sei auf Probleme der Allgemeinen Erziehungswissenschaft (vgl. z.B. Krüger 1994, Wigger 1996, 2002, Ehrenspeck 1998), neben der Fachdidaktik Pädagogik die zweite wichtige Referenzteildisziplin für den Pädagogikunterricht, hingewiesen. Sie stellt sich sehr heterogen dar und der pädagogische Grundgedankengang – ihr ureigenes Thema – wird auf verschiedene Weisen vertreten. Sie verarbeitet den enormen Modernisierungsschub, die expansiven Entwicklungen in der pädagogischen Praxis und in der pädagogischen Theorie noch immer sehr nachholend. Insofern ist ihre Legitimation und Bedeutung seitens der pädagogischen Praxis zumindest hinterfragbar.

---

[12] Beiträge von Experten legen nahe, dass im Pädagogikunterricht der gymnasialen Oberstufe in Nordrhein-Westfalen psychologisches Akzente stark vertreten sind (vgl. z.B. Wigger u.a. 2008, Bubenzer 2010, S.256). Dieser psychologische Fokus hat auch in der pädagogischen Praxis eine Zeit lang Anerkennung erfahren, sicherlich aus rein pragmatischen Gründen, weil psychologisches Wissen sehr anwendungsbezogen ist. Er hat aber nie innerhalb der Erziehungswissenschaft und in der pädagogischen Theorie eine ungeteilte Akzeptanz gefunden. Keinesfalls dominiert er die gegenwärtige pädagogische Theorie und Praxis. Dadurch, dass dies mithilfe wissenschaftlicher Expertise nicht korrigiert wird, werden psychologische Themen im Pädagogikunterricht weiterhin tradiert. So können Schülerinnen und Schüler kein schlüssiges Bild zeitgemäßer Pädagogik gewinnen.

Die Bedingungen und der Zustand der Fachdidaktik Pädagogik und der Allgemeinen Erziehungswissenschaft sind für die Entwicklung des Pädagogikunterrichts, vorsichtig gesagt >>suboptimal<<. Sich deswegen aber von ihnen als Impulsgeber für den Pädagogikunterricht abzuwenden, erscheint vollkommen unangebracht. Ladenthin (2008) und Schützenmeister (2007) haben gezeigt, dass das Entwicklungsprojekt Pädagogikunterricht besonders fruchtbar in der Kooperation von Fachdidaktik Pädagogik und Allgemeiner Erziehungswissenschaft zu gestalten ist. In beiden Teildisziplinen hat es in den vergangenen zwanzig Jahren Entwicklungen gegeben, die auf der Seite des Pädagogikunterrichts, von schulischen Entscheidungsträgern, Pädagogiklehrern/innen, Lehrplankommissionen und Schulbuchautoren/innen nicht unberücksichtigt gelassen werden können.
Eine Kooperation bahnt sich in der gemeinsamen Anstrengung um eine pädagogische Perspektivierung des Pädagogikunterrichts an. Hier hat sich in den letzten zehn Jahren ein sehr zuversichtlich stimmender Austausch zwischen Fachdidaktikern aus der Universität und aus der Schule sowie Allgemeinen Erziehungswissenschaftlern entwickelt. Der hier vorliegende Sammelband führt die wichtigen Beiträge von Erziehungswissenschaftlern und pädagogischen Fachdidaktikern zur pädagogischen Perspektivierung und Profilierung des Pädagogikunterrichts zusammen, die diesen fachdidaktischen Diskurs belebt haben. Im Folgenden möchten wir knapp in diese Beiträge einführen, ihre Einordnung und ihren Stellenwert verdeutlichen.

4. Impulse zur Entwicklung einer pädagogischen Perspektive und zur Profilierung des Pädagogikunterrichts

Armin Bernhard, Hochschullehrer für Erziehungswissenschaft an der Universität Duisburg-Essen, ist ein Vertreter der gegenwärtigen Kritischen Erziehungswissenschaft. Bernhard hat seine Grundlagenkritik an der Didaktik exemplarisch am Pädagogikunterricht verdeutlich und entwirft im Anschluss daran eine kritische Perspektive pädagogischer Bildung (vgl. Bernhard 1999), die er 2004 in seinem Beitrag „Pädagogische Bildung: Thesen zu ihrer Notwendigkeit in einer verkehrten Welt“ für den Pädagogikunterricht ein Stück weit konkretisiert (vgl. Bernhard 2004, in diesem Band).
Der Ausgangspunkt seines kritisch emanzipativen Ansatzes ist die Feststellung, dass der Mensch heute in einer „verkehrten Welt“ lebt. Hiermit ist eine zentrifugale Gesellschaft gemeint, in welcher jeder Mensch und seine Subjektwerdung dem Diktat der neoliberalistischen Ökonomie und des Monetarismus unterworfen wird. Diese Zumutungen verursachen erhebliche Probleme bei der Subjekt- und Identitätsbildung und gefährden die Mündigkeitsperspektive. Sowohl in der Didaktik als auch in der Fachdidaktik Pädagogik weist Bernhard nun konzeptionelle Entwicklungen nach, die zwar daraufhin angelegt sind, das Subjekt zu stärken, es mit Kompetenzen und Qualifikationen auszustatten, um sich in einer solchen Gesellschaft

selbst zu behaupten. Allerdings zielen diese Konzepte nicht auch auf die kritische Auseinandersetzung mit den gesellschaftlichen Bedingungen der Subjektwerdung, insbesondere nicht mit den gesellschaftlichen Zumutungen an das Subjekt. So wird im Rahmen einer Art Halbbildung die kritische Mündigkeit des Subjekts nicht erreicht. Das Subjekt kann keineswegs das Potential erlangen, die gesellschaftlichen Machtstrukturen zu durchschauen und an der Veränderung mitzuwirken. Die speziellere Kritik an der Fachdidaktik Pädagogik, die Bernhard in seinen Beiträgen (Bernhard 1999, 2004) erhebt, wird durch einen Artikel von Uta Schlehahn (2003) flankiert, welcher die fachdidaktischen Konzepte und Modelle des Pädagogikunterrichts kritisch analysiert.
Armin Bernhard vertritt deswegen den Ansatz einer aufgeklärten und kritischen Subjektbildung in der Didaktik und fordert diese auch vom Pädagogikunterricht. „Aufgabe einer pädagogischen Bildung ist (…) nicht primär die Schaffung von praktischer Erziehungskompetenz, sondern die Anbahnung eines kritischen Problembewusstseins gegenüber pädagogischen Prozessen. Pädagogische Bildung zielt in erster Linie auf *Erkenntnis*, auf eine Erkenntnis, die ihr Spezifikum darin besitzt, dass sie Mündigkeitspotentiale über pädagogische Inhalte und Fragestellungen freizusetzen versucht." (Bernhard 2004, S.32) Deswegen soll Pädagogikunterricht wieder stärker die gesellschaftliche Bedingungsdimension pädagogischer Prozesse thematisieren und u.a. als eine Ideologiekritik von Bildungs- und Erziehungsauffassungen angelegt sein. Im kritischen Fokus pädagogischer Bildung muss heute vor allem das Paradigma des Humankapitals bzw. der Human-Kompetenz stehen, in dem sich die problematischen ökonomischen Verwertungsinteressen am Subjekt manifestieren. „Statt trivialisierender Psychologisierung der eigenen Subjektgenese hat pädagogische Bildung über die Schaffung von Begriffen, Theorien, Fragestellungen eine reflexiv-distanzierte Haltung des Heranwachsenden zu entwickeln." (ebd., S.34) Damit gelangt die Mündigkeitsperspektive wieder in den Horizont pädagogischer Bildung.
Bernhard belebt mit seinen Beiträgen eine Traditionslinie fachdidaktischer Entwicklung zum Pädagogikunterricht, die ca. Ende der 1970er Jahren abgerissen ist. Sie ist eine zentrale Forderung an den Pädagogikunterricht der Gegenwart. Es ist zu wünschen, dass dieser Ansatz auch über den Konzeptstatus hinaus fachdidaktisch weitere Konkretisierung finden wird, um in die Praxis einzufließen.

Klaus Beyer ist Hochschullehrer für die Fachdidaktik Pädagogik im Ruhestand. Er wirkte lange Zeit an der Universität zu Köln und er bereichert den fachdidaktischen Diskurs nach wie vor mit wertvollen Beiträgen. Beyer vertritt einen handlungspropädeutisch pragmatischen Ansatz der Fachdidaktik Pädagogik. Seine konzeptionellen Arbeiten an einem entsprechenden fachdidaktischen Modell lassen sich bis an das Ende der 1970er Jahre heran zurückverfolgen (vgl. Beyer 1976). In den Jahren 1997 und 1998 erschien sein dreibändiges Werk „Handlungspropädeutischer Pädagogikunterricht", in welchem das Gesamtmodell detailliert vorgestellt und begründet wird (Beyer 1997a, b, 1998). Im Jahr 2012 veröffentlicht Beyer sein Buch „Pragmatische Fachdidaktik Pädagogik“, das als eine Weiterentwicklung und Ergänzung seines handlungspropädeutischen Modells gelesen werden kann (Beyer 2012).[13] Im Rahmen seines handlungspropädeutischen Modells für den Pädagogikunterricht hat Beyer bereits seine pädagogische Perspektive für den Pädagogikunterricht entwickelt, aus der er u.a. die inhaltliche Konstitution des Pädagogikunterrichts sehr stringent ableitet. Ist es nur eine Spekulation, wenn wir annehmen, dass ein Diskurs über das pädagogische Profil des Pädagogikunterrichts in dieser Schärfe zurzeit nicht notwendig wäre, wenn der Pädagogikunterricht an der Fachdidaktik Beyers ausgerichtet worden wäre?

Beyer schaltet sich 2010 in den fachdidaktischen Diskurs um die pädagogische Perspektive ein (Beyer 2010). Er reagiert damit zeitnah auf die Beiträge von Brüggen, Röken, Wortmann, Gesell und Heindrihof in der Ausgabe der Zeitschrift Pädagogikunterricht mit dem Titelthema „Bildsamkeit und Mündigkeit“, welche den fachdidaktischen Diskurs um die Perspektivenfrage heftig entfachte. In diesem Beitrag erörtert Beyer zentrale Grundbegriffe für die pädagogische Bildung, entfaltet seine Perspektive auf Erziehung und Bildung und er rekurriert hierbei maßgeblich auf die pädagogische Perspektive seines handlungspropädeutischen Modells. Für den hier vorliegenden Sammelband hat Beyer einen eigenen Beitrag verfasst, der noch einmal das Gefüge zentraler Kategorien seiner pädagogischen Perspektive prononciert auf den Punkt bringt (Beyer 2014, in diesem Band).

Beyer konstituiert die pädagogische Perspektive ausgehend vom Primat pädagogischer Praxis gegenüber pädagogischer Theorie, das insbesondere vom geisteswissenschaftlichen Pädagogen Erich Weniger vertreten worden ist, und insofern erscheint die Grundlegung von Kategorien pädagogischen Handelns bei Beyer nahe liegend und verständlich. Das Spezifikum pädagogischen Handelns ist von dessen Zweck her bestimmt, nämlich eine Persönlichkeitsentwicklung zur selbstbestimmungsfähigen Persönlichkeit zu unterstützen. Strukturelle Kategorien pädagogischen Handelns sind Erzieher, Edukand, Erziehungsziele, Erziehungsprinzipien, Erziehungsmaßnahmen, gesellschaftliche Bedingungen. Beyer begründet weitere Kategorien, die er unter dem Oberbegriff „Entwicklung“ als Hilfskategorien vorstellt – Sozialisation, Individuation, Personalisation. Weiterhin wird der Lernbegriff fokussiert. Pädagogikunterricht soll die Schüler in das Gefüge dieser Kategorien einführen und diese Bildungskategorien systematisch vertiefen. Beyer zeigt Wege auf, wie sich Schüler mit dem Bildungsbegriff auseinandersetzen und ein Verständnis für das Spezifikum pädagogischer Bildung entwickeln können. Er reflektiert den

[13] Diesem Werk voraus ging das Buch „Pragmatische Didaktik“, in welchem Beyer versucht, zentrale Elemente seines handlungspropädeutischen Ansatzes für alle Unterrichtsfächer zu erschließen (vgl. Beyer 2008). Es handelt sich hier um einen sehr fundierten und einen der einschlägigsten Beiträge zum handlungsorientierten Unterricht im Rahmen der Allgemeinen Didaktik der jüngeren Vergangenheit.

Zusammenhang von pädagogischen Handeln, Bildung und Kompetenz und stellt ein Kompetenz-Struktur-Modell für pädagogisches Handeln vor, das eine Orientierung bei der Vermittlung und beim Erwerb pädagogische Bildung ist. So spannt Beyer eine sehr schlüssige und vor allem auch praktikable pädagogische Perspektive auf, die nicht nur für den Pädagogikunterricht geeignet ist, sondern die – wie er erläutert – auch für die Erziehungswissenschaft und für das pädagogische Studium interessant ist.

Lothar Wigger, Hochschullehrer für Allgemeine Erziehungswissenschaft, und seine Kolleginnen *Barbara Platzer, Claudia Equit und Nicole Börner* an der Technischen Universität Dortmund haben ihre Vorträge zum 27. Pädagogiklehrertag 2007 zu dem Artikel „Erziehungswissenschaftliche Alternativen im Pädagogikunterricht" (vgl. Wigger u.a. 2008, auch in diesem Band) in der ersten Ausgabe der Zeitschrift Pädagogikunterricht 2008 zusammengefasst. Im ersten Kapitel ihres Artikels üben sie Kritik an der Psychologisierung des Pädagogikunterrichts, auf die wir bereits weiter oben eingegangen sind (Siehe oben). Daraufhin wendet sich der Artikel dem Proprium des Pädagogischen zu. „Pädagogische Bildung liegt, so die These, in einer spezifischen Art des Urteilsvermögens und des praktischen Urteilens, die durch doppelte Reflexivität gekennzeichnet ist. Spezifikum pädagogischen Urteilsvermögens ist sein eigentümlicher Doppelcharakter: Bildung ist nicht nur das Ziel des Unterrichts, sondern auch sein Gegenstand. Dabei beziehen sich Bildung und Urteilsvermögen wechselseitig aufeinander." (ebd., S.18) Als spezifische Momente pädagogischer Bildung stellt der Artikel auf der inhaltlichen Seite einen Impetus von Handeln und auf der formalen Seite die Reflexion des Bildungsprozesses heraus (vgl. ebd.). Pädagogisches Urteilsvermögen rekurriert auf pädagogische Ziele und auf erziehungswissenschaftliche Theorien und es beinhaltet Selbstreflexivität (vgl. ebd., S.19).
Der Artikel stellt Beispiele und Möglichkeiten zur spezifisch pädagogischen Thematisierung von Inhalten im Pädagogikunterricht dar, die Alternativen zu der bisherigen eher psychologischen Thematisierung dieser Inhalte sein sollen. So zeigt er eine institutionenanalytische und schulkritische Thematisierung des Inhalts `Jugendkrisen - Prävention und Intervention´ als Alternative zu den im Pädagogikunterricht verbreiteten Zugriffen auf diesen Inhalt aus der Perspektive psychosozialer Theorien und systemisch-therapeutischer Ansätze. Weiterhin zeigt der Artikel, wie eine spezifisch erziehungswissenschaftliche Biographie-orientierte Fallarbeit mit einem bildungstheoretischen Referenzrahmen im Pädagogikunterricht stattfinden kann, die eine Alternative zu sozialpädagogisch-therapeutisch ausgerichteten Zugriffen der Biographiearbeit im Pädagogikunterricht sein kann.

Dietrich Benner (Humboldt-Universität Berlin) gehört zu den einflussreichsten Pädagogen der letzten Jahrzehnte. Seine Allgemeine Pädagogik, die zuerst 1987 erschien und 2012 die 7. Auflage erlebte, entfaltet einen pädagogischen Grundgedanken, der den Anspruch erhebt, „eine universelle Grundstruktur des Pädagogischen“ aufzudecken, „durch die sich pädagogische Sachverhalte und Problemstellungen von anderen unterscheiden und abgrenzen lassen“ (Benner 2010, S. 7). Zusammen mit *Friedhelm Brüggen* (Universität Münster) stellt er in dem hier vorliegenden Buch Überlegungen zur „Bildung pädagogischer Urteils- und Handlungskompetenz als Aufgabe des Pädagogikunterrichts“ vor, die den Ansatz seiner Allgemeinen Pädagogik zur Bestimmung von Zweck und Aufgaben des Pädagogikunterrichts an allgemeinbildenden Schulen nutzt. Die Autoren referieren zu Beginn einige Einwände, die oft gegen die Einrichtung von Pädagogik als allgemeinbildendem Unterrichtsfach vorgebracht werden. So lerne, wer in Schulen lernt, ja nicht, wie man in Schulen unterrichtet, wer Autofahren lerne, nicht, wie man Autofahren lehrt. Warum also Unterricht in Pädagogik? Worin liegt der besondere Beitrag dieses Faches zur Bildung? Benner und Brüggen gehen diesen Fragen nach, indem sie zunächst vier Grundbegriffe vorstellen, die als Prinzipien pädagogischen Denkens und Handelns das neuzeitliche Verständnis einer nicht-affirmativen Erziehung und Bildung definieren: Bildsamkeit bezieht sich auf die Ansprechbarkeit des Menschen für Vernunft. Indem Heranwachsende als bildsame Wesen anerkannt werden, wird ihnen ermöglicht, an ihrer Bestimmung selbsttätig mitzuwirken. Die erzieherischen Einwirkungen, die dieser Anforderung entsprechen, haben die paradoxe Form einer Aufforderung zur Selbsttätigkeit. Damit wird zunächst die Asymmetrie erzieherischer Interaktionen angesprochen, zugleich aber auch ihr Ziel erfasst, der kontinuierliche Abbau dieser Ungleichheit mit dem Ziel, die Mündigkeit des Heranwachsenden so lange zu steigern, bis dieser nicht mehr auf erzieherische Einwirkungen angewiesen ist. Dies setzt freilich weiterhin voraus, dass die Ansprüche anderer gesellschaftlicher Teilpraxen zwar als berechtigt gewürdigt werden, aber nicht direkt an die Heranwachsenden weitergeleitet werden. Vielmehr ist eine pädagogische Transformation vorzunehmen, die diese Ansprüche dem prüfenden Urteil der Adressaten aussetzt. Gesellschaftliche-politische Bedingung dafür ist die nicht-hierarchische Ordnung, die keiner gesellschaftlichen Teilpraxis (etwa der Politik, der Wirtschaft) den Primat zugesteht. Die vier Grundbegriffen ermöglichen es, drei Basistheorien pädagogischen Handelns zu unterscheiden: Theorien der Erziehung machen Aussagen über Möglichkeiten und Grenzen pädagogischen Einwirkens und werden durch die Grundbegriffe der Aufforderung zur Selbsttätigkeit und der pädagogischen Transformation systematisch verortet; Theorien der Bildung beschäftigen sich mit Problemen des Zwecks und der Aufgaben pädagogischen Denkens und Handelns. Sie erhalten ihre systematischen Bezugspunkte durch die Grundbegriffe der Bildsamkeit und Nicht-Hierarchizität. Theorien pädagogischer Institutionen schließlich entwickeln mit Bezug auf alle vier Grundbegriffe Antworten auf die Frage nach den institutionalisierten Orten nicht-affirmativen pädagogischen Handelns. Von beiden wiederum, den Grundbegriffen und Basistheorien, unterscheiden sich drei Grundformen pädagogischen Handelns: Disziplinieren legt die notwendige Basis dafür, dass die Konzentration auf bildende Lernprozesse überhaupt möglich

wird. Unterrichten erweitert das, was im alltäglichen Umgang gelernt wird, künstlich unter Angabe von Gründen um solches Wissen und Können, das im umgänglichen Lernen nicht erworben werden kann. Beraten schließlich bezieht sich auf das vergangene Verhalten von Heranwachsenden, auf ihre Motive und ihre Entwürfe für zukünftiges Handeln. Vor dem Hintergrund dieser grundlegenden Unterscheidungen wenden sich die beiden Autoren nun dem Pädagogikunterricht zu.
„Die Besonderheit des Faches liegt dabei darin, dass die von den Lernenden erlittenen und mitgestalteten Erfahrungen in Erziehung, Unterricht und Schule im Medium der fachlichen Inhalte so thematisiert und bearbeitet werden sollen, dass dabei Fragen wie die nach dem Ende der Erziehung mitreflektiert werden." (Benner / Brüggen 2014, S. 89) Benner und Brüggen kennzeichnen damit die besondere Stellung des Faches in mehrfacher Hinsicht. Im Pädagogikunterricht wird in der Schule die bei allen Schülerinnen und Schülern vorhandene Erfahrung durch fachliche Inhalte, die im alltäglichen Erfahrungslernen nicht zur Verfügung stehen, systematisch und methodisch erweitert und beurteilt. Damit werden die Teilnehmer des Pädagogikunterrichts zu einem Blickwechsel befähigt, der das Ende der Erziehung so herbeiführt, dass es die Qualität eines wissensbasierten pädagogischen Urteils erhält. „Legitim in dem hier gemeinten doppeltqualifizierenden Sinne wäre ein Pädagogik-Unterricht, der eine erfahrungs- und umgangserweiternde Grundbildung mit allgemeinbildenden zivilgesellschaftlichen und berufspropädeutisch auslegbaren Perspektiven vermittelt. Seine unterrichtliche Seite zielte dabei auf die Ausbildung einer pädagogischen Urteilskompetenz, die in der Lage ist, im Wissen um die Eigenlogik pädagogischer Prozesse, deren Grundbegriffe und Basistheorien vergangene und gegenwärtige Erziehungsverhältnisse zu analysieren, zu kritisieren, zu problematisieren und zu verstehen. Die beratende Seite eines solchen Unterrichts zielte auf die Anbahnung einer auf Reflexion und Handeln bezogenen Kompetenz, welche es den Heranwachsenden erlaubt, ihre eigene erlittene Erziehung zu reflektieren und künftige pädagogische Handlungen in Distanz zu der selbst erfahrenen Erziehung und Sozialisation zu konturieren." (ebd. S. 93)

Monika Gesell, Fred Heindrihof, Gernod Röken und *Elmar Wortmann* arbeiten in unterschiedlichen Funktionen als Lehrerin, didaktischer Leiter, Fachdezernent und Fachleiter im Schulsystem in Nordrhein-Westfalen. In Heft 2/3 der Zeitschrift Pädagogikunterricht des Jahres 2009 hatten sie im Anschluss vor allem an Benner, Brüggen und Prange vier Grundbegriffe der pädagogischen Perspektive, Bildsamkeit, Mündigkeit, pädagogische Interaktion, pädagogische Transformation, in unterschiedlichen Beiträgen in die fachdidaktische Diskussion eingeführt (Gesell 2009, Heindrihof 2009, Röken 2009, Wortmann 2009b). Darauf entwickelte sich eine Diskussion, die auch in dieser Zeitschrift kontrovers geführt wurde. Der Beitrag „Pädagogikunterricht als lernendes Fach" (Gesell / Heindrihof / Röken / Wortmann 2010), der in Auszügen auch in diesem Buch abgedruckt ist, geht von Missverständnissen aus, die sich dabei zeigten. Er erläutert und präzisiert die fachdidaktische Position, die durch die vier Grundbegriffe ihre Kontur erhält. Ausgang bildet die Feststellung, dass Pädagogik eine Handlungswissenschaft ist, die den Menschen als ein Wesen begreift, das sich zu seiner Welttätigkeit in eine reflexive Beziehung setzen kann. Pädagogisches Handeln zielt darauf, die Wechselwirkung von Welttätigkeit und darauf bezogener Selbstreflexion mit Vernunft zu gestalten. Pädagogische Grundbegriffe übernehmen die Aufgabe, als Maßstäbe für pädagogische Begriffe und Konzepte kritische und konstruktive Orientierungen zu geben. Im Anschluss an diese Überlegungen werden nun die vier Grundbegriffe erläutert, mit Bezug auf den aktuellen allgemeinpädagogischen Diskurs präzisiert und im Hinblick auf das fachspezifische Lehren und Lernen im Pädagogikunterricht ausgelegt.[14]

Volker Ladenthin, Hochschullehrer für Historische und Systematische Pädagogik der Universität Bonn, ist ein sehr bekannter und einflussreicher Erziehungswissenschaftler der Gegenwart, der sich aktiv und permanent für den Pädagogikunterricht eingesetzt hat und einsetzt. Ladenthin beteiligt sich in vielen Facetten des fachdidaktischen Diskurses zum Pädagogikunterricht. Im Hinblick auf die Entfaltung der pädagogischen Perspektive im Pädagogikunterricht müssen mehrere Veröffentlichungen Ladenthins berücksichtigt werden. In seinem Beitrag zur „Werterziehung im Pädagogikunterricht" geht er auf das Proprium des Pädagogikunterrichts ein. „Pädagogikunterricht thematisiert in seinen klassischen Themen das Verhältnis des Menschen zum Lernen, zum eigenen Ich und zu anderen Menschen. Dieses Verhältnis sollte immer auch wertbestimmt gestaltet sein. So kommt dem Pädagogikunterricht das Proprium zu, das Verhältnis zu dem, was gerade stattfindet, zu reflektieren." (Ladenthin 2005, S.9) In dem Beitrag „Identitätsprobleme - Pädagogische Schwierigkeiten mit einem Begriff" klärt er zusammen mit Gabriele Schulp-Hirsch Probleme psychologischer und soziologischer Identitätstheorien für die Pädagogik auf, wobei der Identitätsbegriff als ein Leitbegriff für Bildung in Frage gestellt wird (vgl. Ladenthin / Schulp-Hirsch 2009). Diese Kritik ist für einen in zwei Halbjahresthemen stark auf die Identitätsbildung abhebenden Lehrplan des gymnasialen Pädagogikunterrichts in Nordrhein-Westfalen bemerkenswert und zu bedenken. Ladenthin brachte sich danach mit Veröffentlichungen zum Bildungsbegriff in den Diskurs um die pädagogische Perspektive im Pädagogikunterricht ein (Ladenthin 2010, 2012). „Alles, was nicht der Bildung dient, gehört nicht in die Pädagogik." (Ladenthin 2012, S.2) Konstitutiv ist, „den anderen zu etwas anleiten (…) verbindlich zu etwas auffordern, was dieser nur selbst tun kann." (ebd., S.3 f.) Zum Verständnis Ladenthins pädagogischer Perspektive sind sein Beitrag zum Verhältnis von Allgemeiner Pädagogik und Fachdidaktik Pädagogik (vgl. Ladenthin 2008) und

[14] Dieser Ansatz ist in weiteren Beiträgen in der Zeitschrift Pädagogikunterricht in Unterrichtsvorhaben umgesetzt worden: Heindrihof 2010, Wortmann 2010a, Wortmann 2010b, Heindrihof 2013. Zum weiteren Ausbau siehe Röken (2014), Wortmann (2014a,b,c,d).

ein Interview der Redaktion der Zeitschrift Pädagogikunterricht mit ihm zu seinen Erwartungen an den neuen kompetenzorientierten Kernlehrplan ebenfalls sehr aufschlussreich (vgl. Redaktion PU 2013a).

Ladenthins hat für dieses Buch einen speziellen Beitrag zur pädagogischen Perspektive verfasst, welcher seine umfangreiche Beschäftigung mit dieser Problematik zeigt. Er zeigt, dass aus der Geschichte selbst keine Antwort auf die Frage danach, was Pädagogik ist, gewonnen werden kann, wenn man sich nicht vorher der Bedingungen der Möglichkeit von Erkenntnis vergewissert. Aus der Beschäftigung mit sachangemessenen und sittlichen Geltungsansprüchen, den Fragen, wie sich der Mensch erkennen kann und darf, entwickelt Ladenthin den Bildungsbegriff. „Der Mensch ist von Natur aus frei; aber er muss diese Freiheit nutzen, um sich richtig und gut zu bestimmen." (Ladenthin 2014, S. 181) Ein Abgrenzungskriterium der Pädagogik von vielen anderen Disziplinen – Medizin, Biologie, Hirnforschung usw.) – ist, dass sie wie Politik und Ethik den Umgang des Menschen mit den aus der Freiheit gegebenen Möglichkeiten thematisiert (vgl. ebd., S.183 f.). Das Spezifikum der Pädagogik und damit Abgrenzungskriterium von Politik und Ethik ist, dass es in der Pädagogik um die Frage geht, wie der Umgang mit den sich durch Freiheit bietenden Möglichkeiten erworben wird, wie der Mensch fähig wird, sich selbst in Freiheit zu bestimmen (vgl. S.184 f.). Dabei wird das Lernen unter den Bedingungen von Freiheit als zentral für den Erwerb dieser Fähigkeit erachtet. Hierzu bedarf es eines Lehrenden der die Freiheit des Lernenden achtet, indem er ihn zur Selbsttätigkeit und zum Selbstdenken anregt, ihn über die Sprache zur Vernunft bringt, seine Freiheit zur sachangemessenen und sittlichen Selbstbestimmung zu nutzen (vgl. ebd., S.187 ff.). „Pädagogisch handelt ein Lehrender also erst dann, wenn er so lehrt, dass der andere lernt, seine Freiheit unter Geltungsanspruch zu nutzen." (ebd., S.189) So führt Ladenthin den Leser zur Grundidee der Pädagogik: „Pädagogik ist die Theorie der unter Geltungsanspruch stehenden vernünftigen Aufforderung zu vernünftiger Selbsttätigkeit in sachangemessener und sittlicher Hinsicht unter der Perspektive des gelingenden Lebens." (ebd., S.192) Der Pädagogikunterricht entfaltet die hierauf bezogene Fragestellung: „Wie führe ich jemanden unter Achtung seiner Person (Freiheit, Würde) zu gelten sollenden Einsichten, die sein Leben gelingen lassen?" (ebd., S. 194)

Aus Ladenthins Beitrag ließen sich insbesondere die folgenden bildende Kategorien für den Pädagogikunterricht ableiten: Sachliche und sittliche Geltungsansprüche, Freiheit, Würde, Selbstbestimmung, Lehren und Lernen, Vernunft, Selbsttätigkeit und Sprache. Entsprechende Schlüsselfragen ließen sich für den Pädagogikunterricht formulieren. In gewisser Hinsicht artikuliert Ladenthin diese bereits in seinen früheren Beiträgen – u.a.: Was ist Pädagogik? Warum ist Pädagogik nötig? Wie ist Pädagogik möglich? (vgl. Ladenthin 2008, S.6 ff.) Im Interview mit der Redaktion der Zeitschrift Pädagogikunterricht antwortet Ladenthin auf die Frage, welche Themen unbedingt im Pädagogikunterricht vorkommen sollten: „All die Themen, die eine Antwort auf die Frage geben, wie der Mensch lernt, so zu werden, wie er werden soll. Aber NUR diese Themen." (Redaktion PU 2013a, S.25) Er zeigt hier seine zentrale Leitfrage für den Pädagogikunterricht. Und die Frage der Redaktion, was nun konkrete Themen seien, beantwortet Ladenthin mit einer Reihe von Fragen, die einen Bildungsprozess im Hinblick auf die von ihm artikulierte Leitfrage auslösen können. (vgl. ebd., S.25)

Jörn Schützenmeister, Hochschullehrer für Erziehungswissenschaft mit dem Schwerpunkt Fachdidaktik des Pädagogikunterrichts an der Universität Münster, nähert sich dem pädagogischen Perspektivenproblem vor allem über berufs-, professionstheoretische Zugriffe und über Studien zur Entwicklung des pädagogischen Arbeitsmarktes an. Zentral ist dabei die anhaltende Expansion des Pädagogischen in der alltäglichen und in der professionellen Praxis. Der Fokus, den pädagogische Bildung in der Schule legt – auf pädagogisches Denken und Handeln innerhalb der Erwachsenen-Heranwachsenden-Konstellation, auf die Kindheits- und Jugendphase, auf die Institutionen Kita, Schule, Familie, die pädagogischen Handlungsformen Erziehen und Unterrichten – hält Schützenmeister in Anbetracht der Bedeutung des Pädagogischen in der gesellschaftlichen Praxis für zu eng. Er plädiert deswegen für eine allgemeinere Fassung der zentralen pädagogischen Bildungskategorien, damit pädagogisches Handeln in seinen unterschiedlichsten Ausformungen in verschiedenen Personenkonstellationen, in vielfältigen Generationenverhältnissen entlang des gesamten Lebenslaufes, in vielen pädagogischen und nicht-pädagogischen Institutionen im pädagogischen Bildungsprozess und im Pädagogikunterricht erfassbar wird.
Einen Arbeitsschwerpunkt Schützenmeisters stellt die Entwicklung eines berufspropädeutischen Modells für den Pädagogikunterricht dar. Hier geht es u.a. darum, Bildung im Medium des Beruflichen in allgemeinbildenden Schulen zu ermöglichen und so die Vorbereitung der Schüler auf die Berufs- und Arbeitswelt, insbesondere die Berufsorientierung fachintegrativ zu unterstützen (vgl. Schützenmeister 2009b). Im Hinblick auf diesen berufspropädeutischen Ansatz im Pädagogikunterricht entfaltet Schützenmeister die „Erweiterte Perspektive auf pädagogisches Handeln", mit der die Breite und Heterogenität pädagogischer Tätigkeiten im Alltag und in der pädagogischen Berufswelt erfasst werden soll (vgl. Schützenmeister 2008).
Für den vorliegenden Sammelband hat Schützenmeister einen speziellen Beitrag verfasst, der seine „Erweiterte pädagogische Perspektive" vorstellt und weiter entwickelt (vgl. Schützenmeister 2014b, in diesem Band). Bildungskategorien innerhalb dieser pädagogischen Perspektive sind die Kategorien Pädagoge, pädagogischer Hilfeempfänger resp. pädagogischer Adressat, Lebenslauf, pädagogischer Lernbegriff und Bildung, pädagogische Hilfe als Lernhilfe und Sicherung eines Moratoriums, pädagogische Interaktion, Grundformen pädagogischen Handelns (Erziehen, Unterrichten und pädagogisches Beraten), pädagogische Ziele, institutionelle und gesellschaftliche Bedingungen pädagogischen Handelns. Pädagogisches

Handeln wird als eine Lernhilfe zur Selbständigkeit und Mündigkeit des Menschen in der Gesellschaft bzw. in einzelnen gesellschaftlichen Teilsystemen dargestellt, sie macht sich im Prozess mit zunehmender Selbständigkeit des Hilfeempfängers selbst überflüssig. Pädagogische Berufe lassen sich vor allem anhand der Betrachtung der in ihnen zentralen pädagogischen Handlungsgrundformen Erziehen, Unterrichten und pädagogisches Beraten auch mit Gewinn für das pädagogische Handeln außerhalb beruflicher Zusammenhänge thematisieren. Insofern stellen diese Handlungsgrundformen ebenfalls wichtige pädagogische Bildungskategorien dar.

In den 1970er Jahren verfasste *Erich E. Geißler* Manuskripte zum Pädagogikunterricht. *Eckehard Knöpfel* hat in seiner Dissertation die Beiträge Geißlers zum Pädagogikunterricht untersucht und sie als Integrativ-edukative Fachdidaktik des Pädagogikunterrichts dargestellt (Knöpfel 2013a, b). Zu dem hier vorliegenden Buch hat Knöpfel einen Beitrag beigesteuert, in welchem er die von Geißler begründete didaktische Kategorie der Bildungsfinalität als zentrales Merkmal des Pädagogikunterrichts erläutert: „Folgt man den fachdidaktischen Vorstellungen E. E. Geißlers, dann gehört die Anbahnung von Bildungsfinalität zu den zentralen Aufgaben des Pädagogikunterrichts. Geißler meint damit jenen integrativen Vorgang, der die Bildungserträge der verschiedenen Fächer zusammenfasst und für den Schüler so aufbereitet, dass sich für ihn die Bildungsaufgabe stellt. Ziel dieses Integrationsvorgangs ist die Überleitung von der Fremd- zur Selbstbildung. Edukative Integration ist daher ein Kernanliegen im fachdidaktischen Konzept Geißlers. Aus diesem Grund ist für ihn Pädagogik das Bildungsfach schlechthin." (Knöpfel 2014, S.229 f.) Mit seiner Forschungsarbeit zu Geißler hat Knöpfel einen wichtigen Baustein zur Aufarbeitung des historischen fachdidaktischen Diskurses geliefert und dabei die besondere Sichtweise des Pädagogikunterrichts durch Geißler in den aktuellen fachdidaktischen Diskurs eingespielt.

5. Zum Umgang mit disziplinärer Perspektivenvielfalt

In diesem Band sind eine Reihe unterschiedlicher Vorschläge zur Konturierung einer pädagogischen Perspektive im Pädagogikunterricht vorgestellt. Es bleibt die Frage, wie man denn nun mit dieser Perspektivenpluralität in der Fachdidaktik und im Pädagogikunterricht umgehen sollte.

Die Frage muss auf unterschiedliche Ebenen bezogen werden – auf die Ebene der fachdidaktischen Forschung und Entwicklung, auf die Ebene der Lehrplanentwicklung, auf die Ebene der Schul- und Unterrichtsmaterialien, auf die Ebene der Pädagogiklehrerbildung - entsprechend fiele die Antwort differenziert aus.

In der fachdidaktischen Forschung und Entwicklung darf es keine Einengung auf eine bestimmte pädagogische Perspektive geben. Die fachdidaktische Forschung und Entwicklung muss alle Möglichkeiten der pädagogischen Systematisierung und

Profilierung im Blick behalten und zeitgemäße Ansätze zur Konturierung einer pädagogischen Perspektive vorlegen. Gleichwohl wäre es die Aufgabe der Fachdidaktik Pädagogik, die verschiedenen Ansätze zur Entwicklung einer pädagogischen Perspektive zu vergleichen, Gemeinsamkeiten und Unterschiede herauszukristallisieren. Insbesondere wäre es lohnend, Gemeinsamkeiten festzuhalten, um übergreifende allgemeine pädagogische Kategorien und Grundfragen für die inhaltliche Konstitution des Pädagogikunterrichts und für seine pädagogische Profilierung zur Verfügung zu stellen. Bei der Auswahl spielen dann sicherlich fachdidaktische Fragestellungen eine wichtige Rolle, wie z.B. welche pädagogischen Perspektivierungen und welche theoretischen Begründungen für die Schüler verstehbar und interessant sind (vgl. Redaktion der Zeitschrift PU 2013b, S.28). Für die Lehrplan- und Schulbuchentwicklung wäre eine solche fachdidaktische Forschungsarbeit sehr hilfreich.

Bei der Lehrplanentwicklung steht man vor der Herausforderung, einerseits der Perspektivenpluralität in der Erziehungswissenschaft im Pädagogikunterricht Rechnung zu tragen, andererseits erst einmal ein schülergemäßes Grundverständnis für die pädagogische Perspektive aufzubauen und auch eine Vergleichbarkeit des Pädagogikunterrichts im Hinblick auf die pädagogische Perspektive zu gewährleisten. Wenn der Lehrplan den Pädagogikunterricht auf die pädagogische Perspektive >>eines<< ganz bestimmten Erziehungswissenschaftlers festlegen würde, dann könnte zwar eine Grundverständnis der Schüler für eine pädagogische Perspektive gut aufgebaut werden und es ließe sich so auch der notwendigen Vergleichbarkeit des Pädagogikunterrichts Rechnung tragen. Dies wäre aber insofern problematisch, weil damit der pluralistischen Theoriebildung in der Erziehungswissenschaft nicht sachangemessen Rechnung getragen würde und weil damit auch die Gefahr der mittel- bis langfristigen Abkopplung des Pädagogikunterrichts von der dynamischen Theoriebildung bestände. Würde der Lehrplan pädagogische Perspektivenpluralität fordern, ohne zu klären, wie damit didaktisch umzugehen ist, oder ohne selbst ein darauf bezogenes schlüssiges inhaltliches bzw. didaktisches Konzept zu entfalten, dann verlagert er das Problem, wie ein schülergemäßes Grundverständnis für das Pädagogische in Anbetracht der Perspektivenpluralität zu entwickeln ist, auf die Ebene der konkreten Unterrichtspraxis, an die Lehrer und Schüler. Zudem kann so keine Vergleichbarkeit des Pädagogikunterrichts im Hinblick auf die pädagogische Perspektive erzielt werden.

Eine denkbare und sicherlich immer wieder bei Lehrplannovellierungen konkret zu leistende Lösung des Spannungsverhältnisses zwischen pädagogischer Perspektive, pädagogischer Perspektivenpluralität, Schülergemäßheit und Vergleichbarkeit im Pädagogikunterricht liegt in der >>fachdidaktischen<< Entfaltung einer übergreifenden, umfassenden und relativ offenen pädagogischen Perspektive. Die unterschiedlichen Perspektiven verschiedener erziehungswissenschaftlicher und fachdidaktischer Beiträge ähneln sich nämlich in Grundkategorien, Grundfragen und Grundbegriffen. Aus diesen können unserer Auffassung nach allgemeine Grundka-

tegorien und Grundfragen abgeleitet werden, mit denen eine übergreifende pädagogische Perspektive für den Pädagogikunterricht geschärft werden kann und die so allgemein gefasst sind, dass sich viele darunter wieder finden und in den Pädagogikunterricht konkret inhaltlich einbringen können (vgl. auch Redaktion der Zeitschrift PU 2013a, 2013b, S.28, GFDP 2013, S.47). Dies ist auch der Grund für die Kritik am gegenwärtigen Lehrplan für den Pädagogikunterricht. Vor dem Hintergrund des fachdidaktischen Diskurses und der wissenschaftlichen Entwicklung wäre eine solche pädagogische Perspektivierung auf der Ebene des Lehrplans durchaus schon möglich gewesen. Diese Möglichkeit ist versäumt worden. In der Zukunft ist das eine der vordringlichen >>Baustellen<< der Lehrplanentwicklung. Sie muss sich dabei stets an dem aktuellen Erkenntnisstand der Fachdidaktik Pädagogik und der Erziehungswissenschaft zur pädagogischen Perspektive orientieren.
Was die Schulbücher, Lehrmaterialien und Lehrerbildung anbelangt, wäre es wünschenswert, wenn auch sie sich auf übergreifende Kategorien und Grundfragen beziehen, zu denen sich der größte Konsens herstellen lässt und wenn sie in diesem Punkt mit dem pädagogisch perspektivierten Lehrplan harmonieren könnten. Allerdings muss auf diesen Ebenen Perspektivenpluralität erlaubt sein. Wir stellen uns das in etwa so vor, dass der Lehrplan einen pädagogischen Rahmen aufspannt, der konkret von Pädagogiklehrern/innen und Lehrmaterialien unterschiedlich gefüllt werden kann. Wieso sollte nicht ein/e Pädagogiklehrer/in die pädagogische Perspektive im Anschluss an Benner oder Brüggen, ein/e andere/r im Anschluss an Ladenthins Grundfragen und der/die nächste im Anschluss an Beyers handlungspropädeutische pädagogische Perspektive insofern in den Pädagogikunterricht einbringen können, als sich diese mit Perspektiven-übergreifenden Grundfragen und Grundkategorien in Einklang bringen lässt?
Zentral ist doch, dass Schülerinnen und Schüler am Beginn des pädagogischen Bildungsganges eine pädagogische Perspektive erhalten, die im Verlaufe des Bildungsganges schrittweise ausgebaut und vertieft wird. Am Ende des Bildungsganges ginge es dann darum, die Beziehungen der Kategorien und Grundfragen zu rekapitulieren, die Perspektive noch einmal in ihrer Gesamtheit und Komplexität zu fassen, um sie dann in ein Verhältnis zu anderen Perspektiven der Erziehungswissenschaft und Fachdidaktik Pädagogik zu setzen. Die Einsicht in die Perspektivenpluralität ist insofern aus fachdidaktischer Sicht am Ende des Bildungsganges anzustreben. Am Beginn müsste sie behutsam in sorgfältig reduzierter Form zugänglich gemacht werden, sonst wäre sie für die Schülerinnen und Schüler verwirrend. Sie würde zu diesem frühen Zeitpunkt des pädagogischen Bildungsganges wahrscheinlich eher zu dem Eindruck beitragen, dass Pädagogik und Erziehungswissenschaft unsystematisch und beliebig seien. Am Ende eines pädagogischen Bildungsganges, der von einer pädagogischen Perspektive ausgeht und der erst im letzten Drittel andere Perspektiven ins Spiel bringt, wird das Verständnis der Schüler mit größerer Sicherheit dafür entwickelt werden können, dass von fehlender Systematik und

Beliebigkeit trotz der Pluralität in der Erziehungswissenschaft in keiner Weise die Rede sein kann.
In der Pädagogiklehrerbildung muss größtmögliche Offenheit gegenüber fachdidaktischen und erziehungswissenschaftlichen Entwicklungen bestehen. Dies trifft auch bezüglich der pädagogischen Perspektive zu. Die Freiheit der Forschung und Lehre im Raum der Hochschule hat ihre Berechtigung und Begründung auch darin, Schule und Unterricht mit Impulsen zu bereichern, deren Entwicklung voranzutreiben und Stagnation entgegenzuwirken. Pädagogiklehrer/innen, Referendare/innen und Studenten/innen tragen Erkenntnisse und Beiträge der Forschung und Entwicklung in die Schul- und Unterrichtspraxis hinein, treiben diese im Kontakt mit den Hochschulen selber voran. In der Pädagogiklehrerbildung wurde frühzeitig auf den fachdidaktischen Diskurs zur pädagogischen Perspektive reagiert. Sie ist bspw. integraler Bestandteil der Pädagogiklehrerausbildung an der Universität Münster und sie wird seit einigen Jahren in Fort- und Weiterbildungsveranstaltungen für Pädagogiklehrer/innen als Thematik angeboten. Würde die pädagogische Perspektive klarer und konkreter durch den Lehrplan und Zentralabiturvorgaben eingefordert, würde die Dringlichkeit der Fort- und Weiterbildung zu diesem Thema für viele Lehrer/innen in der Praxis einsehbarer und die Beteiligung an solchen Fort- und Weiterbildungsveranstaltungen größer.
Im Bereich der Schulbücher hat es ebenfalls eine positive Entwicklung gegeben, die hier erwähnt werden muss. Die sechs Themenhefte der von Christoph Storck und Elmar Wortmann herausgegebenen Reihe „Perspektive Pädagogik“ (vgl. Storck / Wortmann 2011, 2012a, b, 2013a,b, 2014) nehmen die aktuelle Forderung der Profilierung des Pädagogikunterrichts unter den gegenwärtigen Gegebenheiten auf und bieten unter den gegebenen curricularen Bedingungen so gut wie möglich einen pädagogischen Bildungsgang unter einer pädagogischen Perspektive. Wie die frühere Schulbuchreihe von Beyer, Knöpfel und Pfennings entfalten sie einen pädagogischen Grundgedankengang. Dieser wird in elementarer Form erfahrungsnah im ersten Heft eingeführt und dann durch Bezüge auf Lernen, Entwicklung, Kultur und Gesellschaft in den folgenden Heften immer weiter ausdifferenziert. Im sechsten Heft wird angeboten, die Komplexität des pädagogischen Grundgedankengangs in elaborierten Bildungstheorien zu integrieren. Die Schwierigkeit der Schulbuchentwicklung, die allerdings besteht, ist, dass die Autoren einerseits die Forderung der Fachdidaktik nach Schärfung der pädagogischen Perspektive umzusetzen suchen, andererseits aber ihre Schulbücher auch am aktuellen Lehrplan und vor allem an den inhaltlichen Vorgaben für das Zentralabitur orientieren müssen, in welchen die pädagogische Perspektive mangelhaft ausgeprägt ist (vgl. Schützenmeister 2014a, S.115). Auch hier zeigt sich die Notwendigkeit einer Lehrplannovellierung im Punkt der pädagogischen Perspektivierung von Pädagogikunterricht.

6. Pädagogisches Profil plus fachübergreifende- und -verbindende Bezüge des Pädagogikunterrichts

Wird durch den fachdidaktischen Diskurs zur pädagogischen Profilierung des Pädagogikunterrichts die Interdisziplinarität der Pädagogik und die Notwendigkeit zum fächerverbindende und fächerübergreifenden Unterricht ausgeblendet?
Zunächst ist einmal festzuhalten, dass der Interdisziplinarität der Pädagogik in der Fachdidaktik Pädagogik wenig Rechnung getragen worden ist. Die vor diesem Hintergrund artikulierten Ansätze zum Pädagogikunterricht im Kontext fächerübergreifenden und fächerverbindenden Unterrichts sind insofern fachdidaktisch kaum reflektiert und keinesfalls diesbezüglich fundiert. Auch hier besteht fachdidaktischer Forschungs- und Entwicklungsbedarf. Interdisziplinarität, fächerverbindender und fachübergreifender Unterricht einerseits und pädagogische Perspektive andererseits schließen sich gegenseitig nicht aus. Interdisziplinarität, fachübergreifender und fächerverbindender Unterricht, bei denen Pädagogik eine Rolle spielt, kann gerade dann erfolgreich und zielführend sein, wenn die Perspektive der Pädagogik dabei klar ist und sich deswegen die spezifische Leistung der Pädagogik erweisen kann. Deswegen sind Pädagogikunterricht und pädagogische Bildung in ihrer pädagogischen Perspektive zu schärfen und auch in ihren Bezügen zu anderen Fächern zu entwickeln.

Literatur / Quellen

Adick, C. (1992): Schulbuchentwicklung, Lehrplan und Bildungsreform. Das Beispiel des Pädagogikunterrichts. In: Zeitschrift für Pädagogik 38(1992)5, S.703-724.

Benner, D. (1987): Allgemeine Pädagogik. Eine systematisch-problemgeschichtliche Einführung in die Grundstruktur pädagogischen Denkens und Handelns. Weinheim und München: Juventa Verlag.

Benner, D. (2010): Allgemeine Pädagogik. Eine systematisch-problemgeschichtliche Einführung in die Grundstruktur pädagogischen Denkens und Handelns. 6., überarbeitete Auflage. Weinheim und München: Juventa Verlag.

Benner, D. (2012): Allgemeine Pädagogik. Eine systematisch-problemgeschichtliche Einführung in die Grundstruktur pädagogischen Denkens und Handelns. 7., korrigierte Auflage. Weinheim und München: Juventa Verlag.

Benner, D. / Brüggen, F. (2014): Die Bildung pädagogischer Urteils- und Handlungskompetenz als Aufgabe des Pädagogikunterrichts im öffentlichen Schulsystem. In: Bolle, R. / Schützenmeister, J. (2014), (Hrsg.): Die pädagogische Perspektive. Anstöße zur Bestimmung pädagogischer Bildung und zur Profilierung des Pädagogikunterrichts. Baltmannsweiler: Schneider Verlag, S. 77-98.

Bernhard, A. (1999): Neuere Grundlagenkritik an der Didaktik. Folgerungen für eine bildungswissenschaftliche Entwicklungsarbeit unter besonderer Berücksichtigung des Schulfaches Pädagogik. In: Zeitschrift für Pädagogik 45(1999)5, S.649-666.

Bernhard, A. (2004): Pädagogische Bildung: Thesen zu ihrer Notwendigkeit in einer verkehrten Welt. In: Gutheil, G. / Opora, P. (2004): Perspektiven des Pädagogikunterrichts. Beiträge zur schulpolitischen, didaktischen und methodischen Zukunft des Fachs in einer sich wandelnden Schullandschaft. Bd. 14 der Reihe Didactica Nova. Baltmannsweiler: Schneider Verlag, S.26-35.

Beyer, K. (1976): Pädagogikunterricht: Eine Konzeption. Stuttgart, Berlin, Köln, Mainz: Kohlhammer.

Beyer, K. (1997a, b, 1998): Handlungspropädeutischer Pädagogikunterricht. Eine Fachdidaktik auf allgemeindidaktischer Grundlage. 3 Teile, Bd. 2,3 und 4 der Reihe Didactica Nova. Baltmannsweiler: Schneider Verlag.

Beyer, K. (2000), (Hrsg.): Grundlagen der Fachdidaktik Pädagogik. Studientexte zum fachdidaktischen Anteil der Lehrerbildung im Fach Pädagogik. Bd. 8 der Reihe Didactica Nova. Baltmannsweiler: Schneider Verlag.

Beyer, K. (2001): Fachdidaktik Pädagogik und Erziehungswissenschaft. In: Zeitschrift für Pädagogik 47(2001)3, S.313-327.

Beyer, K. (2003): Pädagogikunterricht: Ein verleugnetes Kind der Erziehungswissenschaft? In: Erziehungswissenschaft 14(2003), S.31-44.

Beyer, K. (2010): Entfaltung der pädagogischen Perspektive. In: Pädagogikunterricht 30(2010)2/3, S.40-53.

Beyer, K. (2011): Das besondere Bildungspotential des Unterrichtsfaches Pädagogik. In: Pädagogikunterricht 31(2011)2/3, S.2-16.

Beyer, K. (2012): Pragmatische Fachdidaktik Pädagogik. Zehn zusammenhängende Studien. Bd. 19 der Reihe. Didactica Nova. Baltmannsweiler: Schneider Verlag.

Beyer, K. (2014): Die Bedeutung einer spezifischen Perspektive für den Versuch der Förderung pädagogischer Bildung (expliziert am Beispiel „Pädagogikunterricht“). In: Bolle, R. / Schützenmeister, J. (2014), (Hrsg.): Die pädagogische Perspektive. Anstöße zur Bestimmung pädagogischer Bildung und zur Profilierung des Pädagogikunterrichts. Baltmannsweiler: Schneider Verlag, S. 139-170.

Beyer, K. / Pfennings, A. (1979): Grundlagen des Pädagogikunterrichts. Heidelberg. Quelle und Meyer.

Beyer, K. / Knöpfel, E. / Pfennings, A. (Hrsg.) (1984, 1986, 1987a, b, c, d): Einführung in pädagogisches Denken und Handeln 1 - 6. Paderborn. Schöningh-Verlag.

Beyer, K. / Knöpfel, E. / Pfennings, A. (Hrsg.) (1987e): Einführung in pädagogisches Denken und Handeln. Erziehungspraxis konkret: Anlässe - Beispiele - Folgen. Paderborn. Schöningh-Verlag.

Beyer, K. / Knöpfel, E. / Storck, C.(2002): Pädagogische Kompetenz: die Basiskompetenz im 21. Jahrhundert. Schneider Verlag.

Brüggen, F. (2009): Bildsamkeit und Mündigkeit als pädagogische Grundbegriffe. In: Pädagogikunterricht 29(2009)2/3, S.4-11, (Veröffentlichung des Vortrages auf der von der Bezirksregierung Münster veranstalteten Fachleitertagung Erziehungswissenschaft am 18.03.2009).

Bubenzer, K. (2010): Schulfach Pädagogik – Formale Gleichheit, diskrete Differenzierung? Entwicklung und aktuelle Situation in der gymnasialen Oberstufe. Bd. 18 der Reihe Didactica Nova. Baltmannsweiler: Schneider Verlag.

Bubolz, G. (2000a, 2000b, 2000c, 2000d, 2001, 2002): Kursthemen Erziehungswissenschaft 1 - 6. Berlin. Cornelsen.

Bubolz, G. (2010): Kursbuch Erziehungswissenschaft. Handreichungen für den Unterricht. Berlin. Cornelsen.

Bubolz, G. / Fischer, H. (Hrsg.) (2010): Kursbuch Erziehungswissenschaft. Berlin. Cornelsen.

Busch, G. / Giesen, H. / Kirch, K. / Kneißler, G. / Lohmann, K. / Neuenzeit, G. (1973): Empfehlungen für den Kursunterricht im Fach Erziehungswissenschaft. Heft 9 II. Curriculum Gymnasiale Oberstufe Erziehungswissenschaft. 2. Ausgabe. Erschienen innerhalb der Schriftenreihe des Kultusministers des Landes Nordrhein-Westfalen „Schulreform NW. Sekundarstufe II. Arbeitsmaterialien und Berichte“. Düsseldorf-Benrath.

Dorlöchter, H. / Stiller, E. (2005): Phoenix. Der etwas andere Weg zur Pädagogik. Band 1. Braunschweig, Paderborn, Darmstadt. Schöningh.

Dorlöchter, H. / Stiller, E. (2006): Phoenix. Der etwas andere Weg zur Pädagogik. Band 2. Braunschweig, Paderborn, Darmstadt. Schöningh.

Dorlöchter, H. (2010): Pädagogikunterricht `upgraded´. Eine Replik auf die Ausführungen von Gernod Röken, Fred Heindrihof, Monika Gesell und Elmar Wortmann in PU 2/3 2009. In: Pädagogikunterricht 30(2010)1, S.41-45.

Ehrenspeck, Y. (1998): Teildisziplinen ohne allgemeine Erziehungswissenschaft? Folgen unterlassener Reflexionen, Begriffskritik und Grundlagenforschung beim Theorieimport „Alltag“. In: Zeitschrift für Erziehungswissenschaft. 1(1998)2, 1998, S.181-201.

Fischer, W. / Löwisch, D.-J. / Ruhloff, J. (1975, 1976a, b, c, 1979): Arbeitsbuch Pädagogik 1 - 5. Düsseldorf Schwann-Verlag.

Fischer, H. (2005): Kursthemen Erziehungswissenschaft. Ergänzungsband Zentralabitur NRW. Berlin. Cornelsen.

Gesell, M. (2009): Eine pädagogische Betrachtungsweise von Lernen. In: Pädagogikunterricht 29(2009)2/3, S.26-29.

Gesell, M. / Heindrihof, F. / Röken, G. / Wortmann, E. (2010): Pädagogikunterricht als lernendes Fach. In: Pädagogikunterricht 30(2010)2/3, S.54-68.

GFDP (2013), (Gesellschaft für Fachdidaktik Pädagogik): Stellungnahme der Gesellschaft für Fachdidaktik Pädagogik (GFDP) zum Entwurf des Kernlehrplans für das Unterrichtsfach Erziehungswissenschaft in der Sekundarstufe II (Gymnasien /

Gesamtschulen) des Landes Nordrhein-Westfalen. In: Pädagogikunterricht 33(2013)2/3, S.45-54.

Heindrihof, F. (2009): Die Pädagogik Maria Montessoris unter pädagogischer Perspektive. In: Pädagogikunterricht 29(2009)2/3, S.19-25.

Heindrihof, F. (2010): Piaget pädagogisch denken – aber wie? In. Pädagogikunterricht 30(2010)2/3, S. 19-29.

Heindrihof, F. (2013): Der Begriff „pädagogische Interaktion" als Grundlage für ein Verständnis von Entwicklung und Erziehung im Pädagogikunterricht. In: Pädagogikunterricht 33 (2013)2/3, S. 19-27.

Klafki, W. (1993): Neue Studien zur Bildungstheorie und Didaktik. Zeitgemäße Allgemeinbildung und kritisch-konstruktive Didaktik. 3. Auflage: Weinheim und Basel: Beltz Verlag.

Knöpfel, E. (2002): Pädagogikunterricht – ein expandierendes Schulfach. In: Beyer, K. / Knöpfel, E. / Storck, C.(2002): Pädagogische Kompetenz: die Basiskompetenz im 21. Jahrhundert. Schneider Verlag, S.90-123.

Knöpfel, E. (2013a, b): E.E. Geißlers integrativ-edukative Fachdidaktik des Pädagogikunterrichts. 2 Teile. Bd. 20 und 21 der Reihe Didactica Nova. Baltmannsweiler: Schneider Verlag.

Knöpfel, E. (2014): Pädagogik – das Bildungsfach. Bildungsfinalität als didaktische Kategorie. In: Bolle, R. / Schützenmeister, J. (2014), (Hrsg.): Die pädagogische Perspektive. Anstöße zur Bestimmung pädagogischer Bildung und zur Profilierung des Pädagogikunterrichts. Baltmannsweiler: Schneider Verlag, S. 229-233.

Krüger, H.-H. (1994): Allgemeine Pädagogik auf dem Rückzug. Notizen zur disziplinären Neuvermessung der Erziehungswissenschaft. In: Krüger, H.-H. / Rauschenbach, T. (1994), (Hrsg.): Erziehungswissenschaft. Die Disziplin am Beginn einer neuen Epoche. Weinheim und München: Juventa Verlag, S.115-130.

Kultusminister des Landes Nordrhein-Westfalen (1981), (Hrsg.): Richtlinien für die gymnasiale Oberstufe in Nordrhein-Westfalen. Erziehungswissenschaft. Schriftenreihe: Die Schule in Nordrhein-Westfalen. Heft 4719. Köln.

Ladenthin, V. (2005): Werterziehung im Pädagogikunterricht. In: Pädagogikunterricht 25(2005)4, S.2-9.

Ladenthin, V. (2008): Allgemeine Pädagogik und Fachdidaktik Pädagogik. In: Pädagogikunterricht 28(2008)1, S.4-14.

Ladenthin, V. / Schulp-Hirsch, G. (2009): Identitätsprobleme – Pädagogische Schwierigkeiten mit einem Begriff. In: Pädagogikunterricht 29(2009)4, S.2-7.

Ladenthin, V. (2010): Was ist Bildung? In: Pädagogikunterricht 30(2010)4, S.1-5.

Ladenthin, V. (2012): Pädagogische Empirie aus bildungsphilosophischer Sicht. In: Pädagogikunterricht 32(2012)4, S.2-4.

Ladenthin, V. (2014): Die pädagogische Perspektive. Historisch-systematische Betrachtungen zu Verständnis und Geltung der Pädagogik heute. In: Bolle, R. / Schützenmeister, J. (2014), (Hrsg.): Die pädagogische Perspektive. Anstöße zur

Bestimmung pädagogischer Bildung und zur Profilierung des Pädagogikunterrichts. Baltmannsweiler: Schneider Verlag, S. 171-195.

MSW (2005), Ministerium für Schule und Weiterbildung des Landes Nordrhein-Westfalen: Vorgaben zu den unterrichtlichen Voraussetzungen für die schriftlichen Prüfungen im Abitur in der gymnasialen Oberstufe im Jahr 2007. Vorgaben für das Fach Erziehungswissenschaft.

MSW (2013a), (Ministerium für Schule und Weiterbildung des Landes Nordrhein-Westfalen): Das Schulwesen in Nordrhein-Westfalen aus quantitativer Sicht 2012/13. Statistische Übersicht 379 – 1. Auflage. Juni 2013. Düsseldorf. www.schulministierium.nrw.de/BP/Schulsystem/Statistik/2012_13/StatUebers379-Quantita2012-2013.pdf [Abruf: 24.01.2014].

MSW (2013b), (Ministerium für Schule und Weiterbildung des Landes Nordrhein-Westfalen): Kernlehrplan für die Sekundarstufe II. Gymnasium/Gesamtschule in Nordrhein-Westfalen. Erziehungswissenschaft (Entwurf. Verbändebeteiligung: 17.03.2013). www.standardsicherung.schulministerium.nrw.de/lehrplaene/upload/klp_SII/GOSt_Erziehungswissenschaft_2013-03-17_Verbaendebeteiligung.pdf [Abruf: 01.04.2013].

MSW (2013c), (Ministerium für Schule und Weiterbildung des Landes Nordrhein-Westfalen): Kernlehrplan für die Sekundarstufe II. Gymnasium/Gesamtschule in Nordrhein-Westfalen. Erziehungswissenschaft. Düsseldorf. http://www.standardsicherung.schulministerium.nrw.de/lehrplaene/upload/klp_SII/pa/GOSt_Erziehungswissenschaft_Endfassung2.pdf [Abruf: 12.03.2014].

MSWWF (1999), (Ministerium für Schule und Weiterbildung, Wissenschaft und Forschung des Landes Nordrhein-Westfalen): Erziehungswissenschaft. Richtlinien und Lehrpläne für die Sekundarstufe II - Gymnasium / Gesamtschule in Nordrhein-Westfalen. Frechen: Ritterbach Verlag.

Redaktion der Zeitschrift Pädagogikunterricht (2013a): Erwartungen an den neuen kompetenzorientierten Kernlehrplan für das Schulfach Erziehungswissenschaft. Fragen an Volker Ladenthin. In: Pädagogikunterricht 33(2013)1, S.23-26.

Redaktion der Zeitschrift Pädagogikunterricht (2013b): Erwartungen an den neuen kompetenzorientierten Lehrplan für das Unterrichtsfach Erziehungswissenschaft. Fragen an Jörn Schützenmeister. In: Pädagogikunterricht 33(2013)1, S.27-30.

Röken, G. (2005): Lehr- und Lernfallen im Pädagogikunterricht. In: Storck, C. / Wortmann, E. (2005), (Hrsg.): 40 Ideen für den Pädagogikunterricht. Bd. 16 der Reihe Didactica Nova. Baltmannsweiler: Schneider Verlag, S.27-50.

Röken, G. (2006): Das Zentralabitur im Fach Erziehungswissenschaft – grundsätzliche Aspekte und kritische Anmerkungen unter pädagogischer Perspektive. In: Pädagogikunterricht 26 (2006) 2/3, S. 2 – 10.

Röken, G. (2009): Pädagogikunterricht reloaded. Vorüberlegungen zu einem pädagogisch durchdrungenen und pädagogisch identifizierbaren Pädagogikunterricht oder: die Notwendigkeit des paradigmatischen Perspektivwechsels in der Realität des erziehungswissenschaftlichen Unterrichts. (Eine Darstellung in zehn Statements). In: Pädagogikunterricht 29(2009) 2/3, S.12-18. (Veröffentlichung des Vortrages auf der Jahrestagung der Fachleiterinnen und Fachleiter für das Fach Erziehungswissenschaft in Westfalen am 18.03.2009 in Münster).

Röken, G. (2014): Demokratie-Lernen als Bestandteil des Pädagogikunterrichts. In: Pädagogikunterricht 34(2014) (erscheint demnächst)

Schlehahn, U. (2003): Kritische Fachdidaktik Pädagogik – ein ungelöstes Projekt. In: Bernhard, A. / Kremer, A. / Rieß, F. (Hrsg.): Kritische Erziehungswissenschaft und Bildungsreform. Bd. 2. Programmatik – Brüche – Neuansätze. Reformimpulse in Pädagogik, Didaktik und Curriculumentwicklung. Baltmannsweiler: Schneider Verlag, S.180-204.

Schützenmeister, J. (2007): Allgemeine Erziehungswissenschaft und Fachdidaktik Pädagogik. In: Pädagogikunterricht 27(2007)4, S.2-12.

Schützenmeister, J. (2008): Pädagogische Berufe. Ein Modell zu ihrer systematischen Analyse und zur Berufsorientierung im pädagogischen Beschäftigungssektor. Hamburg: Verlag Dr. Kovac.

Schützenmeister, J. (2009a), (Hrsg.): Zeitgemäße pädagogische Bildung. Beiträge zur Entwicklung und zum Studium der Fachdidaktik Pädagogik. Bd. 17 der Reihe Didactica Nova. Baltmannsweiler: Schneider Verlag.

Schützenmeister, J. (2009b): Berufspropädeutik in der allgemeinbildenden gymnasialen Oberstufe – Eine Entwicklungsstrategie zur Annäherung allgemeiner und beruflicher Bildungsgänge sowie Konturen eines berufspropädeutischen Pädagogikunterrichts. In: Schützenmeister, J. (Hrsg.): Zeitgemäße pädagogische Bildung. Beiträge zur Entwicklung und zum Studium der Fachdidaktik Pädagogik. Bd. 17 der Reihe Didactica Nova. Baltmannsweiler: Schneider Verlag, S.201-236.

Schützenmeister, J. (2011): Schülerinteressen und Pädagogikunterricht. Ein Beitrag zur Interessenforschung und zur Fachdidaktik Pädagogik. Aachen: Shaker Verlag.

Schützenmeister, J. (2014a): Themenkonstitution im Pädagogikunterricht. In: Lange, H. / Sinning, S. (Hrsg.), (2014): Forschungs- und Lehrzusammenhang Themenkonstitution. Bd.9: Fachdidaktik und Themenkonstitution in den geistes- und sozialwissenschaftlichen Fächern und Lernbereichen. Baltmannsweiler: Schneider Verlag, S.99-125.

Schützenmeister, J. (2014b): Kategoriale Bildung mit einer >>Erweiterten pädagogischen Perspektive<< im berufspropädeutischen Pädagogikunterricht. In: Bolle, R. / Schützenmeister, J. (2014), (Hrsg.): Die pädagogische Perspektive. Anstöße zur Bestimmung pädagogischer Bildung und zur Profilierung des Pädagogikunterrichts. Baltmannsweiler: Schneider Verlag, S. 197-228.

Stiller, Edwin (1997): Dialogische Fachdidaktik Pädagogik. Paderborn: Schöningh.

Storck, C. / Wortmann, E. (2011, 2012a,b, 2013a,b, 2014), (Hrsg.): Perspektive Pädagogik. Hefte 1 bis 6. Stuttgart: Klett Verlag, 2011 (Heft 1), 2012a (Heft 2), 2012b (Heft 3), 2013 (Heft 4), 2013 (Heft 5), 2014 (Heft 6).

Wierichs, G. (1996): Pädagogikunterricht. In: Hierdeis, H. / Hug, T. (Hrsg.): Taschenbuch der Pädagogik. Band 4. 4., vollständig überarbeitete und erweiterte Auflage. Baltmannweiler: Schneider Verlag, S.1161-1174.

Wigger, L. (1996): Die aktuelle Kontroverse um die Allgemeine Pädagogik. Eine Auseinandersetzung mit ihren Kritikern. In: Zeitschrift für Pädagogik 42(1996)6, S.915-931.

Wigger, L. (2002): Ein Neubeginn der Allgemeinen Erziehungswissenschaft. In: Zeitschrift für Erziehungswissenschaft, 5.Jg., Beiheft 1, S.5-8.

Wigger, L. / Platzer, B. / Equit, C. / Börner, N. (2008): Erziehungswissenschaftliche Alternativen im Pädagogikunterricht. In: Pädagogikunterricht 28(2008)1, S.15-27. (Der Beitrag ist eine überarbeitete Fassung der Vorträge, die auf dem 27. Pädagogiklehrertag in Dortmund im Jahr 2007 gehalten worden sind.)

Wortmann, E.(2009a): Pädagogik als allgemeinbildendes Fach in der Sekundarstufe II. In: Schützenmeister, J. (Hrsg.): Zeitgemäße pädagogische Bildung. Beiträge zur Entwicklung und zum Studium der Fachdidaktik Pädagogik. Bd. 17 der Reihe Didactica Nova. Baltmannsweiler: Schneider Verlag, S.14-41.

Wortmann, E.(2009b): Einführung in den pädagogischen Grundbegriff der Bildsamkeit. In: Pädagogikunterricht 29(2009)2/3, S. 30-43.

Wortmann, E.(2010a): Transformation der Anforderungen. Fachdidaktische Überlegungen zum Verhältnis der Teilpraxen Pädagogik und Wirtschaft. In: Pädagogikunterricht 30(2010)2/3, S. 86-91.

Wortmann, E.(2010b): BE yourself. Der Film „Billy Elliot – I will dance“ im Pädagogikunterricht der Eingangsstufe. In: Pädagogikunterricht 30(2010) 4, S. 10-18.

Wortmann, E. (2014a): Mündigkeit als pädagogischer Grundbegriff im Pädagogikunterricht: In: Dammer, K.-H./Wortmann, E. (2014): Mündigkeit. Didaktische, bildungstheoretische und politische Überlegungen zu einem schwierigen Begriff. Baltmannsweiler: Schneider-Verlag (erscheint demnächst).

Wortmann, E. (2014b): Mündigkeit als pädagogischer Grundbegriff : ein Arbeitsbuch. Baltmannsweiler: Schneider-Verlag (erscheint demnächst).

Wortmann, E. (2014c): Zur Mündigkeit führen – Formen pädagogischen Handelns: ein Arbeitsbuch. Baltmannsweiler: Schneider-Verlag (erscheint demnächst).

Wortmann, E. (2014d): Rousseau im Pädagogikunterricht. In: Reitemeyer, U. / Zumhof, T. (2014), (Hrsg.) Rousseau zur Einführung. Reihe: Studienbücher zur Lehrerbildung. Bd. 2. Berlin, Münster, Wien, Zürich, London: LIT-Verlag (erscheint demnächst).

ARMIN BERNHARD

Pädagogische Bildung: Thesen zu ihrer Notwendigkeit in einer verkehrten Welt

Pädagogische Bildung ist zwar kein neuer Begriff, die Bedeutung seines Gegenstandes steht jedoch in einem umgekehrt proportionalen Verhältnis zu den Bemühungen um eine Klärung derjenigen Dimensionen, die mit diesem Begriff gefasst werden sollen. Die Erziehungs- und Bildungswissenschaft glänzt mit Blick auf die Vermittlung ihres eigenen Gegenstandes mit Abstinenz. Angesichts der Expansion des Pädagogischen in der modernen Gesellschaft ist dieser Umstand überraschend, bietet dieser Strukturwandel doch die Möglichkeit, bildungspolitisch für eine Bildung eine Bresche zu schlagen, in der das pädagogische Moment konstitutiv sein könnte. Schon an der noch jungen Geschichte des Schulfaches Pädagogik, in dem pädagogische Bildung zumindest dem Anspruch nach ins Werk gesetzt werden soll, kann mühelos aufgezeigt werden, dass die Disziplin Erziehungswissenschaft auf die Verdolmetschung ihres ureigenen Gegenstandes – der Pädagogik – keine nachdrückliche Bedeutung legt. Nicht systematisch, eher zufällig treten Erziehungswissenschaft und Didaktik des Schulfaches Pädagogik in einen produktiven Austausch: eine zu schmale Basis für die bildungs- und gesellschaftspolitische Thematisierung des Pädagogischen im öffentlichen Raum. Was pädagogische Bildung heißen kann, soll im Folgenden skizziert werden, um die Auseinandersetzung mit dieser Kategorie zu forcieren, deren nicht nur das Schulfach Pädagogik, sondern die Bildungs- und Erziehungspraxis in unserer Gesellschaft insgesamt bedarf. Dieses geschieht nicht in der Illusion, mit Argumenten in die derzeitige bildungspolitische Diskussion eingreifen zu können, in der es längst nicht mehr um Bildung geht. Im Vordergrund steht die Provokation eines Prozesses der Selbstklärung derjenigen, die das pädagogische Moment in eine Bildung integriert sehen möchten, die den Menschen instand setzt zu handeln.

1. Pädagogische Bildung - Bildung durch Pädagogik

Der Begriff der pädagogischen Bildung ist bislang nicht klar umrissen. Seine Entwicklung ist zudem erschwert durch seine Mehrdimensionalität, schließt er doch einen doppeldeutigen Wechselbezug von Pädagogik und Bildung ein: Einerseits kann er dazu dienen, pädagogisch initiierte und unterstützte Bildungsvorgänge von spontanen, weitgehend informellen Bildungsprozessen zu unterscheiden. In diesem Verständnis wird eine besondere Qualität der Bildung hervorgehoben, die sich auf sämtliche mehr oder weniger professionell initiierte oder begleitete Bildungsprozesse bezieht. Andererseits – und auf diese Bedeutung konzentrieren sich die folgenden Ausführungen – meint pädagogische Bildung eine Bildung, in der das Pädagogische selbst reflektiert wird: Einen Prozess der Bildung also, der Pädagogik zu seinem zentralen Gegenstand hat, in dem Bildung und Erziehung selbst thematisch werden. Diese Bildung in Bezug auf pädagogische Inhalte, organisatorisch verankert an den Universitäten und den berufsbildenden Schulen sowie exklusiv an allgemeinbildenden Schulen in einigen Bundesländern, wird im besten Falle eingeschlossen von einer pädagogischen Bildung im erstgenannten Bedeutungssinn: Dass ein Unterricht über Bildung und Erziehung einer pädagogischen Anlage entbehrte, widerspräche dem Begriff einer pädagogischen Bildung. Gleichsam geht der Begriff der pädagogischen Bildung über den möglichen einer *erziehungswissenschaftlichen Bildung* hinaus: Denn pädagogische Bildung kommt zwar ohne die Disziplin Erziehungswissenschaft nicht zu ihrer höchsten Reflexionsstufe, doch umklammert sie in ihrem Begriff Theorie *und* Praxis der Erziehung und Bildung und geht demzufolge über die wissenschaftliche Ebene hinaus. Gerade angesichts der gegenwärtigen Tendenz einer gefährlichen szientistischen Verengung der Disziplin Erziehungswissenschaft bleibt diese Verklammerung von Theorie und Praxis, von Erkenntnis und Erfahrung im Begriff der pädagogischen Bildung ein grundlegendes theoretisches wie gesellschaftliches politisches Erfordernis.

Der Begriff einer pädagogischen Bildung wird oftmals im Zusammenhang der Versuche verwendet, die Lehrerbildung durch Verstärkung der pädagogischen Ausbildungselemente zu modernisieren und zu professionalisieren. Wilhelm Flitner hat zusätzlich zu dieser Komponente im Rahmen seiner geisteswissenschaftlich angelegten Allgemeinen Pädagogik den Begriff einer pädagogischen Bildung für eine Laienbildung kreiert, in deren Zentrum die Klärung praktischer Erziehungs- und Bildungsfragen steht. In diesen Studien ging es um das Unterfangen, erziehungswissenschaftliche Kenntnisse für die pädagogische Bildung aller Gesellschaftsmitglieder nutzbar zu machen. Flitner schwebte eine eigens zu konzipierende Eltern-Pädagogik vor, die nicht auf eine popularisierenden Vermittlung wissenschaftlicher Einzelerkenntnisse zu pädagogischen Problemen zielen sollte, sondern auf eine *pädagogische Allgemeinbildung*. Im Unterschied zu einer verflachenden Popularisierung pädagogisch relevanter wissenschaftliche Kenntnisse und Einsichten soll eine pädagogische Bildung den Zusammenhang der praktischen pädagogischen Fragen mit der umgebenden Lebenswirklichkeit und in Bezug auf andere geschichtliche Epochen deutlich machen: Pädagogische Bildung zielt auf „die pädagogische Besinnung im existentiellen Zusammenhang der Fragen mit der Praxis." (Flitner 1961, S. 166) Die professionelle Pädagogik allein reicht Flitner zufolge nicht hin, um den pädagogischen Auftrag zu erfüllen, sie muss um eine pädagogische Allgemeinbildung der Bevölkerung komplettiert werden. Was aber ist der pädagogische Auftrag? Indiziert ist die Notwendigkeit einer pädagogischen Bildung in krisenhaften gesellschaftlichen Umbrüchen, die der geisteswissenschaftliche Pädagoge mit den nebulösen Begriffen der *Zersetzung* und der *Umbildung* charakterisiert. Die

Funktion, die die pädagogische Bildung in einer im Umbruch befindlichen modernen Gesellschaft übernehmen soll, besteht in der Schaffung von Orientierungen in der Krise, pädagogische Bildung soll die problematischen Entwicklungstendenzen des gesellschaftlichen Lebens entschärfen, den sozialen Kitt produzieren, den jede widersprüchliche Gesellschaft benötigt, um die sozialen Abschürfungen ihrer Modernisierungsprozesse abzumildern. Die Forderung nach Schaffung einer pädagogischen Allgemeinbildung verfolgt die Intention, die „Grobheit im Verkehr und in den sittlichen Grundverhältnissen" zu überwinden (ebd., S. 167). Flitner bewegt sich unverkennbar auf die Ebene einer funktionalistischen Herleitung pädagogischer Bildung, ihre bildungstheoretische Begründung leistet er nicht. Was aus diesem Begründungsversuch allerdings angemessen bestimmt werden kann, ist das, was pädagogische Bildung in jedem Falle nicht sein sollte.

2. Kritische Bildungstheorie und pädagogische Bildung

Soll pädagogische Bildung einen Beitrag zur allgemeinen Bildung der heranwachsenden Generation leisten, muss sie den Gegenstand von Pädagogik in tiefgreifender und unverkürzter Form erschließbar machen, sie darf sich nicht auf die Vermittlung kurzlebiger Kompetenzen beschränken, die die Menschen nur auf das Leben unter nackten Marktverhältnissen vorbereitet. Pädagogische Bildung muss aus dem Gegenstand der Pädagogik selbst systematisch konzipiert werden. Was aber ist der Inhalt von Pädagogik? Er konstituiert sich über den grundlegenden, über Bildung und Erziehung sich vollziehenden, auf Mündigkeit und Sittlichkeit in individueller wie in kollektiver Perspektive gerichteten Aufbau der Persönlichkeit im Spannungsfeld von Individuum und Gesellschaft auf der Basis jeweils konkreter gesellschaftlich-historischer Konstellationen. Erziehung ist ein langfristiger, systematischer Vorgang des Aufbaus und der Sicherung des menschlichen Selbst- und Weltverhältnisses in der Auseinandersetzung mit gesellschaftlichen Ansprüchen und Direktiven. In der Regel handelt es sich bei Erziehung und Bildung um Vorgänge, die in intergenerative Beziehungsverhältnisse eingelagert sind, welche in ihrer Gestaltung von den konkreten gesellschaftlichen Reproduktionsbedingungen bestimmt sind. Die Einsicht in die gesellschaftliche Formbestimmtheit von Erziehungs- und Bildungsprozessen ist eine unhintergehbare Erkenntnis, die jedoch die *eigengesetzliche Dignität des Pädagogischen* nicht außer Kraft setzt.

Diese Eigengesetzlichkeit resultiert aus dem Widerspruch zwischen Entwicklungsantrieben, die sich in kindlicher Neugier, kindlicher Resistenz und kindlicher Eigensinnigkeit manifestieren, und den Anforderungen der geschichtlichen Realitätsstruktur einer Gesellschaft, die das strukturelle Moment des Zwangs in Erziehungs- und Bildungsprozessen hineintragen. Grundlegende Abhängigkeitsstrukturen und der durch die Entwicklung gesetzte Drang zur Autonomie kennzeichnen die widersprüchliche Einheit, die für die Menschwerdung strukturtypisch ist, und die nicht außer Kraft gesetzt werden, sondern lediglich unterschiedliche gesellschaftlich-historische Formen annehmen kann. Der Drang zur Autonomie, der durch den Umstand der Entwicklung gesetzt ist, ist nicht zu verwechseln mit einem Begriff von Autonomie, der „nur" die intellektuell-rationalen Dimensionen der Subjektwerdung fasst. Zunächst handelt es sich hierbei um Potentiale in der kindlichen Entwicklung, die noch nicht auf Rationalität, sondern auf einem inneren Entwicklungsdrang zur Ausweitung der individuellen räumlich-sozialen Handlungsspielräume beruhen. Erst später, mit der Entfaltung der intellektuellen Fähigkeiten, wird das, was dem Kind in seinem erprobenden Handeln noch nicht bewusst ist, in den geistigen Horizont überführt. Dem pädagogischen Handeln kommt in diesem Zusammenhang die Aufgabe der *Mediation* zu. Erziehung ist weder *rigide Formung* des heranwachsenden Menschen im Sinne der Mentalität Schwarzer Pädagogik, noch ist sie bloße Begleitung der Entfaltung der „natürlichen" Anlagen des Kindes, wie in manchen Ansätzen der Reformpädagogik. Beide Grundfiguren des pädagogischen Denkens verfehlen den Kern der Erziehung. Erziehung ist Mittlerin zwischen kindlichen Entwicklungsbedürfnissen und gesellschaftlichen Anforderungen, sie kennzeichnet den Vorgang der Vermittlung zwischen kindlichem Entwicklungsprozess und geschichtlich konkretem gesellschaftlichem Zwang. Das pädagogische Handeln gestaltet diesen Entwicklungsprozess, indem es einen pädagogisch-sozialen Raum schafft, in dem das Kind seine Entwicklungsbedürfnisse nicht nur äußern und realisieren, sondern in der sozialen Auseinandersetzung systematisch weiterentwickeln kann.

Jede Bestimmung der Dimensionen und Inhalte pädagogischer Bildung, die außerhalb einer Theorie der Bildung angesiedelt ist, stellt deren Legitimation in Frage. Weil eine außerhalb der Bildungstheorie angesetzte Begründung für die Notwendigkeit einer pädagogischen Bildung zwangsläufig willkürlich ist, gefährdet sie das Unternehmen, das sie doch gerade auf den Weg bringen will. Wenn im Unterrichtsfach Pädagogik eine Bildung initiiert werden soll, in der Erziehung, Bildung, pädagogische Prozesse selbst zum Inhalt werden, kann sie nicht dezisionistisch abgeleitet werden aus den allgemeinen Belangen und Erfordernissen der Gesellschaft. Ohne seine bildungstheoretische Legitimation macht sich das Schulfach Pädagogik alleine abhängig von politischen Konjunkturen und der Willkür politischer Entscheidungsträger. Dass in der fast hundertjährigen Geschichte des Pädagogikunterrichts sich die so genannten Legitimationsdebatten auf zwei historische Zeiträume beschränken (Mitte der 1960er Jahre; Ende der 1980er Jahre), indiziert ein erhebliches Begründungsdefizit pädagogischer Bildung. Nicht nur Studierende dieses Faches gehen der quälenden Frage gern aus dem Weg, was es denn mit Pädagogik als Unterrichtsfach auf sich habe. Wo sich die modernistische Erziehungswissenschaft schon vom Begriff der Pädagogik distanziert, wird es schwierig, den Begriff der pädagogischen Bildung zu entfalten und auszudeuten. In einer Theorie der Bildung, die ihre Arbeit in einem sozialkritischen Koordinatensystem ansiedelt, kann pädagogische Bildung von ihren gesellschaftlichen Implikationen her näher bestimmt werden, ohne in eine funktionalistische und damit dezisionistische Ableitungen zu verfallen. Ihr zentraler Bezugspunkt ist eine Perspektive von Mündigkeit, die diese nicht statisch festschreibt, sondern den permanenten Anfechtungen des Mündigwerdens in der Ontogenese Rechnung trägt.

Bildung ist in die Dialektik von Integration und Loslösung eingefasst, aber nur über den Gedanken der Freisetzung von Mündigkeit ist die Integrationsperspektive bildungstheoretisch begründbar. Wie können die gesellschaftlichen Vorgänge der Integration so gestaltet werden, dass Bildung einen qualitativen Überschuss in der Subjektwerdung schafft, die die funktionalistische Intention letztlich hinter sich lässt: so lautete – mutatis mutandis – die Bildungsfrage von Comenius bis Heydorn. Mündigkeit kann also nur erworben werden, wenn die Vergesellschaftung des Subjekts letztlich durch ihre nachholende geistige Durchdringung in einer höheren Subjektform aufgehoben werden kann. Vor dieser Überprüfung haben sich alle auf Pädagogik gerichteten Bildungsinhalte auszuweisen, der alleinige Vermerk ihrer gesellschaftlichen Notwendigkeit reicht keineswegs hin. Gegenstand der Bildungstheorie ist das Verhältnis von Mensch und Welt, sind die Beziehungen, die sich zwischen Mensch und Welt in geistiger und ästhetischer Hinsicht gestalten. Wie die Menschen in der Auseinandersetzung mit der Welt ein tiefgreifendes Verständnis von der Welt und sich selbst in ihr entwickeln können – dieses Problem konstituiert die Grundfrage einer Theorie der Bildung. Im Gegensatz zu Bildungstheorien aufklärerischer, neuhumanistischer, klassischer Provenienz kann Bildung nicht mehr vernunft- und bewusstseins-philosophisch konzipiert werden. Eine gesellschaftskritische Theorie der Bildung reflektiert die Vorgänge der Bildung vielmehr in Rückbezug auf die konkrete Form der Organisation der materiellen Daseinsbedingungen der Menschen. Das Verhältnis zwischen Mensch und Welt ist nicht allein von einem idealistisch gesetzten Soll-Zustand her zu begründen, sondern zu begreifen erst über die konkreten gesellschaftlichen Vermittlungsbedingungen der Arbeits- und Lebensverhältnisse in das Selbst- und Weltverständnis des Menschen. Da dieses schon stets ein bereits vergesellschaftetes ist, kann Bildung nur von der Basis dieses Vergesellschaftungsprozesses her verstanden und in ihren Perspektiven bestimmt werden. Von dieser Basis vergesellschafteter Subjektivität her wird das Mensch-Welt-Verhältnis grundlegend bestimmt. In einer zentrifugalen Gesellschaft ist dieses notwendigerweise äußerst prekär, seine Vermittlung problematisch. Der diagnostische Blick einer sozialkritisch verfassten Bildungstheorie stellt daher die *strukturellen Verwerfungen* im Verhältnis zwischen Mensch und Welt an den Ausgangspunkt ihrer Reflexionen. Nicht die Verschwisterung von Mensch und Welt, wie sie noch bei Humboldt formuliert wird, ist hier tragend, sondern die problematische Dimension dieses Verhältnisses in einer Gesellschaft, die die Subjektwerdung dem Diktat einer umfassenden Monetarisierung unterwirft, in der der Mensch nicht zu sich selbst kommen kann. Bildung heute, auch und gerade die pädagogische Bildung, ist Bildung in der von Eduardo Galeano so bezeichneten *verkehrten Welt* (Galeano 2000), einer weltgesellschaftlichen Unordnung, in der die Direktiven einer neoliberalen Ökonomie die Welt auf den Kopf stellen.

Ein tiefgreifendes Verständnis des Menschen von der Welt und sich selbst in ihr zu entwickeln – diesen Prozess zu reflektieren ist Aufgabe von Bildungstheorie. Welche Bedeutung kommt in diesem Rahmen einer pädagogischen Bildung zu? Wir hatten eingangs von der Ausbreitung des Pädagogischen in der modernen Gesellschaft gesprochen. Diese Expansion von Bildungs- und Erziehungsprozessen hat in den letzten Jahrzehnten eine neue Qualität erfahren, die in die Legitimation pädagogischer Bildung aufgenommen werden muss. Der starke Institutionalisierungsgrad von Bildung und Erziehung in modernen Gesellschaften wird immer wieder als eine zentrale Argumentationsfigur pädagogischer Bildung entfaltet. Zu diesem Vorgang der Institutionalisierung tritt ein Prozess, der der Expansion des Pädagogischen einer weitere Schubkraft verleiht, und der durch die äußere Institutionalisierung von Bildung und Erziehung nicht bewältigt werden kann. Die Vereinzelungsprozesse mit all ihren Problemen werden durch Reduzierung bürgerlicher Verkehrsformen auf marktvermittelte Beziehungsmuster potenziert und verleihen der Gesellschaft einen *zentrifugalen* Charakter. In einer zentrifugalen Gesellschaft verstärken sich die Probleme der Subjektwerdung und Identitätsbildung derart, dass sie allein von den eigens für Erziehung und Bildung geschaffenen Institutionen nicht mehr bearbeitet werden können. Der gesellschaftliche Druck, der auf der Subjektwerdung lastet, produziert neue Formen *informeller Bildung und Erziehung* neben ihren institutionalisierten Formen, die die Menschen instand setzen sollen, in den zivilgesellschaftlichen Räumen kommunikative Formen der Interaktion noch aufrecht erhalten zu können. Die selbständige Führung der eigenen Person wie der Umgang mit anderen werden zu informellen Bedingungen des Handelns überhaupt. Fähigkeiten der Selbsterziehung und des pädagogischen Umgangs sind zentrale Erfordernisse der zentrifugalen Gesellschaft. Das Dilemma pädagogischer Bildung resultiert aus dem Umstand, dass sie zu Strategien der Selbstbehauptung verkommen kann, in der der herrschaftsbezogene Herkunftscharakter von Pädagogik subtil weitergetragen, der Gedanke der Autonomie verraten wird. Gerade unter den Bedingungen verschärfter Rivalität in den gesellschaftlichen Beziehungsverhältnissen könnte gerade eine pädagogische Bildung ein instrumentelles Verhältnis des Menschen zur Welt und zu seiner eigenen Identität befördern – ein in den fachdidaktischen Debatten, auch und gerade in konstruktivistisch-biologistischen Modellen kaum reflektierter, grundlegender Aspekt: Je mehr eine pädagogische Bildung sich auf Entwicklung von Erziehungstechnologien oder auf subjektivistische biographische Reflexion orientierte, umso stärker beteiligte sie sich an der Aufrechterhaltung der verkehrten Welt, die ein emanzipativ entfaltetes Welt- und Selbstverständnis – Ziel aller modernen Pädagogik – notwendig verhindern muss.

3. Pädagogische Bildung und die Entwicklung eines emanzipativen Selbst- und Weltverständnisses

Aus der Perspektive einer kritischen Theorie der Bildung kann pädagogische Bildung nur im Hinblick auf die Frage konzipiert werden, wie die Menschen in der Auseinandersetzung mit ihren gesellschaftlich-historischen Lebensbedingungen ein emanzipatives Selbst- und Weltverständnis zu entwickeln in der Lage sein können. Mit anderen Worten: Welchen Beitrag leistet ein Unterricht über pädagogische Inhalte für eine emanzipatives Selbst- und Weltverständnis des Menschen in einer Gesellschaft, die Mündigkeit nur noch als Worthülse kennt? Aufgabe einer pädagogischen Bildung ist daher nicht primär die Schaffung von praktischer Erziehungskompetenz, sondern die Anbahnung eines kritischen Problembewusstseins gegenüber pädagogischen Prozessen. Pädagogische Bildung zielt in erster Linie auf *Erkenntnis,* auf eine Erkenntnis, die ihr Spezifikum darin besitzt, dass sie Mündigkeitspotentiale über pädagogische Inhalte und Fragestellungen freizusetzen versucht. Eine emanzipatorische Konzeption pädagogischer Bildung weiß sich zwar in den objektiven gesellschaftlichen Zwängen verortet, denen sie nicht entrinnen kann. Ihr Ziel lässt sich aus diesen jedoch nicht funktionalistisch ableiten. Wer eine pädagogische Bildung entwickeln will, muss daher klären, in welchen pädagogischen Zugängen und Inhalten Perspektiven auf Mündigkeit aufweisbar sind.

Die allgemeinen bildungstheoretischen Überlegungen können nun inhaltlich konkretisiert werden:

1. Pädagogische Bildung ist zunächst einmal eine Bildung, die über die gesellschaftliche Veranlassung ihrer selbst aufklärt. Insofern muss sie kritisch auf ihren Beitrag bei der Reproduktion der gesellschaftlichen Verhältnisse gerichtet sein. Nur wenn pädagogische Bildung nicht einfach nur voluntaristisch als Beitrag zum Aufbau von „Human-Kompetenz“ erklärt, sondern in ihrer gesellschaftlichen Funktion: nämlich der der Herstellung von Subjekteigenschaften reflektiert wird, die die verheerenden Folgen des neoliberalen Kapitalismus abfedern soll, kann sie über diese funktionalistische Bestimmung hinaus weiterentwickelt werden. Der Aufbau von Humankompetenz als Aufgabe einer pädagogischen Bildung erhält seine Bedeutung für die Mündigkeitsperspektive nur über die selbstkritische Reflexion pädagogischer Bildung im gesellschaftlichen Verwendungszusammenhang.

2. Pädagogische Bildung muss als eine Ideologiekritik von Bildungs- und Erziehungsanschauungen organisiert werden, will sie ihre Perspektive auf Mündigkeit aufrechterhalten. Gesellschaftliche Rechtfertigungslehren zirkulieren umso mehr in Feldern der Erziehung und Bildung wie die Humanressource Mensch in das eigentliche Blickfeld des ökonomischen Verwertungsprozesses rückt. In

dieser Aufgabenstellung liegt ein unausgeschöpftes Potential der systematischen Heranführung an Erziehungs- und Bildungsprobleme. Erst im Aufbau einer erziehungswissenschaftlich angeleiteten Ideologiekritik im Bewusstsein der Heranwachsenden kann der emanzipatorische Gehalt pädagogischer Inhalte freigelegt werden. Den Versuchen der gesellschaftlichen Rechtfertigung der gegebenen Unordnung in Fragen der Bildung und Erziehung systematisch nachzuspüren, gehört zu den anspruchsvollsten Aufgaben einer pädagogischen Bildung, ohne deren annäherungsweise Einlösung sie nichts anderes ist als eine seichte Luftblase von Halbbildung. Pädagogische Bildung ist insofern immer auch politische Bildung, als sie die Interessengebundenheit pädagogischer Aussagen in ihr Zentrum stellen muss.

3. Pädagogische Bildung besteht in der systematischen Umarbeitung eines bereits vorhandenen alltagspädagogischen Arsenals in ein pädagogisches Problembewusstsein. Sie beinhaltet notwendig die Aufhebung lebensweltlich erworbener Erziehungserfahrungen ebenso wie des kulturindustriell kolportierten Erziehungswissens. Sie dient der kritischen Strukturierung diffuser pädagogischer Erfahrungsbestände. Erziehungserfahrungen und Erziehungswissen, die in Kindheit und Jugend erworben wurden, repräsentieren vorrationale, emotional besetzte Bewusstseinsmuster, die in einem distanzierenden Vorgang aufgehoben werden müssen. Die Erziehung kommt in der sie selbst betreffenden Bildung zu sich selbst. Erst indem Erziehung in pädagogischer Bildung systematisch zum Bewusstsein ihrer selbst gebracht wird, kann ihr Zwangscharakter in einer neuen, humaneren Regulation des Umgangs mit sich selbst und mit anderen aufgehoben werden. Die Dimensionen des bildungstheoretisch freigelegten Erziehungsbegriffs begründen einen wichtigen inhaltlichen Bezug. Die Dialektik von Anpassung und Freisetzung ist in ihm eingeschlossen. Pädagogische Bildung, die ihren Namen verdient, bestünde in der Freilegung dieser Dialektik.

4. Pädagogische Bildung hätte die Vorstellung von einem seriösen, tiefendimensionalen Verständnis von Erziehung in den Heranwachsenden anzubahnen. Erziehung dient der Reproduktion der Gesellschaft und zugleich dient sie prinzipiell der humanen Grundlegung des Subjekts. Sie repräsentiert weder eine Technologie des Verhaltensaufbaus noch eine Strategie der Steuerung von Persönlichkeit, sondern einen tiefgreifenden Vorgang, der sich von punktuellen psychologisch-therapeutischen Eingriffen strukturell unterscheidet. Sie wird gerade unter den Bedingungen einer zentrifugalen Gesellschaft zur „intellektuellen Leistung" (Heydorn 1995/2, S. 297). In diesem Anspruch ist sie im Rahmen einer pädagogischen Bildung für die Heranwachsenden zu erschließen. Die liberalen Formen der Erziehung in der Überflussgesellschaft fesseln das Kind an die bestehende Gesellschaft, führen nicht über sie hinaus, sie sind nur ein Reflex liberalisierter Marktverhältnisse. Sie negieren den Umstand, dass der Weg des

menschlichen Bewusstseins zur Freiheit über vorbewusste Zwänge wie Konditionierungen, Nachahmungsprozesse und Identifikationsvorgänge erst mühsam geebnet werden muss. Als intellektuelle Leistung jedoch wird Erziehung der Dialektik von Anpassung und Freisetzung gerecht. Auf dem Boden des Gegebenen stehend, ist diese Erziehung ein Wagnis, denn ihre widersprüchliche Aufgabe besteht darin, „Mut für ein menschenwürdigeres Leben zu machen, ohne sein Risiko zu verheimlichen.“ (ebd., S. 297)

5. Pädagogische Bildung muss die selbst erfahrenen Erziehungs- und Bildungsprozesse in einen Zusammenhang mit Sozialisations- und Identitätsbildungsvorgängen stellen. Die Persönlichkeitsbildung, die durch pädagogische Bildung initiiert werden kann, ist ein politisch-gesellschaftlicher Vorgang insofern, als die Lernenden die Friktionen und Brüche in der eigenen Lebensgeschichte als politisch-gesellschaftliche erst wahrzunehmen lernen. Die Ausweitung pädagogischer Bildung auf den Bereich der Persönlichkeitsbildung ist insofern brisant, weil sie im Falle einer verengenden Psychologisierung komplexer pädagogischer Problemzusammenhänge einem Unterrichtsfach Pädagogik die Basis nehmen könnte. Die kursierenden Entwürfe zu Identitätslernen und biographischer Selbstreflexion dokumentieren dieses Einfallstor des Subjektivismus in eine pädagogische Bildung. Statt einer trivialisierenden Psychologisierung der eigenen Subjektgenese hat pädagogische Bildung über die Schaffung von Begriffen, Theorien, Fragestellungen eine reflexiv-distanzierte Haltung des Heranwachsenden zu entwickeln. Sie muss den Jugendlichen ein Instrumentarium an die Hand geben, mit deren Hilfe sie ihren subjektiv begrenzten Blick auf die eigene Subjektwerdung durch Einbezug ihrer politischen und gesellschaftlichen Implikationen erweitern können.

Wie auch immer die zukünftige Gestalt einer pädagogischen Bildung aussehen mag, in welcher institutionalisierten Form sie auch immer existieren mag, sie stellt angesichts der zentrifugalen Sozialisationswirkungen der monetarisierten Gesellschaft eine objektive Notwendigkeit dar, die jene nicht ignorieren kann, es sei denn um den Preis der Freisetzung weitergehender Desintegrations- und Entzivilisierungstendenzen. Aus dieser objektiven Notwendigkeit heraus ist das Ziel einer pädagogischen Bildung zu gewinnen: in die verkehrte Welt einzuführen und in eben diesem Prozess zugleich an ihrer geschichtlichen Überwindung mitzuarbeiten. Mit Blick auf die Perspektive der Mündigkeit, die der gegenwärtigen Reduktion von Autonomie auf Selbstbehauptung widerspricht, könnte der im Schulfach Pädagogik zu initiierenden pädagogischen Bildung vielleicht sogar eine Schlüsselbedeutung zukommen. Wird sie mit theoretisch-reflexivem Tiefgang angelegt, könnte sie diejenigen Bildungsprozesse auslösen, die die Schalen trügerischer Halbbildung zu durchdringen in der Lage wären. In dem Maße, wie eine pädagogische Bildung im Kontext eines qualitativ bestimmten pädagogischen Verhältnisses zu einem tiefergehenden Bildungsprozess als alle anderen „Bildungen" gerät, ist sie prinzipiell in die Lage versetzt, die Netze der Verdinglichung, die tagtäglich über unsere Existenz geworfen werden, zu zerreißen. Pädagogische Bildung könnte damit zum Kern einer Persönlichkeitsbildung werden, die sich nicht, wie in der Verfallsgeschichte des Bildungsbegriffs erkennbar, in kontemplativer Weise von den gesellschaftlichen Verhältnissen abschottet, sondern sie in konstitutiver Weise in den Vorgang emanzipativer Subjektwerdung einbezieht. Sie wäre damit das Ferment der Aufhebung der verkehrten Welt in unseren Köpfen.

Literatur

Bernhard, A.: Allgemeine Pädagogik und pädagogische Bildung, in: Zeitschrift für Pädagogik, Jg. 47, 2001, H. 47, S. 343-357

Beyer, Kl.: Die historische einzigartige Bedeutung pädagogischer Bildung, in: Beyer, Kl. / E. Knöpfel / Chr. Storck: Pädagogische Kompetenz: die Basiskompetenz im 21. Jahrhundert. Baltmannsweiler 2002, S. 125-183

Flitner, W.: Exkurs über pädagogische Bildung, in: ders.: Allgemeine Pädagogik. Stuttgart 1961 (7. Auflage)

Galeano, E.: Die Füße nach oben. Zustand und Zukunft einer verkehrten Welt. Wuppertal 2000

Heydorn, H.-J.: Erziehung, in: ders.: Werke Band 2. Bildungstheoretische und pädagogische Schriften 1967-1970. Vaduz 1995, S. 287-321

Der vorstehende Aufsatz ist ein Wiederabdruck des folgenden Beitrages:

Bernhard, Armin (2004): Pädagogische Bildung: Thesen zu ihrer Notwendigkeit in einer verkehrten Welt. In: Gutheil, Georg / Opora, Peter (2004), (Hrsg.): Perspektiven des Pädagogikunterrichts. Beiträge zur schulpolitischen, didaktischen und methodischen Zukunft des Faches in einer sich wandelnden Schullandschaft. Baltmannsweiler: Schneider Verlag, S.26-35.

LOTHAR WIGGER / BARBARA PLATZER / CLAUDIA EQUIT / NICOLE BÖRNER

Erziehungswissenschaftliche Alternativen im Pädagogikunterricht[1]

1. Zur Kritik der Psychologisierung des Pädagogikunterrichts

Die Geschichte der beiden Disziplinen Pädagogik und Psychologie ist wechselhaft, gekennzeichnet durch eine ungleichzeitige Entwicklung und universitäre Etablierung, durch eine jeweils unterschiedliche institutionelle Expansion und Ausdifferenzierung, inhaltlich durch disziplinspezifische Paradigmenwechsel und inhaltliche Pluralisierung. In beiden Wissenschaften zeigt sich dabei - durchaus vergleichbar - ein Auseinanderdriften von wissenschaftlichem Fortschritt und Abnehmererwartungen, von Wirkungsambitionen und tatsächlichen Leistungen. „Das Verhältnis [beider war] abwechselnd von hohen Erwartungen, Enttäuschungen, Missverständnissen und Bevormundungen bestimmt."[2] Aber wenn das Verhältnis von Pädagogik und Psychologie im PU thematisiert wird, dann sind nicht die akademischen Disziplinen und ihre komplizierte Geschichte, nicht Konkurrenz oder die Kooperation von erziehungswissenschaftlicher und psychologischer Forschung Gegenstand des Nachdenkens, sondern ihre Präsentation im PU. Dabei ist man mit einer eigentümlichen Gemengelage dieser Wissenschaften mit ihren popularisierten Formen und ihren durch öffentliche Erwartungen und Rezeptionen transformierten Bildern konfrontiert. So versteht sich die Psychologie als empirische Wissenschaft von Erleben und Verhalten des Menschen, die in ihrer Entwicklung beschrieben und aus inneren und äußeren Ursachen und Bedingungen erklärt und vorhergesagt werden sollen. Damit unterscheidet sie sich und grenzt sich von einem Alltagsverständnis von Psychologie ab, das wesentlich durch Psychoanalyse, Verhaltenstherapie und humanistischer Psychologie geprägt ist[3] und als zentrale Aufgabe der Psychologie die therapeutische Behandlung von Verhaltensstörungen oder Lebensproblemen ansieht. Auch in der Erziehungswissenschaft finden wir diese Differenz von wissenschaftlichem Selbstverständnis und öffentlichem Bild. Die zeitgenössische Erziehungswissenschaft versteht sich als eine forschende Disziplin, und unterscheidet sich von einer die Praxis reflektierenden und anleitenden Pädagogik, auch wenn das Selbstverständnis als Wissenschaft und das Verhältnis zur Praxis heterogener und strittiger sind als in der Psychologie.

Ausgangspunkt folgender Überlegungen ist ein Eindruck, der sich aufgrund der Themen des Zentralabiturs in Nordrhein-Westfalen[4] und bei der Betrachtung des Lehrplans des PU sowie auf Grund von (nicht repräsentativen, einzelnen) Berichten und Beobachtungen von Teilnehmern des PU aufdrängt, nämlich der Eindruck einer gewissen „Psychologielastigkeit" des PU. Thema des Beitrags soll die kritische

Diskussion der These der „Psychologisierung“ und die Erörterung möglicher Alternativen sein. Mit „Psychologisierung“ ist zweierlei gemeint: Zum einen eine Dominanz psychologischer Theorien, Gesichtspunkte und Fragestellungen auf Kosten erziehungswissenschaftlicher Ansätze und Fragen, zum anderen eine bestimmte Umgangsweise mit den im PU behandelten Themen, die den Bildungsanspruch von Unterricht auf eine psychologisierende Selbstreflexion reduziert. Beides erscheint problematisch und bedenkenswert. Die Behauptung einer Psychologisierung ist also nicht einfach nur deskriptiv, sondern transportiert eine normative Botschaft, dass beides kritikabel sei, und impliziert eine Konsequenz, nämlich nach Alternativen zu suchen. Die Dominanz psychologischer Theorien, Gesichtspunkte und Fragestellungen unter Verzicht auf andere, zumindest relativierende Sichtweisen begünstigt eine einseitige Auffassung der thematisierten Sachverhalte mit der Gefahr einer Reduktion gesellschaftlicher, institutioneller und politischer Zusammenhänge auf kommunikative, individuelle und private Aspekte[5]. So werden soziale Probleme individualisiert, für Interessenkonflikte und Machtfragen werden kommunikative Lösungen suggeriert[6].

> „Das Problem einer ‚Psychologisierung' des Pädagogischen entsteht - in der autonomiepädagogischen Linie - dort, wo es zu einer subjektivistisch oder intersubjektivistisch verkürzten Sicht auf Erziehungs-, Lern- und Bildungsprozesse kommt, indem der - häufig widerständige - Welt- und Sachbezug ausgeblendet wird. Des Weiteren führen harmonisierende Auffassungen in pädagogischen Interaktionsbezügen im Sinne einer ‚Kuschelpädagogik' dazu, Konflikt- und Machtaspekte menschlicher Sozialität zu verdrängen.“ [7]

Winfried Böhm formuliert im Anschluss an Bärbel Schön den Einwand so, dass

> „wohl die allermeisten psychotherapeutisch orientierten Auffassungen die brennenden Fragen nach gesellschaftlicher Macht und Reichtum, Ohnmacht und Armut, Normalität und Anormalität auf die psychischen Komponenten reduzieren oder doch zumindest diese Faktoren sehr viel höher als die sozialstrukturellen und institutionellen Faktoren bewerten. Die Einpferchung sozialhistorischer Dimensionen in die Schranken der subjektiven Problematik ist nicht nur naiv, sondern auch gesellschaftlich funktional. Sie lenkt möglicherweise von brennenden sozialen Fragen trotz ihrer Kritik an der Entfremdung und Kälte des gesellschaftlichen Lebens ab.“[8]

Die Behandlung von systemischen, allgemeiner: sozialpsychologischen und psychoanalytischen Ansätzen der Prävention und Intervention im PU ohne deren Kritik universalisiert ungerechtfertigt psychisches Leiden und Therapiebedürftigkeiten und leistet damit einer Therapeutisierung des kommunikativen Umgangs Vorschub[9].

Auch die zentrale Kategorie der Identität ist problematisch, insofern die psychologischen und sozialwissenschaftlichen Theorien ihrer Konstitution Erfahrung auf Interaktion reduzieren und damit den (häufig widerständigen) Sachbezug vernach-

lässigen[10]. Von Psychologisierung kann man schließlich auch in Bezug auf die Zielkategorien und die zugrunde liegende Moral sprechen, insofern „Selbstverwirklichung" als Wert an die Stelle traditioneller Werte wie Pflicht oder Tugend und auch an die Stelle bildungstheoretisch begründbarer Ziele wie vernünftige Selbstbestimmung getreten ist[11].
Aber hat die Erziehungswissenschaft überhaupt Alternativen? Die erziehungswissenschaftliche Sichtweise, die der Kritik der „Psychologisierung" zugrunde liegt, lässt sich wie folgt skizzieren. Grundbegriffe der Erziehungswissenschaft sind Bildung und Erziehung. Die Bildungstheorie thematisiert - um mit Humboldt zu reden - das Verhältnis von Mensch und Welt unter dem Gesichtspunkt, wie Menschen in der Auseinandersetzung mit Welt sich und die Welt erfahren, begreifen und gestalten. Die Bildungstheorie ist insofern eine theoretische Alternative zur Sozialisationstheorie und zur Entwicklungstheorie. Mit „Welt" ist das Insgesamt von Mitmenschen, sozialen Verhältnissen, kulturellen Phänomenen und natürlichen Gegebenheiten gemeint, mit dem Menschen konfrontiert sind und werden und mit dem sie sich beschäftigen. Grundlegend für die neuzeitliche Bildungstheorie sind der Gedanke der Bildsamkeit, das heißt die unbestimmte Bestimmbarkeit des Menschen, und das Verständnis von Bildung als eines nicht-teleologischen, das heißt zukunftsoffenen und nicht abschließbaren Prozesses. Das Ziel der Bildung setzen sich die Menschen nach Maßgabe ihrer Bildung. Hatte die klassische Bildungstheorie diesen Bildungsprozess als Befreiung, als Fortschritt, als Höherentwicklung der Menschheit verstanden, so verweist die kritische Bildungstheorie demgegenüber auf die „Dialektik der Aufklärung", die gescheiterte Emanzipation und die gesellschaftlichen Grenzen der Bildung[12]. Beiden gemeinsam ist die Bindung von Bildung an Vernunft, das heißt an die kritische Prüfung von Meinungen und Glaubensüberzeugungen, von Erfahrung und Wissen, von Gegebenheiten und Erwartungen, von Ansprüchen und Regeln. Zur Bildung gehört insofern nicht nur Wissen, sondern auch das Wissen um die Grenzen des Wissens, Bildung lässt sich nicht nur durch Reflexivität, Moralität und Engagement, historische Bewusstheit und ästhetische Erfahrung beschreiben, sondern beinhaltet auch Distanz und Skepsis gegenüber dem Gegebenen, gegenüber sich, gegenüber anderen und insofern ein kritisch vermitteltes Urteilen und Handeln.
Gegenüber (psychologisch oder sozialwissenschaftlich fundierten) Vorstellungen von Identität, die man vermeintlich habe oder anzustreben oder zu erlangen habe, hält der Bildungsgedanke das Bewusstsein wach, wie heterogen unser Erleben und Wollen ist, wie fragil die Zustände sind, die wir als ausgewogen, harmonisch, glücklich bezeichnen, wie revidierbar und wechselnd unsere Selbstbilder sind, wie krisenhaft und unabgeschlossen unsere Entwicklung verläuft, wie schwer uns unsere Versuche der Selbstbestimmung fallen. Die Selbstbilder sind immer vereinfachend im Vergleich zu dem „Möglichen", und die Bewegung der Bildung erfordert immer auch Antizipationen. Klaus Mollenhauer hat deshalb einmal gesagt:

> „Identität gibt es nur als Fiktion, nicht aber als empirisch zu sichernden Sachverhalt. Die Fiktion aber ist eine notwendige Bedingung des Bildungsprozesses, denn nur durch sie bleibt er in Gang. Identität ist eine Fiktion, weil mein Verhältnis zu meinem Selbstbild in die Zukunft hinein offen, weil das Selbstbild ein riskanter Entwurf meiner Selbst ist. [...] Sofern nun dieserart Zweifel immer angebracht sind und mein Verhältnis zu meinem Selbstbild zum Gegenstand haben, gibt es Identität in Fragen der Bildung des Menschen nur als Problem, nicht aber als Tatsache. Der Satz ‚ich bin mit mir identisch′ ist nur noch als Ideologie sinnvoll. Richtig wäre beispielsweise die Formulierung: ‚Der Entwurf, den ich mir von mir mache – und den ich mir unter dem Eindruck der Entwürfe, die andere von mir machen, mache – und mein Verhältnis zu ihm im Hinblick auf das, was ich sein könnte, ist mir ein Problem′. Insofern gibt es, jedenfalls für die pädagogische Theorie, keine Identitäten, sondern nur Identitätsprobleme."[13]

Auch gegenüber Vorstellungen von Selbstverwirklichung, die als allgemeines Handlungsziel und als Wert vielfach an die Stelle traditioneller Werte getreten ist, erinnert der Bildungsgedanke an „vergessene Zusammenhänge"[14]. So kritisiert Jörg Ruhloff an dem gegenwärtigen Kult um das „Selbst" die „Entwertung der inhaltlichen Bedeutungsfülle der Welt"[15].

> „Die Verschiedenartigkeit und Eigenbedeutung dessen, was es alles zu erfahren und zu denken gibt, wird zum Lehrgegenstand egalisiert und auf das gleichförmige Maß des Trichters abgestimmt, durch den sie in das ansonsten schlechterdings leere Selbst einfließt. Die Umdeutung des Wissens zur Information und des Lernens zur Informationsverarbeitung perfektionieren die Abschottung gegen Erkenntnis, Einsicht und Gedanke, vor allem wenn sie von der Vorstellung begleitet werden, bereits durch den ungehemmten Zugriff auf unerschöpfliche Informations- und Simulationsspeicher über die gewünschten Orientierungen verfügen zu können."[16]

Der Bildungsgedanke verweist demgegenüber darauf, wie vielfältig und verschiedenartig die Möglichkeiten der Erfahrung und Gestaltung von Welt sind, wie differenziert das Erleben, das Wissen, das Urteilen, das Reden sein kann, wie faszinierend die Erfahrung des Neuen, des Anderen, des Fremden ist, welche Freude es bereiten kann, die Welt oder einzelne Aspekte und Details besser zu verstehen, aber auch, wie problematisch, fehlbar und begrenzt die Erkenntnis der Welt und die seiner selbst ist, und nicht zuletzt, wie befreiend die Überwindung von Irrtümern, Selbsttäuschungen, Vorurteilen, Aberglauben ist.

Und wenn aus bildungstheoretischer Sicht Erziehung begriffen wird als Aufforderung zur selbsttätigen Auseinandersetzung mit der Welt[17], seien es schulische Aufgaben, seien es außerschulische Anlässe und Gelegenheiten[18], so wird deutlich, dass die „Sache" unverzichtbar ist und Erziehung nicht nur eine Beziehungsdimension hat. Damit werden Auffassungen von Erziehung zurückgewiesen, die Erziehung am Vorbild symmetrischer Kommunikation orientieren und am Maßstab gelingender Kommunikation, einem allgemeinen Wohlgefühl, ausrichten. Ein anstrengungsfreies Lernen ist wie ein risikoloses und Misserfolg resistentes Lernen eine Illusion. Damit ist keiner autoritären Pädagogik das Wort geredet, und es ist nicht gesagt, dass Erziehung sich nicht auf der Grundlage eines gegenseitigen Respekts vollzieht, dass Erziehung keine Unterstützung und Hilfe gewährt und dass Erziehung nicht die Freiheit anders zu handeln einräumt. Ganz im Gegenteil, gegenseitiger Respekt, Unterstützung und Hilfe und die Gewährung freier Entscheidung gehören zu einer Erziehung, der es um Bildung geht.

2. Über das Proprium des Pädagogischen

Anknüpfend an die Kritik der Psychologisierung des PUs stellt sich die Frage nach den Alternativen. Ein PU, der sich nicht auf psychologische Theorien stützen will, müsste es sich zur Aufgabe machen, das Pädagogische hervorzuheben. Die Kritik an der Psychologisierung bewahrt den PU davor, zu einem Instrument der Psychologisierung der Pädagogik zu werden und lenkt zugleich den Blick zurück auf die Frage, was das Proprium des Pädagogischen ausmacht. Im Folgenden sei deshalb zwei Fragen nachgegangen: Worin, erstens, liegt das Pädagogische und wie kann, zweitens, ein PU aussehen, der sich auf seinen genuinen Gegenstand besinnt und sich nicht in Psychologisierungen verirrt?

Pädagogische Bildung liegt, so die These, in einer spezifischen Art des Urteilsvermögens und des praktischen Urteilens, die durch doppelte Reflexivität gekennzeichnet ist. Spezifikum pädagogischen Urteilsvermögens ist sein eigentümlicher Doppelcharakter: Bildung ist nicht nur das Ziel des Unterrichts, sondern auch sein Gegenstand. Dabei beziehen sich Bildung und Urteilsvermögen wechselseitig aufeinander. Pädagogisch gebildet zu sein bedeutet, nicht nur erziehungswissenschaftliche Theorien zu kennen, sondern sie auch zuordnen, bewerten und auf unterschiedliche Situationen übertragen zu können. Dazu bedarf es eines Urteilsvermögens, das sich wiederum erst in der Auseinandersetzung mit den Theorien herausbilden kann. Die pädagogische Bildung bringt also ihr eigenes Urteilsvermögen zugleich erst hervor[19].

Pädagogisches Urteilsvermögen ist an bestimmte, nämlich pädagogische Inhalte geknüpft. Ziel des PUs ist es also, dass der Schüler sich im Hinblick auf pädagogische Theorien bilde. Dieses Ziel ähnelt den Zielen anderer Fächer, auch in ihnen geht es darum, dass die Schüler sich anhand der in ihnen vermittelten spezifischen Inhalte bilden. Die Unterscheidung zwischen pädagogischem und anderem Urteilsvermögen kann nun sowohl auf inhaltlicher als auch auf formaler Ebene betrachtet werden.

Inhaltlich unterscheidet sich pädagogische Bildung von Bildung insgesamt durch einen gewissen Impetus des Handelns. Die Praxis ist - ob als wertfreie oder als normative Bezugnahme auf pädagogische Praktiken - der pädagogischen Theorie

inhärent. Formal zeichnet sich pädagogische Bildung dadurch aus, dass in ihr der Prozess der Bildung selbst, den das Individuum durchläuft, reflektiert wird.
Im PU geht es nicht lediglich darum zu lernen, wie das Lernen funktioniert, sondern um Bildung als einen Prozess, in dem der Mensch sich selbst als Mensch bestimmt. Bildung in diesem Sinne erschöpft sich nicht im Sammeln von Wissen, sondern ist zugleich die kritische Auseinandersetzung damit. Das Urteilsvermögen, das den Grund für diese kritische Auseinandersetzung bildet, ist die Fähigkeit des Verstandes, zu erkennen, was gut, schön und richtig ist, und es vom Bösen, Falschen und Hässlichen zu unterscheiden[20]. Nun kann das, was dem einen gut, schön und richtig erscheint, für den anderen durchaus falsch und hässlich sein. So kann zum Beispiel eine Grenze, die man einem Kind setzt, von diesem als Grenzverletzung erlebt werden. Gerade die Einsicht in die Mannigfaltigkeit menschlicher Sichtweisen aber ist das, was das Urteilsvermögen ausmacht. In einer Zeit, in der das Postulat der einen Wahrheit fraglich geworden ist, gilt es, nicht vorschnell zu entscheiden, sondern abzuwägen und damit der Wahrheit zumindest so nah wie möglich zu kommen. Gesucht ist nicht die Wahrheit, sondern, wie sich im Anschluss an die Tradition der antiken Rhetorik formulieren lässt, das dem Wahren Ähnliche[21]. Urteilen heißt, Alternativen zu prüfen und gegeneinander abzuwägen. Umgekehrt ist es gleichfalls Kennzeichen des pädagogischen Urteilsvermögens, eine Situation angemessen als pädagogische Aufgabe zu erkennen und gestützt auf erziehungswissenschaftliche Theorien Lösungsmöglichkeiten zu finden.
Eine pädagogische Bildung im Sinne eines abwägenden Urteilens ist aufwändig. Sie bedarf der Anstrengung, nicht nur Äußeres zu verinnerlichen, sondern es immer wieder in das eigene Weltbild einzupassen und dieses gegebenenfalls zu ändern oder zu verwerfen. Urteilsvermögen ist deshalb immer verbunden mit dem Aspekt der Mündigkeit als dem Standpunkt, von dem aus geurteilt wird. In bildungstheoretischer Hinsicht beschreibt der Begriff der Mündigkeit die Fähigkeit des Menschen, die eigene Lebensführung zu reflektieren und zu dieser wie zu den Formen des menschlichen Zusammenlebens Stellung nehmen zu können. Urteilsvermögen und Mündigkeit erfordern einen Vernunftgebrauch, der zugleich skeptisch und problematisierend ist[22].
Die Forderung, jederzeit selbst zu denken, ist nicht nur eine aufklärerische Essenz, sondern reicht zurück bis in die Tradition der Sokratischen Dialoge. Kennzeichen dieser ist es, immer neue Fragen aufzuwerfen. In der dialogischen Erinnerung werden Perspektiven eröffnet und verschoben. In der gemeinsamen Überlegung, die zwischen den Dialogpartnern hin- und herwechselt, eröffnen sich Horizonte, die vorher nicht sichtbar waren. Jeder kennt die Situationen im Unterricht, in denen man durch die Fragen von Schülerinnen und Schülern auf einen Aspekt gestoßen wird, den man bis dahin gar nicht wahrgenommen hatte. In diesen Nischen schulischer (und auch universitärer) Kommunikation, in denen Wissen nicht festgeklopft und abgefragt, sondern vor dem Hintergrund anderer Wissenshorizonte kritisch beleuchtet wird, wird Bildung angeregt. Das Sokratische Fragen ist ein eindrückli-

ches Beispiel dafür, den eigenen Standpunkt fortwährend zu prüfen und zu überdenken. Es steht für ein Selbst-Denken, das sich an den Fragen der anderen abarbeitet. In dem, was der Mensch hervorbringt, erfindet er sich neu[23].

Das bisher Gesagte trifft auf jegliche Art des Urteilsvermögens zu und seine Anregung ist sicherlich nicht nur das Ziel des Fachs Pädagogik, sondern auch anderer geistes- und sozialwissenschaftlicher Fächer. Jegliches Urteilsvermögen ist an kulturelle Vorgaben und Orientierungen gebunden. Dabei ist es im Ansatz unzeitgemäß, weil es keiner Mode folgt. Das Spezifikum des pädagogischen Urteilsvermögens liegt - neben der Rekurrierung auf pädagogische Ziele und erziehungswissenschaftliche Theorien - in seiner Selbstreflexivität. Es ist pädagogisch, indem es seinen eigenen Entstehungsprozess reflektiert und sich an der Beschäftigung mit diesem Prozess weiter ausbildet. Ziel des PUs müsste es dementsprechend sein, pädagogisches Urteilsvermögen anzuregen und zu stärken. Das beinhaltet eine radikale Kritik an der Behandlung psychologischer Theorien im PU, durch die vielleicht ein psychologisches, nicht aber ein pädagogisches Urteilsvermögen herausgebildet werden kann. Diese Kritik stellt den Lehrer in der Praxis vor ein Dilemma: Einerseits will man den pädagogischen Theorien im Unterricht den Vorrang vor den psychologischen geben, andererseits sind letztere durch Abitur- und Lehrplanvorgaben festgeschrieben, müssen also behandelt werden. Im Schulalltag mag sich also die berechtigte Frage stellen, wie psychologische Themen in den PU integriert werden können, ohne dabei das pädagogische Urteilsvermögen aus dem Blick zu verlieren. Wie geht man mit diesem Dilemma in der Praxis um?

Die Antwort liegt in einer Vielfalt, die gepaart ist mit einer kritisch-sachlichen Distanz. Werden psychologische Themen im PU verhandelt, dann liegt die Kunst des Lehrers darin, dafür Sorge zu tragen, dass die Schülerinnen und Schüler nicht bei einer Identifizierung mit den psychologischen Theorien stehen bleiben und deren implizite Normativität unreflektiert übernehmen. Ein pädagogischer Umgang mit psychologischen Themen bestünde gerade darin, aufgrund pädagogischer Kenntnisse in eine sachliche Distanz zu den Theorien zu treten und sie kritisch zu hinterfragen. Diese sachlich-kritische Distanz kann geschult und trainiert werden, indem man mit den Schülerinnen und Schülern nicht nur eine Bandbreite pädagogischer und psychologischer Theorien erarbeitet, sondern den Blick gerade auf die Brüche in und zwischen den Theorien richtet. Um zum Beispiel am Thema Jugendkrisen das eigene Urteilsvermögen zu schärfen, kann es natürlich sinnvoll sein, auch einen systemischen Ansatz zu verhandeln. Entscheidend dabei ist jedoch, dass er nicht als alleiniger Erklärungsansatz zum Thema Jugendkrise stehen bleibt, sondern zum Beispiel durch schulkritische Modelle ergänzt wird, die die Ursachen der Krisen nicht im Individuellen, sondern im Institutionellen verorten, oder durch bildungstheoretisch orientierte Ansätze der Biographieforschung, die die Frage der Krise nicht als Mangel, sondern als Chance interpretieren. Der durch pädagogisches Urteilsvermögen geschulte Blick ist in der Lage, die Unterschiede zu sehen, die entstehen, wenn man den Jugendlichen, der eine Krise durchläuft, aus psychologi-

scher und soziologischer Perspektive wahrnimmt und stellt diesen Sichtweisen eine pädagogische Alternative gegenüber. Der Jugendliche ist dann nicht lediglich ein mit seiner Entwicklung ringendes oder durch seine Rollen determiniertes Wesen, sondern erscheint als ein sich selbst reflektierendes, bildendes Individuum.
Urteilsvermögen lässt sich nicht direkt bewirken. Die einzige Möglichkeit, es zu stärken, liegt darin, Theoriealternativen zu bieten und gemeinsam mit den Schülerinnen und Schülern die Brüche und Bezüge zwischen den Alternativen zu erarbeiten. In der dialogischen Auseinandersetzung mit den verschiedenen Sichtweisen auf ein bestimmtes Thema kann sich ein Diskurs entspinnen, der auf ein abwägendes Urteilen hinausläuft. Das A und O in dem Versuch, das Urteilsvermögen zu stärken, ist damit die Weitung des Blicks, oder, wie Cees Nooteboom es formuliert:

> „Was uns immer wieder wundert, ist, dass ihr [Menschen] euch so wenig wundert. [...] Eines der Dinge, die wir nicht verstehen können, ist, [...] dass ihr euch so wenig klarmacht, über welch unendliche Möglichkeiten ihr verfügt. [...] Ihr seid zwar sterblich, doch die Tatsache, dass ihr mit diesem einzigen winzigen Hirn über die Ewigkeit nachdenken könnt [...] und dass ihr dadurch, mit dem begrenzten Raum und der begrenzten Zeit, die euch gegeben ist, so unermesslich viel Raum und Zeit einnehmen könnt, darin besteht das Rätsel.“[24]

3. Institutionenanalyse und Schulkritik

Die Vorgaben für die Gegenstände des Unterrichts im Fach Erziehungswissenschaft bestimmen unter anderem das Thema Jugendkrisen sowie die Prävention und Intervention bei Jugendkrisen aus systemischer Sicht für das Abitur 2007[25]. Der Begriff der Jugendkrise dient in der psychologisch orientierten Forschung zumeist als Sammelbegriff für Diagnosen wie zum Beispiel die Störung des Sozialverhaltens oder Depressionen im Jugendalter.
In Bezug auf Schule scheint dieser Begriff zunächst angemessen, weil er Verhaltensweisen benennt, die das Funktionieren von Unterricht empfindlich stören. Haim Omer, Rita Irbauch und Arist von Schlippe bieten beispielsweise einen systemtherapeutischen Ansatz für den Umgang mit so genannten Jugendkrisen, wie zum Beispiel Gewalttätigkeit in der Schule, an[26]. Sie präferieren das Konzept des gewaltfreien Widerstands, welcher in der Figur Mahatma Gandhis ein Ideal für Eltern und Lehrer im Umgang mit aggressiven Kindern darstellen soll. Ein wichtiges Arbeitsbündnis liegt auf der Achse der Eltern und Lehrer, die durch ein einheitliches und konsequentes Erziehungsverhalten den Aggressionsschüben ihrer Zöglinge gewaltlosen Widerstand entgegenhalten sollen. Dieser Ansatz soll im Folgenden jedoch nicht erörtert werden. Freilich gibt es Problemkonstellationen in Familien, die sich negativ auf die psychosoziale Entwicklung von Kindern und Jugendlichen auswirken und zu störendem und aggressivem Verhalten im Klassenverband führen

können. Für diese Problematiken kann das systemische Konzept des gewaltlosen Widerstandes, begleitet durch Schulpsychologen oder andere therapeutisch geschulte Fachkräfte, durchaus notwendig und hilfreich sein. Problematisch ist jedoch die ausschließliche Bezugnahme auf systemisch-psychologische Ansätze, in der systemtherapeutische Konzepte und Theoriemodelle generalisierend auf adoleszente Problemlagen bezogen werden. Dieser Beitrag möchte eine ergänzende Perspektive eröffnen und das Thema Jugendkrisen in einen größeren Zusammenhang stellen: die Institution Schule selbst steht hier im Fokus der theoretischen Überlegungen. Ihr Einfluss, vermittelt über das Schüler-Lehrer-Verhältnis, kann Jugendkrisen verschärfen oder sogar erzeugen.

Die die institutionelle Rahmung berücksichtigenden und letztlich auch schulkritischen Aspekte bieten einen Zugang zum Thema Jugendkrisen, welcher nicht nur, wie bei therapeutischen Ansätzen, krisenhafte Situationen unter dem Fokus ihrer Interaktionsproblematik und schnellen Beseitigung erörtert. Problematische Entwicklungen in der Adoleszens können ebenso als neuralgische Punkte in der Biographie von Schülerinnen und Schülern verortet werden, die immer auch die Möglichkeit zur positiven Wendung implizieren.

Gemäß der gebotenen theoretischen Vielfalt im PU zur Schulung der pädagogischen Urteilskraft bietet der schulkritische Ansatz jedoch nicht nur eine Ergänzung zu psychologischen Erklärungsansätzen, sondern ebenso zu den sozialisationstheoretischen[27]. Am Beispiel der Schule wird deutlich, dass die adoleszenten Entwicklungsaufgaben wie „Selbstverantwortete Leistungserbringung“ und „Selbstverantwortete Gestaltung der Sozialkontakte“[28] in konsequent sozialisationstheoretischer Sicht zu ergänzen sind um die Berücksichtigung der gesellschaftlichen Zwänge, die gerade eine Übernahme von Verantwortung konterkarieren oder erschweren. Eine solche Sichtweise auf das Thema Jugendkrisen hat den Vorteil, dass sie eine Individualisierung von sozialen Problemlagen ausschließt. Die Bewältigung der Entwicklungsaufgaben des Jugendalters und die Entstehung von Jugendkrisen sind eben nicht einseitig durch fehlende Kompetenzen auf Seiten des Individuums, aber auch nicht einseitig durch gesellschaftliche Zwänge bedingt. Vielmehr ist das Zusammenspiel beider Seiten für eine gelingende oder weniger gelingende Bewältigung ausschlaggebend[29], Diese These wird im Folgenden entfaltet und abschließend ein pädagogischer Umgang mit diesem Thema im PU skizziert.

Die Institution Schule bzw. die Schulklasse ist ein wichtiger Lern- und Sozialisationsort. Nach den neueren Erkenntnissen der Sozialisationsforschung lassen sich drei wesentliche Funktionen der Institution Schule benennen[30]. Zum einen hat sie mit der Aufgabe der Wissens- und Kenntnisvermittlung eine Qualifikationsfunktion inne. Gleichermaßen soll sie die Schülerinnen und Schüler u.a. auf die späteren „Erwachsenenrollen motivationsmäßig und technisch[31]“ vorbereiten. Neben dieser Integrationsaufgabe kommt schließlich die Selektions- bzw. Allokationsfunktion[32] hinzu. Durch Notengebungen und die Verleihung von Bildungstiteln stellt sie insbesondere für Jugendliche die Weichen für einen gelungenen Übergang in den Ausbildungs- bzw. Studienmarkt[33]. Dabei spielt das Lehrer-Schüler-Verhältnis für alle drei Funktionen eine grundlegende Rolle. Die Funktionen der Integration und Selektion sind insbesondere im Jugendalter von wesentlicher Bedeutung für den Übergang ins Erwachsenenleben. Bereits hier deuten sich mit beiden Faktoren, der Vorbereitung auf das Erwachsenenleben einerseits und der Selektion und damit Eingrenzung von beruflichen Chancen andererseits, die Widersprüchlichkeiten an, welche das Lehrer-Schüler-Verhältnis rahmen.

Auf individueller Ebene lassen sich verschiedene Sichtweisen und Schwierigkeiten bezüglich des Lehrer-Schüler-Verhältnisses festhalten: Lehrerinnen und Lehrer beklagen beispielsweise, dass die Schülerinnen und Schüler schlechte Leistungen erbringen und es ihnen an der rechten Motivation und Einstellung gegenüber dem Schulbetrieb mangele. Schülerinnen und Schüler (sowie deren Eltern) beanstanden zum Beispiel die negative Haltung der Lehrerschaft ihnen gegenüber. Die Unterrichtsqualität sei, aufgrund falscher Didaktisierungen und desolater Rahmenbedingungen, mangelhaft.

Diese Beispiele ließen sich sicherlich fortsetzen. Relevant ist jedoch nicht die Vollständigkeit dieser typisierten Perspektiven, sondern ihr Fokus: institutionelle Vorgaben werden als persönliche Probleme oder gar Charakterfehler der Betroffenen individualisiert.

Diese Sichtweisen lassen sich freilich noch in einen größeren Zusammenhang einordnen, der die Selektionsfunktion der Schule in den Blick nimmt. Lehrerinnen und Lehrer sind für die Vermittlung des Lernstoffes in einem engen Zeitrahmen verantwortlich. Sie haben die Aufgabe, Schülerleistungen zu bewerten und nach Maßgabe der benoteten Leistungen gute und schlechte Schüler zu selektieren. In der Vermittlung wird aufgrund des engen Zeitrahmens in Kauf genommen, dass Schülerinnen und Schüler mit Wissenslücken die Lerninhalte nicht aufholen können. Der so entstehende Leistungsdruck ist nicht eine notwendige Bedingung von Lernprozessen. Würden die Lerninhalte nicht in einer Durchschnittszeit vermittelt werden müssen, sondern sich an den individuellen Lernvoraussetzungen der Schülerinnen und Schüler orientieren, gäbe es ihn nicht. Insofern ist dieser von der Institution Schule vorgegeben.

Die Schülerinnen und Schüler sehen sich verpflichtet, die gegebenen Anforderungen nach Maßgabe ihres Vermögens zu erfüllen und sich den Leistungsvergleichen zu stellen. Sie müssen sich, gemäß dem Konkurrenzprinzip, um die Erbringung von Leistungen bemühen und wollen sich, aufgrund des internalisierten Zwangs zum Leistungsvergleich, von ihren Mitschülern in positiver Weise abheben. Sie strengen sich an, um besser zu sein als ihre Mitschüler. Schließlich haben ihre Noten und Zeugnisse wesentlichen Einfluss auf ihre zukünftigen Bildungs- und Berufswege. Es wird davon ausgegangen, dass die Schule primär Wissen vermittelt. Das institutionell erzeugte Konkurrenzprinzip befördert jedoch nicht die Vermittlung von Wissensinhalten, sondern kann sie beeinträchtigen, denn es dient der Selektion von

Schülerinnen und Schülern: „Lernen in einer vorher festgelegten Zeit hat nichts damit zu tun, dass jeder seine Fähigkeiten entwickelt. Es wird benutzt, um eine Verteilung von Berechtigungen für die Hierarchie der Berufswelt vorzunehmen.“[34] Den Schülerinnen und Schülern sind diese Zusammenhänge jedoch nicht transparent. Das Streben nach guten Leistungen verschleiert die Tatsache, dass die Leistungsbedingungen nicht von den Konkurrierenden selbst festgelegt werden, sondern institutionell vorgegeben sind[35]. Das Lernen wird von ihnen zugleich mit dem institutionell vorgegebenen Leistungsdruck verknüpft und akzeptiert. Sie internalisieren und habitualisieren das vorgegebene Konkurrenzprinzip, ohne es als solches zu reflektieren. Das hat zur Folge, dass Schülerinnen und Schüler ihre Noten als ein Zeichen ihres persönlichen Verdienstes oder Versagens auffassen. „Für die Beteiligten erscheint dieser Zusammenhang [...] nicht so, dass dieser die individuellen Laufbahnen bestimmt, sondern als zur Verfügung gestellte Bedingung für die Entwicklung der Lernenden.“[36] Die Schülerinnen und Schüler reflektieren nicht, dass sie unter Konkurrenzbedingungen gesetzt werden, die schließlich zu einer Leistungsabstandsmessung in der Rangfolge von Ziffernnoten führt[37]. In ihrer Perspektive erscheint ihnen das Zeugnis als Ausdruck persönlicher Begabung und Wertigkeit[38]. Bildungstitel und Zeugnisse sind in der Perspektive der Schülerinnen und Schüler eine Quelle sozialer Anerkennung. Gute Noten vermitteln soziale Anerkennung und den Ausblick auf positive zukünftige (berufliche) Chancen. Dem schlechten Schüler mangelt es hingegen an sozialem Prestige und der Aussicht auf ein erfolgreiches (berufliches) Leben.

In der Perspektive des Beobachters zeigt sich im institutionell erzeugten Leistungsdruck und Notenvergleich die Selektionsfunktion der Schule: die über das zeitlich festgelegte Lernpensum entstehenden Leistungsunterschiede werden nach der Normalverteilungskurve festgelegt. Insofern erzeugt Schule Abweichler, das heißt sie erzeugt sowohl gute wie auch schlechte Schüler durch ihr Leistungs- und Bewertungssystem.

Die hier beschriebenen Zusammenhänge können die Entstehung von Jugendkrisen begünstigen. Gerda Nüberlin (2002) hat die Anpassungsreaktionen von Jugendlichen unter Leistungsdruck und Notenkonkurrenz analysiert. Neben der Schaffung von Spielräumen durch Handlungen, die den Schein von Aufmerksamkeit aufrecht erhalten, motivieren insbesondere schlechte Noten Schülerinnen und Schüler, den erstrebenswerten Anerkennungserfolg auf Umwegen zu erwerben.

> „Wenn sich die von der Schule durch schlechte Noten oder Interesseverlust enttäuschten Schülerinnen und Schüler aus der geforderten Leistungskonkurrenz um Noten tendenziell (ganz oder zumindest teilweise) zurückziehen, bedeutet das keineswegs eine Selbstaufgabe ihres Anspruchs auf persönliche Beachtung und Anerkennung.“[39]

Die Ersatzstrategien zum Erwerb des „Anerkennungserfolgs auf Umwegen“ variieren von harmlosem Bewältigungshandeln bis hin zu aggressivem Verhalten gegenüber Mitschülerinnen und Mitschülern sowie Lehrerinnen und Lehrern. Mit Hilfe

dieses theoretischen Ansatzes können Jugendkrisen daher als Anpassungsreaktionen von Jugendlichen auf Leistungsdruck und Notenkonkurrenz erklärt werden.
Die hier dargelegten Erkenntnisse bieten in der Weise eine Ergänzung zum Thema Jugendkrisen im PU. Geschult wird unter anderem ein pädagogisches Differenzierungsvermögen sowie die Reflexion pädagogischer Sozial- und Gesellschaftskritik[40]. In bildungstheoretischer Sicht sind die Förderung des Urteilsvermögens sowie eine Distanz und Skepsis gegenüber dem Gegebenen wesentliche Ziele des PU. Mit Hilfe der dargelegten institutionenkritischen Perspektive können solche Bildungsprozesse bei Schülerinnen und Schülern angeregt - jedoch nicht planmäßig erzeugt werden.
Eine wesentliche Voraussetzung der Ausbildung eines eigenen Urteilsvermögens ist die sachliche Auseinandersetzung mit dem Thema. In der Erarbeitung und Darstellung einer institutionenkritischen Perspektive auf das Thema Jugendkrisen können Pädagogiklehrerinnen und-lehrer in dieser Weise den Jugendlichen vermitteln, dass Noten nicht Ausdruck ihrer persönlichen Begabung sind. In einem zweiten Schritt erfolgt die Reflexion der vorgestellten Erkenntnisse. Noten sind zwar nicht Ausdruck der persönlichen Begabung, trotzdem können die Schülerinnen und Schüler ihre eigene Bildung durch persönliche Bemühungen fördern. In dieser Sichtweise sind Zeugnisse und Bildungstitel wichtig für ihren späteren beruflichen Werdegang, aber sie determinieren ihn nicht. Das theoretische Wissen dient der Reflexion der eigenen Situation - und zwar hinsichtlich der Erklärungskraft eines solchen Ansatzes und seiner Begrenztheit. In der Benennung von Grenzen theoretischer Erklärungsansätze liegt zugleich die Möglichkeit, auf alternative theoretische Erklärungsmodelle zu verweisen, zum Beispiel auf biographietheoretische Zugänge zum Thema Jugendkrisen. Das kritische Nachdenken über Schule impliziert die reflektierte Übernahme von Eigenverantwortung im Hinblick auf gesellschaftliche Zwänge und persönliche Belastungen. Bildung bedeutet nicht nur das kritische Nachdenken über die eigenen Lebensverhältnisse, sondern zugleich auch das Erkennen von eigenen Chancen und Aktivitäten zur Veränderung eben dieser Verhältnisse. Pädagogiklehrerinnen und -lehrer können hierzu Denk- bzw. Bildungsanstöße geben.

4. Biographieforschung und biographische Fallanalyse als Alternative

An diese Überlegungen anknüpfend stellt die erziehungswissenschaftliche Biographieforschung eine weitere Alternative für einen im Kern erziehungswissenschaftlichen PU dar. Im Folgenden wird zunächst eine Abgrenzung dieses Ansatzes zu einer sozialpädagogischen Biographiearbeit vorgenommen, wie sie für den PU beispielsweise von Stiller[41] postuliert wird. Anschließend werden einige Grundideen der erziehungswissenschaftlichen Biographieforschung, wie sie Marotzki und Koller betreiben, vorgestellt. Nach einer Einführung in die theoretischen Grundla-

gen soll anhand eines Beispiels dargestellt werden, wie diese Forschungsmethode im Kontext von kulturell bedingten Konfliktsituationen angewendet wurde.
Der Ansatz der erziehungswissenschaftlichen Biographieforschung ist nicht zu verwechseln mit Ansätzen zur Biographiearbeit, wie sie vielfach in der Sozialen Arbeit Anwendung finden[42] oder wie sie auch Stiller[43] als Methode für den PU vorschlägt. Mit dem Terminus „Biographiearbeit" wird innerhalb der Weite pädagogischer bzw. erziehungswissenschaftlicher Arbeitsfelder

> „sehr unterschiedliches bezeichnet [...], angefangen von esoterisch anmutenden Kursen zur Selbstfindung, über therapeutische Angebote und langjährig erprobte Ansätze der Erwachsenenbildung bis zu Verfahren der narrativen Gesprächsführung"[44].

In einem sozialpädagogischen Verständnis leisten die Subjekte biographische Arbeit, um neue Lebenslagen zu bewältigen und sich darüber hinaus „zu sich selbst ‚neu' ins Verhältnis" zu setzen[45]. Eine professionelle pädagogische Praxisarbeit knüpft an diese Ausgangslage an und unterstützt sie, wenn die Subjekte oder Klienten und Klientinnen professioneller Beratung und Hilfe bedürfen[46]. Pädagogische Biographiearbeit findet in der Interaktion zwischen Professionellen und Klienten und Klientinnen statt und beschreibt zusammenfassend „die methodisch-reflektierte Unterstützung der biographischen Alltagsarbeit von Lernenden, Rat- und Hilfesuchenden in einem professionellen Rahmen"[47]. Stiller erhebt die Biographiearbeit in seiner pädagogischen Fachdidaktik zu einem zentralen Gegenstand. Er vertritt die Auffassung, dass die biographische Selbstreflexion sowohl für Lehrer wie auch für Schüler für das Erreichen der Ziele des PUs unabdingbar ist. Diese Notwendigkeit begründet er damit, dass „erst durch die Gewinnung der biographischen Bedeutung eines Lerngegenstandes [...] signifikantes Lernen möglich [wird]", so dass „bei jedem Lerngegenstand die biographische Dimension erschlossen werden" sollte[48]. Tatsächlich stellt sich jedoch die Frage, ob es sich bei einem solchen Vorgehen nicht um einen Eingriff in die Privatsphäre der Schüler und Schülerinnen handelt, der in dieser Form möglichst vermieden werden sollte. So kritisieren auch Baumgart und Bubenzer[49] solche Übergriffe durch die „Zwangsinstitution Schule", „die den Kompetenzrahmen schulischen Unterrichts deutlich überdehnen"[50] und einer unqualifizierten Therapeutisierung des Unterrichts Vorschub leisten, derer Schüler und Schülerinnen sich kaum entziehen können. Obgleich der Schule die Aufgabe zukommt, auf das Leben und die gesellschaftlichen Bedingungen vorzubereiten, und auch wenn die Schule das einzelne Subjekt bzw. dessen individuelle (Lern-) Persönlichkeit im Blick haben sollte, kann eine erzwungene biographische Selbstreflexion eher gefährlich denn nützlich sein. Die Folgen solch therapeutisierender Übergriffe sind kaum absehbar, zumindest eine Stigmatisierung der Schüler und Schülerinnen innerhalb der Gruppe liegt jedoch nahe.
Die Erziehungswissenschaftliche Biographieforschung arbeitet im Gegensatz zu diesem therapeutischen Ansatz in einem bildungstheoretischen Referenzrahmen, das heißt, „sie interessiert sich für den Aufbau, die Aufrechterhaltung und die Ver-

änderung der Welt- und Selbstreferenzen von Menschen“[51]. Bildung wird in diesem Zusammenhang verstanden als ein reflexiver Prozess, es geht um die Haltung des Menschen zu sich, zu anderen und zur Natur. Die zentrale reflexive Verortung des Menschen in der Welt, die Frage danach, wie insbesondere unter dem Gesichtspunkt einer sich wandelnden Gesellschaft und wegbrechender Orientierungsmuster eine Orientierung für den einzelnen möglich ist, ist der zentrale Gegenstand der Bildungstheorie[52]. Koller[53] definiert Bildung darüber hinaus über den Aspekt der Sprache. Innerhalb einer pluralisierten Welt, der ständig größer werdenden Zahl von Lebensstilen und Wertorientierungen, entsteht danach eine ebenso große Vielfalt von Sprachspielen und Diskursarten. Diese Vielfalt besteht jedoch nicht immer friedlich nebeneinander, sondern impliziert potenzielle Konfliktsituationen, die Koller in Anlehnung an Lyotard als Widerstreit bezeichnet. Solche Konfliktsituationen lassen sich jedoch nicht immer durch übergeordnete Instanzen (wie zum Beispiel das Recht) beurteilen oder schlichten, es gibt nicht immer richtige und eindeutige Lösungen. Die Aufgabe von Bildung besteht nach Koller demnach zum einen darin, diesen Widerstreit als solchen anzuerkennen und vor allem auch anzuerkennen, dass es dafür keine gerechten Lösungen gibt, und zum anderen „in dem Versuch, neue Sprachspiele und Diskursarten hervorzubringen, in denen das artikuliert werden kann, was bislang nicht zur Sprache kommen konnte“[54] .

Der Zusammenhang beispielsweise mit dem in der gymnasialen Oberstufe obligatorischen Thema „Krisen im Jugendalter“ ist zu erkennen, wenn man den Terminus „Krise“ mit „Widerstreit“ übersetzt. Das Erkennen und die Reflexion solcher Krisen initiieren schließlich Bildungsprozesse, die zu einer veränderten Selbst- und Weltreferenz des Menschen führen. Krisen sind demnach nicht ausschließlich als negativ zu bewerten. Vielmehr bilden sie den Anlass für Reflexionen über das Verhältnis des Subjekts zu sich selbst und zu seiner sozialen und materialen Umwelt, das heißt sie können der Ausgangspunkt für Bildungsprozesse sein. Krisen, oder wie Koller es formuliert, Konfliktsituationen, die nicht gerecht zu lösen sind, regen das Subjekt zur aktiven Reflexion an. Unter diesen Voraussetzungen ist eine reflektierte und begründete Orientierung des Menschen in einer sich ständig verändernden Welt und vor dem Hintergrund sich wandelnder Wertorientierungen möglich und geboten.

Durch ihre Bezugnahme auf individuelle Lern- und Bildungsprozesse und den Versuch, „den verschlungenen Pfaden biographischer Ordnungsbildung unter den Bedingungen einer sich rasant entwickelnden Moderne (bzw. Postmoderne) zu folgen“[55], stellt die erziehungswissenschaftliche Biographieforschung einen zentralen pädagogischen Ansatz zur Untersuchung von Bildungsprozessen dar. Das Anliegen dieses Forschungsansatzes besteht primär darin, Bildungsprozesse so genau wie möglich zu beschreiben. Es gilt, die „grammatischen Strukturen“[56] von Handlungen und Verhaltensweisen aus der Perspektive des Subjekts zu verstehen, „denn durch den Vollzug dieser Handlungen bzw. Verhaltensweisen stellen die Subjekte die soziale Ordnung immer wieder neu her“[57].

Um diesen Ablauf von Bildungsprozessen, das heißt den Aufbau, die Aufrechterhaltung und die Veränderung der Welt- und Selbstreferenzen von Menschen nachzuvollziehen, wird auf Selbsterzeugnisse der Individuen zurückgegriffen. Diese können beispielsweise in Form von Autobiographien vorliegen oder im Rahmen der empirischen Forschung durch narrative Interviews, die auf Stegreiferzählungen der Individuen basieren, produziert werden. Das Subjekt reflektiert die Erfahrungen der Vergangenheit, schreibt ihnen Sinn und Bedeutungen zu, konstruiert so einen Gesamtzusammenhang. Durch die so konstruierte Biographie mit ihren Sinnzuschreibungen wird schließlich deutlich, wie Menschen mit Krisen umgehen und sie bewältigen, das heißt wie Bildungsprozesse sich vollziehen.
Ein gelungenes Beispiel für ein solches Vorgehen empirischer Forschung liegt in einem Lehrforschungsprojekt vor, das Koller mit Studierenden der Universität Hamburg durchgeführt hat. Das zentrale Anliegen der Studie bestand in der Frage, „wie Bildungsprozesse sich im lebensgeschichtlichen Zusammenhang mit Migration und der Erfahrung kultureller Differenz faktisch vollziehen“[58]. Insbesondere die „potenziell konflikthafte Vielfalt kultureller Orientierungen“[59] initiiert der zugrundeliegenden These nach Bildungsprozesse. Eine solche Vielfalt kultureller Orientierungen liegt jedoch nicht ausschließlich bei Migrant(inn)en vor, sondern durchzieht das Leben aller Gesellschaftsmitglieder, die in sogenannten multikulturellen Gesellschaften leben. Dem Projekt lag die Hypothese zugrunde, dass Migrantenbiographien für die Frage nach Bildungsprozessen in pluralen Gesellschaften besonders aufschlussreich sein können, sofern „die Erfahrung kultureller Differenzen darin eine besonders einschneidende Rolle spielt“[60].
Einige Studierende haben für dieses Projekt narrative biographische Interviews mit Migrantinnen und Migranten durchgeführt, die nicht in Deutschland geboren sind, aber zu diesem Zeitpunkt hier gelebt haben. Anhand dieser Arbeit kann exemplarisch beobachtet werden, wie Bildungsprozesse durch Konflikte bzw. mit anderen durch eine Krise ausgelöst werden können.
Im Rahmen des oben genannten Projekts wurde ein biographisches Interview mit einer jungen Frau durchgeführt, die in ihrem Leben bereits zweimal Migrationserfahrungen gemacht hat. Nachdem sie in einem anderen deutschsprachigen Land geboren ist, kehrten ihre Eltern mit ihr (im Alter von sechs Jahren) zunächst in den Iran zurück, bevor sie weitere sieben Jahre später nach Deutschland zogen. Die junge Frau hat diese Migrationserfahrungen stets als fremdbestimmt, gegen ihren eigenen Willen aufgezwungen erlebt. Ihre Reaktion auf diese Erfahrungen lässt sich durch eine Strategie des Rückzugs und der Verweigerung beschreiben. Im Iran hat sie sich zunächst geweigert, persisch zu sprechen. Später in Deutschland hat sie die Kommunikation zu ihren Mitschülern über zwei Jahre beinahe vollständig verweigert. Koller sieht den Widerstreit in diesem Fall darin, dass „es offenbar ‚etwas' gibt, was (...) [die junge Frau, N.B.] in der ihr aufgezwungenen Diskursart der deutschen Sprache und spezifischer Interaktionsmodi nicht artikulieren kann“[61], wobei das Indiz für den Widerstreit in ihrem zweijährigen Schweigen gesehen wird. Eine

entscheidende Veränderung sieht die junge Frau bezeichnenderweise in einer Reise in ein fremdes Land, dessen Sprache sie nicht versteht, das heißt in einer Art Wiederholung früherer Erfahrungen. In diesem Fall erfolgt der Auslandsaufenthalt jedoch selbstbestimmt und freiwillig, sie hat darüber hinaus die Möglichkeit der Rückkehr. In dieser Reise sieht sie erstmals keine Fremdbestimmung, sondern die Eröffnung neuer Möglichkeiten. Sie entdeckt für sich die spanische Sprache, die sie aus eigener Motivation erlernt. An Stelle der bis dahin vorherrschenden Tendenz von Kommunikationsverweigerung und Rückzug entdeckt sie für sich neue Kommunikationsmöglichkeiten, die auf die „freiwillige Wiederholung ehemals belastender Migrationserfahrungen zurückzuführen sind“[62]. Koller beschreibt dies als einen innovativen Bildungsprozess. Über die Bedingungen, die zum Gelingen eines solchen Bildungsprozesses beitragen, erfährt man in diesem Fallbeispiel jedoch wenig, dazu wären weitere Untersuchungen und Fallvergleiche notwendig.
Mit Blick auf den PU wäre es möglich, gemeinsam mit den Schülerinnen und Schülern eine Fallanalyse durchzuführen, um den Umgang auch mit nicht auflösbaren Konfliktsituationen zu untersuchen bzw. um Bildungsprozesse zu beschreiben. Wegen des hohen Anspruchs und Zeitaufwands der Methode des biographischen Interviews bietet es sich an, auf solche Fälle zurückzugreifen, die bereits vorliegen und analysiert wurden. Auf diese Weise erhält man darüber hinaus nochmals eine weitere Perspektive auf den Gegenstand. Demgegenüber ist die Analyse der Biographie eines Schülers oder einer Schülerin, die selbst am Unterricht teilnimmt, aus den bereits mit Blick auf die Unangemessenheit der Biographiearbeit im PU dargestellten Gründen nicht sinnvoll. Der Beitrag einer solchen Fallanalyse zur Förderung der pädagogischen Urteilsbildung besteht dabei darin, dass genuin pädagogische Theorien kennengelernt und gleichzeitig bewertet und auf eine konkrete Situation angewandt werden können. Bildung ist somit Gegenstand und Ziel des Unterrichts.

5. Resümee

Eine Dominanz psychologischer und therapeutischer Theorien und Konzepte, wie sie zum Beispiel durch die obligatorischen Themen des Zentralabiturs in Nordrhein-Westfalen nahe gelegt wird, ist in zweierlei Hinsicht zu kritisieren. Eine psychologisierende oder therapieorientierte Darstellung von Unterrichtsgegenständen birgt die Gefahr einer Verkürzung pädagogischer und sozialer Sachverhalte und droht die eigentliche Zielsetzung des PU, nämlich die pädagogische Bildung, zu verfehlen. Demgegenüber ließe sie sich im Unterricht vermitteln indem das Urteilsvermögen der Schüler durch die Auseinandersetzung mit alternativen erziehungswissenschaftlichen Ansätzen geschärft wird. Ein Beispiel ist die Behandlung des Themas Jugendkrisen aus institutionenkritischer oder biographieanalytischer Sicht. Zu hoffen bleibt, dass eine verstärkte Fokussierung des genuin Pädagogischen im PU auch zu einer Neugestaltung der Abitur- und Lehrplanvorgaben führt.

Literatur

Bauer, Walter (2002): Vertraute Fremde. Zum Verhältnis von Pädagogik und Psychologie. In: Reichenbach, Roland / Oser, Fritz (Hrsg.): Die Psychologisierung der Pädagogik. Übel, Notwendigkeit oder Fehldiagnose. Weinheim und München, S. 46-70.

Baumgart, Franzjörg (2000): Theorien der Sozialisation. Erläuterungen - Texte - Arbeitsaufgaben. Bad Heilbrunn/Obb.

Baumgart, Franzjörg / Bubenzer, Kirsten (2001): Zwischen Marginalität und Allmachtphantasien. Neuere Publikationen zum Pädagogikunterricht in der gymnasialen Oberstufe. In: Zeitschrift für Pädagogik. Jg. 47 Heft 3/2001, S. 359-174.

Benner, Dietrich (2001): Allgemeine Pädagogik. Eine systematisch-problemgeschichtliche Einführung in die Grundstruktur pädagogischen Denkens und Handelns. Weinheim und München.

Böhm, Winfried (1992): Über die Unvereinbarkeit von Erziehung und Therapie. In: Vierteljahrsschrift für wissenschaftliche Pädagogik. Jg. 68 Heft 2/1992, S. 129-151.

Bruhns, Kirtsen / Wittmann, Svendy (2002). „Ich meine, mit Gewalt kannst du dir Respekt verschaffen". Mädchen und junge Frauen in gewaltbereiten Jugendgruppen. Opladen.

Dausien, Bettina (2005): Biographieorientierung in der Sozialen Arbeit. Überlegungen zur Professionalisierung pädagogischen Handelns. In: Sozialextra. Zeitschrift für Soziale Arbeit und Sozialpolitik. Jg. 29 Heft 11/2005, S. 6-11.

Dorlöchter, Heinz / Stiller, Edwin (2006). Phoenix. Der etwas andere Weg zur Pädagogik. Ein Arbeitsbuch. Band 2. Braunschweig.

Dörpinghaus, Andreas (2002): Logik der Rhetorik. Grundriss einer Theorie der argumentativen Verständigung in der Pädagogik. Würzburg.

Dörpinghaus, Andreas (1998): Konjekturen von Ich und Welt in Sprachspielgemeinschaften. Aspekte einer Theorie der argumentativen Verständigung. In: Vierteljahrsschrift für wissenschaftliche Pädagogik. Jg. 74, Heft 4/1998, S. 355-370.

Findeisen, U. (2004): Jugendgewalt. Von der Leistungskonkurrenz zu Selbstbild und gekränkter Ehre. In: PÄD Forum unterrichten erziehen, Band 32./23. Heft 1/2004, S. 15-20.

Giesecke, Hermann (1996): Das Ende der Erziehung. Stuttgart.

Helmer, Karl (2006): Ars Rhetorica. Beiträge zur Kunst der Argumentation. Hrsg. von Gaby Herchert und Sascha Löwenstein. Würzburg

Hentig, Hartmut von (1996): Bildung. Ein Essay. München und Wien.

Kersten, Joachim / Findeisen, Hans-Volkmar (1999): Der Kick und die Ehre. Vom Sinn Jugendlicher Gewalt. München.

Koller, Hans-Christoph (2002): Bildung und kulturelle Differenz. Zur Erforschung biographischer Bildungsprozesse von MigrantInnen. In: Kraul, Margret / Marotzki, Winfried (Hrsg.): Biographische Arbeit. Perspektiven erziehungswissenschaftlicher Biographieforschung. Opladen, S. 92-116.

Marotzki, Winfried / Nohl, Arnd-Michael / Ortlepp, Wolfgang (2006): Einführung in die Erziehungswissenschaft. 2. Auflage. Opladen, S. 114-121.

Marotzki, Winfried (1999a): Bildungstheorie und Allgemeine Biographieforschung. In: Krüger, Heinz-Hermann / Marotzki, Winfried (Hrsg.): Handbuch erziehungswissenschaftliche Biographieforschung. Opladen, S. 57-67.

Marotzki, Winfried (1999b): Forschungsmethoden und -methodologie der Erziehungswissenschaftlichen Biographieforschung. In: Krüger, Heinz-Hermann / Marotzki, Winfried (Hrsg.): Handbuch erziehungswissenschaftliche Biographieforschung. Opladen, S.109-133.

Ministerium für Schule und Weiterbildung des Landes Nordrhein-Westfalen (2005): Vorgaben zu den schriftlichen Prüfungen im Abitur in der gymnasialen Oberstufe im Jahr 2007 (vom 02.01.2005). Link zum download: http://www.standardsicherung.schulministerium.nrw.de/abitur-gost/fach.php?fach=11, Stand: 18.01.07.

Mollenhauer, Klaus (1998): Vergessene Zusammenhänge. Über Kultur und Erziehung. Weinheim und München.

Nooteboom, Cees (1999): Allerseelen. Frankfurt am Main.

Nüberlin, Gerda (2002): Selbstkonzepte Jugendlicher und Notenkonkurrenz. Zur Entstehung von Selbstbildern Jugendlicher als kreative Anpassungsreaktion auf schulische Anomien. Herbolzheim.

Omer, Haim / Irbauch, Rita / Schlippe, Arist von (2005): Soziale Störungen und Gewalttätigkeit in der Schule. Lehrerinnen und Lehrer lernen gewaltfreien Widerstand. Folge II. In: Pädagogik. Heft 2, S. 43-47.

Puster, Rolf W. (2001): Urteilskraft; Urteilsvermögen [Art.] In: Ritter, Joachim / Gründer, Karlfried / Gabriel, Gottfried (Hrsg.): Historisches Wörterbuch der Philosophie. Band 11. Darmstadt, Sp. 479-485.

Reichenbach, Roland (2002): Die Psychologisierung des pädagogischen Denkens und Handelns. In: Reichenbach, Roland und Oser, Fritz (Hrsg.): Die Psychologisierung der Pädagogik. Übel, Notwendigkeit oder Fehldiagnose. Weinheim und München, S. 7-11.

Ruhloff, Jörg (1998): Bildung heute. In: Pädagogische Korrespondenz. Heft *21/1998,* S. 23-31.

Schön, Bärbel (2002): Gemeinsamkeiten und Differenzen zwischen pädagogischem und therapeutischem Denken und Handeln. In: Reichenbach, Roland und Oser, Fritz (Hrsg.): Die Psychologisierung der Pädagogik. Übel, Notwendigkeit oder Fehldiagnose. Weinheim und München, S. 109-125.

Schweitzer, Jochen / Schlippe von, Arist (2007): Lehrbuch der systemischen Therapie und Beratung II. Das störungsspezifische Wissen. Göttingen.

Storck, Christoph (2006): Leistungsstandards und Kompetenzorientierung. Leistungsstandards und Kompetenzorientierung im Unterricht im Fach Erziehungswissenschaft in Schulen - Chancen und Risiken. Pädagogik Unterricht. 26. Jg. Heft 4/*2006,* S. 15-20.

Storck, Christoph (2005): Pädagogische Bildung im Spannungsfeld von Erziehung, Pädagogik und Erziehungswissenschaft. In: Pädagogikunterricht. Jg. 25, Heft 2-3/2005, S. 13-21.

Sutterlüty, Ferdinand (2002): Gewaltkarrieren. Jugendliche im Kreislauf von Gewalt und Missachtung. Frankfurt a.M. / New York.

Tillmann, Klaus-Jürgen (2000): Sozialisationstheorien. Eine Einführung in den Zusammenhang von Gesellschaft, Institutionen und Subjektwerdung. Reinbek bei Hamburg.

Anmerkungen

[1] Der Text ist die überarbeitete Version der Vorträge, die im Rahmen des Forums „Umgang mit psychologischen Theorien im PU“ auf dem 27. Pädagogiklehrertag (Dortmund 2007) gehalten wurden. Lothar Wigger hat den ersten Teil vorgetragen, Barbara Platzer den zweiten Teil, Claudia Equit den dritten Teil und Nicole Börner den vierten Teil.

[2] Bauer 2002, S. 64

[3] Vgl. Böhm 1992, S. 131ff.

[4] Vgl. Ministerium für Schule und Weiterbildung des Landes Nordrhein-Westfalen 2005. Die inhaltlichen Schwerpunkte sind „Entwicklung, Sozialisation und Identität“ bzw. „Identitätsbildung“, womit ein sozial-psychologisch wissenschaftliches Vokabular und Theoriekontext gewählt wird. Die in diesem Themenfeldern genannten Referenzautoren gehören ebenfalls eher zur Psychologie und Soziologie und nicht zur Erziehungswissenschaft im engeren Sinn. Der Schwerpunkt „Normen und Ziele der Erziehung“ spricht sicherlich einen erziehungswissenschaftlichen Kernbereich an, allerdings kann man über die thematischen Akzentuierungen streiten genauso wie über die Hervorhebung von Maria Montessori und Rudolf Steiner als die verbindlich zu unterrichtenden pädagogischen Klassiker.

[5] „In einem allgemeinen Sinne kann unter Psychologisierung die Reduktion gesellschaftlicher, historischer und politischer Tatbestände auf individuelle und privat verstandene seelische Faktoren verstanden werden.“ (Reichenbach 2002, S. 8), vgl. auch Böhm 1992, S.140

[6] Vgl. Giesecke 1996, S.33, Reichenbach 2002, S.10

[7] Bauer 2002, S. 67

[8] Böhm 1992, S.140

[9] „In einem spezifischeren Sinn lassen sich zwei Perspektiven unterscheiden: Die Psychologisierung des Alltags kann zum einen als „Universalisierung psychischen Leidens“ als qualitative Veränderung psychischer Defekte und damit als die Entstehung einer allgemeinen und diffusen Therapiebedürftigkeit“ verstanden werden oder zum anderen - als so genannter „Psychoboom“ - als eine „Banalisierung“ und „Veralltäglichung der Psychologie“ (Reichenbach 2002, S.8), vgl. auch Böhm S.138f.

[10] Vgl. Bauer 2002, S. 67, Schön 2002, S.121, Böhm 1992, S. 143

[11] Vgl. Böhm 1992, S.137f., S.143, Reichenbach 2002, S. 9

[12] Vgl. Dörpinghaus / Poenitsch / Wigger 2006, S. 67ff. und S. 104ff.

[13] Vgl. Mollenhauer 1998, S. 158

[14] Vgl. ebd.

[15] Ruhloff 1998, S. 28

[16] Ebd.

[17] Vgl. Benner 2001, S. 80ff.

[18] Vgl. von Hentig 1996, S. 101 ff.

[19] Zum Begriff der pädagogischen Bildung vgl. Storck 2005

[20] Vgl. Puster 2001, Sp. 480

[21] Vgl. Dörpinghaus 2002, S. 37ff. und Helmer 2006

[22] Vgl. Ruhloff 1998, S. 29

[23] Vgl. Dörpinghaus 1998, S. 362

[24] Nooteboom 1999, S. 64

[25] Vgl. Storck 2006, S. 15

[26] Vgl. Omer /Irbauch / Schlippe von 2005, S. 43ff.

[27] Vgl. Dorlöchter / Stiller 2006, S. 190ff.

[28] Vgl. Dorlöchter/Stiller 2006, S. 207

[29] Ebenso lässt sich die institutionskritische Sichtweise als Ergänzung zum Themenkomplex der Entstehung von jugendlichen Gewaltkarrieren (vgl. Dorlöchter/Stiller 2006, S. 249) heranziehen (vgl. Findeisen 2004). Neben dem Einfluss familiärer Gewalterfahrungen auf das Gewalthandeln (vgl. Sutterlüty 2002) sind ebenso Sozialisationsinstanzen wie die Schule (vgl. Findeisen 2004, Nüberlin 2002) und die peer-group (vgl. Bruhns / Wittmann 2002, Kersten / Findeisen 1999) zu diskutieren.

[30] Vgl. Nüberlin 2002, S. 82

[31] Baumgart 2000, S. 99

[32] Vgl. Tillmann 2000, S.126ff.

[33] Vgl. Baumgart 2000, S. 100ff.

[34] Findeisen 2004, S. 17

[35] Vgl. ebd.

[36] Ebd., S. 17

[37] Vgl. Nüberlin 2002, S. 119ff.

[38] Vgl. Findeisen 2004, S. 17

[39] Nüberlin 2002, S. 180
[40] Vgl. Storck 2006, S. 18
[41] Vgl. Stiller 1997
[42] Vgl. Dausien 2005
[43] Vgl. Stiller 1997
[44] Dausien 2005, S. 7
[45] Vgl. ebd., S. 6
[46] Vgl. ebd., S. 7ff.
[47] Ebd., S.9
[48] Stiller 1997, S. 81
[49] Vgl. Baumgart / Bubenzer 2001
[50] Ebd., S. 309
[51] Marotzki 1999a, S. 58
[52] Vgl. ebd., S. 59
[53] Vgl. Koller 2002
[54] Ebd., S. 96
[55] Marotzki 1999b, S. 111
[56] Ebd., S. 110
[57] Ebd., S. 110
[58] Koller 2002, S. 97
[59] Ebd., S. 97
[60] Ebd., S. 97
[61] Ebd., S. 102
[62] Ebd., S. 104

Der vorstehende Aufsatz ist ein Wiederabdruck des folgenden Beitrages:

Wigger, Lothar / Platzer, Barbara / Equit, Claudia / Börner, Nicole (2008): Erziehungswissenschaftliche Alternativen im Pädagogikunterricht. In: Pädagogikunterricht 28(2008)1, S.15-27.

DIETRICH BENNER / FRIEDHELM BRÜGGEN

Die Bildung pädagogischer Urteils- und Handlungskompetenz als Aufgabe des Pädagogikunterrichts im öffentlichen Schulsystem

Für unseren Vortrag haben wir die Form eines Gesprächsvortrag gewählt, der nicht in der Allgemeinen Pädagogik und auch nicht in der Fachdidaktik des Pädagogikunterrichts angesiedelt ist, sondern pädagogische Grundbegriffe, Basistheorien und Grundformen pädagogischen Handelns in vier Schritten jeweils erst grundlagentheoretisch und dann fachdidaktisch thematisiert. Unser Anliegen ist es, auf diese Weise jeweils nacheinander zuerst allgemeine Aussagen über die Aufgaben öffentlicher Schulerziehung und anschließend solche über spezifische Aufgaben des Pädagogikunterrichts zur Diskussion zu stellen.

Unser Vortrag gliedert sich in vier Abschnitte:

I. Grundbegriffe, Basistheorien und Grundformen pädagogischen Handelns
II. Über Erziehungs- und Bildungsaufgaben der öffentlichen Schule heute
III. Zur doppeltqualifizierenden Aufgabe schulischer Grundbildung, Allgemeinbildung und berufsbezogener Bildung
IV. Abschließende Bemerkungen zur Bedeutung des Unterrichtsfachs Pädagogik

Ausgehen aber wollen wir von der These, dass zunächst einmal mit Gründen bezweifelt werden kann, ob sich Reflexionen über individuelle und gemeinsame Erziehung überhaupt im öffentlichen allgemeinen Bildungssystem in Form eines Schulfachs institutionalisieren lassen. Schließlich lernen Kinder in Familien und Kindergärten, ohne dass dies in den Formen einer Familien- und Kindergartenkunde oder einer Familien- und Vorschulpädagogik mitthematisiert oder gar bearbeitet würde. Dasselbe könnte immerhin auch für die Schule und den schulischen Unterricht gelten. Wer in Schulen lernt, lernt nicht, wie man in Schulen unterrichtet, und wer eine Autofahrschule besucht, lernt Autofahren, bereitet sich aber nicht auf den Beruf eines Fahrlehrers vor. Zu solchen nicht von der Hand zu weisenden Einwänden gegen einen Pädagogik-Unterricht an öffentlichen Schulen muss Stellung nehmen, wer über die Bildung pädagogischer Urteils- und Handlungskompetenz im Rahmen des Unterrichtsfachs Pädagogik/Erziehungswissenschaft im öffentlichen Schulsystem nachzudenken versucht. An der Sache selbst muss sich zeigen lassen, ob die Einrichtung eines Unterrichtsfaches Pädagogik aus pädagogischen Gründen möglich und zulässig oder gar geboten ist und dass Gründe, wie die angeführten, die Bedeutung des Faches deutlich eingrenzen, aber nicht gegen die Einrichtung eines entsprechenden Faches sprechen.

I. Grundbegriffe, Basistheorien und Grundformen pädagogischen Handelns

Die Art und Weise, wie sich Menschen, seit es Menschen auf diesem Planeten gibt, zu ihrem eigenen Nachwuchs, der nachwachsenden Generation, verhalten, ist auf komplexe und zugleich historisch variante Weise mit dem menschlichen Selbstverständnis, mit der Deutung, die der Mensch sich selbst gibt, verbunden. Im pädagogischen Selbstverständnis des Menschen legt sich der Mensch selbst als ein Wesen aus, das unfertig auf die Welt kommt und in die jeweilige Welt, in die er hineingeboren wird, eingeführt werden muss. Es ist trivial, dass dieses Selbstverständnis nicht schon immer in Theorieform auftritt, sondern in frühen Stadien der gattungsgeschichtlichen Entwicklung, wie schon Schleiermacher wusste, in der Form von „Gnomen und Sentenzen“, Spruchweisheiten also, die als Orientierungshilfe für den Umgang mit dem Nachwuchs von einer Generation zur anderen weitergegeben werden. Die Kenntnisnahme solcher Zeugnisse, in denen die Sorge um den Nachwuchs ebenso wie die Sorge um den Weiterbestand der jeweiligen Kultur zum Ausdruck kommt, macht bewusst, dass es die Erziehungstatsache immer schon, solange Menschen existieren, gegeben hat, dass aber die Deutungsmuster, die Ziele, Methoden und Maßnahmen historisch variieren. Es gibt eben keine natürliche Lebensform, die dem Menschen als Menschen zukommt, während umgekehrt die Sorge um den Nachwuchs natürlich ist und daher in allen Kulturen, von denen wir Zeugnisse haben, nachweisbar ist.

Dass sich im Erziehungsverständnis die Selbstdeutungsmuster einer Kultur oder einer Epoche im Ganzen spiegeln, gilt selbstverständlich auch für unsere Kultur. Seit Beginn der Neuzeit, also etwa ab 1500, können wir im Vergleich zur vorangegangenen Epochen unserer eigenen Kultur die allmähliche Entwicklung eines spezifischen Selbstverständnisses des Menschen rekonstruieren, das aus Um- und Neuinterpretationen älterer Quellen, vor allem antiker und christlicher besteht, und zugleich neue Qualitäten und Merkmale, Bestimmungen des Menschen also, hervorbringt, die sich von allen vorangegangenen Epochen unterscheiden. Eine exponierte Stellung in diesem Prozess nimmt das neuzeitliche Naturrecht ein, das die Freiheit und Gleichheit aller Menschen betont. Die revolutionären Implikationen und Konsequenzen dieser epochalen Selbstdeutung des Menschen, die die amerikanische Unabhängigkeitserklärung und die Französische Revolution beeinflusst haben, sind bekannt und wirken bis in die Gegenwart fort. Die bis zu diesem Zeitpunkt als natürlich und von Natur aus als gerechtfertigt angesehenen Herrschaftsordnungen werden fragwürdig und lassen die Suche nach einer politischen Ordnung entstehen, in der Gesetze nur dann als legitim angesehen werden, wenn diejenigen, die ihnen gehorchen sollen, sich diese Gesetze selbst auferlegt haben (Rousseau). Weil Freiheit und Gleichheit für sich selbst noch nicht ausreichend erscheinen, einen dauerhaften Kommunikations- und Interaktionszusammenhang zu begründen, fügt die Französische Revolution zum Postulat der Freiheit und Gleichheit noch das der

Brüderlichkeit hinzu, das man jenseits aller Romantizismen auch so interpretieren kann, dass damit die wechselseitige Anerkennung der Menschen als Menschen zum Ausdruck kommen soll. Rousseaus beschwörende Formel, Menschen, seid menschlich, mag hier Pate gestanden haben. In Kants kategorischem Imperativ, demzufolge der Mensch seinen Mitmenschen nie nur als Mittel, sondern immer zugleich als Zweck an sich selbst ansehen solle, findet dieses neue Selbstdeutung des Menschen ihre ethische Form.

Das zwischen 1700 und 1830 sich artikulierende pädagogische Selbstverständnis spiegelt in überaus markanter Weise dieses neue Selbstverständnis des Menschen wider. Auch hier liefert das neuzeitliche Naturrecht den Auftakt: Kinder werden, so heißt es in John Lockes Zweiter Abhandlung über die Regierung, nicht in den Zustand der Freiheit und der Gleichheit geboren, wohl aber für ihn. Die Pädagogik Rousseaus, die der Philanthropen, die pädagogischen Elemente der neuhumanistischen Bildungsphilosophie ebenso wie die des Deutschen Idealismus können als Ausarbeitung und Weiterführung dieser Idee angesehen werden. Die grundbegriffliche Fassung dieser Weiterentwicklung lässt sich wie folgt zusammenfassen:

1. Freiheit und Gleichheit, ein freies und gleiches Leben in der staatlich neu verfassten Gemeinschaft mit anderen Menschen rational und verantwortlich führen zu können, beschreiben formale Ziele, keine inhaltlichen. Die neuzeitliche Ethik ebenso wie die neuzeitliche Pädagogik kennen keine inhaltliche Konturierung eines guten Lebens wie sie für die klassische Antike noch selbstverständlich war. Dass der Mensch die eigene Lebensform, auch und gerade den Beruf, selbst wählen kann und durch Partizipation und Mitwirkung an der Neuschaffung und Weiterentwicklung staatlicher und gesellschaftlicher Ordnung teilhaben soll, setzt eine eigentümlich negative oder offene Anthropologie voraus, die nicht bestimmt, was der Mensch von seinem Wesen her ist, so dass durch Natur oder Offenbarung feststeht, was aus ihm werden soll, sondern ihn als ein lernfähiges Wesen begreift, das individuell wie gesellschaftlich seine Bestimmung selbst hervorbringt. Der Aufwand, der erforderlich ist, um in bewusster Abgrenzung von einer Mitte des 18. Jahrhundert einsetzenden Debatte über die „Bestimmung des Menschen“ (Spalding) sagen zu können, dass die Bestimmung des Menschen seine vernünftige Selbstbestimmung sei (Fichte), ist erheblich.[1] Einer der Initiatoren dieses Prozesses ist zweifel-

[1] J. J. Spalding (1748): Betrachtungen über die Bestimmung des Menschen, Greifswald. Die späteren Auflagen erscheinen unter dem kürzeren Titel: Die Bestimmung des Menschen. Die letzte (13.) Auflage erscheint 1794. Spaldings Buch löst eine Debatte aus, an der sich Philosophen, Theologen und Pädagogen beteiligt haben, u.a. Th. Abbt, M. Mendelssohn, I. Kant, J. G. Fichte, F. Schiller sowie F. Schleiermacher. Die Debatte endet, als klar wird, dass nach dem Zusammenbruch der großen ordnungsphilosophischen und -theologischen Systeme von der Bestimmung des Menschen nur noch in einem gebrochenen Sinn gesprochen werden

los Rousseau gewesen, der zusammen mit der Freiheit die perfectibilité, also die menschliche Lernfähigkeit als ein Konstitutionsmerkmal des Menschen ansieht, das in Richtung Humanität, aber ebenso auch in Richtung Inhumanität entwicklungsfähig ist. Die pädagogische Fachsprache in Deutschland wird hinsichtlich der humanen Entwicklungsmöglichkeit des heranwachsenden Menschen den im 18. Jahrhundert entstehenden Begriff „Bildsamkeit“ verwenden, um hervorzuheben, dass die Ansprechbarkeit des Heranwachsenden für Vernunft und Rationalität ebenso an gesellschaftliche Voraussetzungen wie an eine spezifische Form pädagogischer Interaktion gebunden ist, durch die sich erzieherisches Handeln von allen anderen Formen sozialen oder gesellschaftlichen Handelns unterscheidet.

2. Mit dem Grundbegriff der Bildsamkeit ist weder eine innere Entwicklung gemeint, die entelechial, im Sinne eines nisus formativus (Blumenbach) das Werden des einzelnen Menschen steuert oder bestimmt, noch eine Einwirkung, die von außen her, also durch eine wie auch immer gut gemeinte plastische Formung und Gestaltung zu verstehen ist.[2] Bildsamkeit verweist auf Mitwirkungsmöglichkeiten und -notwendigkeiten des Heranwachsenden als Subjekt ebenso wie auf eine Form der erzieherischen Einwirkung, die die Subjektivität des Heranwachsenden anerkennt und ermöglicht. Von daher ist es kein Wunder, dass der erziehungstheoretische Grundbegriff eine scheinbar paradoxe Formulierung findet: Aufforderung zu Selbsttätigkeit (Fichte und Schleiermacher). Dieser Grundbegriff weist vielfältige Facetten auf, von denen wir hier lediglich drei hervorheben:

- Er beschreibt keine konkrete Handlung, sondern ein Prinzip für mögliche erzieherische Handlungen, die erst im Lichte dieses Prinzips zu pädagogischen werden. Es gibt nämlich keine einzige genuin pädagogische Handlung, die ausschließlich im pädagogischen Handlungsfeld angetroffen wird. Ob wir von unterstützen oder gegenwirken, von ermahnen oder erinnern, von unterrichten oder belehren, von informieren oder beraten sprechen – stets sind Handlungssituationen denkbar, in

kann. So notieren beispielsweise Goethe und Schiller 1796 in ihren Xenien spöttisch unter der Überschrift: „Buchhändler=Anzeige“: „Nichts ist der Menschheit so wichtig, als ihre Bestimmung zu kennen; Um zwölf Groschen courant wird sie jetzt bei mir verkauft.“ (Goethes Werke. Hrsg. im Auftrag der Großherzogin Sophie von Sachsen. 5. Band. Erste Abtheilung. Weimar 1893, S. 247). Und F. Schleiermacher schreibt in seiner Rezension zu Fichtes im Jahr 1800 erscheinendem Buch „Die Bestimmung des Menschen“: „Wie kann doch einer, der an Freiheit und Selbständigkeit glaubt, oder auch nur glauben will, nach einer Bestimmung des Menschen fragen?“ (F. Schleiermacher: Rezension von Fichtes Bestimmung des Menschen. In: Ders.: Sämmtliche Werke. Dritte Abteilung. Erster Band. Berlin 1846, S. 528.)

[2] Siehe hierzu D. Benner/F. Brüggen: Bildsamkeit / Bildung. In: Historisches Wörterbuch der Pädagogik, hrsg. von D. Benner und J. Oelkers. Weinheim und Basel 2004, S. 174-215.

denen diese Tätigkeiten auch in außerpädagogischen Kontexten vorkommen (der Kollege unterstützt mich, die Bußgelder sollen gegenwirken, die Ermahnung, auch die Belehrung kann ein Polizist aussprechen, die Tageschausprecherin informiert und für das Beraten gibt es ganze Berufsgruppen, etwa Anlageberater oder Eheberater).

- Das erziehungstheoretische Prinzip der Aufforderung zur Selbsttätigkeit hat von sich her eine starke Affinität zum Begriff der Mündigkeit. Sich seines Verstandes ohne Anleitung eines anderen, also selbsttätig bedienen zu können, bedeutet mündig zu sein. Kants berühmte Explikation dessen, was Aufklärung heißt, richtet sich bezeichnenderweise an Erwachsene, von denen Selbsttätigkeit erwartet werden kann. Deshalb nennt er sie bequem oder auch faul, wenn sie sich ihres Verstandes nicht selbst bedienen. Kinder und Heranwachsende sind zwar nicht totaliter, wohl aber partiell noch unmündig und bedürfen deshalb erzieherischer Unterstützung ihrer noch unterentwickelten Selbsttätigkeit, um diese zu Selbständigkeit und Mündigkeit zu steigern.

- Damit ist zugleich die grundlegende Asymmetrie erzieherischer Interaktion angesprochen, die zwar auf Symmetrie als Flucht- und Zielpunkt angelegt ist, aber, solange das erzieherische Verhältnis noch nicht in ein sittliches oder ethisches überführt ist, asymmetrisch bleibt.

3. Keine Erziehung ist auch nur denkbar, die allein mit den Begriffen Bildsamkeit oder Aufforderung zur Selbsttätigkeit auskommen könnte. Jede Erziehung benötigt einen Inhalt, bedarf des Materials, an dem sich Bildungsprozesse entwickeln und Formen selbsttätigen Handelns üben lassen. Vernunft kann sich nur durch Vernunft entwickeln hat der Humanist Niethammer geschrieben und damit zum Ausdruck bringen wollen, dass sich Erziehungs- und Bildungsprozesse an Inhalten entwickeln müssen, die selber Vernunftcharakter haben, damit sich an diesen die noch nicht entwickelte, wohl aber potentielle Vernünftigkeit der Heranwachsenden nähren kann. Das ist exakt der Grund, warum der Neuhumanismus auf die alten Sprachen gesetzt hat, weil er nämlich davon ausging, dass sowohl die Form der alten Sprachen, ihr Flexionsreichtum ebenso wie die Differenziertheit ihrer Ausdrucksmöglichkeiten als auch der Inhalt der antiken Schriften eine Vernünftigkeit aufweisen, an der Heranwachsende sich abarbeiten und die eigene Vernünftigkeit entwickeln können. So leicht wie die Neuhumanisten können wir uns es heute nicht mehr machen. Aber das Problem und die Aufgabe, von der sie annahmen, dass sie sich über den Weg der alten Sprachen würden lösen lassen, ist das gleiche geblieben: Alle kulturellen Inhalte, an denen Erhaltung, Weitergabe und Veränderung Erziehungs- und Bildungsprozesse mitwirken, bedürfen einer Transformation in einen pädagogischen Kontext, die aus außerpädagogischen Inhalten solche Inhalte machen, an denen sich nicht nur ein partielles Vermögen oder eine partielle Fähigkeit sich ent-

wickeln kann. Von Platons und Sokrates' Kritik der Sophistik, die ja die Inhalte für beliebige Zwecke instrumentalisiert, bis zu Humboldts Differenz von Bildung und Ausbildung herrscht in diesem Punkt große Übereinstimmung. Dabei darf die im Kern richtige Differenz von Bildung und Ausbildung nicht überzogen werden, insofern Bildungsprozesse immer auch eine ausbildungsbezogene Seite haben.

4. Das letzte Prinzip bzw. der letzte Grundbegriff transzendiert pädagogische Prozesse im engeren Sinne und verweist, wenn auch kontrafaktisch, auf Prämissen moderner gesellschaftlicher Lebensformen, die einerseits in diese Lebensformen eingebaut sind, andrerseits beständig durch die Dynamik gesellschaftlicher Prozesse auch bedroht werden. Als modern bezeichnen wir solche Gesellschaften, die kein eigentliches Handlungszentrum mehr haben. Ein solches Handlungszentrum war in der klassischen Antike die Politik und vom Mittelalter an bis weit in die Neuzeit hinein war es die Religion. In der zweiten Hälfte des 19. Jahrhunderts, von einer bestimmten Epoche des 20. Jahrhunderts ganz zu schweigen, ist versucht worden, die erzieherische und die schulpädagogische Aufgabe primär unter nationalstaatlichen Gesichtspunkten zu schematisieren und zu finalisieren. Optionen dieser oder ähnlicher Art sind uns heute gottlob fremdgeworden. In der Gegenwart muss demgegenüber eher vor einem pädagogischen Schematismus gewarnt werden, der primär um dasjenige kreist, was man employability nennt. Beschäftigungsfähigkeit nach Schul- bzw. Hochschulabschluss ist gewiss ein hohes Gut, aber sicher keines, das als Leitprinzip taugt, um von ihm her das Bildungssystem im Ganzen zu perspektivieren. Wenn wir demgegenüber an die nicht-hierarchische Ordnung der gesellschaftlichen Gesamtordnung (Stichwort: Nicht-Hierarchizität) erinnern, dann korrespondiert dieser negativen Formulierung die Bestimmung der Erziehung und Bildung als öffentlicher Aufgabe.[3] Partizipation am öffentlichen Leben ist von da aus mehr als politische Partizipation, auch mehr als kulturelle Teilhabe und gewiss auch mehr als employability.[4]

Erziehung und Bildung, als öffentliche Aufgabe verstanden, kennt aber nicht nur Grundbegriffe oder Prinzipien. Diese sind hilfreich, um Basistheorien pädagogischen Handelns und elementare Formen der Erziehung voneinander abzugrenzen. Als Basistheorien lassen sich Theorien der Erziehung und des pädagogischen Einwirkens, welche Kombinationen von auffordernden und transformierenden Pädagogischen Einwirkungen reflektieren, von Theorien der Bildung und der pädagogischen Aufgaben der Erziehung unterscheiden, die bildende Wechselwirkungen von Mensch und Welt auf edukative Prozesse auslegen und deren Aufgaben- und Pro-

---

[3] Zum Zusammenhang der Grundbegriffe, ihrer systematischen Bedeutung für die Unterscheidung pädagogischer Basistheorien und ihren Bezügen zu Grundformen pädagogischen Handelns siehe D. Benner: Allgemeine Pädagogik. Weinheim und Basel [7]2012.

[4] Vgl. zuletzt J. Nida-Rümelin: Philosophie einer humanen Bildung. Hamburg 2013.

zessstruktur nicht-hierarchisch ordnen. Theorien pädagogischer Institutionen schließlich können als Theorien konzipiert werden, welche die Eigenlogik pädagogischer Prozesse durch alle vier Prinzipien definieren und die Ordnung der pädagogischen Institutionen von der Familie über den Kindergarten, die Schule und die sozialpädagogischen sowie berufsbildenden Einrichtungen reflektieren.

Von den Grundbegriffen und den Basistheorien lassen sich drei Grundformen pädagogischen Handelns unterscheiden, die vor dem Horizont der erwähnten Grundbegriffe und Basistheorien zu verstehen sind, ohne aus ihnen ableitbar zu sein. Die erste Grundform heißt *Disziplinieren.* Wer dieses Wort heute in den Mund nimmt, läuft fast immer Gefahr missverstanden zu werden. Gleichwohl glauben wir daran erinnern zu sollen, dass ohne disziplinierende Maßnahmen, die immer auf die zu befördernde Fähigkeit der Selbstdisziplinierung und der Selbstherrschaft hinauslaufen, Teilhabe am öffentlichen Leben mindestens schwierig, wenn nicht unmöglich, immer aber konfliktreich ist. Die praktische Philosophie von der Antike bis zur Gegenwart hat stets darauf hingewiesen, dass ohne die erkennbare Fähigkeit eines Subjekts zur Selbstdisziplin und zur Selbstherrschaft es eigentlich unmöglich ist, die Identität dieser Person zu erkennen und anzuerkennen. Beide, Disziplinierung wie Selbstdisziplinierung, haben, um es anders zu formulieren, einen kaum zu überschätzenden Anteil an dem, was wir Rationalität nennen. Wer nicht gelernt hat, eigene für Erkenntnis gehaltene Annahmen über die Wirklichkeit als bloße Meinung gegenüber besser begründeteren zurückzustellen, wer nicht gelernt hat, eigene Wünsche in einem Akt der Selbstdistanzierung auch einzuklammern oder gegebenenfalls auch ganz aufgeben zu können, läuft Gefahr, sollte sich dieses Unvermögen habitualisieren, auf Dauer kommunikations- und kooperationsunfähig zu werden.

Die zweite Grundform nennen wir, auch das kann Missverständnisse provozieren, *Unterrichten.* Wir meinen damit eine Tätigkeit, die nicht nur in schulischen Kontexten vorkommt. Das lässt sich an der gerade beschriebenen Fähigkeit erläutern, die Annahmen über die Welt oder einen Weltausschnitt zugunsten einer besser begründeten Annahme zur revidieren. Wer das kann, ist nämlich, nachdem er sich die besser begründete Annahme zu eigen gemacht hat, besser unterrichtet als vorher. Das passiert ganz alltäglich im Leben, aber in methodisierter und organisierter Form eben auch in der Schule. Unterrichten heißt von daher, im Allgemeinen wie im schulpädagogischen Sinne, einen Heranwachsenden die Welt bzw. in Weltausschnitte unter Angabe von Gründen einzuführen. Die Tätigkeit des Unterrichtens hat, so gesehen, eine aufklärende und aufklärerische Dimension. Und exakt das ist der Grund, warum wir wissenschaftsbasierte Fächer in den Schulen vermitteln, und nicht Astrologie, Prophetie oder Hellseherei.

Die letzte pädagogische Grundform nennen wir *Beraten.* Auch hier sind Missverständnisse nicht auszuschließen. Wir meinen damit keine Beratung, wie wir sie etwa in der Schullaufbahnberatung oder der Beratung bei der Fächerwahl kennen. Gemeint ist eine allgemeine Tätigkeit, wie wir sie sowohl in außerschulischen als auch in schulischen Handlungskontexten kennen. Formen pädagogischer Beratung haben wir beispielsweise vor uns, wenn wir Heranwachsende an das erinnern, was sie eigentlich wissen könnten und müssten; wenn wir sie ermahnen, Regeln, die sie kennen, auch einzuhalten; wenn wir ihnen, etwa bei Handlungskonflikten mit Gleichaltrigen, Konfliktlösungen vorschlagen, auf die sie selbst bisher nicht gekommen sind; oder etwa wenn wir sie auffordern, eine Handlungsabsicht, die sie haben, noch einmal zu überdenken – also ihnen nahelegen, noch einmal Mit-sich-zu-Rate-zu-gehen. Stärker als der Unterricht hat die pädagogische Beratung eine ethisch-kommunikative Bedeutung, auch wenn sie ohne gleichzeitige Formen des Unterrichtens eher selten vorkommen dürfte.

Haben die bisherigen Überlegungen zu den Grundbegriffen und Grundformen pädagogischen Handelns irgendeinen Stellenwert für den PU im engeren Sinne? Wir meinen ja. Aber nicht etwa nur in dem banalen Sinne, dass der PU als allgemeinbildendes Unterrichtsfach eben eine pädagogische Veranstaltung ist und damit für ihn dasselbe gilt, was für andere Unterrichtsfächer als Legitimitätsnachweis auch gilt: nämlich erziehend und bildend zu sein. Dieses Argument, auch wenn es nicht ganz falsch ist, verkennt die eigentümliche Doppelstruktur, die nur für den PU kennzeichnend ist: Das nämlich dasjenige, was er, der Pädagogikunterricht, und worüber er unterrichtet, zeitgleich im Unterricht selber stattfindet. Diese Doppelstruktur mag der Grund dafür sein, dass das Unterrichtsfach Pädagogik das jüngste Schulfach ist, das unser Bildungssystem kennt, und dass dessen Etablierung im Grunde nur in dem Bundesland wirklich gelungen ist, in dem wir uns gerade befinden. Andrerseits: Wenn richtig ist, dass, wie wir versucht haben darzustellen, das pädagogisches Handeln eine eigene Logik und Struktur hat, wenn des Weiteren richtig ist, dass gesamtgesellschaftlich gesehen die Bedeutung von Erziehung und Bildung zunimmt und gerade nicht abnimmt, dann ist verwunderlich, warum dieses Fach nicht längst bundesweit, in allen Lehrplänen insbesondere der gymnasialen Oberstufe etabliert ist. Freilich, mit der tendenziell eher steigenden als fallenden Bedeutung von Erziehung und Bildung müsste, stärker als das in den Richtlinien in NRW verankert ist, die Eigenlogik pädagogischen Handelns auch Gegenstand unterrichtlicher Arbeit sein. Darauf wird in einem späteren Teil unseres Vortrages noch einmal zurückzukommen sein.

II. Über Erziehungs- und Bildungsaufgaben der öffentlichen Schule heute

Von den im ersten Teil unseres Vortrags skizzierten pädagogischen Grundbegriffen der Bildsamkeit, der Aufforderung zur Selbsttätigkeit, der pädagogischen Transformation sowie der Nicht-Hierarchizität und den diesen zugeordneten erziehungs-, bildungs- und institutionentheoretischen Basistheorien und den disziplinierenden, unterrichtlichen und beratenden Formen pädagogischen Handelns her lassen sich sowohl allgemeine Aussagen über die Aufgaben des öffentlichen Schulsystems formulieren als auch besondere Hinweise zur Bedeutung des in NRW in der Sekundarstufe I und II verankerten Pädagogikunterrichts entwickeln.

Unter erziehungs-, bildungs- und institutionentheoretischen Perspektiven dienen schulisch organisierte Lehr-Lernprozesse generell nicht einem Lernen und pädagogischen Einflussnehmen im Horizont unmittelbarer Welterfahrung und zwischenmenschlichen Umgangs, wie dies beispielsweise bei der Übung und Koordination der Sinne (Tastsinn, Gesichtssinn, Hörsinn) oder beim Laufen- und Sprechenlernen im frühkindlichen Lebensalter geschieht. Schulische Erziehungs- und Bildungsprozesse lassen sich auch nicht als Einübung in eine Sitte organisieren, die sich quasi im Zusammenleben der Generationen von selbst tradiert. Aufgabe schulisch organisierter Lehr-Lernprozesse ist es vielmehr, Welterfahrung und zwischenmenschlichen Umgang so zu ergänzen und künstlich zu erweitern, dass Heranwachsende über Erfahrungs- und Umgangswissen hinausführende Kenntnisse und Einsichten entwickeln und dabei lernen, an Diskursen über die jeweiligen Sachverhalte urteilend und reflektierend teilnehmen und auf diese bezogene eigene Handlungen zu konzipieren, zu reflektieren und zu entwerfen.

Für all das, was durch Erfahrung und Umgang gelernt werden kann, sind Schulen primär nicht zuständig. In Schulen lernen Kinder und Heranwachsende, was sie durch Erfahrung und Umgang unmittelbar nicht lernen könnten. Zu den Gegenständen und Sachverhalten, die nicht durch Erfahrung und Umgang tradierbar sind, gehören seit alters her die Schriftzeichen von Sprache, Mathematik und Geometrie, Fremdsprachen und Anfangsgründe der Wissenschaften. Sprechen lernen die Kinder von den Eltern, Lesen und Schreiben dagegen in schulischen Einrichtungen. Eine Fremdsprache aber kann in schulischen Kontexten nur lernen, wer zuvor in außerschulischen Kontexten eine Muttersprache erlernt hat.

Zu den schon nach Aristoteles auf eine schulische und unterrichtliche Vermittlung angewiesenen Fähigkeiten des Lesens, Schreibens, Rechnens, Zeichnens und der Einsicht in die Zweckordnungen in Natur und Gesellschaft sind in Neuzeit und Moderne neue Aufgaben hinzugekommen, beispielsweise diejenigen der Aneignung der Anfangsgründe der neuzeitlichen Wissenschaften, der Einführung in die Geschichte, der Aneignung ausgewählter toter und lebender Fremdsprachen und nicht zuletzt die Vorbereitung der nachwachsenden Generationen auf einen Eintritt in die ausdifferenzierten gesellschaftlichen Handlungsfelder von der Arbeit über die Moral bis hin zu Kunst und Religion. Die genannten Aufgaben zeichnen sich dadurch aus, dass sie in modernen Gesellschaften nicht mehr unmittelbar sozialisatorisch, sondern vermittelt über eine schulisch zu sichernde Grundbildung thematisiert und innovatorisch sowie transformatorisch bearbeitet und vermittelt werden müssen. Moderne Schulen lassen sich daher ganz allgemein als Institutionen beschreiben, die sich gleichermaßen vom Zusammenleben der Generationen in Familien wie von Interaktionen innerhalb der gesellschaftlich ausdifferenzierten Handlungsfelder und der verwissenschaftlichten Berufen unterscheiden.

Was dies bedeutet, lässt sich bis in den Bedeutungswandel der pädagogischen Grundbegriffe zeigen. Aus lebensweltlichen Formen der Anerkennung menschlicher Bildsamkeit und Selbsttätigkeit werden in schulischen Kontexten künstliche Formen, die erfahrungs- und umgangserweiternde Funktionen besitzen. Was in Erfahrung und Umgang erlernt und durch Erfahrung und Umgang tradierbar ist, wird im Leben selbst unmittelbar sinnfällig und bedeutungsgeladen angeeignet. Der Sinn des Lernens und der Vollzug des Lernens selbst fallen weitgehend zusammen. Wer Laufen lernt, lernt sich in der Welt bewegen und kommuniziert in dieser mit anderen über Erfahrungen, Dinge und Sachverhalte. Wer Sprechen lernt, lernt mit Mitmenschen über Weltinhalte reden. Wer aber Schriftzeichen und Grammatiken, Geschichte, Fremdsprachen und Anfangsgründe der Wissenschaften erlernt, befindet sich in schulischen, erfahrungs- und umgangstranszendierenden Lernumgebungen, in denen der Sinn des Lernens und das Lernen selbst nicht mehr unmittelbar koinzidieren, sondern auseinandertreten und später künstlich zueinander in Beziehung gesetzt werden müssen.

Wie man einen elektrischen Schalter bedient, lernen Kinder durch Anfassen und Drücken, was Elektrizität ist, lernen sie dagegen – es sei denn unter Lebensgefahr – nicht unmittelbar durch eine leibliche und freie sprachliche Praxis, sondern im Physikunterricht. In ähnlicher Weise werden geschichtliche Zusammenhänge in der Schule künstlich erinnert. Wer im Schweizer Staatsbürgerkundeunterricht die Urkantone der Schweiz kennenlernt, wird nicht staatengründend tätig. Wer sich im Schulunterricht mit dem Dreißigjährigen Krieg, dem Zweiten Weltkrieg oder der Shoah befasst, tut dies ohne dass gekämpft, Entscheidungsschlachten geführt, und Religionen mit Waffengewalt verteidigt, durchgesetzt oder zerstört und Verbrechen gegen die Menschlichkeit begangen werden. Das hat Vorteile wie den, dass man in der Schule sitzend lernen kann, dass die Nationalhymne bei öffentlichen Feiern im Stehen zu singen ist. Dieser Vorteil erzeugt jedoch zugleich einen Ordnungs- und Beratungsbedarf über Struktur, Sinn und Bedeutung des in der Schule Gelernten, der über die Sphäre des Unterrichts vermittelt ist und zugleich hinter diese zurück und über diese hinausweist.

Die angesprochene Künstlichkeit schulisch institutionalisierten Lernens ist an bestimmte Voraussetzungen gebunden und hat zugleich pädagogisch zu reflektierende und zu bearbeitende Folgen. Die Bildsamkeit der in Schulen lernenden Heranwachsenden kann angemessen nur anerkannt werden, wenn die selbsttätigen Lernprozesse, zu denen Lehrer ihre Schüler in der Institution Schule auffordern, und ihre angestrebten Ziele als gleichermaßen wichtig und bedeutsam angesehen werden. Ohne Nicht-Hierarchizität von Prozess und Ziel können schulische Lehr-Lernprozesse nicht gelingen. Und Aufforderungen zum Selberdenken sind im schulischen Raum an didaktische und gesellschaftspädagogische Transformationen zurückgebunden, die aus etwas, das man in der Welt und im Zusammenleben der Menschen nicht von selbst erlernen kann, einen Lerngegenstand und -inhalt machen, dessen Performativität nicht unmittelbar lebenspraktisch, sondern im Horizont einer theoretischen und künstlichen Performativität angesiedelt ist.

Das hat Folgen nicht nur für die Ordnung der disziplinierenden, unterrichtenden und beratenden pädagogischen Handlungsformen, sondern auch für die Wissensformen, in die Unterricht einführt bzw. einführen muss. Um sich auf künstliche Lehr-Lernprozesse überhaupt einlassen zu können, müssen die Räume unmittelbarer Welterfahrung und zwischenmenschlichen Umgangs zunächst einmal verlassen werden. Dazu ist eine Disziplinierung erforderlich, die es erlaubt, zeitweise das Lernen von der Erfahrung und die Anstrengung um die Aneignung eines Sachverhalts vom Sinn des Lernens zu lösen und nach etwas zu fragen und zu suchen, das sich in Erfahrung und Umgang unmittelbar nicht finden lässt und im Lernprozess auch nicht unmittelbar angewendet werden kann oder gebraucht wird.

Was sexualkundlich Verhüten heißt, vermitteln Lehrer an Schüler in Schulen nicht durch gemeinsames Verhüten, den menschlichen Körper thematisiert Unterricht nicht durch An- und Ausziehen, Latein und Griechisch lernt niemand in Rom und Athen, Englisch und Französisch wird an deutschen Schulen unterrichtet und der Geschichte der Steinzeit, den Religionskriegen in Europa und der Evolutionsgeschichte wenden sich Lehrer und Schüler in der heutigen Gegenwart zu.

In allen Bereichen setzen unterrichtliche Fokussierungen dieser Art eine Disziplin voraus, die sich im Aufbringen einer spezifischen Aufmerksamkeit, in der Sachlichkeit von Frage und Antwort und in Formen eines Erkennens und Zeigens artikuliert, die es dem Unterricht allererst erlauben, eine eigene pädagogische Logik zu entfalten und eine Erkenntnis allgemeiner Zusammenhänge und hypothetischer Ordnungen zu vermitteln. Zu dieser Logik gehört, dass auf unterrichtlich organisierte Lehr-Lernprozesse überall ein Beratungsbedarf folgt, der durch Unterricht selbst nicht befriedigt werden kann. Unterricht erweitert zwar Erfahrung und Umgang, lässt aber viele Fragen der Interpretation von Erfahrung und einer umgänglichen

Auslegung der unterrichtlich vermittelten Erkenntnisse und Einsichten notwendigerweise offen und ungeklärt. Der Schriftsprachunterricht vermittelt Kulturtechniken ohne zu normieren, was Schülerinnen und Schüler künftig lesen und schreiben. Vergleichbares gilt für den Fremdsprachenunterricht, den natur- und sozialwissenschaftlichen Unterricht und den Geschichtsunterricht, die kein Wissen über die künftige Entwicklung von Technik, Gesellschaft und Geschichte erzeugen und auch keine Berufswahlentscheidung festlegen. Gleichwohl sollen aber die Schülerinnen und Schüler befähigt werden, das Gelernte in eine denkende und mithandelnde Partizipation am gesellschaftlichen Leben einzubringen.

Worüber in den ausdifferenzierten Handlungsfeldern von Arbeit, Pädagogik, Moral, Politik, Kunst und Religion gesellschaftlich und politisch gestritten wird, darüber darf durch und im Unterricht nicht entschieden werden. Sonst wären die Lehrer die eigentlichen Politiker im Staat und beanspruchten für die pädagogische Praxis einen Primat, den sie, um überhaupt unterrichten zu können, den anderen Handlungsfeldern absprechen müssen. Die Beratungspraxis, die an den Unterricht anschließt, ist darum keine zwischen Lehrern und Schülern, sondern eine intergenerationelle Beratungspraxis, an denen auch Lehrer und Schüler im Horizont zivilgesellschaftlicher Diskurse und Aktivitäten, also nicht als Lehrer oder Schüler, sondern als Menschen und Bürger partizipieren.

Aus der beschrieben Ordnung des Schulunterrichts folgt, dass Lehrpersonen an Schulen eine dreifache Verantwortung tragen: Erstens Verantwortung für Disziplin als Voraussetzung von Unterricht, zweitens Verantwortung für die erfahrungs- und umgangserweiternde Qualität von Unterricht und drittens Verantwortung für Übergänge aus unterrichtlichen in beratende Situationen. Von diesen drei Verantwortungshorizonten verlangt die Teilverantwortung für Unterricht in allen Unterrichtsfächern nach einer Einführung in und Kultivierung von Wissensformen, die den zuvor unterschiedenen Formen eines Lernen im Horizont von Erfahrung und Umgang und eines künstlich über Unterricht vermittelten Lernens und Lehrens Rechnung tragen.

Solche unverzichtbaren Wissensformen lassen sich wie folgt unterscheiden:

1. lebensweltliches Wissen, das leibzentriert erworben wird und durch Unterricht ergänzt, erweitern, aber nicht eingeführt werden kann;
2. szientifische Wissensformen mit Blick auf die fachlichen, historischen und gesellschaftlichen Bezugswissenschaften der Unterrichtsfächer;
3. ideologiekritische Wissensformen,
4. sowie pragmatische Wissensformen, die von der unterrichtlichen Dimension in die beratende Dimension pädagogischen Handelns überleiten.

Fragt man, was das alles für den Pädagogikunterricht bedeutet, so muss man zeigen, wie sich die genannten Merkmale des neuzeitlichem und modernen Schulunterrichts für das Unterrichtsfach Pädagogik-Erziehungswissenschaft mit Blick auf dessen Doppelstruktur konkretisieren lassen, und dabei klären, wie Fragen der Disziplinierung, Unterweisung und Beratung in einem Fach zu institutionalisieren sind, das selber diszipliniert, unterrichtet und berät.

Der eingangs angeführte Einwand, pädagogische Themen ließen sich an öffentlichen Schulen nicht in einem Schulfach Pädagogik/Erziehungswissenschaft behandeln, weil deren Aufgabe nicht darin gesehen werden könne, Pädagogen und Erziehungswissenschaftler auszubilden, verliert seine Plausibilität, sobald man bedenkt, dass auch die anderen Schulfächer so konzipiert sind, dass in ihnen in grundlegende Kunden basale Grundkenntnisse sowie Anfangsgründe von Wissenschaften, nicht aber Lehrer im Bereich der Kunden oder angehende Wissenschaftler ausgebildet werden. Für alle Fächer der allgemeinen öffentlichen Schule gilt, dass sie keine Lehrer und Wissenschaftler ausbilden, sondern ein Erfahrung und Umgang erweiterndes Wissen vermitteln, das unmittelbar in den Horizonten von Welterfahrung und zwischenmenschlichem Umgangs nicht vermittelt und erworben werden könnte.

So ist auch der Pädagogik-Unterricht ein Unterrichtsfach, in dem Erziehung und Unterricht keine unmittelbare Verbindungen eingehen, sondern ein Ort, an dem Erziehungs- und Bildungsprozesse im Horizont erfahrungs- und umgangserweiternder Lehr-Lernprozesse thematisiert werden. Hierauf gründen sich Gemeinsamkeiten und Differenzen zwischen Pädagogikunterricht und Unterricht in anderen Unterrichtsfächern. Wie andere Fächer hat auch der Pädagogikunterricht einen spezifischen Gegenstand mit einer fachlichen Bezugswissenschaft und pragmatischen Anschlussfeldern, deren Anfangsgründe es anzueignen und für die es Übergänge von unterrichtlichen in beratende Prozesse vorzubereiten gilt. Die Besonderheit des Faches liegt dabei darin, dass die von den Lernenden erlittenen und mitgestalteten Erfahrungen in Erziehung, Unterricht und Schule im Medium der fachlichen Inhalte so thematisiert und bearbeitet werden sollen, dass dabei Fragen wie die nach dem Ende der Erziehung mitreflektiert werden. An den für die Explikation der pädagogischen Grundbegriffe, Basistheorien und Handlungsformen zentralen Wissensformen, in die Pädagogikunterricht einführen muss, lässt sich dies zeigen. (Dieser letzte Satz ist schwer verständlich, weil ja im Folgenden nur der Begriff Bildsamkeit herangezogen wird.

Bei der Explikation des Grundbegriffs der Bildsamkeit muss Pädagogikunterricht an die leibliche Präsenz der erlittenen Erziehung und der in dieser durchlaufenen Bildungsprozesse anknüpfen und negative Erfahrungen erinnern, die Kinder und Jugendliche in ihren bisherigen Bildungsgängen durchlaufen haben. Zu der leibzentrierten Erfahrung, dass sich Bildsamkeit an der Differenz zwischen Wissen und Nicht-Wissen, Können und Nicht-Können zeigt, treten im Unterricht Abgrenzungen zwischen und Vertiefungen in wissenschaftliche Wissensformen hinzu, z. B. solche in biologische Konzepte der Reifung, psychologische Konzepte der Entwicklung, soziologische Konzepte der Vergesellschaftung und ökonomische Konzepte der gesellschaftlichen Berufsbefähigung. Sie alle hängen mit dem Phänomen der Bildsamkeit zusammen, thematisieren dieses aber weder einzeln noch zusammengenommen erschöpfend und müssen daher um pädagogische und erziehungswissenschaftliche Betrachtungsformen ergänzt werden, welche die unbestimmte Bildsamkeit und die Unentschiedenheit der menschlichen Anlagen sowie die Differenz zwischen dem Begriff bildender Wechselwirkungen von Mensch und Welt und sogenannten Einflüssen von Anlagen und Umwelten in den Blick bringen und reflektieren.

Ein Fachunterricht, der sich dieser Aufgabe stellt, wird darüber hinaus auch den geschichtlichen Kontext der modernen Freiheitsbewegungen in Erinnerung bringen, in denen der Begriff einer weltoffenen unbestimmten Bildsamkeit entstand, und zugleich ideologiekritische Denkformen gegenüber biologisch, psychologisch, soziologisch oder ökonomisch reduzierten Betrachtungsweisen schärfen und pädagogische Allmacht- und Ohnmachtsvorstellungen szientifisch und pragmatisch problematisieren. Vermittelt über die genannte Vielfalt von Wissensformen wird er schließlich ein Interesse an der weiteren Erforschung, Entwicklung und Sicherung der Eigenlogik pädagogischer Prozesse entwickeln, von dem im dritten Teil noch ausführlicher die Rede sein soll.

Vergleichbare Reflexionsprozesse kann Pädagogik-Unterricht mit Blick auf die anderen Grundbegriffe und die pädagogischen Basistheorien anregen und unterstützen. Hierher gehören Einsichten darin, dass die Lernprozesse von Schülern nicht als unmittelbares Resultat des Unterrichts ihrer Lehrer, sondern als Lernprozesse zu interpretieren sind, die vom Lehrer zwar angeregt und veranlasst, nicht aber direkt hervorgebracht werden können. Dass Lehrer Anforderungen, die sich aus den Ansprüchen der im Unterricht zu vermittelnden Sache und aus den Ansprüchen der Gesellschaft ergeben, in didaktische Aufforderungen eines zum Selberdenken auffordernden Unterrichts transformieren und hierbei eine gewisse Nicht-Hierarchizität zwischen den Aufgaben der Erziehung und den Leistungen der Schüler selbst sichern müssen, kann Schülerinnen und Schülern den Blick dafür öffnen, dass ihre eigene Mitwirkung an Erziehungs- und Bildungsprozessen jenseits der Vorstellungen von einer Allmacht und Ohnmacht der Erziehung zu verorten ist. Zu einer gelingenden Erziehung gehört, dass Heranwachsende weder Herr noch Opfer ihrer erfahrenden, erlittenen und mitgestalteten Erziehung sind, sondern sich zu dieser noch einmal leiblich, frei, geschichtlich und sprachlich verhalten können. Pädagogik-Unterricht kann dies an autobiographischen Texten thematisieren und reflektieren; so z. B. an Kafkas „Brief an den Vater“, an Ulla Hahns Band „Das verborgene Wort“ oder an Walter Jens Mahnung an seinen Sohn Christoph, niemals zu vergessen, dass er aus einem Hause komme, in dem Ernst Bloch ein- und ausgegangen sei.[5]

III. Die doppelqualifizierende Bedeutung schulischer Grundbildung, Allgemeinbildung und berufsbezogener Bildung

Wendet man sich von den bisher entwickelten Überlegungen den Lehrplänen und Richtlinien für das Fach Erziehungswissenschaft in NRW zu, so ergeben sich zahlreiche Anknüpfungspunkte für eine inhaltliche Konkretisierung und Weiterentwicklung der Konzeption des noch relativ jungen Schulfaches, das dort, wo es auf der Sekundarstufe I institutionalisiert war, den Namen Pädagogik und als Fach der Sekundarstufe II den Namen Erziehungswissenschaft führt.

Der geltende nordrheinwestfälische Lehrplan für die Sekundarstufe II geht auf das Jahr 1999 zurück und repräsentiert noch nicht die jüngste kompetenztheoretische Wende von Bildungspolitik und Bildungsreform. Dies eröffnet Chancen für eine besonnene Weiterentwicklung des Faches, die den Irrweg einer Umstellung der Inputorientierung des Lehrens und Lernens in Schulen auf eine Outputorientierung vermeidet und die Tradition wissensbasierter Lehrpläne und Richtlinien zugleich um eine gemäßigte Kompetenzorientierung ergänzt.

Dass Unterricht nicht unmittelbar Kompetenzen erzeugt, sondern Erfahrung und Umgang auf dem Umweg über die Vermittlung einer wissensbasierten grundlegenden Bildung erweitert, verweist auf eine Grundstruktur schulischen Lehrens und Lernens, die auch künftig Bestand haben wird. Zur Ironie der Umstellung der traditionellen Input- durch eine neue Outsteuerung gehört, dass sie nicht durch Einführung einer strikten Outputorientierung durchgesetzt, sondern in Lehrplänen durch eine neuartige Inputorientierung verkündet und eingeleitet wird. Traditionelle In- und neuartige Outputorientierungen stehen sich keineswegs so fremd gegenüber, wie die bildungspolitische Tendenzwende und Teile der bildungs- und erziehungswissenschaftlichen Diskurse heute zuweilen behaupten. Öffentliche Schulen sind seit ihrer Einführung für die Entwicklung von Fähigkeiten zuständig, die nicht schon durch Erfahrung und Umgang erworben und entwickelt werden können, sondern und auf unterrichtliche Lehr-Lernprozesse angewiesen sind. Für diesen Sachverhalt findet sich in den Schulplänen Wilhelm von Humboldts Konzept der doppelten Qualifikation.

---

[5] Zu letzterem siehe: An mein Kind. Briefe von Vätern. Erbeten und vorgelegt von H. Haider. München 1984, S. 86-95.

Nach Humboldts Ausführungen im Königsberger und im Litauischen Schulplan soll für alle Stufen des neu geordneten Erziehungs- und Bildungssystems gelten, dass jede seiner Stufen, angefangen von der Elementarstufe über die Stufe des Schulunterrichts bis in jene des Universitätsstudiums, doppelt bildet und qualifiziert, nämlich einmal, indem sie die Heranwachsenden auf ein Weiterlernen und Erlernen von Neuem in der nächst höheren Stufe des Bildungssystems vorbereitet und zum anderen, indem sie ein transformatorisches Lernen praktiziert, welches Übergänge von jeder Stufe, also vom Elementar-, Schul- und Universitätsunterricht, ins Leben im Blick hat. Konkret bedeutet dies: Die im allgemeinen Schulsystem zu vermittelnden Grundkenntnisse sollen allgemeinbildend und berufsbildend zugleich wirksam werden können, allgemeinbildend mit Blick auf den Übergang in die nächst höhere Stufe des allgemeinen Bildungssystems, berufsbildend mit Blick auf den Übergang in zivilgesellschaftliche Handlungsfelder und die Wahl einer nicht zuletzt auch beruflich auszuweisenden Lebensform.

Wilhelm von Humboldt hat entsprechende Folgerungen nicht erst für den Schulunterricht, sondern auch schon für den Elementarunterricht und die in ihm zu vermittelnden Techniken des Lesens und Schreibens gezogen. Lesen und Schreiben sollen Schülerinnen und Schüler in der Grundschule so lernen, dass sie lesend und schreibend in die Stufe des Schulunterrichts übergehen können und dort keines Elementarlehrers mehr bedürfen, sondern unterstützt durch Schullehrer im Bereich der Kunden (Sekundarstufe I) grundlegende Kenntnisse und im Bereich der Wissenschaften (Sekundarstufe II) wissenschaftspropädeutische Einsichten entwickeln können. Die Kulturtechniken haben nicht nur eine schulpropädeutische, sondern zugleich eine zivilgesellschaftliche und berufspropädeutische Funktion. In zivilgesellschaftlicher Hinsicht soll das Lesen, Schreiben, Rechnen so gelernt werden, dass es auch der freien Rede, der Lektüre literarischer Texte und der Kommunikation zwischen Menschen, Bürgern und Generationen zugute kommt. In berufspropädeutischer Hinsicht soll der Elementarunterricht durch die in ihm vermittelte grundlegende Bildung berufliche Bildungsgänge möglich machen, die nicht mehr allein erfahrungs- und umgangsbasiert, sondern zugleich schriftsprachbasiert konzipiert werden können.

Humboldt ordnete die Schulstufen für seine Zeit so, dass der Übergang ins Leben und in eine berufliche Ausbildung bereits Absolventen der Elementarschule offen stehen sollte. Unter den Bedingungen einer verwissenschaftlichten Welt können wir heute an der zivilgesellschaftlichen Aufgabenstellung aller Schulstufen und Unterrichtsfächer festhalten und die berufspropädeutische Aufgabenstellung zugleich zeitlich so verorten, dass sie erst mit der Sekundarstufe I beginnt. Wie die Elementarstufe des Bildungssystems sollen nach Humboldt auch die andere Schulstufen auf Übergänge in nächst höhere Schulstufen der Sekundarstufe I und II vorbereiten und parallel dazu zivilgesellschaftliche und berufspropädeutische Aufgaben verfolgen.

Von diesen hat die zivilgesellschaftliche Aufgabenstellung ihr Zentrum in der zu sichernden Partizipation der Heranwachsenden an den großen Lebensgemeinschaften[6] und verfolgt die berufspropädeutische Funktion das Ziel, Übergangsmöglichkeiten in eine von den Heranwachsenden selber zu wählende bürgerlichen Berufstätigkeit anzubahnen.

Dies alles gilt auch für den Pädagogikunterricht, wenn dieser als Unterrichtsfach der Sekundarstufe I und II legitimiert werden soll. Legitim in dem hier gemeinten doppeltqualifizierenden Sinne wäre ein Pädagogik-Unterricht, der eine erfahrungs- und umgangserweiternde Grundbildung mit allgemeinbildenden zivilgesellschaftlichen und berufspropädeutisch auslegbaren Perspektiven vermittelt. Seine unterrichtliche Seite zielte dabei auf die Ausbildung einer pädagogischen Urteilskompetenz, die in der Lage ist, im Wissen um die Eigenlogik pädagogischer Prozesse, deren Grundbegriffe und Basistheorien vergangene und gegenwärtige Erziehungsverhältnisse zu analysieren, zu kritisieren, zu problematisieren und zu verstehen. Die beratende Seite eines solchen Unterrichts zielte auf die Anbahnung einer auf Reflexion und Handeln bezogenen Kompetenz, welche es den Heranwachsenden erlaubt, ihre eigene erlittene Erziehung zu reflektieren und künftige pädagogische Handlungen in Distanz zu der selbst erfahrenen Erziehung und Sozialisation zu konturieren.

Alle drei durch Pädagogik-Unterricht zu fördernden Teilkompetenzen, das in ihm zu vermittelnde pädagogische Grundwissen ebenso wie die durch ihn zu fördernde pädagogische Urteils- und Partizipationskompetenz, sind nicht mit den Kompetenzen eines erfahrenen pädagogischen Akteurs gleichzusetzen, der sich durch ein Studium auf seinen Beruf vorbereitet und in dessen Ausübung professionelle Kompetenzen erworben hat. Sie bereiten mit ihren zivilgesellschaftlichen und berufspropädeutischen Aspekten eine Urteils- und Handlungskompetenz vor, die aus der Analyse und Reflexion von Erziehungsverhältnissen entsteht und in der nachwachsenden Generation ein Interesse eine Bereitschaft entwickelt, über die Aufgaben, Möglichkeiten, Grenzen, Gefahren und Chancen einer vernünftigen Erziehung nicht nur aus dem Horizont eigener Erfahrungen, sondern auch in einem durch Theorie und Wissenschaft aufgeklärteren und bewusster gemachten Sinne mitzudiskutieren.

---

[6] F. Schleiermacher nennt die freie Geselligkeit, den Staat, die Kirche und das Wissen bzw. die Wissenschaft. Vgl. hierzu Schleiermachers pädagogische Vorlesungen aus dem Jahr 1826 (F. Schleiermacher: Texte zur Pädagogik Band 2. Hrsg. von M. Winkler und J. Brachmann. Frankfurt a. M. 2000) sowie die entsprechen Passagen aus seinen ethischen Schriften (F. Schleiermacher: Ethik [1812/13] [Einleitung und Güterlehre]. In: Schleiermachers Werke. Zweiter Band. Hrsg. von O. Braun. Leipzig 1913, S. 241-371).

Hier freilich gilt: Auch ohne den Besuch eines Unterrichts im Fach Pädagogik – Erziehungswissenschaft lernen Heranwachsende an Schulen nicht nur, diszipliniert zu werden, sondern auch sich selbst zu disziplinieren, nicht nur, unterrichtet zu werden, sondern auch andere unterrichten zu können und nicht nur, beraten zu werden, sondern auch sich mit anderen beraten zu können. Was das Fach Pädagogik – Erziehungswissenschaft dem allem hinzufügen kann, ist die Unterstützung eines expliziteren Vollzugs des Blickwechsels von der zurückliegenden erfahrenen, erlittenen und mitgestalteten Erziehung zu einer reflexiven und proflexiven Vergewisserung über pädagogische Fragen. Diese nimmt zwar noch nicht jenen Blickwechsel vorweg, den das Studium der Pädagogik und Erziehungswissenschaft in Bildungsgängen professioneller Pädagogen intendiert, kann aber gleichwohl Problem und Aufgabe des Pädagogischen als eines Felds zivilgesellschaftlicher Miterziehung im Zusammenleben der Generationen bewusst machen.

IV. Abschließende Bemerkungen zur Bedeutung des Unterrichtsfachs Pädagogik

Es ist schon oft – und zu Recht – darauf hingewiesen worden, dass der Pädagogikunterricht wie kein anderes Fach eine elementare Verhaltensweise des Menschen zu sich selbst, nämlich das Generationenverhältnis, ohne das es die Gattung Mensch nicht gäbe, ins Bewusstsein Heranwachsender, hier: von Schülerinnen und Schülern zu heben sucht. Eine historisch und evolutionär nicht kontingente, sondern aufklärerische und vernunftorientierte Form dieses Bewusstseins benötigt Gesichtspunkte, Prinzipien oder Ideen, unter denen eine solche reflexive Vergegenwärtigung des evolutionären Faktums der Erziehung erfolgen kann. Wir haben versucht, pädagogisches Handeln im Generationenverhältnis als eine spezifische Form sozialen Handelns zu kennzeichnen, die eine eigene Logik oder Grammatik hat, welche sich von anderen Formen humaner Praxis unterscheidet: Im pädagogischen Handeln wird ein bildsames Wesen in der Absicht zur Selbsttätigkeit aufgefordert, dass es in seinem Denken und Handeln selbständig und mündig wird. In anderen zwischenmenschlichen Praxen, der rechtlichen ebenso wie der ethischen und der politischen Praxis, wird diese Selbsttätigkeit und Selbständigkeit vorausgesetzt: In der rechtlichen beispielsweise in der Anerkennung des seine Zwecke verfolgenden Mitmenschen, sofern diese Zwecke nach einem allgemeinen Gesetz zusammen bestehen können (Kant), in der ethischen Praxis und im sittlichen Umgang in der Anerkennung des Anderen als Zweck an sich und im politischen Handelns in der wechselseitigen Anerkennung von Partizipationsfähigkeit.

Die am Prinzip der Humanität ausgerichteten Praxen oder Umgangsweisen sind insofern dauerhaft instabil, als sie sich nicht von selbst verstehen, sondern Mentalitäten voraussetzen, die über die Generationen hinweg kultiviert werden müssen.

Vor mehr als 50 Jahren hat deshalb der Philosoph und Pädagoge Theodor Litt von der „Pflegebedürftigkeit des Umgangs“ gesprochen und in diese Pflege- oder wie wir heute lieber sagen würden: in diese *Kultivierungsbedürftigkeit* gerade auch das pädagogische Handeln, das vor Fehlformen bewahrt werden müsse, miteinbezogen.[7] Zu den Gefährdungen und Fehlformen pädagogischen Handelns in unserer Gegenwart gehören - wir vermuten, dass das unmittelbar einleuchtet -, deren Instrumentalisierung für außerpädagogische Zwecke und die Gleichgültigkeit gegenüber der Notwendigkeit von Erziehung selbst. Die Kultivierungsbedürftigkeit pädagogischen Umgangs macht öffentlich-gesellschaftliche Anstrengungen erforderlich, die von dem Interesse getragen sind, die Substanz des pädagogischen Handelns zu erinnern, es zu kultivieren und als ein stets von Neuem zu interpretierendes Handeln zu sichern und an die nachwachsende Generation weiterzugeben. Der Pädagogikunterricht kann eine wichtige Aufgabe innerhalb eines solchen Kultivierungsprojekts übernehmen.

Der Pädagogikunterricht hat aber nicht nur diese Kultivierungsaufgabe, die man im wohlverstandenen Sinne des Wortes eine konservative nennen kann, weil sie in Erinnerung ruft, was schon einmal gewusst war, und auf Gefährdungen hinweist, die nicht vorübergehender, sondern wohl dauerhafter Natur sind. Der Pädagogikunterricht hat aber auch eine prospektive oder *antizipatorische* Bedeutung und *Aufgabe*. Sie liegt darin, dass er zusammen mit anderen Schulfächern Befähigungen vermittelt, die die nachwachsende Generation in die Lage versetzen, in das einzutreten, was Friedrich Schleiermacher treffsicher die menschliche „Mitgesamttätigkeit“ genannt hat. Damit ist, auf eine einfache Formel gebracht, die Befähigung gemeint, gemeinsam und in einem immer auch kontroversen Dialog mit Anderen am geselligen Umgang, an der Arbeits- und Berufswelt, an der Weiterentwicklung des Wissens, also am öffentlichen Leben insgesamt partizipieren zu können. Jedes Unterrichtsfach hat im Blick auf diese Aufgabe eine spezifische Befähigungs- und Bildungsaufgabe zu übernehmen. Die Aufgabe des Pädagogikunterrichts besteht im Blick auf diese „Mitgesamttätigkeit“ darin, die Schülerinnen und Schüler von ihrer eigenen, allmählich zu Ende gehenden Erziehung, ihrer familiären wie ihrer öffentlich-schulischen, zu emanzipieren und in die Fähigkeit zu überführen, an Bildungsprozessen jenseits der Erziehung zu partizipieren.

An den hier mehrfach bemühten Schulplänen Wilhelm von Humboldts lässt sich das erläutern: Ihnen zufolge soll der auf den Elementarunterricht folgende Schulunterricht den Lehrer (und die Lehrerin) schrittweise überflüssig machen, so dass am Ende der Schulzeit das Lernen so gelernt worden ist, dass selbständiges Weiterlernen möglich wird. Überflüssig zu sagen, dass für Humboldt der Lehrer (die Lehre-

[7] Th. Litt: Das Bildungsideal der deutschen Klassik und die moderne Arbeitswelt. Bochum 1959.

rin) immer zugleich Erzieher (Erzieherin) ist. Die eigentümliche Stellung des Pädagogikunterrichts heute kann von hier aus wie folgt bestimmt werden: Er emanzipiert, er befreit vom Unterricht der Pädagogik, indem er Schülerinnen und Schüler durch deren Befähigung, Erziehungs- und Bildungsprozesse zu reflektieren und – in Grundzügen – planend zu entwerfen, das Weiterlernen in Sachen Erziehung und Bildung sowohl in individueller und privater als auch in gesellschaftlicher und öffentlicher Hinsicht ermöglicht.

Im Pädagogikunterricht kommt das Ende der Erziehung institutionell und symbolisch zugleich zum Ausdruck. Die Form, in dem dieses Ende auf den Weg gebracht wird, ist die Steigerung *bewusstmachender Reflexivität.* Er steigert durch fortschreitende Differenzierung die bereits vorhandenen pädagogischen Denkform der Schülerinnen und Schüler, macht Erziehungs- und Bildungsprozesse diskutierbar und beurteilbar und bereitet dadurch indirekt – denn anders geht es nicht – eigenes pädagogisches Handeln vor. Die Referenzdisziplinen des Pädagogikunterrichts, vor allem die Erziehungswissenschaft und die richtig verstandenen, d. h. pädagogische Sachverhalte aufklärenden, aber pädagogische Prozesse nicht normierenden Sozialwissenschaften, eignen sich in hervorragender Weise dazu, eine solche Reflexivitätssteigerung mitzubewirken. So können – auch wenn es überflüssig sein mag, das an diesem Ort eigens hervorzuheben – Sozialisations- wie Entwicklungsprozesse dadurch beurteilbar gemacht werden, dass deren „Erziehlichkeit“ geprüft[8] und gefragt wird, ob sie eine mündigkeitsorientierte Selbständigkeit anregen und befördern oder beispielsweise zum Aufbau von Dominanzstreben und Stigmatisierungsbereitschaften beitragen und damit gesellschaftliche Macht- und Herrschaftsverhältnisse, statt diese zu analysieren und ggf. zu problematisieren, reproduzieren und auf Dauer stellen.

Schon der Hinweis auf die Erziehlichkeit bzw. Unerziehlichkeit dieser Prozesse zeigt aber, dass ein reflektiertes pädagogisches Bewusstsein ein erziehungs- und bildungstheoretisches Rüstzeug voraussetzt, das erforderlich ist, um faktische Prozesse etwa als parapädagogisch zu kritisieren, aber auch erforderlich ist, um die Vielfalt sozialwissenschaftlichen Wissens pädagogisch fruchtbar nutzen zu können. Wenn wir es richtig sehen, ist die hier angesprochene Aufgabe einer Kooperation zwischen sozialwissenschaftlicher und erziehungswissenschaftlicher Forschung auf der einen und pädagogischer Handlungsorientierung auf der anderen Seite noch unterentwickelt. Dabei mag es durchaus sein, dass die unterrichtliche Praxis hier weiter ist als die wissenschaftliche Theorie und beides, sozial- und erziehungswissenschaftliches Wissen und pädagogische Handlungsorientierung so aufeinander zubewegt, dass die Dignität beider bewahrt bleibt. Ob das so ist, wissen wir nicht.

---

[8] H. von Hentig: Ach, die Werte! Über eine Erziehung für das 21. Jahrhundert. München 1999.

Die zukünftige fachdidaktische Forschung zum Pädagogikunterricht wird sich aber, etwa im Blick auf die Konstruktion und Evaluation von Unterrichtseinheiten, diesem Problemkreis zuwenden müssen.

Fragt man, welche Perspektiven für eine fachdidaktische Erziehungs- und Bildungsforschung sich hieraus erheben, so lassen sich drei grob umreißen.
Erstens: Während sich in anderen Lernbereichen, insbesondere im Bereich der Vermittlung und Entwicklung von Basiskompetenzen, eine Bildungsforschung etabliert hat, die Schülerleistungen national und international vergleicht und aus ihren Forschungsergebnissen Hinweise für eine Optimierung von unterrichtlichen Lehr-Lernprozessen zu gewinnen sucht, wird eine pädagogisch ausgewiesene erziehungswissenschaftliche Bildungsforschung stärker beachten und gewichten müssen, dass die zu messenden und zu vergleichenden Schülerleistungen durch eine unterrichtliche Erweiterung und Ergänzung von Erfahrungs- und Umgangswissen und -können gefördert werden sollen. Eine solche Bildungsforschung wird sich zugleich als Erziehungsforschung ausweisen müssen und jeden Anschein zu vermeiden suchen, als ließen sich aus Output-Messungen unmittelbar Aussagen über die Qualität der diesen zugrundeliegenden, in ihnen aber nicht mitthematisierten pädagogischen Praxis gewinnen.

Zweitens: Eine pädagogisch und erziehungswissenschaftlich ausgewiesene Erziehungs- und Bildungsforschung wird Schülerkompetenzen so fassen müssen, dass ihre Unterrichtliche Förderung mit reflektiert wird. Das gelingt nur, wenn die wissensbasierten Aspekte domänenspezifischer Kompetenzen miterhoben und auf diese Weise die durch Unterricht zu sichernden Voraussetzungen und Wirkungen von erfolgsversprechenden Kompetenzentwicklungsprozesse in ihrer Bedeutung berücksichtigt und die domänenspezifischen Kompetenzen so definiert werden, dass sie nicht als bloße Problemlösekompetenzen, sondern als fachbezogene Urteils- und partizipationsbezogene Handlungskompetenzen definiert werden.

Drittens: eine sich so verstehende Erziehungs- und Bildungsforschung wird nicht länger aus Testaufgaben didaktische Aufgaben abzuleiten suchen, sondern in beide Richtungen mit Anschlussmöglichkeiten zwischen den genannten Aufgabentypen zu experimentieren suchen. Die zu sichernden Anschlussmöglichkeiten lassen sich dabei niemals allein mit Blick auf Lernprozesse von Schülerinnen und Schülern definieren, sondern müssen zugleich mit Blick auf pädagogisch konzipierte Lehr-Lernprozesse bestimmt werden, für die, was die durch Unterricht zu fördernde Urteilskompetenz betrifft, didaktische Transformationen, und die durch beratende pädagogische Interaktionen zu stärkende Partizipationskompetenz betrifft, gesellschaftspädagogische Transformationen unerlässlich sind.

Alle genannten Schlussfolgerungen gelten auch für den Pädagogik-Unterricht. Die weitergehende Klärung der eingangs angesprochene Frage nach der Legitimität und Legitimierbarkeit eines Unterrichtsfaches „Pädagogik/Erziehungswissenschaft" hängt letztlich immer auch davon ab, inwieweit es dem Pädagogikunterricht an Schulen gelingt, in den Teildimensionen der Vermittlung domänenspezifischer Grundkenntnisse und der Förderung einer wissensbasierten pädagogischen Urteils- und Handlungen entwerfenden Partizipationskompetenz den Aufgaben einer didaktischen und gesellschaftspädagogischen Transformation gerecht zu werden.

Die in den vorausgegangenen Abschnitten herausgearbeitete selbstreflexive und fachliche Doppelstruktur des Pädagogik-Unterrichts, und dies ist der letzte Punkt, den wir ansprechen wollen, verlangt nach der Entwicklung von Forschungskonzepten, die nicht nur Zusammenhänge zwischen der Qualität von Unterricht und der Entwicklung von domänenspezifischen Grundkenntnissen, Urteils- und Partizipationskompetenzen auf Seiten der Schüler untersuchen, sondern auch Zusammenhänge zwischen dem fachlichen Wissen der Lehrerinnen und Lehrern, ihrer didaktischen Kompetenz und ihrer diskursiven Beratungskompetenz thematisieren.

Den unterschiedenen drei Teilkompetenzen von Schülern lassen sich nämlich Teilkompetenzen von Lehrpersonen zuordnen. Eine ihre Entwicklung und Wirklungen erforschende Fachdidaktik des Pädagogikunterrichts sollte und könnte im Bereich der eigenen Domäne eine erziehungswissenschaftliche Forschung stärken, von der Anregungen auch für andere Fachdidaktiken und domänenspezifisch ausgewiesene Forschungsprogramme ausgehen könnten. Dasselbe könnte aber auch umgekehrt gelten. Die Fachdidaktik Pädagogik entwickelte sich auf diese Weise zwar nicht zum Zentrum von Erziehung-, Bildungs- und Schulforschung, wohl aber zu einem selbstreflexiven Ort solcher Forschung im Austausch zwischen den Fach- und Bereichsdidaktiken des öffentlichen Schulsystems.

Der vorstehende Aufsatz ist die Ausarbeitung des Vortrages „Die Bildung pädagogischer Urteils- und Handlungskompetenz im öffentlichen Schulsystem" von Prof. Dr. Dietrich Benner und Prof. Dr. Friedhelm Brüggen auf der Fachtagung der Gesellschaft für Fachdidaktik Pädagogik (GFDP) am 27.09.2013 in Münster.

GERNOD RÖKEN

Pädagogikunterricht reloaded

Vorüberlegungen zu einem pädagogisch durchdrungenen und pädagogisch identifizierbaren Pädagogikunterricht oder: die Notwendigkeit des paradigmatischen Perspektivwechsels in der Realität des erziehungswissenschaftlichen Unterrichts[1] (Eine Darstellung in zehn Statements)

Zwei Thesen zum Pädagogikunterricht:

1. „Was man im Allgemeinen unter Erziehung versteht, ist als bekannt vorauszusetzen."
(Schleiermacher, F. D. E.: Pädagogische Schriften. Mit einer Darstellung seines Lebens, hrsg. von C. Platz, Langensalza 1902, S. 3)

2. „Erziehung ist das eine und ganze Thema der Pädagogik; Erziehung und nicht Sozialisation, auch nicht nur Entwicklung oder Lernen oder Kommunikation, und schon gar nicht Therapie, Fürsorge oder Sozialarbeit, Lebensbegleitung oder was sonst noch alles angeführt wird, um dem offenbar etwas unbequemen und ungefügen Sachverhalt der Erziehung auszuweichen." (Prange, K.: Plädoyer für Erziehung, Baltmannsweiler 2000, S. 72)

I. Die Problematik der fachlichen Entgrenzung des Pädagogikunterrichts

1. Der Lehrplan Erziehungswissenschaft von 1999 sieht vor, dass die Behandlung wissenschaftlicher Erklärungsmodelle nicht zum Selbstzweck werden darf, sondern dass sie helfen sollen die pädagogische Praxis zu verbessern (S. 6). Gleichzeitig wird die Notwendigkeit eines „ausgeschärften Erziehungsbegriffes" (S. 9) eingefordert. Zwar sind damit eigentlich alle Möglichkeiten gegeben, auch Pädagogik im Unterricht im Fach Erziehungswissenschaft zu lehren, aber es bleibt bei „dieser Vorwortlyrik", bei hehren Ansprüchen, die in der Wirklichkeit des EW-Unterrichts auch angesichts pädagogisch entleerter inhaltlicher Vorgaben für das Zentralabitur Erziehungswissenschaft nicht eingelöst werden. Man denke beispielsweise an solche inhaltlichen Schwerpunkte wie „Modelle der Beschreibung psychosexueller und psychosozialer Entwicklung im Kindesalter: Freud, Erikson" (2007-2010).[3] Leider verstärken auch noch einzelne Schulbücher diese Tendenzen einer Entfachlichung und Entgrenzung des Pädagogikunterrichts.[4] Umso wichtiger ist die fachdidaktische Kompetenz der Pädagogikleh-

rerinnen und -lehrer, die wissen und in ihrem Unterricht ihren Schülerinnen und Schülern verdeutlichen, dass zentraler Gegenstand des Pädagogikunterrichts nicht die Erziehungswissenschaft und sonstige andere wissenschaftlichen Disziplinen wie Psychologie, Soziologie oder Philosophie sind, „sondern die Pädagogik, also die Grundfrage, was Pädagogik ist, warum sie nötig und wie sie möglich ist."[5] Damit werden keinesfalls Formen fächerkoordinierenden Unterrichts, Möglichkeiten der Aufeinanderbezogenheit von Fächern oder gar interdisziplinäres Lernen ausgeschlossen[6] oder gar ein essentialistischer Pädagogikbegriff vertreten. Vielmehr geht es um ein Bewusstsein der eigenen und damit spezifischen Identität des Faches Pädagogik, das die Repräsentanz pädagogischer Bildung in der Schule sichert, die als Dimension selbstverständlich auch in andere fachliche Kontexte gehört und zudem auch Vernetzung und Verzahnung für notwendig erachtet und im Zentrum einer pädagogisch sich verstehenden Schule stehen sollte, z.B. durch eine Verankerung im Schulprogramm als Regiebuch der inneren Schulentwicklung. Diese Ausstrahlung, dieses Überschreiten der eigenen Grenzen, der Dialog mit anderen Fächern ist aber nur möglich, wenn geklärt ist, was das Besondere des eigenen Fach ausmacht, was nur in diesem Fach Pädagogik in nachhaltiger und vertiefter Weise angeeignet werden kann.

2. Vor diesem Hintergrund habe ich an anderer Stelle die sog. Kontext- oder „Entpädagogisierungsfalle" [7] eingeführt, die für solche Fehlformen des Pädagogikunterrichts sensibilisieren soll. Mit ihr ist verkürzend der Verzicht auf ein pädagogisches Grundverständnis, auf ein eindeutiges Profil des Faches gemeint, das in Konturlosigkeit vor sich hin „dümpelt" und damit unter seinen Möglichkeiten bleibt, weil die eigengesetzliche Dignität des Pädagogischen kaum oder gar nicht beachtet wird. Gleichzeitig ist damit ein Legitimationsverlust des Faches zu befürchten, der angesichts der Änderungsverordnung der APO-GOSt vor dem Hintergrund der Anpassung an die KMK-Vereinbarungen vom 02.06.2006 für das Fach Erziehungswissenschaft existentielle Bedeutung erlangen kann. Um die Bedeutungsrelevanz des Faches weiterhin zu stärken und sein Anspruchsniveau qualitativ zu sichern und weiterzuentwickeln, möchte ich den bisherigen negativen Tendenzen im Fach Erziehungswissenschaft eine weitere Wahrnehmung hinzufügen, die Anlass zur kritischen Reflexion und zu einer modifizierten Ausrichtung des Faches geben soll, die aber auch helfen soll, das Prinzipielle im Fach wieder aufzusuchen und in den Mittelpunkt zu stellen.

3. Die „Appendixfalle": Einzelne Inhalte aus anderen Wissenschaftsdisziplinen oder auch aus der Erziehungswissenschaft werden immanent und damit um ihrer selbst willen betrachtet. Am Ende der Unterrichtsreihe bzw. der -stunde(n) erfolgt als „Appendix", als Annex - in verkürzender, oft rezeptologischer und meist auch in alltagsweltlichen Handlungsmaximen oder in „Meinungsgirlan-

den" formuliert - der Bezug oder die Frage nach pädagogischen „Anwendungsbezügen" im Hinblick auf die Erschließung der Erziehungswirklichkeit[8] (ohne diese näher zu bestimmen). Der EW-Unterricht degeneriert so zum Abschlussratgeber, der sich nur noch um die Vermittlung von „richtiger" und „falscher" Erziehung zu kümmern habe, ohne dass die konstituierenden Paradigma des Faches hinreichend reflektiert und vertiefend erörtert wurden, ohne dass in ihm die Maßstäbe, die Kriterien zu einer pädagogischen Beurteilung oder einer Handlungsoption überhaupt angeeignet werden können. Eine vermeintliche pädagogische Perspektive, die ihre Herkunft nicht entwickeln kann, bleibt aufgesetzt und aufgepfropft. Pädagogik erscheint als anderen Praxisbereichen nachgeordnet.

4. Das Ergebnis eines solchermaßen verkürzten didaktischen Arrangements ist: Pädagogische Zugriffe werden als Folge, als Konsequenz, als Anhängsel anderer wissenschaftlicher Zugriffe oder theoretischer Konzepte oder als ausschließliche Abschlussbetrachtungen verstanden. Es entsteht der Eindruck, die Pädagogik hätte keinen eigenen Gegenstand. Eine Durchdringung, eine Durchwirkung des Pädagogikunterrichts durch eine systematische Komposition, durch ein den Pädagogikunterricht strukturierendes Gitter, durch einen pädagogischen Filter wird verfehlt. Die konsequente Strukturierung des Pädagogikunterrichts aus einer fachspezifischen Perspektive wird nicht erreicht. Die Konsequenz ist, dass ein pädagogisches Grundverständnis und eine fachliche Identität für die Schülerinnen und Schüler nicht entstehen, zumindest nicht systematisch, sondern höchstens beiläufig als Ergebnis kontingenter Lernprozesse. Es bleibt das aus, was Dietrich Benner in seinem Statement zum Pädagogikunterricht von diesem fordert: „Als Fachunterricht müsse der Pädagogikunterricht wie jedes andere Unterrichtsfach eine fachliche Leistung erbringen und Wissen und Einsichten vermitteln, die ohne solchen Unterricht nicht erworben würden."[9] Wird darauf verzichtet, delegitimiert sich das Fach und trägt selbst zu seiner Infragestellung bei.

II. Neuorientierung durch eine pädagogische Akzentuierung und Durchdringung

5. Deshalb erscheint eine Neuorientierung des erziehungswissenschaftlichen Unterrichts notwendig, der ihn wieder als erkennbaren Pädagogikunterricht ausweist. Deshalb ist eine den gesamten Unterricht organisierende und strukturierende pädagogische Perspektive einzuführen, die aus Erziehungs- und Bildungstheorien gewonnen wird, die so eine „systematische(n) und strukturierte(n) Aufschlüsselung des Bildungs- und Erziehungsgeschehens"[10] ermöglicht und die

damit die Möglichkeit bietet, zu einer auf Mündigkeit zielenden Subjektwerdung[11] durch pädagogische Bildung beizutragen.

6. Der Pädagogikunterricht will schließlich mehr erreichen als „kurative Lebensberatung“ (Dieter Lenzen). Ihm muss es um die systematische Reflexion pädagogischer Prinzipien gehen, ohne die Offenheit des kritischen Befragens der Geltungsgebundenheit solcher elementarer Prinzipien, ihre Revidierbarkeit zu unterlaufen, ohne ihre eigene gesellschaftliche Bedingtheit in ontologisierender Weise zu negieren (keine letzte Gültigkeit für alle Zeiten; vielmehr eine Auffassung eines prinzipiell unabschließbaren pädagogischen Verständnisses) und ohne die Pluralität solcher elementaren Erschließungskategorien zu verheimlichen. Nur so wird der erziehungswissenschaftliche Unterricht zum Pädagogikunterricht[12], erreicht eine pädagogische Ausrichtung und vermittelt pädagogische Bildung als tiefendimensionale kategoriale pädagogische Grundorientierung.[13] Zu diesem Zwecke verortet sich der Pädagogikunterricht in einem gedanklichen „Referenzrahmen <Pädagogik>“ [14], spürt die konstitutiven Ideen der Pädagogik auf[15] und erhält die notwendige und durchdringende Blickwinkel- , Filter- bzw. Perspektivenfunktion[16], um das Proprium, das Gravitationszentrum des Faches zu verorten, um seine Eigenständigkeit zu unterstreichen und die „Eigenlogik pädagogischer Prozesse“ (Dietrich Benner) zu konturieren. Im Zentrum steht deshalb die pädagogische Perspektive, die eben kein Anhängsel ist. Vielmehr wird erst einmal gefragt und geklärt, was eine Situation zu einer pädagogischen bzw. eine theoretische Erklärung zu einer pädagogischen macht und was eben nicht. Die Frage nach einer solchen pädagogischen Qualifizierung wird leitend und durchdringend für einen solchermaßen neu orientierten Pädagogikunterricht. Ohne einen solchen Referenzrahmen (unabhängig von der Gefahr eines abbilddidaktischen Zugriffs) sollten Inhalte einer ausdifferenzierten Erziehungswissenschaft und anderer wissenschaftlicher Konzeptualisierungen nicht mehr im Pädagogikunterricht diskursiv verhandelt werden dürfen. Mit einer solchen pädagogischen Perspektive ist es möglich, die Vielfalt der pädagogischen Wirklichkeit pädagogisch zu ordnen, sie aber auch kritisch zu reflektieren, beurteilend zu verorten und ihre Voraussetzungen zu erkennen. Sie verhilft zur Reflexion, macht das Fraglose fraglich und erhöht die Komplexität des Urteilens.

7. Die pädagogische Perspektive, um die es hier geht und die diesen Ansprüchen genügt, wird im Anschluss an Dietrich Benner[17], Friedhelm Brüggen[18] und an Klaus Prange[19] mit Hilfe von vier Grundbegriffen bestimmt. Die Schülerinnen und Schüler des Pädagogikunterrichts sollen dazu befähigt werden, eine solche pädagogische Perspektive einzunehmen, zu begründen und anzuwenden. Sie versteht sich als das leitende Referenzsystem zu einer pädagogischen Verortung.

Bildsamkeit sieht den Menschen in seiner unbestimmten Lernfähigkeit als ein Wesen, dem es aufgegeben ist, sich selbst zu bestimmen. Dies muss er lernen, da er in vielfältige natürliche und soziale Konstellationen eingebunden ist. Bildsamkeit fordert den Erzieher deshalb auf, pädagogisch zu handeln, so dass der Heranwachsende befähigt wird, an seiner eigenen Bestimmung selbsttätig mitzuwirken.

Mündigkeit als Ziel pädagogischen Handelns bezeichnet die Fähigkeit, die eigene Lebensführung zu reflektieren, zu dieser sowie zu den Geltungsansprüchen des gesellschaftlichen Zusammenlebens und der natürlichen Umwelt kritisch Stellung nehmen zu können, damit an der eigenen Bestimmung mitzuarbeiten und unter Umständen auch freiwillig an den die Gestaltung von Mündigkeit ermöglichenden, gesellschaftlichen Bestimmungen mitzuwirken.

Pädagogische Interaktion ist von der Absicht bestimmt, auf die Lernprozesse des Heranwachsenden so fremdauffordernd tätig zu werden, dass die mit Bildsamkeit und Mündigkeit gesetzten Ansprüche erreicht werden und dass so das Individuum von sich aus beginnt, sich selbst zu bilden. Dies geschieht in vielfältigen Formen: auffordern, zeigen, arrangieren, konfrontieren, befremden, usw. Das Lernen muss vom Adressaten selbst übernommen werden. Dabei dient pädagogisches Einwirken der Weiterentwicklung des eigenen Selbst- und Weltverstehens im Prozess der Subjektwerdung. Es vollzieht sich dialogisch und interaktiv und unterscheidet sich vom bloß instrumentellen Handeln, von manipulierenden Einwirkungen und vom Indoktrinieren.

Pädagogische Transformation gesellschaftlicher in pädagogische Anforderungen zielt darauf ab, gesellschaftliche Ansprüche an Erziehung und Bildung pädagogisch zu prüfen, ob sie das Eigenrecht pädagogischen Handelns anerkennen und unterstützen und inwieweit sie Möglichkeiten eröffnen, einen Beitrag zur Erweiterung selbstbestimmten individuellen und gesellschaftlichen Handelns zu leisten. Durch eine pädagogische Transformation werden gesellschaftliche Ansprüche so aufgegriffen, dass sie gemäß den Zielen pädagogischen Handelns umgewandelt werden können und in pädagogisches Handeln übersetzt werden.

Was ist damit für den Pädagogikunterricht gewonnen?
Mit einer solchen pädagogischen Perspektive kann ein allgemeines Profil mit zentralen Bezugspunkten und Reflexion eröffnenden Signata beschrieben werden. Mit ihr ist ein perspektivierendes Fundament gefunden. Die pädagogischen Grundbegriffe liefern das Instrumentarium zur Analyse der Vielfalt von Konzepten, Theorien und Beispielen aus der pädagogischen Praxis. Diese werden in ihrer didaktischen Konzeptualisierung schon in der Unterrichtsplanung anders „geschnitten“ und hinsichtlich der Strukturen pädagogischen Denkens geprüft,

was auch zu einer veränderten unterrichtlichen Ausrichtung führen wird (Veränderung in der Auswahl der Inhalte). Alle zu behandelnden Themen sind immer auf diese vier Grundkategorien auszulegen, so dass damit die Funktion des Deutungsrahmens sogar überschritten wird, indem nach der konkreten Ausgestaltung gefragt wird. Es entstehen pädagogische „Orientierungsinseln", die für den Lernenden als begriffliche Werkzeuge genutzt werden. Gleichzeitig differenziert sich die pädagogische Perspektive durch die Auseinandersetzung mit unterschiedlichen Themen sukzessiv immer mehr aus.

8. Die gesellschaftliche Vermitteltheit von Erziehung und Bildung bzw. ihre Vergesellschaftung wird mitbetrachtet: Im Sinne der Eigenständigkeit des Faches werden Erziehung und Bildung zwar einerseits unter dem Primat konstitutiver pädagogischer Prinzipien und somit in ihrem Eigensinn betrachtet, zugleich bleiben diese aber auf eine gesellschaftliche Vermitteltheit hin verwiesen. Erziehung und Bildung verstehen sich zwar als Prozesse, in denen Heranwachsenden die eigene Selbstbestimmung aufgabenhaft aufgegeben ist und die sie selbst hervorbringen können, diese Prozesse überschreiten aber den Horizont interaktionalen Geschehens und fordern die Reflexion gesellschaftlicher Kontexte heraus. Damit sollen Bildung und Erziehung - wie dies leider auch häufiger im erziehungswissenschaftlichen Unterricht geschieht - nicht nur auf der individuellen Ebene betrachtet werden. Vielmehr wird es mit der hier vorgestellten pädagogischen Perspektive möglich, Bildung und Erziehung auch in ihren spezifischen gesellschaftlichen Implikationen auf ihre Verträglichkeit mit einem solchen pädagogischen Geltungsanspruch zu prüfen, um z. B. etwaige Einschränkungen sowie Funktionalisierungen zu verdeutlichen und analytisch zu klären, um aber auch ein Denken in Alternativen, das über die bestehenden nicht der pädagogischen Perspektive genügenden Bedingungen hinausweist, zu ermöglichen.

9. Das pädagogische Entkommen aus der „Methodenfalle"[20]: Der noch gültige Lehrplan Erziehungswissenschaft aus dem Jahre 1999 enthält als eine der wesentlichen Neuerungen gegenüber seinen Vorgängern die „methodische Erschließung der Erziehungswirklichkeit". Sieht man sich die Darlegungen dazu im Lehrplan[21] (S. 12 f.) an, so verbleibt sie weitgehend - wie auch die EPA Erziehungswissenschaft - bei der Aufzählung fachunspezifischer Methoden, zumindest ohne eine erkennbare pädagogische Akzentuierung. Die im Lehrplan genannten Methoden werden zudem nicht als ziel-, inhaltsabhängige und gegenstandskonstitutive eingeführt, so dass der Eindruck entstehen muss, dass es sich um von Inhalten und Themen losgelöste Unterrichtsschwerpunkte handele. Folgt der erziehungswissenschaftliche Unterricht diesem Konstrukt, gerät er in die „Methodenfalle" und qualifiziert sich nicht als Pädagogikunterricht. Vernachlässigt wird, dass fachliches Deutungs- und Ordnungswissen immer durch

Denkakte und fachspezifische Methoden generiert wird. Eine fachspezifische Methodenkompetenz gehört damit unverzichtbar zum Unterrichtsfach Pädagogik. In Übernahme der Gedankengänge von Prof. Dr. V. Ladenthin[22] muss unterschieden werden, wie man auf pädagogisches Wissen stößt. Davon zu unterscheiden sind die Forschungstechniken, die sich in vier Klassen unterteilen lassen: die spezifischen und großen Methoden der Erziehungswissenschaft (historisch-hermeneutisch, systematisch und empirisch); Techniken, die auf sie bezogen sind, z. B. biographische Methoden; Techniken, die in allen drei Methoden angewandt werden können (Hermeneutik); und Techniken, die in der Erziehungswissenschaft, aber auch in anderen Wissenschaften angewandt werden können (z. B. Statistik). Daraus lassen sich Fachmethoden, die die Schülerinnen und Schüler als Kompetenzen beherrschen sollen, für den Pädagogikunterricht bestimmen. Folgende Fachmethoden werden von Volker Ladenthin genannt:

1. Analytische Fachmethoden (historische Analyse/pädagogische Geschichtsschreibung; Textanalyse; Protokollierung: Fallanalyse; Prozess Analyse; didaktische Analyse); Institutionenbeschreibung; Argumentation, Evaluation, Ideologiekritik, Statistik etc.
2. Grundsätzliche Fachmethoden: Allgemeine pädagogische Praxiskompetenz (Verstehen, Gespräch, pädagogische Kommunikation; geplante Interaktion; Beratung etc.)
3. Analyse und Planung von pädagogischen Lehr-Situationen: Lehrsituationen; Erziehungssituationen; Betreuungssituationen
4. Auswahl, Analyse (Bewertung) und Umgang mit Medien und
5. Wirkungsforschung unter pädagogischer Perspektive.

Bei allen Methoden ist die pädagogische Perspektive konstitutiv unterstellt. Sie gilt es besonders bei den Methoden zu verdeutlichen, die auch in anderen Fächern angewandt und benötigt werden. So ist z. B. die Textanalyse stets eine pädagogische Textanalyse, die nur bestimmte Textsignale unter dieser Perspektive beachtet, sie fokussiert und andere ignoriert, weil diese unter Missachtung der pädagogischen Perspektive keinen Erkenntnisgewinn darstellt. Sie sucht beispielsweise im Text, ob „Bildsamkeit“ berücksichtigt wurde.

Mit dieser Betonung einer spezifischen pädagogischen Methodik als methodische Kompetenz für die Lernenden im Pädagogikunterricht wird gleichzeitig auch ein Plädoyer dafür gehalten, dass die methodische Erschließung der pädagogischen Praxis auch unter den Bedingungen des Zentralabiturs in Erziehungswissenschaft nicht vernachlässigt werden darf. Eine Konzentration des Unterrichts auf abprüfbare Inhalte, auf eine Vermittlung von Detailkenntnissen, auf ein Streben nach Vollständigkeit im Sinne von „Stoffhuberei“ und auf eine Unterrichtsplanung, die sich ausschließlich am Ergebnis orientiert, muss vor diesem Hintergrund als abträglich für eine pädagogische Bildung bezeichnet werden. Eine Methodenabstinenz ist unter den Aspekten pädagogischer Bildung ebenso wenig akzeptabel wie ein Verzicht auf eine Ausdifferenzierung pädagogischer Urteilsbildung.

III. Die Notwendigkeit einer veränderten Aneignung der pädagogischen Perspektive mittels didaktischer Rekonstruktion

10. Die Aneignung der pädagogischen Perspektive geht als Grundlage den weiteren inhaltlichen Ausgestaltungen und Ausdifferenzierungen im Pädagogikunterricht voraus, da sie als Referenzrahmen zur prospektiven wie retrospektiven Betrachtung von Inhalten, zur Auswahl von Inhalten und zur thematischen Ausrichtung des Unterrichts unverzichtbar ist. Sie wird aber nicht als „abstrakte und verständnislose Begriffsakrobatik" und nicht als Sachlogik auf die Lernenden appliziert, weil dies nur verdinglichte Begriffshülsen zurückließe. Auch als vorausgehende steht das Erfassen der pädagogischen Sinnbildungskonzepte am Beginn. Die pädagogische Perspektive nutzt das pädagogische Alltagsverständnis, die privaten Voreinstellungen und die erziehungsrelevanten Alltagslogiken der Lernenden, um an diese anschließend zu einem wissenschaftspropädeutischen Verständnis von Erziehung und Bildung vorzudringen. [23] Erziehungs- und bildungsrelevante Situationen werden im Alltag der Lernenden aufgespürt und in Aushandelungsprozessen gedeutet, um über die Einbeziehung der pädagogischen Perspektive und des in ihr enthaltenen kategorialen Orientierungswissens zu elementaren und vertiefenden pädagogischen Deutungsmustern zu gelangen, die die alltagsweltlichen Wahrnehmungsmuster der Schülerinnen und Schüler strukturieren, erweitern und so eine pädagogische Bildung bei ihnen ermöglichen. Notwendig wird ein anderer Blick auf die Lernenden, so dass ihre subjektiven mentalen pädagogischen Modellierungen von Erziehung und Bildung, ihr pädagogisches Bewusstsein erkundet werden, womit fachliches Lernen subjektiv wird. Schülerinnen und Schüler besitzen umfangreiche Vorstellungen von Erziehung und Bildung - egal wie fachlich reflektiert. Insofern ist es erst einmal wichtig, die Vorstellungen der Lernenden vom Unterrichtsgegenstand zu kennen, sie zu rekonstruieren, um mit ihnen zu arbeiten, sie zu nutzen, statt zu sofort zu planen, was auf die Lernenden fachlich zukommt. Fazit: Die didaktische Strukturierung, der didaktische Zugriff erfolgt unter Berücksichtigung des genetischen Prinzips[24], bei dem die Erfahrungen, Alltagstheorien und Perspektiven der Lernenden Ausgangspunkt für eine sich daraus zu entwickelnde und mittels Aushandlungsprozessen zu vermittelnde transpersonal grundgelegte pädagogische Bildung werden. Der Lerngegenstand wird in Beziehung gesetzt zu den vorhandenen Bewusstseinsstrukturen, die es aber erst einmal zu erschließen gilt, und ermöglicht mittels Transformation (mittels des Conceptual-Change-

Ansatzes bzw. der Konzeptwechselforschung aus der Didaktik der Naturwissenschaften und damit mit der Unzufriedenheit bisheriger Erklärungsformen durch Revision, Neuorientierung oder Anreicherung) sinnbildende pädagogische Kompetenzen. Pädagogische Bildung im Pädagogikunterricht wirkt auf die vorgefundene innere bzw. mentale pädagogische Landkarte ein und setzt sich mit solchen Konzepten eines pädagogischen Bewusstseins als Insgesamt aller mentalen Vorstellungen über Pädagogik des Individuums erschließend und erweiternd auseinander und elaboriert diese durch eine solchermaßen vermittelte fachliche Reflexion, die die eigenen Vorstellungen hinterfragt und neu orientiert. Zur Entwicklung der pädagogischen Vorstellungswelt der Lernenden wird also nach dem „Modell der Didaktischen Rekonstruktion“[25], der wechselseitigen Verknüpfung von Schülerperspektiven mit fachlichen Vorstellungen, verfahren, wobei die pädagogische Perspektive als „pädagogische Leitfrage, als pädagogisches Leitinteresse“ als organisierendes Prinzip für die fachliche Klärung herangezogen wird. Intendiert ist ein „verständnisintensives Lernen“ bzw. ein „Verstehen zweiter Ordnung“ im Anschluss an Peter Fauser.[26]

IV. Abschließende Anregungen zur Verwirklichung

Um diese ersten Ansätze eines identifizierbaren Pädagogikunterrichts erfolgreich umzusetzen, ist nicht nur eine verbindliche legitimatorische Absicherung und die Bestimmung von daran anschlussfähigen Kompetenzen notwendig, sondern auch eine systematische Unterrichtsentwicklung, bei der sich organisationales und individuelles Lernen miteinander verschränken.[27] Eine solche schulinterne Bearbeitung kommt aber ohne fachbezogene Unterstützungsangebote und Implementationsveranstaltungen auf regionaler Ebene und eine damit verbundene Professionalisierung der Fachlehrerinnen und Fachlehrer für Erziehungswissenschaft zur Erweiterung und Entwicklung ihres fachdidaktischen Erschließungs- und Handlungspotentials nicht aus. Das Problem ist allerdings, dass diese fachbezogenen Unterstützungsstrukturen für das Fach Erziehungswissenschaft bei vielen Bezirksregierungen nicht mehr bestehen. Ein Ersatz ist leider momentan noch nicht in Sicht. Aber das in den Fachkonferenzen Erziehungswissenschaft liegende Potential der gegenseitigen Unterstützung und Beratung im Hinblick auf die gemeinsame Planung und Auswertung von Unterricht ist auch noch keinesfalls ausgeschöpft.

Anmerkungen

1 Die folgende Darlegung ist Grundlage des Vortrags auf der Jahrestagung der Fachleiterinnen und Fachleiter für das Fach Erziehungswissenschaft in Westfalen, die am 18. 03. 2009 in Münster stattfindet.

2 An anderer Stelle in diesem Buch (S. 20) weist Klaus Prange in diesem Kontext auch noch auf folgenden Aspekt hin: „Es ist aber wenig überzeugend, den Anfang bei anderen Hinsichten und Disziplinen zu nehmen, um dann noch irgendwie unklar „Pädagogisches“ für Anwendungszwecke und für den erwünschten Praxisbezug anzuhängen, statt - wie es für ausgebildete Wissenschaften selbstverständlich ist - mit sich selbst anzufangen, mit eigenen >einheimischen Begriffen<, um ein viel strapaziertes Wort von Herbart noch einmal aufzunehmen, und mit den einheimischen Operationen des Erziehens.“

3 Eine positive, wenn auch nur minimale, Veränderung ist bei den inhaltlichen Vorgaben für das Zentralabitur EW 2011 festzustellen, denn dort ist zumindest schon ansatzweise ein erstes Anzeichen einer pädagogischen Perspektive zu erkennen: „Pädagogisches Handeln und das Modell der Beschreibung psychosexueller und psychosozialer Entwicklung im Kindesalter von Erikson“. Das gilt auch für die weiteren inhaltlichen Schwerpunkte, die erstmalig Akzente einer pädagogischen Ausrichtung in sich aufnehmen und eine minimale Neuausrichtung anstreben.

4 Ich denke hier an die von Heribert Fischer herausgegebenen Bände „Kursthemen Erziehungswissenschaft. Zentralabitur 2009, 2010“ und an den Ergänzungsband. Vielmehr muss deutlich werden, dass es um einen Pädagogikunterricht geht, der viel mehr ist als ein „Fitnessprogramm“ für das Zentralabitur. (Vgl. Röken, G.: Das Zentralabitur im Fach Erziehungswissenschaft - grundsätzliche Aspekte und kritische Anmerkungen unter pädagogischer Perspektive. In: Pädagogikunterricht, Heft 2/3, Juli 2006, S. 2 - 10.) Relativierend muss aber gesagt werden, dass der noch gültige Lehrplan von 1999 nicht für die Bedingungen eines Zentralabiturs geschrieben wurde.

5 Ladenthin, V: Allgemeine Pädagogik und Fachdidaktik Pädagogik. In: Pädagogikunterrricht, Heft 1/2008, S. 4 - 14, hier S. 10

6 Röken, G./Waterkamp, U.: Profilfach Pädagogik. In: Stiller, E. (Hrsg.): Dialogische Fachdidaktik Pädagogik, Band 2, Paderborn 1999, S. 224 - 258

7 Vgl. Röken, G.: Lehr- und Lernfallen im Pädagogikunterricht. In: Storck, C./Wortmann, E. (Hrsg.): 40 Ideen für den Pädagogikunterricht, Baltmannsweiler 2005, S. 27 - 50

8 Fred Heindrihof verdanke ich die notwendige Unterscheidung von Erziehungswirklichkeit und pädagogischer Praxis, wobei anders als bei der Erziehungswirklichkeit, die zwar mit Erziehung zu tun hat, aber ansonsten durch jede andere Wirklichkeit ersetzt werden kann, die pädagogische Praxis eine Wirklichkeit meint, bei der auf einen beabsichtigten Impuls eines Erziehers eine interpretierte, mit eigenem

Denken, Fühlen und Wollen angereicherte, im Medium der Sprache vermittelte und auf eine Rückwirkung abzielende Reaktion des Kindes folgt und beim Erzieher beispielsweise eine Irritation, eine Empörung, eine Zustimmung auslöst und seine Anfangsabsicht modifizieren kann.

9 Benner, D.: Statement zum Pädagogikunterricht. In: Kuld, L./Bolle, R./Knauth, T. (Hrsg.): Pädagogik ohne Religion? Beiträge zur Bestimmung und Abgrenzung der Domänen von Pädagogik, Ethik und Religion, Münster/New York, München, Berlin 2005, S. 174 f.

10 Bernhard, A.: Allgemeine Bildung und pädagogische Bildung. Erziehungs- und bildungswissenschaftliche Mindestanforderungen an das Studium des Unterrichtsfaches Pädagogik. In: ZfPäd, Heft 3/ 2001, S. 343 - 357, hier S. 347

11 Dabei soll nicht unterschlagen werden, dass eine an Mündigkeit ausgerichtete Bildung einer deutlichen Skepsis ausgesetzt ist. Mündigkeit wird hier aber nicht als „Pathosformel" (Rieger-Ladich, M.: Mündigkeit als Pathosformel. Beobachtungen zur pädagogischen Semantik, Konstanz 2002) und als eindeutige Zielformulierung mit der Sehnsucht nach Gewissheit betrachtet, sondern ist im Sinne des „demokratischen Selbst" gemeint, das auf rigide Wahrheitsansprüche und Selbsterkenntnisvorhaben verzichtet, sich einer „Kultur der Imperfektibilität" verpflichtet weiß, die also „den *dilettantischen Charakter des Menschen* als Quelle von Freiheit und Anlaß für wechselseitige Achtung anerkennt." (Reichenbach, R.: Demokratisches Selbst und dilettantisches Subjekt. Demokratische Bildung und Erziehung in der Spätmoderne, Münster, Berlin 2001, S. 16). „Zur Mündigkeit gehört unverzichtbar eine Skepsis, welche es verbietet, sie für sich selbst und gegenüber anderen in einer Weise in Anspruch zu nehmen, die den Zweifel an der schon erreichten oder erreichbaren Mündigkeit unterdrückt und die weitere Arbeit an Mündigkeit verhindert." (Benner, D./Brüggen, F.: Mündigkeit. In: Benner, D./ Oelkers, J. (Hrsg.): Historisches Wörterbuch der Pädagogik, Weinheim und Basel 2004, S. 687 - 699, hier S. 699) So sehr die darin enthaltene Mahnung, in der Erreichbarkeit von Ansprüchen von Mündigkeit bescheidener zu sein und die postulierte Möglichkeit nicht für die Wirklichkeit zu halten und Mündigkeit deshalb an erfüllbare Möglichkeiten zu binden, so darf aber damit nicht auf die kritische Substanz von Mündigkeit verzichtet werden, weil sie den Warnimpuls gegen eine wachsende Subjektauslieferung des Menschen an eine ihn immer stärker vereinnahmende Gesellschaft bereit hält.

12 Vgl. Röken, G.: Einheitliche Prüfungsanforderungen im Abitur. In: Pädagogikunterricht, Heft 4/2006, S. 8 - 14

13 Pädagogikunterricht, will er pädagogische Bildung erreichen, kann nicht auf Kategorien und Theoreme verzichten, will er nicht zu einem unpädagogischen er-

ziehungswissenschaftlichen Unterricht werden, der die Komplexität von Einzelphänomenen nicht mehr strukturieren, reflektieren und pädagogisch beurteilen kann. Dabei sind solche Kategorien keine für alle Situationen und Zeiten ahistorischen und übersituativen gültigen Gebilde, sondern müssen sich hinsichtlich ihrer Gültigkeit und Bedeutung stets selbst befragen lassen und korrigierbar bleiben, weil auch andere Blicke auf das Wesentliche für möglich gehalten werden müssen.

14 Ladenthin, V: Allgemeine Pädagogik und Fachdidaktik Pädagogik. In: Pädagogikunterricht, Heft 1/2008, S. 4 -14, hier S. 9

15 Vgl. ebd., S. 10

16 Fred Heindrihof, dem ich auch diese Erkenntnis verdanke, versteht unter einer solchen **Perspektive** eine spezielle **Hin-Sicht**: etwas sichten, dabei bestimmte Objekte von anderen scheiden, unterscheiden, dann aber als bedeutsam festlegen. Perspektiven umfassen sowohl Anforderungen (normative Dimension) als auch Wahrnehmung und Erkenntnis von Wirklichkeit (empirische Dimension). Durch die Perspektive kommt ein (fremder) Praxisbereich nur als durch einen Filter gedachter Bereich in die Wahrnehmung und das Erkennen. Eine bestimmte Perspektive ergänzt und problematisiert eine bestimmte andere Perspektive (Grenze einer Perspektive).

17 Vgl. Benner, D.: Allgemeine Pädagogik. Eine systematisch-problemgeschichtliche Einführung in die Grundstruktur pädagogischen Denkens und Handelns, 4. Auflage, Weinheim und München 2001

18 Brüggen, F.: Bildsamkeit und Mündigkeit des Subjekts. Bildungstheoretische Überlegungen zu einer (nicht nur) pädagogischen Idee. In: Franz Fischer Jahrbuch für Philosophie und Pädagogik, Heft 3/1998, Werte II - Humanität und Wissenschaft, Norderstedt 1998, S. 111 -125

19 Prange, K.: Die Zeigestruktur der Erziehung. Grundriss der Operativen Pädagogik, Paderborn 2005

20 Vgl. Röken, G.: Lehr- und Lernfallen im Pädagogikunterricht, a. a. O.

21 Positiv war damals, dass mit dieser Berücksichtigung von Methoden auf ein Defizit im Methodenbewusstsein im Fach Erziehungswissenschaft reagiert wurde.

22 Die Ausführungen sind aus einem Gespräch mit Volker Ladenthin übernommen worden und durch eine ergänzende Skizzierung durch ihn entstanden. Prof. Dr. Ladenthin gebührt mein Dank für die persönliche Weiterbildung. Weitere Ausfüh-

rungen zu dieser „Leerstelle“ im Pädagogikunterricht wären wünschenswert, also eine differenzierte Bestimmung pädagogischer Methoden, z. B. in Abgrenzung zu den Zugriffen anderer Fächer.

23 Gedacht ist dabei an die von Dietrich Benner zu einer bildungstheoretischen Vermittlung von Wissenschaften im Rahmen eines wissenschaftspropädeutischen Unterrichts in der gymnasialen Oberstufe unterbreiteten Vorschläge. Benner nennt die folgenden Bestimmungen: „(1.) Die Aussagesysteme der modernen Wissenschaften können nur angemessen gelehrt werden, wenn sich die Schüler die in diesen verwendeten Begriffe und Methoden im Vollzug des für sie konstitutiven Blickwechsels von der Alltagserfahrung zu hypothetisch-experimentell vermittelten Erfahrungen aneignen. (2.) In die Aussagesysteme der neuzeitlichen Wissenschaften muss so eingeführt werden, dass die Schüler diese als Theorien kennen lernen, die nicht die Ordnung der Welt an sich abbilden, sondern hypothetische Aussagen formulieren, die an der Erfahrung scheitern oder durch Erfahrung bestätigt werden. (3) Moderner wissenschaftspropädeutischer Unterricht muss nicht nur den Blickwechsel von der alltäglichen in die wissenschaftliche Weltbetrachtung vollziehen, sondern den Schülern zugleich ein Wissen davon vermitteln, dass in den Aussagesystemen neuzeitlicher Wissenschaft mit historisch varianten Deutungsmustern argumentiert wird, deren historischer Sinngehalt in den jeweiligen Wissenschaften selbst nicht erinnert werden kann. (4) Ein Unterricht, der hierum weiß, wird die Theorien und Begriffe der Wissenschaften nicht nur szientifisch und historisch, sondern auch ideologiekritisch interpretieren und auf diese Weise einheitswissenschaftliche Deutungsmuster problematisieren. (5) Ein solcher Unterricht muss darüber hinaus zeigen, dass wissenschaftliche Theorien aufgrund ihrer hypothetischen und historischen Annahmen keine ontologischen und metaphysischen Einsichten bereitstellen und darum auch nicht unmittelbar ontologisch oder metaphysisch interpretiert werden können. (6.) Ein Unterricht, der die genannten Zusammenhänge thematisiert, wird schließlich auch das Bewusstsein dafür schärfen, dass die Differenzen zwischen dem vorwissenschaftlichen und dem wissenschaftlichen Weltverhältnis für den Umgang mit neuzeitlicher Wissenschaft und Technik bedeutsam sind. Er wird daher deutlich machen, dass die Fragen eines verantwortlichen Umgangs ökonomisch, ethisch, pädagogisch, politisch, ästhetisch und religiös zu reflektieren sind und dass zwischen den Deutungsmustern der ausdifferenzierten Formen menschlichen Handelns kein harmonisches, sondern ein durch differente Sichtweisen und Widerstreit gekennzeichnetes Verhältnis besteht, das Gegenstand öffentlicher Diskurse und nach Handlungsbereitschaften ausdifferenzierte Entscheidungen werden kann (…).“ (Benner, D.: Die Struktur der Allgemeinbildung im Kerncurriculum moderner Bildungssysteme: Ein Vorschlag zur bildungstheoretischen Rahmung von PISA. In: Derselbe: Bildungstheorie und Bildungsforschung. Grundlagenreflexionen und Anwendungsfelder, Paderborn 2008, S. 196 - 215, hier S. 203 f.)

24 Ein Konzept einer genetischen Pädagogikdidaktik will verdeutlichen, wie alltagsweltliche Vorstellungen als pädagogische Elementarphänomene genutzt werden, um sie zu grundlegenden Erkenntnissen der pädagogischen Perspektive auszubauen und sie sukzessive durch Auseinandersetzung mit den jeweiligen Inhalten auszudifferenzieren. Sie beruft sich dabei auf theoretische und praktische Impulse der Lehrkunstdidaktik, die Wissen über die prozessuale und interaktive Gestaltung von Unterrichtsgegenständen zur Verfügung stellt, und auf die Bildungsgangdidaktik, die Methoden anbietet, um die persönliche Dimension des Bildungsprozesses in den Mittelpunkt des Unterrichts zu stellen. (Vgl. Petrik, A.: Von den Schwierigkeiten ein politischer Mensch zu werden. Konzept und Praxis einer genetischen Politikdidaktik, Opladen/Farmington Hills 2007, S. 18). Die Entwicklung einer genetischen Didaktik des Pädagogikunterrichts steht noch aus, aber dieser Beitrag versteht sich so, dass er auf die Notwendigkeit einer solchen Konzeptualisierung hinweisen möchte.

25 Vgl. Kattmann, U./Gropengießer, H.: Das Modell der Didaktischen Rekonstruktion. In: Schulnahe fachdidaktische Lehr-/Lernforschung, Oldenburg 1998, S. 1 -11

26 „Der Begriff >verständnisintensives Lernen< bestimmt Lernen durch Verstehen. Damit bringt er zum Ausdruck, dass erfolgreiches Lernen von einem intensiven, also gründlichen, vertiefenden Verstehen abhängt. >Verstehen< soll dabei nicht im Gegensatz zu >Begreifen< aufgefasst werden. Verstehen hat in dieser Sichtweise vielmehr einen größeren Bedeutungszusammenhang als Begreifen, geht also über logische Operationen oder Unterscheiden hinaus.
(...) Auf eine Formel gebracht, beruht >verständnisintensives Lernen< auf einem nachhaltigen, produktiven Zusammenspiel von Erfahrung, Vorstellung und Begreifen und dessen Verbesserung und Unterstützung durch eine begleitende Aufmerksamkeit (Metakognition).“ (Fauser, P.: Lernen als innere Wirklichkeit. Über Imagination, Lernen und Verstehen. In: Rentschler, I./Madelung, E./ Fauser, P: Bilder im Kopf. Texte zum Imaginativen Lernen, Seelze-Velber 2003, S. 242 - 286, hier S. 272)

27 Vgl. Röken, G./Schlütz, K.: Impulsreferat zum Thema „Fachkonferenzarbeit als Motor der Unterrichtsentwicklung“, Kardinal- von-Galen-Gymnasium, Münster, 26. 01. 2009

Der vorstehende Aufsatz ist ein Wiederabdruck des folgenden Beitrages:

Röken, Gernod (2009): Pädagogikunterricht reloaded. In: Pädagogikunterricht 29(2009)2/3, S.12-18.

„Was auch immer in die pädagogische Reflexion eingeht und aus anderen Bereichen aufgenommen wird, ist eben pädagogisch zu rezipieren und das heißt: es ist zu transformieren in die Prämissen eben dieser Reflexion, statt das ‚Pädagogische' nur als Anhang und Anwendung zu anderwärts gewonnener Erfahrung zu nehmen."[1]

MONIKA GESELL / FRED HEINDRIHOF / GERNOD RÖKEN / ELMAR WORTMANN

Pädagogikunterricht als lernendes Fach und die Unverzichtbarkeit der pädagogischen Perspektive als Kern der pädagogischen Bildung

1. Vorbemerkung:

Ziel unserer Beiträge in Heft 2/3 2009 der Zeitschrift PädagogikUNTERRICHT war es, Impulse für eine fachdidaktische Diskussion zu geben. Über die grundlegenden fachdidaktischen Orientierungen unseres Faches nachzudenken, erscheint uns deshalb notwendig, weil wir in der Praxis Fehlentwicklungen beobachten, auf die bislang theoretisch nicht angemessen reagiert wurde.
Die folgenden Überlegungen stellen den Versuch einer handlungstheoretischen Bestimmung der pädagogischen Perspektive und der Formulierung eines „pädagogischen Grundgedankens" (D. Benner) dar, um so der Profilierung einer pädagogischen Bildung zu dienen. Dies ist notwendig, um bei der Vielfalt von Erscheinungen und Phänomenen, bei der Ausdifferenzierung der universitären Disziplin das Prinzipielle des Pädagogischen als Orientierungsfunktion zu nutzen und das Proprium des Faches zu markieren. Keine fachdidaktische Position kann darauf verzichten, die Frage zu beantworten, wie sie Pädagogik versteht. Zugleich soll damit auf die Gefahren einer entgrenzenden „Verflüssigung"[2] und „Verflüchtigung" pädago-

[1] Prange, K.: Die Zeigestruktur der Erziehung. Grundriss der Operativen Pädagogik, Paderborn 2005, S. 19 f.

[2] Dagegen wird mit der Orientierungsfunktion einer „pädagogischen Perspektive" versucht, einen Referenzpunkt für Fragestellungen zu gewinnen. Ohne einen Begriff von Pädagogik, ohne eine solch orientierendes Verständnis, „ohne eine Erklärung der ‚Universalisierung von Bildung' … sowie ohne eine Bestimmung der Differenz zum Nichtpädagogischen verlieren die Theoreme die Möglichkeit, den beschworenen Gefahren der theoretischen Beliebigkeit und des Raisonnements wie der Zuschreibung von Allzuständigkeit der Pädagogik zur Lösung gesellschaftlicher Probleme zu begegnen." (Wigger, L.: Die aktuelle Kontroverse um

gischer Bildung und die schleichende Delegitimierung des Faches aufmerksam gemacht werden, die vor allem durch die Vorgabe der „inhaltlichen Schwerpunkte" für das Zentralabitur und darauf bezogene Lehrwerke in den letzten Jahren forciert wurde. Keinesfalls werden mit den Grundbegriffen eine monoparadigmatische Ausrichtung und die dogmatische Verengung einer pädagogischen Bildung gefordert, die auf das Wissen der affinen Humanwissenschaften wie Biologie, Neurowissenschaften, Psychologie, Soziologie oder Philosophie verzichtet. Pädagogisches Denken und Handeln ist auf dieses Wissen angewiesen ist, aber so, dass es aus pädagogischer Perspektive rezipiert[3] wird. „Pädagogik" - wie das Fach „Erziehungswissenschaft" auch besser hieße - ist ein Fach der Bezugnahme auf Erkenntnisse anderer Wissenschaft, aber mit einem eigenständigen Grundverständnis. Es ist kein „Gemischtwarenladen", in dem zuerst psychologische, sozialwissenschaftliche oder biologische Theorien angeboten werden, an die sich dann eine „pädagogische Anwendung" anschließt oder aus denen „pädagogische Konsequenzen" abgeleitet werden. Im Zentrum des Unterrichtsfaches Erziehungswissenschaft stehen, das ist unsere zentrale These, pädagogische Fragen und Probleme, die in anderen Fächern gar nicht vorkommen und in ihnen auch nicht ohne Substanzverlust aufgegriffen werden können.

die Allgemeine Pädagogik. Eine Auseinandersetzung mit ihren Kritikern. In: ZfPäd 1996, Heft 6, S. 915 – 931, hier S. 926).

3 „Die Ausbildung im Pädagogikunterricht hat die Begriffs-, Reflexions- und Theoriefähigkeit in Fragen der Bildung und Erziehung sicherzustellen …" (Bernhard, A.: Allgemeine Pädagogik und pädagogische Bildung. Erziehungs- und bildungswissenschaftliche Mindestanforderung an das Studium des Unterrichtsfaches Pädagogik. In: ZfPäd, 2001, Heft 3, S. 343 – 357, hier S. 355). Wird darauf verzichtet, ist nicht nur eine Entpädagogisierung des Pädagogikunterrichts zu befürchten, sondern es besteht zumindest die Gefahr, dass unbeabsichtigt eine Hilfe zur „Selbstverzwergung" des Faches geliefert werden könnte, woran keiner Interesse haben kann.

2. Die aktuelle Lage des Faches und die fachdidaktische Diskussion

Der Titel von Gernod Rökens Aufsatz „Pädagogikunterricht reloaded" soll schon darauf hinweisen, dass nichts gravierend Neues in die fachdidaktischen Diskussion eingebracht wird, sondern dass es darum geht, z. T. vergessene oder zuletzt nicht hinreichend beachtete Aspekte zu reaktivieren. Wir erinnern gerne an die Bemühungen von Rudolf Hülshoff/Udo von der Burg/Heinrich Kreis[4] zur Abgrenzung des Pädagogikunterrichtes. Vor allem denken wir an Klaus Beyer und seine Klärungen zum Proprium des Pädagogikunterrichts, wenn er Erziehung nicht einfach als „soziales Handeln" qualifiziert, sondern Erziehung als den Versuch einer Person, die Persönlichkeitsentwicklung einer anderen Person in deren Interesse zu fördern bestimmt.[5] Unser Bemühen an Kategorien der Allgemeinen Pädagogik anzuknüpfen und sie didaktisch fruchtbar zu machen, greift darüber hinaus auch Anregungen aus der neueren fachdidaktischen Diskussion auf, z.B. Armin Bernhards bildungstheoretische Begründungen einer Fachdidaktik Pädagogik, Volker Ladenthins grundlegende Ausführungen zum Verhältnis von Allgemeiner Pädagogik und Fachdidaktik Pädagogik oder Lothar Wiggers Position zu erziehungswissenschaftlichen Alternativen im Pädagogikunterricht[6]. Wir verstehen die argumentative Entfaltung der vier Grundbegriffe des Pädagogischen als eine Einladung zum Gespräch mit den Fachlehrerinnen und Fachlehrern unseres Faches, die ihre Positionen mit unserem Vorschlag in Beziehung setzen können.

Die Diskussionen, die sich (u.a. in der Zeitschrift) um unsere Beiträge entwickelt haben, sind durch zahlreiche Missverständnisse geprägt. Was bedeuten die Begriffe „Bildsamkeit", „Mündigkeit", „pädagogische Interaktion" und „pädagogische Transformation"? Warum werden genau diese vier Begriffe ausgewählt? Welchen Status haben sie? Was für eine Funktion übernehmen sie fachdidaktisch?
Wir möchten diese Fragen im Folgenden so beantworten, dass deutlich wird, welchen Sinngehalt die Grundbegriffe in Allgemeiner Pädagogik und Fachdidaktik Pädagogik transportieren und wie sie mit pädagogischer Bildung zusammenhängen.

---

[4] Hülshoff, R./von der Burg, U./Kreis, H. (Hrsg.): Pädagogikunterricht: Abgrenzung und Kooperation, Düsseldorf 1981

[5] Vgl. Beyer, K.: Handlungspropädeutischer Pädagogikunterricht. Eine Fachdidaktik auf allgemeindidaktischer Grundlage, Teil 1: Aufgaben, Prinzipien und Lernziele, Baltmannsweiler 1997, S. 81 ff. Siehe auch: Storck, C./Wortmann, E.: Pädagogik. Pocket Teacher Abi. Kompaktwissen Oberstufe, Berlin 2009, S. 59 ff.

[6] Vgl. Bernhard, A.: Pädagogik und Bildung. Thesen zu ihrer Notwendigkeit in einer verkehrten Welt. In: Pädagogikunterricht 2005, Heft 2/3, S. 2 – 7; V. Ladenthin: Allgemeine Pädagogik und Fachdidaktik Pädagogik. In: Pädagogikunterricht 2008, Heft 1, S. 4 – 14; L. Wigger u.a.: Erziehungswissenschaftliche Alternativen im Pädagogikunterricht. In: Pädagogikunterricht 2008, Heft 1, S. 15 – 27.

3. Der pädagogische Grundgedanke als notwendiges Fundament der Pädagogik und als Leitidee der Fachdidaktik

Dem PU muss – wie jedem Fachunterricht – ein Begriff von seinem Gegenstand zugrunde liegen. Was ist der besondere Gegenstand der Pädagogik? Der Gegenstand des Pädagogischen sind Menschen, die sich handelnd und reflektierend mit der Sachwelt, mit ihren Mitmenschen und mit sich selbst auseinandersetzen.

> „Ihre Fragen (der Pädagogik) richten sich nicht auf einen Ausschnitt aus der natürlichen Welt oder der Kultur ... Pädagogik fragt nicht nach einem bestimmten Ausschnitt der objektivierbaren Wirklichkeit, sondern nach dem Menschen im Umgang mit dieser Wirklichkeit. Ihr Gegenstand ist der Mensch, soweit er sich mit der ihn umgebenden Welt handelnd auseinandersetzt.“[7]

Betrachte ich also in der Pädagogik die Menschen als miteinander handelnde Wesen, so kann man Folgendes wahrnehmen: Ein Erzieher wirkt auf ein Kind ein, das auf den Impuls des Erziehers selektierend, interpretierend, zustimmend oder ablehnend reagiert. Wir haben es mit einer Wirklichkeit zu tun, in der auf eine beabsichtigte Handlung eines Erziehers eine interpretierte, mit eigenem Denken, Fühlen und Wollen angereicherte, häufig im Medium der Sprache vermittelte und auf eine Rückwirkung abzielende Reaktion des Kindes folgt, die beim Erzieher eine Irritation, eine Empörung, eine Zustimmung auslöst und er seine Anfangsabsicht modifizieren muss. Der Erzieher hat also, um die Interaktion aufrecht zu erhalten, sein weiteres Handeln deutlich auf die reaktive Handlung des Kindes einzustellen. Pädagogik als Wissenschaft hat es also mit handelnden Menschen in interaktiven Bezügen zu tun. Daraus folgt:

Erkenntnis 1:

Pädagogik ist eine Handlungswissenschaft. Sie ist Theorie einer Praxis. Sie dient der Orientierung und Reflexion pädagogischen Handelns in der Praxis.

Der Begriff des Menschen, mit dem es die Pädagogik zu tun hat, umfasst nicht nur das Handeln, sondern auch die Reflexion der Handelnden. Damit ist gemeint, dass der Mensch in seinen Tätigkeiten Situationen erlebt, Erfahrungen macht und vor dem Hintergrund seines Weltverstehens und seines Selbstverstehens interpretiert. Darüber hinaus entwirft und antizipiert er sein Handeln durch eigenes Denken, um es in seiner Tätigkeit in der Welt zu erproben. Die Reflexivität des Menschen hat Wilhelm Schmid einmal in seiner Unterscheidung von Ich-Selbst und Sich-Selbst gefasst[8]. Während das Ich-Selbst beobachtbar ist, das Selbst in seiner Welttätigkeit meint, bleibt das reflexive Sich-Selbst ein interner Prozess. Das Sich-Selbst hat mit

[7] Regenbrecht, A.: Pädagogische Wissenschaft und politisches Handeln. In: Regenbrecht, A.: Bildungstheorie und Schulstruktur, Münster 1986, S.51.

[8] vgl. Schmid, W.: Philosophie der Lebenskunst, Frankfurt a.M. 2000, S.239.

dem Bild zu tun, das ein Mensch von sich entwirft. Es umfasst Vorstellungen der eigenen Selbstwirksamkeit, kausale Attribuierungen, rationale wie soziale, psychische, leibliche Erfahrungs- und Reflexionsformen, die insgesamt einer äußeren Einwirkung nicht direkt zugänglich sind.
Der Mensch wird also gedacht als ein Wesen „der Duplizität“ [9].

> „Dieser Duplizität der menschlichen ‚Natur' vermag die empirische Pädagogik grundsätzlich nicht gerecht zu werden; als Erkenntniswissenschaft erfasst sie jenen Prozess des Werdens nicht, denn die Tatsache, dass ‚der Begriff des Menschen' nicht etwas ist, ‚das ohne Zutun seiner selbst da ist und besteht', wird von ihr übersehen, wenn sie linear und intentione recta nach ihm wie nach einem ‚Sein' fragt.“[10]

Der Gegenstand der Pädagogik ist somit kein Objekt, das man in seinem Objektsein vergegenständlicht erforschen kann (wie die empirische Forschung es versucht), sondern ein Subjekt, das sich als Subjekt erlebt und denkt und sich selbst zum Objekt eigener Betrachtung macht. Die Pädagogik fragt nun danach, wie man auf ein so gedachtes werdendes Subjekt einwirkt, ohne die Subjektwerdung zu gefährden.
Erkenntnis 2:
Die Pädagogik hat es nicht nur mit dem Handeln der Menschen zu tun, sondern bezieht sich auf die Reflexivität handelnder Menschen (auf ihr eigenes Selbst- und Weltverstehen).

Wenn wir nun fragen, wie das Handeln und die Reflexivität des Menschen näher bestimmt werden können, so zeigt sich eine weitere Besonderheit des „Gegenstandes“ der Pädagogik:

> „Nach der Bestimmung des Menschen fragen aber heißt nach der Bestimmung von etwas fragen, das selber vor die Frage nach seiner Bestimmung gestellt ist, das seine Bestimmung selbst hervorbringen und nicht als eine schon bekannte lediglich lernen, sondern als eine hervorzubringende erlernen muss.“[11]

Mit diesem Hinweis wird deutlich, dass der Mensch so zu denken ist, dass niemand im vorhinein weiß, was seine Bestimmung ist, vielmehr ist es ihm aufgegeben, es ist seine Aufgabe, sich selbst zu bestimmen, indem er sich mit der Sach- und Mitwelt auseinandersetzt, sich selbst entwirft und erprobt in diesen Welten, dabei Er-

---

[9] Der Mensch ist „ein mit Bewußtseyn thätiges (Wesen); denn es ist nicht nur thätig überhaupt, sondern es schaut sich auch in seiner Thätigkeit als thätig sich verhaltend an. … In gewissen Thätigkeiten … wird sich das Vernunftwesen seiner durch Anschauung seiner selbst, in gewissen andern durch Reflexion auf sich bewusst.“ (Sauer, zit. nach Benner, D.: Allgemeine Pädagogik, Weinheim 2001, S. 85).

[10] Benner, D. / Schmied-Kowarzik, W.: Prolegomena zur Grundlegung der Pädagogik II, Wuppertal 1969, S.20.

[11] Benner, D.: Studien zur Theorie der Erziehung und Bildung, Weinheim 1995, S.152.

fahrungen macht und sie im Hinblick auf sein bisheriges Selbst- und Weltverstehen auswertet und sich selbst verändert.

Dieses Verständnis des Menschen gilt es nun in der Pädagogik auf Kinder zu beziehen, die am Anfang ihrer Entwicklung stehen, nur sehr eingeschränkt handlungsfähig und kaum reflexionsfähig sind. Rousseau hat das einmal die Imperfektheit des Menschen genannt[12]. Der Mensch ist zunächst unfertig. Rousseau betont jedoch, dass der Mensch die besondere Fähigkeit hat, eigene Fähigkeiten zu entwickeln. Kinder sind ja gerade deshalb erziehungsbedürftig. Nun lautet die entscheidende (pädagogische) Frage:

„*Wie* kann man unbeschadet der Freiheit erziehen?" (Sauer)

Damit ist gemeint, dass eine Interaktion handelnder und reflektierender Menschen dadurch zu einer pädagogischen Interaktion wird, dass ein erwachsener Mensch auf einen noch nicht erwachsenen Menschen „unbeschadet der Freiheit" einwirkt. Pädagogisches Denken hat sich somit darum zu bemühen, wie die Beziehung und die Einwirkung des Erzieher auf ein Kind als pädagogisch zu qualifizieren ist. Wie kann und sollte ein Erzieher handeln, um den Prozess der Selbstbestimmung des Kindes in Bewegung zu bringen und in Bewegung zu halten?

Erkenntnis 3:

Eine pädagogische Perspektive in handlungstheoretischer Absicht bezieht sich auf das Handeln und die Reflexionen der beteiligten Menschen und sucht nach pädagogischen Einwirkungsformen, die es gestatten, dass der Zu-Erziehende eigene und neue Möglichkeiten für sich entdeckt und sich in seiner Selbst- und Weltsicht weiter entwickeln kann. In der Pädagogik geht es also um die Subjektwerdung des Menschen im Sinne von Bildung als vernünftiger Selbstbestimmung.

Diese pädagogische Perspektive ist erziehungstheoretisch durch eine Grundparadoxie pädagogischer Interaktion gekennzeichnet:

> „Pädagogische Interaktion beruht in ihrer erziehenden Grundstruktur darauf, dass sie zu Lernleistungen auffordert, die ohne sie nicht möglich sind, die aber durch sie niemals schon ermöglicht werden, sondern erst von dem der Erziehung Bedürftigen selber hervorgebracht werden müssen. In diesem Sinne bereitet pädagogisches Handeln Lernleistungen vor, indem es den der Erziehung Bedürftigen zu etwa auffordert, was er noch gar nicht kann, und ihn dadurch für Lernprozesse freisetzt, die durch die Aufforderung selbst nicht unmittelbar bewirkt werden können."[13]

[12] vgl. Buck, G.: Rückwege aus der Entfremdung, Paderborn 1984, S.139.

[13] Benner, D.: Studien zur Theorie der Erziehung und Bildung, Weinheim 1995, S.55.

Würde das bisher Gesagte für eine Bestimmung des Pädagogischen hinreichen, so begrenzte sich die Pädagogik auf die Orientierung und Erforschung pädagogischer Interaktionen. Die Subjektwerdung als Aufgabe jedes Menschen und die pädagogische Einwirkung auf Lernende stehen aber immer in gesellschaftlichen Kontexten. Sie vollziehen sich in Auseinandersetzung mit

> „Sitten und Gebräuchen, Sprache der Zeit und des Landes, politischen und ökonomischen Strukturen, die unseren Handlungsspielraum konstituieren und eingrenzen. Auf der anderen Seite sind diese überindividuellen Bezüge niemals in der Lage, gänzlich unsere Individualität zu ersetzen ...“[14]

Pädagogik darf jedoch nicht dabei stehen bleiben, die „konkrete Dialektik der Durchkreuzung von Individualem und Sozialem zu beschreiben“ (eb. S.16), wie Meyer-Drawe zunächst betont. Sie muss vielmehr in dieser Dialektik nach Möglichkeiten und Orientierungen suchen, wie die pädagogisch Handelnden ihre Interaktion mit den Zu-Erziehenden so gestalten können, dass die Zu-Erziehenden an ihrer eigenen Bestimmung lernend tätig bleiben und handelnd und reflektierend an gesellschaftlichen Prozessen teilzuhaben und mitzuwirken lernen. Die Pädagogik sucht demnach nach Antworten, wie die Beziehungen der pädagogischen Praxis zu anderen gesellschaftlichen Praxen (politische Praxis, ökonomische Praxis, kulturelle Praxis usw.) gedacht werden können und wie Erzieher die Zu-Erziehenden zu Mitwirkungen in diesen Praxen schrittweise und altersabhängig auffordern können. Damit ist eine zentrale Aufgabe bildungstheoretischen Nachdenkens benannt.

Erkenntnis 4: Pädagogik als Wissenschaft umfasst Erziehungs- und Bildungstheorien.

Die bisherigen Ausführungen skizzieren so etwas wie eine Grundplattform jedes Nachdenkens über pädagogische Praxis, einen für die Pädagogik konstitutiven Grundgedanken, der es möglich macht, Pädagogik als eigene Wissenschaft auszuweisen und von anderen Wissenschaften wie Psychologie, Soziologie usw. abzugrenzen.

---

[14] Meyer-Drawe, K.: Leiblichkeit und Sozialität, München 2001 (1984), S.14.

4. Was ist ein Grundbegriff der Pädagogik?

Den pädagogischen Grundgedanken gilt es nun begrifflich zu fassen. Die Pädagogik als Wissenschaft braucht deshalb für den gerade dargelegten Gedankengang Grundbegriffe oder, wie Herbart formuliert hat, „einheimische Begriffe". Was ist ein Grundbegriff der Pädagogik?

Merkmal 1: Grundbegriffe der Pädagogik sind handlungstheoretische und nicht erkenntnistheoretische Begriffe.

D. Benner fasst sie deshalb als Prinzipien pädagogischen Handelns.

> Prinzipien wollen „die verschiedenen pädagogischen Professionen mit dem Anspruch der pädagogischen Praxis konfrontieren und sowohl das Selbstverhältnis dieser Praxis als auch deren Beziehungen zu den anderen Praxen ausdrücklich thematisieren."[15]

Die Pädagogik versucht nicht, Aussagen über die Wirklichkeit an sich zu machen, betrachtet nicht die Wirklichkeit in ihrem So-Sein, sondern unter handlungstheoretischer Perspektive.

In ähnlicher Weise hat es Klaus Prange für den Bereich Erziehung und Lernen formuliert.

„Erziehung ist kein schlichter Gegenstandbegriff, ..., sondern ein reflexiv gewonnener Klassenbegriff auf der Grundlage der Erfahrung des Erziehens, die wir eben auch bewusst machen und thematisieren ..."[16] Der Begriff des Lernens, wie ihn die empirische psychologische Lerntheorie unterstellt, ist dagegen ein erkenntnistheoretischer Begriff. Lernen findet nach Prange immer und überall statt, auch ohne Pädagogik. In der Pädagogik müssen wir Lernen jedoch „pädagogisch rezipieren":

> „Wir haben als Pädagogen die Welt und die Menschen pädagogisch anzusehen, damit das Lernen im Kontext des Erziehens sich zeigt und von uns erkannt werden kann."[17]

Prange fordert deshalb auf zu untersuchen, „wie das Lernen durch das Erziehen zur Erscheinung gebracht wird"[18]. Das Lernen muss geradezu durch Erziehung provoziert werden – diese Vorgänge sind Gegenstand der Pädagogik.

Grundbegriffe des Pädagogischen sollen somit Unterscheidungen zwischen erkenntnisorientierten und handlungstheoretischen Begriffen, zwischen pädagogischen Begriffen einerseits und (empirisch) psychologischen, soziologischen Begrif-

---

[15] Benner, D.: Allgemeine Pädagogik, Weinheim 2001, S. 59.

[16] Prange, K.: Plädoyer für Erziehung, Baltmannsweiler 2000, S.20.

[17] Prange, K.: Lernen im Kontext des Erziehens. In: Mitgutsch, K. u.a. (Hrsg.): Dem Lernen auf der Spur – die pädagogische Perspektive. Stuttgart 2008, S. 248.

[18] Prange, K.: Plädoyer für Erziehung, Baltmannsweiler 2000, S.33.

fen und Begriffen anderer Wissenschaften andererseits ermöglichen. Mit Hilfe der Grundbegriffe kann man z.B. erkennen, ob pädagogisch oder nicht-pädagogisch (biologisch, neurowissenschaftlich, psychologisch etc.) argumentiert wird.
Auch das Verhältnis von Deskription und Normativität in der Pädagogik klärt sich über die Grundbegriffe in einem nicht positivistischen Sinne: „Pädagogisches Handeln selbst ist ... immer normativ: Pädagogen greifen in laufende, also künftige Prozesse ein und dafür müssen sie einen Grund angeben. Diese Gründe lassen sich nicht aus der empirischen Forschung ableiten, aber sie lassen sich angesichts der Ergebnisse der Empirie begründen. ... Die pädagogischen Begriffe und ihre historisch entfaltenden Inhalte sind notwendig vorgängig. Die Empirie ist ein Hilfsmittel – aber sie handelt immer im Auftrag."[19] Diesen Auftrag erhält die Empirie bezogen auf pädagogische Praxis von der Pädagogik und nicht von anderen Wissenschaften. Die Grundbegriffe übernehmen dabei eine Orientierungsfunktion für das Handeln in pädagogischer Praxis, für dessen Erforschung und insgesamt für die Reflexion und Rede über pädagogische Praxis.
Die Grundbegriffe stellen somit die konzeptuelle Dimension des pädagogischen Bereichs dar und helfen, die Fragestellungen zu unterscheiden, denen pädagogisches Denken und Handeln nachzugehen hat. Insofern definieren sie die pädagogische Perspektive, also die spezifische Hin-Sicht auf die Wirklichkeit, die die pädagogische Praxis erst sichtbar/erkennbar macht.

Merkmal 2: Pädagogische Grundbegriffe grenzen das Handeln und die Reflexion in pädagogischer Praxis ab von einem Handeln in therapeutischer Praxis

Psychoanalytisch orientierte Autoren wie Freud, Erikson, aber auch Autoren anderer psychologischer Schulen wie Perls, Rogers usw. erheben ebenfalls den Anspruch, handlungsorientiert und auf die Reflexion der Beteiligten hin ausgelegt zu sein. Auch ihr Ziel ist die Subjektwerdung des Menschen, allerdings mit einem wesentlichen Unterschied zur Pädagogik: ihr Interesse ist ein therapeutisches und dient der Wiederherstellung gestörten Subjektseins. Ihr Ausgangspunkt sind Subjekte, die bereits Bedingungen ausgesetzt waren, die ihre eigene Subjektwerdung blockierten, deren Welttätigkeit gestört ist und die zur eigenen Bestimmung nicht mehr in der Lage sind. Demgegenüber versteht sich pädagogisches Handeln als Einwirkung auf die Subjektwerdung eines Zu-Erziehenden, dem zugeschrieben wird (positive Präsupposition), in der Welt tätig zu sein, sich in der Auseinandersetzung mit Welt zu erproben und selbst zu bestimmen und seine Selbst- und Weltsicht dadurch erweitern zu können.

Merkmal 3: Pädagogische Grundbegriffe stellen die Maßstäbe bereit, an denen pädagogische Begriffe und Konzepte gemessen werden können.

---

[19] Ladenthin, K.: Hirnforschung und Pädagogik. Vierteljahresschrift für wissenschaftliche Pädagogik 2010, Heft 1, S. 3 – 14, hier S. 5.

Sollen Grundbegriffe anderen pädagogischen Begriffen zu Grunde liegen, so müssen sie einen Sinnhorizont aufspannen, der sich auf das Ganze des Pädagogischen bezieht und geradezu für jede Rede über pädagogische Praxis notwendig ist. Pädagogische Grundbegriffe sollen eine reflexive Umgebung schaffen angesichts der Vielzahl möglicher pädagogischer Begriffe. Grundbegriffe sind den Einzelbegriffen vorgeordnet dergestalt, dass sich andere Begriffe ausweisen müssen, dass sie ihnen nicht widersprechen bzw. positiv formuliert, dass sie zu den Intentionen der Grundbegriffe passen, dass sie den Intentionen und dem Sinnhorizont der Grundbegriffe entsprechen. Damit ist kein Deduktionismus gemeint. Pädagogische Begriffe werden nicht aus den Grundbegriffen hergeleitet.
Ohne Grundbegriffe steht die Pädagogik in der Gefahr, ihr Proprium aus dem Blick zu verlieren, sich in der Beliebigkeit eines umfangreichen Feldes von Begriffen aufzulösen und Unterschiede zu anderen wissenschaftlichen Diskursen zu verwischen (siehe „Kontext- oder Entpädagogisierungsfalle“).

Merkmal 4: Grundbegriffe orientieren das Feld der Erziehungs- und Bildungstheorien

Grundbegriffe fordern zu Fragen auf, die unabweislich sind, und grenzen pädagogische von nicht pädagogischen Begriffen ab. Jeder, der sich mit Pädagogik beschäftigt, kommt um die die Fragestellungen, die mit Hilfe der Grundbegriffe entfaltet werden nicht herum. Grundbegriffe müssen so gewählt werden, dass sie sich sowohl auf die individuelle Dimension als auch auf die gesellschaftliche Dimension pädagogischer Praxis beziehen. Entsprechend sollen sich einige der Grundbegriffe erziehungstheoretisch auf pädagogisches Handeln konzentrieren, andere Grundbegriffe sollen das Feld bildungstheoretischer Fragen und Vorstellungen erschließen.

Merkmal 5: Grundbegriffe der Pädagogik sind theoretisch abstrakt, d.h. nicht empirisch und nicht unmittelbar lebensweltlich zugänglich. Sie ordnen sich den Diskursen der Allgemeinen Pädagogik zu. Dadurch entstehen zwei Brückenprobleme.

Mit diesem Merkmal wird ein doppeltes Brückenproblem angesprochen:
Zum ersten ergibt sich ein (wissenschaftliches) Brückenproblem zwischen Allgemeiner Pädagogik und den Bereichpädagogiken, die sich auf einzelne Erziehungs- und Bildungsbereiche beziehen. Auch die Fachdidaktik Pädagogik als eine Bereichspädagogik muss ihre Beziehung zur Allgemeinen Pädagogik klären.[20]
Zum zweiten ergibt sich ein (fachdidaktisches) Brückenproblem zwischen wissenschaftlichem Wissen, wissenschaftlicher Fachsprache und lebensweltlichem Wissen und lebensweltlicher Sprache der Schüler/innen im PU.

[20] vgl. Ladenthin, V.: Allgemeine Pädagogik und Fachdidaktik Pädagogik. In: Pädagogikunterricht 2008. Heft 1.

Es wäre ein grobes Missverständnis, im PU zuerst die Grundbegriffe einzuführen, um anschließend erziehungs- und bildungstheoretische Thematiken zu behandeln. Das würde gerade die als zweites Brückenproblem benannte Schwierigkeit außer Acht lassen. Grundbegriffe müssen thematisch angebahnt und genetisch entwickelt werden. Eine fachdidaktische Konsequenz hat Friedhelm Brüggen angedeutet:

> „Der PU … sollte … in die Wissenschaften so einführen, dass die Differenz zwischen erfahrungswissenschaftlich ausgerichteten Aussagesystemen einerseits und den Wissensformen des Umgangs und des Handelns andererseits deutlich wird.“[21]

Dies muss aber so geschehen, dass es keinen Hiatus zwischen beiden Wissensformen gibt, dass es möglich ist, eine Brücke zwischen beiden Wissensformen zu schlagen.

5. Vier Grundbegriffe des Pädagogischen

Wie gewinnt man angesichts der vielfältigen pädagogischen Diskurse Grundbegriffe, die dazu auffordern, das Ganze pädagogischer Praxis in den Blick zu nehmen, und die jeweils für sich und in ihrer gegenseitigen Verwiesenheit Sinnhorizonte des Pädagogischen aufspannen?
Die vier Grundbegriffe „Bildsamkeit“, „Mündigkeit“, „pädagogische Einwirkung“, „pädagogische Transformation“ sollen diese Aufgabe erfüllen. Die Auswahl gerade dieser vier Grundbegriffe geht dabei auf eine Reihe von Autoren und pädagogischen Diskussionen zurück. Zugleich ist die Auswahl dieser Grundbegriffe nicht durch eine zwingende Letztbegründung gestützt. Angesichts der nicht hintergehbaren Vielfalt der pädagogischen Entwürfe wäre das nur dogmatisch möglich. Mit den Grundbegriffen werden Antworten auf notwendige Fragen pädagogischer Handlungstheorien diskutiert.
Der Gehalt und die Intentionen der Grundbegriffe sollen im Folgenden dargestellt werden.

---

[21] Brüggen, F.: Bildsamkeit und Mündigkeit als pädagogische Grundbegriffe. In: Pädagogikunterricht 2009, Heft 2/3, S.10.

Der pädagogische Grundbegriff der „Bildsamkeit“[22]**:**
Jede pädagogische Handlungstheorie muss sich mit **Fragen nach der Notwendigkeit und Möglichkeit pädagogischen Denkens und Handelns** auseinander setzen.

Dazu geht sie Fragen wie diesen nach:

- Wie ist der Mensch zu denken? Welche Menschbilder können leitend für pädagogisches Denken und Handeln sein?
- Welches Bild vom Kind leitet eine pädagogische Praxis und wissenschaftliche Forschung und wie wird es begründet?
- Was versteht die Pädagogik unter Selbstbestimmung und Subjektwerdung des Menschen?
- Was sind die anthropologischen, gesellschaftlichen und kulturellen Voraussetzungen dafür, dass Selbstbestimmung als nötig und möglich gedacht werden kann?
- Welche Bedeutung kommt pädagogisch nicht beabsichtigten gesellschaftlichen Einflüssen für die Möglichkeit pädagogischen Handelns zu?
- Welche Bedeutung kommt Erkenntnissen anderer Wissenschaften für pädagogisches Handeln zu?

In der Geschichte und Gegenwart wird diesen Fragen und Problemen in verschiedenen Wissenschaften unter Begriffen wie „Imperfektheit und Weltoffenheit des Menschen“, „Anlage-Umwelt-Problematik“, „Lernfähigkeit“, „Erziehungsbedürftigkeit“, „biologische Determination“, „Begabung“ oder „Sozialisation“ nachgegangen. In der Pädagogik wird im Unterschied dazu von der unbestimmten **Bildsamkeit** gesprochen.

Bildsamkeit sieht den Menschen in seiner nicht festgelegten Lernfähigkeit als ein Wesen, das die Fähigkeit hat, Fähigkeiten zu entwickeln (Rousseau), und dem es aufgegeben ist, sich selbst zu bestimmen. Weder von einer vermeintlichen Natur her noch auf eine gesellschaftlich definierte Zukunft hin lassen sich in neuzeitlichen Gesellschaften Orientierungen für pädagogisches Handeln gewinnen. Bildsamkeit formuliert deshalb geradezu ein Bilderverbot des Menschen. Pädagogisches Denken geht davon aus, dass junge Menschen ein eigenes Bild selbst hervorbringen müssen. Es wird ihnen zugemutet, diese Aufgabe in eigener Anstrengung und Leistung zu bewältigen. Dabei sind sie auf eine pädagogische interaktive Beziehung zum Erwachsenen angewiesen. Jedes Bild des Menschen, auf das hin erzogen werden soll,

[22] vgl. u.a.: Brüggen, F.: Bildsamkeit und Mündigkeit als pädagogische Grundbegriffe, a.a.O.; Wortmann, E.: Einführung in den pädagogischen Grundbegriff der Bildsamkeit. In: Pädagogikunterricht 2009, Heft 2/3; Mollenhauer, K.: Vergessene Zusammenhänge. Über Kultur und Erziehung, München 1983; Benner, D. / Brüggen, F.: Mündigkeit. In: Benner, D. / Oelkers, J. (Hrsg.): Historisches Wörterbuch der Pädagogik, Weinheim 2004; Buck, G.: Rückwege aus der Entfremdung, Paderborn 1984.

ist affirmativ und widerspricht dem Gehalt der Bildsamkeit. Insofern fordert der Grundbegriff der Bildsamkeit dazu auf, explizite und implizite Bilder von Erziehung und Bildung in pädagogischen Konzepten aufzudecken, kritisch zu befragen und ein pädagogisches Verständnis zu entwickeln, dass die Lernfähigkeit des Menschen offen hält für weitere individuelle Entwicklungen. „Pädagogik richtet sich ... weder auf die Erkenntnis der Natur noch auf die der Gesellschaft: Sie fragt, wie das beschaffen ist, was von Natur und Gesellschaft nicht festgelegt ist – die Bildsamkeit des Menschen. Und sie fragt, wie wir uns angesichts von Natur und Gesellschaft verhalten sollen: Pädagogik untersucht die Geltungsansprüche.“[23]

Nicht jede Form von Selbstbestimmung ist aber schon vernünftig. Dem Menschen ist es aufgegeben, für sich Sinn zu entwickeln und seinen Sinn mit Vernunftgründen zu rechtfertigen, soll Selbstbestimmung nicht zu einer bloßen Selbstbespiegelung oder einer freiwilligen Anpassung an vermeintlich vorgegebene Konventionen werden. Es wirken vielfältige Einflüsse auf ihn ein, die nicht auf Einsicht und Vernunft, sondern auf kritiklose Übernahme und Anpassung anlegt sind. Bildsamkeit fordert deshalb den Erzieher auf, pädagogisch so zu handeln, dass der Heranwachsende befähigt wird, seine Subjektwerdung mit Vernunft selbst zu gestalten und argumentativ zu vertreten. „Bildsamkeit bedeutet im pädagogischen Zusammenhang daher die Ansprechbarkeit des heranwachsenden Menschen für Vernunft.“[24]

Für pädagogisches Handeln in der Perspektive von „Bildsamkeit“ gilt die Maxime: Handle so, dass du bei allem, was du in der Erziehung tust, den Heranwachsenden daran teilhaben lässt und er die Möglichkeit hat, seine eigene Bestimmung hervorzubringen. „Positiv beinhaltet das Prinzip der Bildsamkeit ... den Anspruch, jedem der Erziehung Bedürftigen so zu begegnen, dass ihm eine universelle Selbstbestimmung grundsätzlich möglich ist und er zugleich dazu bestimmt ist, diese in eigenen Akten zu vollziehen. Unter diesem Anspruch sind pädagogische Situationen immer so zu gestalten, dass sie das situativ mögliche Maß an Selbstbestimmung tatsächlich befördern.“[25]

Bildsamkeit ist damit komplexer und umfassender als „Lernfähigkeit“ oder „Erziehungsbedürftigkeit“ und nicht identisch mit „Formbarkeit“ durch andere. Der Begriff hat eine anthropologische und historisch-soziale Dimension und bezeichnet die notwendige Voraussetzung, die jeder machen muss, der Erziehung nicht als Dressur, Manipulation, Indoktrination oder Sozialisation missverstehen will.

Insgesamt zeichnet der angedeutete Bedeutungshorizont von Bildsamkeit diesen Begriff nach unserem Verständnis als pädagogischen Grundbegriff aus.

---

[23] Ladenthin, V.: Hirnforschung und Pädagogik, a.a.O., S.6.

[24] Brüggen, F.: Bildsamkeit und Mündigkeit als pädagogische Grundbegriffe, a.a.O., S.6.

[25] Rekus, J., Hintz, D., Ladenthin, V.: Die Hauptschule. Alltag, Reform, Geschichte, Theorie, Weinheim und München 1998, S.279.

Der pädagogische Grundbegriff der „Mündigkeit“[26]
Jede pädagogische Handlungstheorie muss sich mit **Fragen nach Ziel und Zweck von Erziehung und Bildung** auseinandersetzen.

Dazu geht sie Fragen wie diesen nach:

- Was ist Bildung? Welche Maßstäbe für Bildung lassen sich formulieren und begründen, die pädagogisches Handeln innerhalb und außerhalb von Institutionen orientieren?
- Welche gesellschaftlichen, besonders politischen, Verhältnisse sind notwendige Voraussetzungen einer Bildung als Selbstbestimmung?
- Wie ist das Verhältnis von Individualität und Sozialität in einer pädagogischen Handlungstheorie zu denken?
- Welche Bedeutung gewinnen unterschiedliche gesellschaftliche Praxen für Bildung?
- Wie können Mitwirkungen an ökonomischer, politischer, kultureller, religiöser Praxis bildsam gestaltet werden?
- Inwiefern ist es der Zweck der pädagogischen Praxis, sich selbst überflüssig zu machen?

In der Pädagogik wird diesen Fragen unter den Begriffen wie „Autonomie“, „Selbstbestimmung“, „Selbstbestimmungsfähigkeit“, „Kompetenz zum vernünftigen Handeln“ und **„Mündigkeit“** nachgegangen.

Mündigkeit ist seit Kant zunächst negativ bestimmt als Überwinden eigener Unmündigkeit.
Der sich selbst Bestimmende soll lernen, sich seines Umgangswissens bewusst zu werden und nach Gründen für Gewohnheiten, Alltagsroutinen, moralische Konventionen, gedankliche Selbstverständlichkeiten und Meinungen zu fragen. Eine Befreiung aus Ordnungen, in die man hineingeboren wird oder in die man eingelebt ist, ist nur möglich, wenn man in eine Distanz zum Gegebenen tritt, vermeintliche Zwänge als solche erkennt und gedanklich überschreitet und auf neue Möglichkeiten für eigenes Handeln und Denken kommt.
Mündigkeit umfasst darauf aufbauend die Fähigkeit, Situationen, Sachverhalte und Deutungen aus unterschiedlichen alltagsweltlichen und wissenschaftlichen Perspektiven zu denken und einen eigenen Standpunkt bezogen auf die Perspektiven einzunehmen.

[26] vgl. u.a. Kant, Adorno, Heydorn. Ebenso: Koneffke, G.: Erziehung ist der zum gesellschaftlichen Leib gewordene Widerspruch. Zur Begründung der Pädagogik. In: Gamm, H.-J. / Koneffke, G.: Mündigkeit. Jahrbuch für Pädagogik 1997, Frankfurt a.M. 1997; Rieger-Ladich, M.: Mündigkeit als Pathosformel, Konstanz 2002.

Bezeichnet Bildsamkeit die Ansprechsprechbarkeit des Menschen für Vernunft, so zielt der Begriff Mündigkeit auf eine weiter gehende Qualifizierung des Vernunftgebrauchs in Hinblick auf Erziehung und Bildung:

- Pädagogisches Handeln fordert dazu auf, dass Zu-Erziehende eine Urteilsfähigkeit bezogen auf Sachlichkeit und Sittlichkeit, also Fähigkeiten zum Denken und zum Werten entwickeln. Das Denken geht dabei einher mit einem „Wissendwerden", das sich an Wahrheit und Wahrheitsprüfung orientiert[27]. Das Werten versteht Ladenthin als „wertorientierten Umgang mit diesem Wissen"[28]: „Wir fällen alle Wertentscheidungen, indem wir eine Situation auf mögliche Werthaltungen hin analysieren und dann bezogen auf Kriterien beurteilen – eben bewerten. Diese Kriterien sind: Die Conditio humana und die Würde des Menschen." (ebenda S.24) Eine Erziehung zur Mündigkeit zielt auf das Argumentieren-Lernen und auf die Teilhabe an gesellschaftlichen Verständigungsprozessen.
- Pädagogisches Handeln fordert dazu auf, dass Zu-Erziehende zu einer kritischen Reflexion unterschiedlicher gesellschaftlicher Rationalitätsvorstellungen und gesellschaftlicher Macht- und Herrschaftsformen fähig werden. Sie sollen lernen, gesellschaftliche Vereinnahmungen zu durchschauen und einer Ausgeliefertheit des Menschen an die Welt entgegenzutreten. Adorno verstand Mündigkeit immer als das Denken gesellschaftlicher Strukturen, das über interaktive und personale Verhältnisse hinausweist, und vor diesem Hintergrund zur Selbstbestimmung sowie zu Urteilen und Handlungen auch im Sinne des Nein-Sagens auffordert.
- Pädagogisches Handeln fordert dazu auf, dass Zu-Erziehende in befremdenden Welttätigkeiten (von Humboldt) sich selbst immer wieder neu denken. Eine Erziehung zur Mündigkeit geht einher mit der vom Zu-Erziehenden zu lernenden Reflexion über eigene Selbstbeschreibungen, Selbstgestaltungen und Selbstgrenzen, um offen zu bleiben für eigene Selbstbestimmungen. Selbstbildungsprozesse bleiben immer unabgeschlossen.
- Mündigkeit verweist die Aufgabe der Selbstbestimmung auf unterschiedliche gesellschaftliche Praxen: auf politische Mündigkeit, auf ökonomische Mündigkeit, auf religiöse Mündigkeit, auf kulturelle Mündigkeit. Zu-Erziehende sollen lernen, in unterschiedlichen gesellschaftlichen Praxen mitwirkend und innovierend tätig zu sein, sich als Handlungssubjekte zu erfahren und zu denken und

---

[27] vgl. Koch, L: Zur Urteilsform des Lernens. In: Mitgutsch, K. u.a. (Hrgs.): Dem Lernen auf der Spur, Stuttgart 2008, S.68; vgl. zu bildenden Rückwirkungen beim Lernen von Begriffen: Koch, L.: Lernen und Denken. Funktion und Rückwirkung. In: Strobel-Eisele, Wacker, A. (Hrsg.): Konzepte des Lernens in der Erziehungswissenschaft, Bad Heilbronn 2009.

[28] Ladenthin, V.: Werterziehung als Aufgabe des Unterrichts. In: Ladenthin, V., Rekus, J. (Hrsg.): Werteerziehung als Qualitätsdimension von Schule und Unterricht. Münster 2008, S.17 -35, hier S. 17.

die eigene Urteilsfähigkeit angesichts gesellschaftlicher Abhängigkeitsverhältnisse zu erweitern.

Mündigkeit im hier verstandenen Sinne ist nicht zu verwechseln mit einem idealistischen Verständnis von Autonomie[29], sondern verwirklicht sich in „vielen Mündigkeiten“[30], die Zu-Erziehende lebensgeschichtlich allmählich entwickeln.

In der Pädagogik bezeichnet Mündigkeit also insgesamt die Fähigkeit, die eigene Lebensführung zu reflektieren, zu dieser sowie zu den Geltungsansprüchen des gesellschaftlichen Zusammenlebens und der natürlichen Umwelt kritisch Stellung nehmen zu können, damit an der eigenen Bestimmung mitzuarbeiten und an der Gestaltung von Mündigkeit ermöglichenden gesellschaftlichen Bedingungen mitzuwirken.

Vor diesem Hintergrund sollen im PU Theorien und praktische Konzepte zu Erziehungs- und Bildungsprozessen bearbeitet werden, die mit Hilfe von Mündigkeit als Grundbegriff der Pädagogik geprüft werden sollen.

Der Grundbegriff der pädagogischen Einwirkung[31]
Jede pädagogische Handlungstheorie muss **Fragen nach solchen Formen der Interaktion** beantworten, die dem Anspruch von Bildung als Selbstbestimmung gerecht werden.

Dazu geht sie Fragen wie diesen nach:

- Wie kann das Handeln und die Reflexion von Kindern und Erwachsenen in einer pädagogischen Interaktion orientiert werden (vgl. Kapitel 3)?
- Wodurch unterscheiden sich pädagogische von anderen, nicht-pädagogischen Einwirkungen? Wie unterscheidet man ein pädagogisches Handeln von technischem, ökonomischem, religiösem, kulturellem, politischem Handeln?
- Welche Formen pädagogischen Handelns gibt es?
- Wie kann eine pädagogische Einwirkung und Interaktion gegliedert, organisiert und inszeniert werden?
- Wie ist der pädagogische Umgang zu gestalten, so dass Bildung als Selbstbestimmung provoziert und unterstützt wird?

---

[29] vgl. Meyer-Drawe, K.: Illusionen von Autonomie, München 2000.

[30] Brüggen, F.: Bildsamkeit und Mündigkeit als pädagogische Grundbegriffe, a.a.O., S.7; vgl. auch Benner: D.: Allgemeine Pädagogik, Weinheim 2010, S.293.

[31] vgl. u.a.: Prange, K. / Strobel-Eisele, G.: Die Formen pädagogischen Handelns, Stuttgart 2006 und Prange, K.: Die Zeigestruktur der Erziehung – Grundriss der Operativen Pädagogik, Paderborn 2005.

- Wie geht man mit jemandem um, von dem man nicht weiß, wer und was er werden will, dem es allerdings aufgegeben ist, eine eigene Bestimmung zu finden?

In der Pädagogik wird diesen Fragen unter Begriffen wie „Aufforderung zur Selbsttätigkeit“, „dialogische Führung als argumentative Auseinandersetzung“, „Artikulation des Zeigens“, „pädagogische Einwirkung“ oder **„pädagogische Interaktion“** nachgegangen.

Wenn – wie in Kapitel 3 gezeigt - der „Gegenstand“ des Pädagogischen das Handeln und die Reflexion von Erziehern und Zu-Erziehenden ist, dann muss das Nachdenken über Pädagogik sich auf Möglichkeiten pädagogischer Einwirkungen in Interaktionen konzentrieren, die Zu-Erziehende zu eigenem Handeln und zu eigener Reflexion auffordern. Pädagogische Einwirkung unterstellt eine nichtreziproke Interaktion, in der ein Subjekt Erzieher auf ein an der eigenen Subjektwerdung tätiges Kind so einwirkt, dass das pädagogische Handeln den mit Bildsamkeit und Mündigkeit gesetzten Ansprüchen auf vernunftorientierte Selbstbestimmung des Zu-Erziehenden genügt. Denken und Werten lernt ein Zu-Erziehender dadurch, dass er aufgefordert wird, selbsttätig zu handeln, d.h. sein Handeln zu entwerfen und zu begründen, offen zu sein für die Auseinandersetzung mit einer befremdenden Welt, seine Erfahrungen zu reflektieren und seine Reflexion auf ein erneutes eigenes Handeln hin auszulegen.
Nicht-pädagogische Einwirkungen lassen sich dadurch kennzeichnen, dass sie das Handeln der Zu-Erziehenden in der Welt bestimmen (Dressur, Manipulation) und das Denken der Zu-Erziehenden vorzeichnen wollen (Indoktrination).
Die Heranwachsenden müssen die Gelegenheit erhalten, an ihrer Bestimmung mitwirken zu können, die pädagogisch Handelnden müssen unterstellen, dass das möglich ist, und ihre Einwirkung und Interaktion darauf abstimmen. Dies geschieht in vielfältigen Formen: auffordern, zeigen, fragen, arrangieren, konfrontieren, befremden, zu-muten, ermutigen, unterstützen usw. Das Lernen muss vom Zu-Erziehenden der pädagogischen Interaktion selbst übernommen werden. Dabei dient pädagogisches Einwirken der Weiterentwicklung des eigenen Selbst- und Weltverstehens im Prozess der Subjektwerdung und strebt danach, dass Zu-Erziehende immer wieder neue Möglichkeiten für eigene Lernprozesse entdecken. Es vollzieht sich dialogisch und interaktiv und hält Lernprozesse der Zu-Erziehenden offen für weitere Entwicklungen. Im Unterschied zum kausalmechanischen, technischen Handeln will pädagogische Einwirkung und Interaktion keine direkten Wirkungen erzielen. Pädagogisches Handeln insistiert vielmehr auf der sachlich und sittlich qualifizierten Selbsttätigkeit des Zu-Erziehenden.
Pädagogische Einwirkung zeichnet sich als Grundbegriff pädagogischen Handelns dadurch aus, dass er Unterscheidungen zwischen verschiedenen Formen von Einwirkungen einfordert und qualifiziert und erziehungstheoretisches Denken in Abgrenzung zu anderen wissenschaftlichen Denkweisen orientiert.

Der Grundbegriff der „pädagogischen Transformation“[32]
Jede pädagogische Handlungstheorie muss sich mit **Fragen nach dem Umgang mit den gesellschaftlichen Einflüssen** auseinander setzen, die ohne pädagogische Absicht auf die Heranwachsenden einwirken.

Dazu geht sie Fragen wie diesen nach:

- Wie kann der pädagogische Grundgedanke in gesellschaftlichen Zusammenhängen zur Geltung gebracht werden?
- Welche politischen und gesellschaftlichen Interessen bestehen im Hinblick auf die pädagogische Praxis?
- Wie kann und soll mit den gesellschaftlichen Ansprüchen in der pädagogischen Praxis umgegangen werden?
- Wie kann ein nicht-hierarchisches Verhältnis der gesellschaftlichen Teilpraxen zueinander ausgehandelt und organisiert werden?

In der Pädagogik wird diesen Fragen u.a. unter den Begriffen der „relativen Autonomie der Pädagogik“, des „nicht-hierarchischen Verhältnisses der gesellschaftlichen Teilpraxen zueinander“, „Bildsamkeit und Öffentlichkeit“ und der **„Transformation gesellschaftlicher in pädagogische Ansprüche“** nachgegangen.

Gesellschaftliche Einflüsse zielen darauf ab, entweder als indirekte reale Einwirkungen im Sinne von Sozialisationsprozessen oder als bewusst formulierte Ansprüche gesellschaftlicher Gruppen Geltung für die pädagogische Praxis zu verlangen. Die pädagogische Transformation gesellschaftlicher in pädagogische Anforderungen fordert dazu auf, diese gesellschaftlichen Ansprüche an Erziehung und Bildung pädagogisch zu prüfen, ob sie das Eigenrecht pädagogischen Handelns anerkennen und unterstützen und inwieweit sie Möglichkeiten eröffnen, einen Beitrag zur Erweiterung selbstbestimmten individuellen und gesellschaftlichen Handelns zu leisten. Durch eine pädagogische Transformation werden gesellschaftliche Ansprüche so aufgegriffen, dass sie entweder als nicht pädagogische zurückgewiesen und kritisiert oder gemäß den Zielen pädagogischen Handelns umgewandelt werden können. Bezogen auf Sozialisation gilt es, nach Lernprozessen und –möglichkeiten zu suchen, wie pädagogisches Handeln so zu gestalten ist, dass Subjektwerdung entgegen vermeintlich determinierenden Sozialisationseinflüssen gestaltet werden kann. Bezogen auf bewusst formulierte gesellschaftliche Ansprüche muss pädagogische Theorie pädagogische Geltungsgründe anführen und prüfen und ggfs. eine pädagogische, gesellschaftliche Kritik öffentlich artikulieren.

Junge Menschen sollen so in die gesellschaftlichen Praxen und kulturellen Überlieferungen eingeführt werden, dass deren Ansprüche nicht einfach weitergeleitet und kritiklos hingenommen, sondern in ihrer Fraglichkeit nachvollziehbar und dem kritischen Urteil des Heranwachsenden ausgesetzt werden. Pädagogische Transfor-

[32] Benner, D.: Allgemeine Pädagogik, Weinheim 2010, Kapitel 3.2.2.

mation fordert, dass andere gesellschaftliche Einzelpraxen pädagogisches Handeln nicht bloß als Anpassungshandeln und als Zulieferer für gesellschaftlich anderweitig definierte Aufgaben verstehen, vielmehr wird ein Entgegenkommen dieser Praxisbereiche eingefordert. Gesellschaftliche Aufgaben dürfen nicht in einen pädagogischen Bereich „abgeschoben" werden. Gemeinsam müssen die pädagogische Praxis und andere gesellschaftliche Einzelpraxen danach suchen, in welchen Formen eine intergenerationelle Verständigung und ein intergenerationelles Handeln erfolgen kann[33] und wie junge Menschen Möglichkeiten zur Partizipation in unterschiedlichen gesellschaftlichen Praxisfeldern angeboten werden sollen, um individuell und gesellschaftlich handeln zu lernen.
Werden gesellschaftliche Anforderungen als pädagogisch legitim ausgewiesen, so sind sie im Sinne didaktischer Transformationen zu prüfen, in welcher Weise sie lehr- und lernbar sind.

Pädagogische Transformation als Grundbegriff orientiert in der angedeuteten Weise erziehungs- und bildungstheoretisches Nachdenken über pädagogische Praxis.

6. Pädagogisches Wissen und das Wissen anderer Wissenschaften

Der in den Kapiteln 3 bis 5 handlungstheoretisch bestimmte pädagogische Grundgedanke und die vier pädagogischen Grundbegriffe machen insgesamt das aus, was die Autoren eine pädagogische Perspektive nennen. Sachverhalte und Deutungen, die sich auf das Feld des Pädagogischen beziehen, werden pädagogisch rezipiert, indem sie auf die vier Grundbegriffe hin durchdacht und in ihrer Anschlussfähigkeit bezogen auf den pädagogischen Diskurs geprüft werden.
Pädagogisches Denken schließt damit andere Humanwissenschaften – Biologie, Soziologie, Psychologie usw. – nicht aus, interpretiert ihr Wissen aber im Hinblick auf Erziehung und Bildung[34]. Die Frage des Subjektwerdens unter dem Anspruch von Erziehung und Bildung kann weder ausschließlich durch die Biologie (Gesundheit, Physiologie), die Soziologie (Sozialisation), die Psychologie (Kompetenzen; psychische Gesundheit) usw. beantwortet werden, noch kann umgekehrt die pädagogische Frage ohne die Rezeption des in den anderen Wissenschaften - z. B. der Biologie, der Soziologie, der Psychologie usw. - bereitgestellten Wissens beantwortet werden. Dies hat bereits Herbart gesehen:
„Es dürfte wohl besser sein, wenn die Pädagogik sich so genau als möglich auf ihre einheimischen Begriffe besinnen und ein selbständiges Denken mehr kultivieren

[33] vgl. Benner, D.: Allgemeine Pädagogik, a.a.O., S.106; vgl. auch zum Begriff der „Mitgesamttätigkeit" in Benner, D. a.a.O., S.299.
[34] Die folgenden Formulierungen orientieren sich an: Ladenthin, V.: Bildungswissenschaft? In: PÄD Forum 2009, 37/38, S.132f.

möchte, wodurch sie zum Mittelpunkte eines Forschungskreises würde und nicht Gefahr liefe, als entfernte, eroberte Provinz von einem Fremden aus regiert zu werden. Nur wenn sich jede Wissenschaft auf ihre Weise zu orientieren sucht, und zwar mit gleicher Kraft wie ihre Nachbarinnen, kann ein wohltätiger Verkehr unter allen entstehen." (Johann Friedrich Herbart: Allgemeine Pädagogik aus dem Zweck der Erziehung abgeleitet (1806))

7. Weitere Präzisierungen

Jeder, der sich mit Pädagogik beschäftigt, hat eigene Vorstellungen zu einer pädagogischen Perspektive. Wie passen die unterschiedlichen pädagogischen Vorstellungen zueinander? Welche Vorstellung von Erziehung wird wie begründet und an welchen Maßstäben prüft man Erziehungsbegriffe?
Unsere Antworten auf diese Fragen orientieren sich problemgeschichtlich an den Entwürfen der pädagogischen Theorie, die zu Beginn der modernen Gesellschaften von Rousseau, Kant, Humboldt, Herbart, Schleiermacher und anderen formuliert wurden. Friedhelm Brüggen hat in seinem Aufsatz ihren pädagogischen Gehalt so zusammengefasst:

„Die neuzeitliche Frage nach der Bestimmung des heranwachsenden Menschen ist - negativ formuliert - weder durch Verweis auf die Vorgegebenheit einer ständisch-herrschaftlichen Gesamtordnung zu beantworten noch bestimmt sich dessen Bildsamkeit vermöge der fertigen Gestalt einer genetischen Anlagendisposition oder vermöge der determinierenden Prägungskraft einer gesellschaftlichen Umwelt. Positiv verbirgt sich hinter dieser Frage die an den Erzieher ergebende Aufforderung, das erzieherische Handeln so zu gestalten, dass der Heranwachsende (...) an seiner eigenen Bestimmung selbsttätig mitwirken kann. Die Frage nach der Bestimmung des Menschen ist daher pädagogisch nur über die auch erzieherisch zu ermöglichende vernünftige Selbstbestimmung und Freiheit des Heranwachsenden zu beantworten. Der unbestimmten Bildsamkeit und Freiheit des heranwachsenden Menschen vermag die Erziehung nur gerecht zu werden, wenn sie, anstatt den Heranwachsenden durch die Geltungskraft der bestehenden Sitte und Lebensform zu bestimmen und zu regieren, durch vielseitigen Unterricht dessen selbsttätige Urteilskraft herausfordert, fördert und leitet. (...) Bildsamkeit und Mündigkeit sind seit dieser Zeit gleichsam zwei Seiten derselben Medaille, insofern Bildsamkeit die (...) Voraussetzung und Mündigkeit das Ziel und den Zweck einer nichtaffirmativen Erziehung und Bildung bezeichnen."[35]

[35] Brüggen, F.: Bildsamkeit und Mündigkeit des Subjekts. Bildungsgeschichtliche und bildungstheoretische Überlegungen zu einer (nicht nur) pädagogischen Idee . In: Franz-Fischer-

Dies ist der Maßstab, an dem vorliegende pädagogische Konzepte gemessen werden. Ein auch didaktisch praktikabler Zugang führt über die Analyse der Verben, die Autoren für pädagogisches Handeln anführen. Eine Analyse der Verben und eine Beurteilung der pädagogischen Vorstellungen sind zwingend für ein kritisches, nicht affirmatives Verständnis von Erziehung. Dabei lassen sich Erziehungsvorstellungen als nicht pädagogisch legitim ausweisen. Volker Ladenthin führt in seiner Kritik am tautologischen Begriff des Selbstlernens eine solche Analyse vor, in der er u.a. zu folgendem Ergebnis kommt: „Belehren, instruieren, vermitteln sind demnach keine pädagogischen Begriffe, sondern nur wer in der Lehre das Paradox aushält, dass der andere aufzufordern sei, sich selbst anzuleiten, bewegt sich innerhalb pädagogischer Denkmuster.“[36] Um der Beliebigkeit von Erziehungsvorstellungen vorzubeugen, ist deshalb der Grundbegriff der pädagogischen Einwirkung notwendig, von dem her das Auffordern, das Fragen, das Zeigen im Sinne einer pädagogischen Handlungstheorie qualifiziert werden kann.

Psychologische Theorien werden im Pädagogikunterricht oft einfach in pädagogische Konzepte übersetzt: aus Skinners Behaviorismus wird Triple P als Rezept, wie man Kinder konditionieren und das von Erwachsenen gewünschte positive Verhalten erzeugen kann. Lerntheoretische Konzepte bieten danach die wissenschaftliche Basis für das Thema „Lob und Tadel“. Also: mit der Psychologie kommt die eigentliche Wissenschaft ins Spiel. Pädagogische Theorien und Reflexionen zu Lob und Tadel sind dann nicht mehr nötig. Zunächst werden also psychologische und soziologische Theorien erarbeitet. An sie wird dann eine „pädagogische Anwendung“ angehängt. Die psychologischen und sozialwissenschaftlichen Theorien legen somit fest, wann etwas pädagogisch sinnvoll oder nicht sinnvoll ist. Ein solches Vorgehen erzeugt bei Schüler/innen den Eindruck, dass die eigentliche Wissenschaft die Psychologie sei. Es fordert die Fachlehrer/innen geradezu auf, Unterricht in abbilddidaktischer Weise zu planen.

Wenn man nicht klar zwischen psychologischen und pädagogischen Perspektiven unterscheidet und die Reichweite und die Grenzen der jeweiligen Perspektive durchdenkt, verliert sich die Pädagogik als Wissenschaft im Kontext anderer Wissenschaften. Deshalb fordert Volker Ladenthin: „Ebenso können andere Wissenschaften nur auf die Begrenztheiten ihres Wissens hingewiesen werden, wenn es eine starke Allgemeine Pädagogik gibt, die Hegemonialansprüche anderer Wissenschaften sachlich begrenzt, die die Verkürzungen aufzeigt und die nur von der Pä-

---

Jahrbuch für Philosophie und Pädagogik: Werte II - Humanität und Wissenschaft, 1998, S. 111-125, hier S. 117f.

[36] Ladenthin, V.: Was ist das Selbst, das uns selbst bestimmt? In: Universität Wien (Hg.): Einmaligkeit Selbigkeit Individualität. Zur Problematik pädagogischer Leitbegriffe. Wien 2007. S.21-36, hier S. 24.

dagogik zu lösenden Fragen benennt."[37] Es bedarf gerade eines pädagogischen Grundgedankens und pädagogischer Grundbegriffe, um Pädagogik zum Zentrum des Pädagogikunterrichts werden zu lassen.

Das bestätigt auch die Bildungstheoretikerin Ursula Frost: „Gerade die Vielfalt menschlicher Möglichkeiten und die Notwendigkeit konkreter Lebensführung führt zum Kernproblem der Bildung: Weil Menschsein keine bestimmbare Wesensnatur enthält, sondern in spannungsreichen Kontexten seine Gestalten finden muss, gibt Bildungstheorie die Bezüge, Prozesse und Deutungshorizonte an, nach denen das gelingen kann. (...) Bildung wird als pädagogischer Grundbegriff gebraucht, um über Horizonte pädagogischen Denkens und Handelns zu reflektieren ..."[38]. Bildung soll zur vernünftigen Selbstbestimmung führen. Der seit der Aufklärung dafür eingeführte Begriff ist, so Frost, Mündigkeit.[39]
Klaus Prange wiederum wendet sich dagegen, psychologische Lerntheorien als pädagogische misszuverstehen.[40] Sein Verständnis von Erziehung und Lernen eröffnet eine pädagogische Perspektive auf Lernen. Ein Aufsatz Pranges trägt den Titel „Erziehung als *pädagogischer Grundbegriff*". In diesem und anderen Veröffentlichungen analysiert Prange das „Zeigen" als Grundform pädagogischen Handelns und Einwirkens auf Lernprozesse. Mit der Artikulation des Zeigens[41] bietet Prange ein pädagogisches Lernverständnis an, das geeignet ist, im Vergleich mit Montessoris Erziehungs- und Lernverständnis ein vertieftes Verständnis des Grundbegriffs der pädagogischen Einwirkung im PU herauszuarbeiten. Prange formuliert zum pädagogischen Verständnis von Lernen: Es gilt „daran zu erinnern, dass die Pädagogik in der Didaktik als Formenlehre des Erziehens ihr Hauptgeschäft zu sehen hat. Nur dann vermag sie auch einen pädagogischen Begriff des Lernens zu bilden, statt sich als Anwendung anderwärts gewonnenen Wissens über das Lernen zu begreifen."[42]
Auch Lothar Wigger formuliert ein bildungstheoretisches Verständnis pädagogischen Handelns und weiß genau um die Differenz von Erziehungswirklichkeit als

[37] Ladenthin, V.: Allgemeine Pädagogik und Fachdidaktik Pädagogik. In: Pädagogikunterricht 2008, Heft 1, S. 7

[38] Frost, U.: Bildung als Grundbegriff. In: Frost, U. u.a.: Grundlagen Allgemeine Erziehungswissenschaft, Paderborn 2008, S.297.

[39] ebd., S. 299 – 301.

[40] vgl. Prange, K.: Provoziertes Lernen. Zu den Aufgaben des Erziehens und der Intransparenz des Lernens. In: Strobel-Eisele, G. / Wacker, A. (Hrsg.): Konzepte des Lernens in der Erziehungswissenschaft. Bad Heilbronn 2009.

[41] vgl. Prange, K.: Die Zeigestruktur der Erziehung, Paderborn 2005, Kapitel 5.

[42] Prange, K.: Provoziertes Lernen. Zu den Aufgaben des Erziehens und der Intransparenz des Lernens. In: Strobel-Eisele, G. / Wacker, A. (Hrsg.): Konzepte des Lernens in der Erziehungswissenschaft. Bad Heilbronn 2009 , S.55).

positivistischer Kategorie und pädagogischer Praxis als handlungstheoretischem Begriff. Auch problematisiert Wigger die „Psychologielastigkeit des Pädagogikunterrichts“[43] und entwickelt erziehungswissenschaftliche Alternativen. Ziel des Pädagogikunterrichts ist für ihn die „Pädagogische Bildung“. Sie liegt „in einer spezifischen Art des Urteilsvermögens und des praktischen Urteilens, die durch doppelte Reflexivität gekennzeichnet ist. Spezifikum pädagogischen Urteilsvermögens ist sein eigentümlicher Doppelcharakter: Bildung ist nicht nur das Ziel des Unterrichts, sondern auch sein Gegenstand. Dabei beziehen sich Bildung und Urteilsvermögen wechselseitig aufeinander. Pädagogisch gebildet zu sein bedeutet, nicht nur erziehungswissenschaftliche Theorien zu kennen, sondern sie auch zuordnen, bewerten und auf unterschiedliche Situationen übertragen zu können. Dazu bedarf es eines Urteilsvermögens, das sich wiederum erst in der Auseinandersetzung mit den Theorien und wissenschaftlichen Kontroversen herausbilden kann. Die pädagogische Bildung bringt also ihr eigenes Urteilsvermögen zugleich erst hervor.“[44] Dem stimmen wir zu. Auch uns geht es um die Herausbildung eines pädagogischen Urteilsvermögens. Was aber ist ein pädagogisches Urteil? Nach Kant ist Urteilsfähigkeit das Vermögen, das Einzelne und Besondere mit dem Allgemeinen zu vermitteln. Zu einem pädagogischen Urteil benötige ich demnach etwas Allgemeines, das die pädagogischen Maßstäbe liefert: Das finde ich in den pädagogischen Grundbegriffe. Und ich gebrauche das Wissen um die konkreten und immer besonderen Merkmale und Erfordernisse einer Situation: Das bekomme ich durch die empirische Erforschung dieser Situation, durch die situationsspezifische Auswertung der Ergebnisse der Entwicklungspsychologie und Sozialisationsforschung sowie der politischen, ökonomischen, sozialen und institutionellen Kontexte.

Als Reaktion auf unseren Ansatz ist vermutet worden, die Orientierung an den vier Grundbegriffen laufe auf einen Unterricht hinaus, der die Erfahrungen und Interessen der Schüler/innen missachte. Pädagogikunterricht solle als abstrakte Begriffsakrobatik veranstaltet werden. Das Referenzsystem der vier Grundbegriffe werde im Sinne einer Abbilddidaktik dogmatisch gesetzt. Zuerst müssten die vier Begriffe erarbeitet werden, dann würde die Vielfalt der praktischen und theoretischen pädagogischen Ansätze so ausgewählt, eingegrenzt und beschnitten, dass sie in das Schema der Grundbegriffe passten. Eine Beteiligung der Schüler/innen an der Planung des Unterrichts sei nicht vorgesehen.
Derartige Vermutungen gehen völlig an Punkt 10 der Darlegung von Gernod Röken[45] vorbei. Die Position des Autorenteams zur Gestaltung von Pädagogikunter-

---

[43] Wigger, L. u.a.: Erziehungswissenschaftliche Alternativen im Pädagogikunterricht. In: Pädagogikunterricht, 2008, Heft 1, S.15ff.

[44] ebd., S. 18

[45] Röken, G.: Pädagogikunterricht reloaded. In: Pädagogikunterricht, Heft 2/3 2009, S. 12 – 17, hier S. 16; und in diesem Band.

richt kann hier nur angedeutet werden. Die mit den vier Grundbegriffen bestimmte pädagogische Perspektive soll aus und mit den alltagstheoretischen Vorstellungen der Lernenden entwickelt werden. Bereits der Verweis auf das Modell der „didaktischen Rekonstruktion“ von Ulrich Kattmann und Harald Gropengießer[46] in Punkt 10 von Rökens Aufsatz „Pädagogikunterricht reloaded“ hätte dies bei verstehender Herangehensweise sofort verdeutlicht. Im Sinne der „didaktischen Rekonstruktion“ geht es sowohl um die Erfassung der Lernerlogiken als auch um wissenschaftliche Klärung, um zu einer didaktischen Strukturierung zu kommen. Im Unterricht werden die alltagsweltlichen Vorstellungen und die wissenschaftlichen pädagogischen Konzepte wechselseitig so aufeinander bezogen, dass es keine Dichotomie zwischen Lernerlogik und Sachlogik mehr gibt. Unterrichtsplanung kann sich vor diesem Hintergrund nicht vom Lehrer ohne Beteiligung der Schüler/innen vollziehen. Diese werden vielmehr als Ko-Konstrukteure und „Ko-Produzenten von Unterricht“ (Rolff)[47] verstanden, denen trotz der asymmetrischen Beziehung bei Planung und Durchführung des Pädagogikunterrichts eine Teilpartizipation[48] ermöglicht werden soll. Die Orientierung an den pädagogischen Grundbegriffen stellt sicher, dass die Themen, Probleme und Leitfragen des Unterrichts auch wirklich pädagogische sind.

Der Eindruck einer unseriösen Kritik kann hier entstehen, weil von Röken an anderen Stellen stets gegen abbilddidaktische Vorstellung massive Kritik geäußert wurde und eine fachdidaktische Vorstellungen vertreten wird, die sich aus und mit den Lernerlogiken entwickelt. Hier sei auf den Aspekt der Lernorientierung, den Bezug zu thematisch orientierten Kontexten mit einem hohen Anteil an lebensweltlichen Bezügen und an lebenspraktischen Vernetzungen und auf die „Wissensfalle“ und deren Implikationen hingewiesen. Vgl. dazu: Röken, G.: Schule als Lernort für erzieherisches Handeln – Erwartungen an einen guten Pädagogikunterricht -. In: Knöpfel, E./Langefeld, J./Rauch, B. (Hrsg.): Pädagogikunterricht – ein notwendiger Beitrag zur Schulentwicklung, Baltmannsweiler 1999, S. 116 – 122; Röken, G.: Pädagogikunterricht – aktuell und zukunftsorientiert. Statements zur fachbezogenen Reflexion und fachlichen Weiterentwicklung. In: Gutheil, G./Opora, P. (Hrsg.): Perspektiven des Pädagogikunterrichts. Beiträge zur schulpolitischen, didaktischen und methodischen Zukunft des Faches in einer sich wandelnden Schullandschaft, Baltmannsweiler 2004, S. 52 – 71, hier insbesondere Punkt 5; Röken, Lehr- und Lernfallen im Pädagogikunterricht. In: Storck, C./Wortmann, E. (Hrsg.): 40 Ideen für den Pädagogikunterricht, Baltmannsweiler 2005, S. 27 – 50.

[46] Vgl. Kattmann, U./ Duit, R./Gropengießer, H./Komorek, M.: Das Modell der Didaktischen Rekonstruktion – Ein Rahmen für naturwissenschaftsdidaktische Forschung und Entwicklung. Zeitschrift für Didaktik der Naturwissenschaft, Heft 3/1997, S. 3 – 18.

[47] Vgl. Röken, G.: Schule als Lernort für erzieherisches Handeln, a. a. O., S. 117.

[48] Vgl. Oser, F./Biedermann, H.: Partizipation – ein Begriff, der ein Meister der Verwirrung ist. In: Quesel, C./Oser, F. (Hrsg.): Die Mühen der Freiheit. Probleme und Chancen der Partizipation von Kindern und Jugendlichen, Zürich/Chur 2006,S. 17 – 37.

Pädagogische Urteilsbildung benötigt systematische Verfahren (eine „Grammatik der pädagogischen Urteilsbildung") und genuin pädagogische Maßstäbe, wie sie die vier Grundbegriffe bereitstellen. Diese sind nicht zuerst in der Einführungsphase der gymnasialen Oberstufe einzuführen, sondern im Verlauf der sechs Halbjahre sukzessive zu entfalten und zu elaborieren.

Der vorstehende Aufsatz ist eine leicht modifizierte Fassung des folgenden Beitrages:

Gesell, Monika / Heindrihof, Fred / Röken, Gernod / Wortmann, Elmar (2010): Pädagogikunterricht als lernendes Fach. In: Pädagogikunterricht 30(2010)2/3, S.54-68.

KLAUS BEYER

Die Bedeutung einer spezifischen Perspektive für den Versuch der Förderung pädagogischer Bildung (expliziert am Beispiel „Pädagogikunterricht")*

Wenn Kants Auffassung richtig ist, dass der Mensch erst durch Erziehung zum Menschen wird, gebietet es die Verantwortung für die nachwachsende Generation, diese bestmöglich zu erziehen. Diese für das Individuum und die Gesellschaft unverzichtbare Erziehungsfunktion wahrzunehmen, fällt vielen Erziehern indessen angesichts des gesellschaftlichen Wandels offensichtlich immer schwerer. Denn – anders als in Zeiten relativ homogener Normengefüge – fehlen heute unumstrittene und eindeutige Vorgaben für die Erziehung durch die Gesellschaft, so dass unterschiedlichste Lebens- und Erziehungskonzepte zueinander in Konkurrenz treten. Deshalb ist jetzt der einzelne Erzieher sowohl für die Richtung der Erziehung als auch für die Prinzipien und die Methoden der Erziehung in einem wesentlich höherem Maße als früher verantwortlich.

Damit wird dem Erzieher allerdings einiges aufgebürdet: Zunächst muss er für sich selbst angesichts der in der Gesellschaft konkurrierenden Wertvorstellungen eine eigene begründete Position gewinnen. Dazu benötigt er selbst eine ausreichende Bildung. Zweitens soll er heranwachsende Menschen erziehen und in ihren Bildungsprozessen unterstützen, das heißt: er soll ihnen dabei helfen, ihrerseits in und gegenüber der pluralistischen Gesellschaft mit ihren vielfältigen Optionen und Risiken ein eigenes Selbst- und Weltverständnis zu entwickeln. Die Wahrnehmung dieser überaus schwierigen Erziehungsaufgabe ist heute nicht mehr ohne pädagogische Bildung möglich.

Um eine solche Bildung den professionellen Erziehern zu ermöglichen, sind diverse Institutionen der Erzieheraus- und -weiterbildung vor allem an Fachschulen, Fachhochschulen und Universitäten geschaffen worden. Für die vielen nichtprofessionellen Erzieher, insbesondere die künftigen Eltern, bieten Volkshochschulen und der schulische Pädagogikunterricht entsprechende Offerten.

Für die in diesen Institutionen erfolgenden Versuche, Erzieher auf ihre schwierige Aufgabe vorzubereiten, ist allerdings ein Bewusstsein davon erforderlich, worin die Spezifik der pädagogischen Bildung besteht, die den Adressaten dieser Angebote ermöglicht werden soll. Eine Antwort auf diese Frage soll im Folgenden am Beispiel des Pädagogikunterrichts versucht werden.

---

* Der Beitrag ist eine durch einige Ergänzungen erweiterte Zusammenfassung bereits früher veröffentlichter Überlegungen zur pädagogischen Bildung und zur Unverzichtbarkeit einer spezifisch pädagogischen Perspektive (Beyer/Pfennings 1979; Beyer 1997; 2010; 2011; 2012).

I. Die Unverzichtbarkeit einer leitenden Perspektive für den Pädagogikunterricht

1972 wurde an den Gymnasien in Nordrhein-Westfalen der Unterricht in einem neuen Schulfach genehmigt, das die Schüler für die Reflexion und die Bewältigung von Erziehungspraxis (synonym: von pädagogischer Praxis) als einer grundlegenden gesellschaftlichen Praxis qualifizieren sollte. Um seinen Anspruch eines mit anderen Fächern gleichwertigen Faches und damit seine Berechtigung im gymnasialen Fächerkanon zu betonen, wurde es unter dem Namen „Erziehungswissenschaft" eingeführt. Diese Bezeichnung führte allerdings dazu, dass sich bei den Verfassern der ersten Lehrpläne und infolgedessen auch bei vielen Pädagogiklehrern die unzulässige Auffassung verbreitete, ihr *Schulfach* habe sich in *abbilddidaktischer* Weise an seiner wissenschaftlichen Bezugsdisziplin zu orientieren.[1]
Mit diesem Missverständnis hat sich das Fach viele der Probleme eingehandelt, die im Hinblick auf die Erziehungswissenschaft als seine wissenschaftliche Bezugsdisziplin zu diagnostizieren sind. Diese beruhen v.a. darauf, dass das Wissenschaftsverständnis dieser Disziplin ebenso umstrittenen ist (z.B.: deskriptiv-analytische oder auf Praxis zielende und damit auch normative Wissenschaft?) wie ihr Gegenstand (z.B.: Erziehung: Prozess, Handlung oder Produkt?) und dass es deshalb keine gemeinsame Perspektive gibt, von der sich die Erziehungswissenschaft mit ihren unterschiedlichen Paradigmen und Forschungsfeldern leiten lässt.
Hinzu kommt, dass diese Wissenschaft sich zunehmend nur noch als eine Ansammlung immer weiter auseinandertretender Teildisziplinen erweist. Begünstigt wird diese Entwicklung durch den mit ihr einhergehenden Niedergang der Allgemeinen Pädagogik, die sich einmal als gemeinsames Fundament der sich immer mehr spezialisierenden Forschungsfelder verstanden hatte, ihre Fundierungsfunktion jedoch inzwischen weithin verloren hat.
Die Folge ist, dass diejenigen Lehrer, die ihren Unterricht in abbilddidaktischer Weise planen (genauer: so, wie sie die Erziehungswissenschaft in ihrem Studium kennengelernt haben), sich damit die Konturenlosigkeit und Widersprüchlichkeit dieser Disziplin einhandeln. Dadurch laufen sie Gefahr, Beiträge aus unterschiedlichen Theoriefeldern (v.a. aus den Bereichen Entwicklungspsychologie, Lernpsychologie, Neurologie, Sozialisationstheorie[2]) ohne eine integrierende Perspektive und deshalb ohne einen systematischen Bezug zueinander zu behandeln. Um den erforderlichen Bezug herzustellen, wird eine spezifisch pädagogische Perspektive

---

[1] Dieser Auffassung ist schon deshalb zu widersprechen, weil die Erziehungswissenschaft nicht über die didaktische Perspektive verfügt, die benötigt wird, um eine Konzeption für das Unterrichtsfach zu entwerfen, und somit auch keine Kriterien für ihre eigene (quantitative und qualitative) didaktische Reduktion besitzt.

[2] Vgl. hierzu z.B. die Lehrpläne für das Fach Erziehungswissenschaft in Nordrhein-Westfalen.

benötigt, wenn das Fach sich als ein selbständiges und unverwechselbares Fach erweisen will (↗ Benner 2005, 174 f.). Diese ist indessen nur aus seinem grundlegenden Auftrag zu gewinnen, der ganz überwiegend darin gesehen wird (↗ Groothoff, Geißler, Schaller, Menck, Heiland, Hülshoff, Langefeld, Beyer, Stiller, Bernhard, Wortmann, Storck), den Schülern eine möglichst *theoriefundierte Reflexion* und Bewältigung *pädagogischer Praxis* zu ermöglichen.
Dieser von den genannten Autoren bildungstheoretisch und allgemeindidaktisch gut begründete Auftrag legt es nahe, für das Unterrichtsfach statt der Bezeichnung „Erziehungswissenschaft" die Bezeichnung „Pädagogik" zu wählen, eine Bezeichnung, die sich unter Schülern und Lehrern sowie in der fachdidaktischen Literatur ohnehin bereits weitgehend durchgesetzt hat.[3]
Diese Benennung hätte v.a. folgende Vorteile:

- Durch sie wird der Fehler, das Schulfach als „Wissenschaft" zu bezeichnen, ebenso vermieden wie das aus ihm resultierende Missverständnis, in diesem Fach gehe es um die Abbildung der wissenschaftlichen Bezugsdisziplin, wenn auch in einem gegenüber der Universität verkleinerten Maßstab.
- Für den Namen „Pädagogikunterricht" spricht zum anderen, dass durch den Begriff „Pädagogik" seit der Antike explizit auf pädagogische *Praxis* Bezug genommen wird (→ II.1), wobei die Art des Bezuges offen bleibt. Dadurch ist der Begriff weit genug gefasst, um nicht nur der Notwendigkeit einer *kritischen* Reflexion von Erziehungspraxis Rechnung zu tragen, sondern auch dem Verlust eines *konstruktiven* Praxisbezugs vorzubeugen, wie er in Teilen der wissenschaftlichen Disziplin trotz nachdrücklicher Warnungen zu beobachten ist.[4] Diese Praxisferne ist schon allein deshalb nicht zu verstehen, weil die zahlreichen Pädagogikschüler, aber auch die Teilnehmer an pädagogischen Aus-, Weiter- und Fortbildungskursen, das Anrecht haben, durch diese Hilfen für den Aufbau eines eigenen pädagogischen Konzepts zu erhalten, das sowohl für die Kritik als auch für die Bewältigung pädagogischer *Praxis* unverzichtbar ist.
- Drittens eignet sich der Name „Pädagogikunterricht" besser als die Fachbezeichnung „Erziehungswissenschaft", weil der Begriff „Pädagogik" sowohl pädagogische Praxis als auch pädagogische Theorie (als die Theorie *der* Praxis *für die* Praxis) sowie die zwischen beiden vermittelnde Reflexion bezeichnen kann. Damit ist der Begriff offen genug, um den Kern pädagogischer Bildung abzudecken, der darin besteht, pädagogische *Praxis* und pädagogische *Theorie* so aufeinander zu

---

[3] Auch in § 4 (2) der Lehramtszugangsverordnung (LVZ) des Landes NRW v. 18.06.2009 wird so wie bereits in den älteren Lehramtsprüfungsordnungen (LPO) v. 23.08.94 und v. 27.03.03 explizit vom Fach „Pädagogik" als einem der für das Lehramt an Gymnasien und Gesamtschulen zugelassenen Fächer gesprochen.

[4] Vgl. Wilhelm Flitners (1983, 132) Feststellung: „Die Einengung der pädagogischen Forschungsmethoden auf die Deskription oder ein anderes einseitiges Verfahren entspricht nicht dem Gegenstand und der Aufgabe dieser Wissenschaft."

beziehen, dass die *Praxis*, der mit Erich Weniger (1979) der Primat gegenüber der Theorie zuzuerkennen ist, besser gelingen kann.
Im Hinblick auf dieses praxisorientierte Verständnis des Pädagogikunterrichts lässt sich die für ihn benötigte *pädagogische Perspektive*, die aus der Erziehungswissenschaft v.a. aufgrund der Vieldeutigkeit des Erziehungsbegriffs nicht zu gewinnen war,[5] als eine Handlungsperspektive bestimmen. Diese gilt es im Folgenden genauer zu explizieren.

II. Versuch, die „pädagogische Perspektive" als Leitperspektive des Pädagogikunterrichts zu explizieren

II.1 Die Tradition des handlungsbezogenen Verständnisses von Bildung

Der Versuch, die für das Fach wie auch für jede andere Bemühung um die Förderung pädagogischer Bildung konstitutive pädagogische Perspektive als eine Handlungsperspektive zu bestimmen, kann sich auf eine ebenso lange wie reichhaltige Tradition berufen:
Sie kann bereits an der Etymologie des altgriechischen Begriffs „Pädagogik" (παιδαγωγική τέχνη) ansetzen, der die Kunst des pädagogischen Handelns bezeichnet.
Das handlungsbezogene Verständnis von Bildung findet sich weiterhin bei Kant, der sich in seiner Schrift „Beantwortung der Frage: Was ist Aufklärung?" erhofft, dass die Menschen durch die zunehmende Fähigkeit „zum freien *Denken*" auch „der Freiheit zu *handeln* nach und nach fähiger" werden (Kant o. J., 643).
Auch für Theodor W. Adorno erschöpft sich Bildung nicht in einem „mündigen Bewusstsein", sondern verlangt immer auch die Fähigkeit und Bereitschaft des Menschen, von seinem mündigen Bewusstsein einen entsprechenden mündigen

[5] An der Tatsache, dass erzieherisches Handeln für die Entwicklung von Heranwachsenden eine große Relevanz besitzt, ist nicht zu deuteln, auch nicht daran, dass sich dieses Handeln trennscharf definieren lässt. Unter einem Erziehungsbegriff in Prozessbedeutung ist Erziehung dagegen nur ein Prozess unter vielen anderen, die auf die Persönlichkeitsentwicklung einwirken, der sich aber nicht von diesen abgrenzen lässt, weil die dazu benötigte differentia specifica fehlt. Der Begriff „Erziehung" besagt dann nichts anderes als sein genus proximum: „Personagenese".
Analoges gilt für den Erziehungsbegriff in Produktbedeutung, weil Erziehung unter ihm als Ergebnis unterschiedlichster Einflüsse gelten muss. Unter diesen könnte „Erziehung" als spezifisches pädagogisches Produkt wiederum nur durch einen Erziehungsbegriff in Handlungsbedeutung begrifflich präzisiert werden, wenn dem nicht die Unmöglichkeit entgegenstünde, den Anteil an dem multikausal bedingte Zustand eines Dispositionsgefüges zu bestimmen, der dem Einfluss erzieherischen Handelns zuzurechnen ist.

Gebrauch zu machen (Adorno 1970, 93). Und für den Bildungstheoretiker Wilhelm Flitner (1961, 41) steht fest, dass im Zentrum der Bildung immer der *handelnde* Mensch stehen müsse.

◊ So überrascht es nicht, dass Dietrich Benner (1990, 598) in einem historischen Rückblick auf die Geschichte des Bildungsbegriffs feststellt, dass „bis in unsere Tage unter einem theoretisch ausgewiesenen und praktisch bedeutsamen Begriff von Bildung" nicht nur die Möglichkeit des Menschen verstanden wird, „zu sich selbst und zu seinem Handeln in ein Selbstverhältnis zu treten", sondern auch seine Fähigkeit, „in einem expliziten Sinne nach der Verantwortlichkeit des eigenen Denkens und Tuns zu fragen".

Noch deutlicher wird Klaus Schaller (1980, 370), wenn er Bildung nicht bei der *Reflexion* auf die Verantwortbarkeit des Handelns enden lässt, sondern feststellt, dass es in der Bildung nicht nur um etwas *Theoretisches* in der Weise gehe, sich „als ein Selbst zu *wissen*", sondern zugleich immer darum, „dass wir als ein Selbst *handeln*. Diese aktive Seite des Selbst steht im Blick, wenn wir von Mündigkeit reden. Mündigkeit hat es mit Autonomie zu tun. Ein Handeln ist damit gemeint, für das das Selbst selbst aufkommt und das es verantwortet."

Zusammenfassend lässt sich mit Benner feststellen, dass das handlungsbezogene Verständnis von „Bildung" das neuzeitliche Bildungsverständnis insgesamt kennzeichnet.

II.2 Versuch der Klärung des für die pädagogische Perspektive zentralen Begriffs „pädagogisches Handeln"

Versucht man den Begriff „pädagogisches Handeln" zu definieren, so muss man vorab klären, was unter „Handeln" verstanden werden soll: *Handeln* lässt sich vom bloßen *Verhalten* (z.B. von Reflexen) durch seinen Zweck-Mittelcharakter (Versuch, durch das Handeln eine Absicht zu realisieren) und von lediglich auf die eigene Person gerichteten Aktivitäten (z.B. Denken, Lernen) durch den Versuch unterscheiden, Wirkungen zu erzielen, die außerhalb der Person des Handelnden eintreten sollen.[6] Das Handeln seinerseits wird seit Aristoteles üblicherweise in zwei Klassen unterteilt: Handeln, das auf das *physische Umfeld* (ποίησις) zielt und soziales Handeln (πρᾶξις), das *andere Personen* zu beeinflussen versucht.

Um das *Spezifikum* pädagogischen Handelns zu bestimmen, muss dieses von anderen Formen sozialen Handelns unterschieden werden. Möglich wird dies allein über dessen spezifischen Zweck[7], der z.B. darin gesehen werden kann, eine andere Per-

[6] Zum Handlungsbegriff vgl. die ausführliche Erläuterung in Beyer 2008, 134-138.

[7] Aus der Mitteldimension des Erziehens lässt sich die gesuchte Differenz zu anderen gesellschaftlichen Praxen nicht gewinnen. Alle für das erzieherische Handeln infrage kommenden Mittel können nämlich auch Mittel für nicht-erzieherische Zwecke sein. Auch im Hinblick

son bei der Entwicklung ihrer Selbstbestimmungsfähigkeit v.a. durch die Förderung ihrer Kompetenz zum vernünftigen Handeln zu unterstützen (↗ Beyer 2008). Mit Hilfe dieses spezifischen Zwecks wird folgende Definition möglich:

Pädagogisches Handeln stellt den Versuch dar, die Entwicklung einer anderen Person hin zu einer selbstbestimmungsfähigen Persönlichkeit dadurch zu unterstützen, dass ihr Fortschritte bei der Entwicklung der Kompetenz zu einem vernünftigen, d.h. selbstbestimmten und verantwortungsbewussten Handeln ermöglicht werden.

Der so definierte Begriff „pädagogisches Handeln" kann in mehrfacher Hinsicht als leistungsfähig gelten:

◊ Er besitzt, anders als der uneindeutige Erziehungsbegriff, die erforderliche Trennschärfe[8] für die Abgrenzung

□ pädagogischer Praxis von anderen gesellschaftlichen Praxen

---

auf die Bedingtheit des Handelns gibt es keine Unterschiede: Alle Praxen sind eingebettet in dieselbe komplexe Lebenswirklichkeit.

[8] Pädagogisches Handeln liegt dann vor, wenn die für diesen Typus sozialen Handelns (genus proximum) spezifischen Begriffsmerkmale (Versuch der Förderung der Persönlichkeitsentwicklung, Orientierung der Förderungsabsicht am Interesse des Betroffenen) vollständig gegeben sind. Anhand der Definition lassen sich auch Handlungen aus anderen Praxisfeldern (zum Beispiel aus der Werbepraxis) zugleich als pädagogische Handlungen verstehen, wenn diese alle genannten Merkmale pädagogischen Handelns aufweisen: So wird man der Fernsehwerbung für eine gesundheitsbewusste Lebensführung („Gesundheitsmagazin Praxis") pädagogische Qualität deshalb zuerkennen müssen, weil diese Werbung versucht, das Gesundheitsbewusstsein der Zuschauer in deren Interesse zu verändern oder zu stabilisieren. Auch Versuche, durch Psychotherapie psychische Dispositionen der Klienten möglichst dauerhaft in deren Interesse zu verändern, erweisen sich aufgrund der Merkmalsidentität als pädagogische Handlungen.

Möglich ist es, dass bei ein-und-derselben Handlung gleichzeitig mehrere Zwecke im Spiel sind. So können sich in einer Handlung pädagogische und nicht-pädagogische Zwecke verbinden: Die Aufforderung eines Vaters an seinen Sohn, ein Gespräch mit der Tochter nicht durch ständiges Dazwischenreden zu stören, kann einerseits pädagogisch motiviert sein, insofern der Sohn eine vom Vater für ihn als wünschenswert erachtete Disposition erwerben soll. Andererseits kann dieselbe Handlung lediglich dem Eigeninteresse ungestörter Kommunikation dienen. Möglicherweise verbinden sich auch beide Zwecke in einer Handlung.

Fehlt dagegen einer Handlung auch nur eines der konstitutiven Merkmale, handelt es sich nicht um pädagogische Praxis, sondern um eine andere Praxis. So können alle anderen Versuche der Einflussnahme auf einen anderen Menschen (z.B. alle Formen der Konsumwerbung) von pädagogischen Handlungen immer dann unterschieden werden, wenn ihnen die Orientierung am Interesse der Betroffenen fehlt.

  - □ der pädagogischen Perspektive von anderen Perspektiven auf die Lebenswirklichkeit
  - □ der Erziehungswirklichkeit (als der unter pädagogischer Perspektive reflektierten Wirklichkeit) von anderer Wirklichkeit
  - □ der Erziehungswissenschaft von anderen Humanwissenschaften
  - □ des Fachs Pädagogik von anderen Unterrichtsfächern.
- ◊ Er eignet sich, um die Unterschiede zu den Erziehungsbegriffen in Prozess- und Produktbedeutung herauszuarbeiten.
- ◊ Er erlaubt aufgrund seiner Trennschärfe die Begründung der Eigenständigkeit und Nicht-Ersetzbarkeit der Erziehungswissenschaft und des Pädagogikunterrichts durch andere wissenschaftliche Disziplinen oder andere Unterrichtsfächer.
- ◊ Er ermöglicht es als einziger der drei konkurrierenden Erziehungsbegriffe (Prozess-, Produkt-, Handlungsbedeutung) von „Erziehungszielen" zu sprechen und über sie nachzudenken, weil Handeln sich im Unterschied zu einem (funktionalen) Prozess oder zu einem Produkt (als Folge des Handelns oder des Prozesses) durch Intentionalität (Zweckhaftigkeit und Zielgerichtetheit) auszeichnet. [9] Und nur in Kenntnis von Erziehungszielen kann sinnvoll über Methoden ihrer Realisierung reflektiert werden.
- ◊ Ohne ihn können weitere zentrale pädagogische Begriffe (v.a. die Begriffe *Erziehungspraxis, pädagogische Kompetenz, Erziehungswirklichkeit, Erziehungsinstitution, Erziehungsprinzip, Erziehungsmethode, pädagogische Interaktion)* nicht geklärt werden.
- ◊ Er eignet sich als zentraler Arbeitsbegriff für den Pädagogikunterricht, sofern dieser schwerpunktmäßig auf die theoriefundierte Aufklärung und Bewältigung pädagogischer *Praxis* zielt.
- ◊ Er bietet sich auch für die Erziehungswissenschaft als zentraler Begriff an, sofern diese bereit ist, sich ihrer vordringlichen, weil ureigenen Aufgabe zu stellen, die Erziehungspraxis und deren Bedingungen so aufzuklären, dass davon Anregungen für die Verbesserung dieser Praxis ausgehen können.
- ◊ Er bezeichnet eine zentrale und für andere Praxen fundamentale gesellschaftliche Praxis (↗ Beyer 2002, 132-135).
- ◊ Er entspricht wichtigen Motiven der Schüler, die im Fach Pädagogik (a) etwas über ihre eigene Erziehung erfahren und (b) etwas für ihre eigene pädagogische Praxis als Laienerzieher und evtl. auch als professionelle Erzieher lernen wollen.
- ◊ Er bildet eine geeignete Basis für die folgende *Entfaltung* der pädagogischen Perspektive auf die Lebenswirklichkeit.

[9] Vgl. Vogels (1996, 484) Feststellung, „dass die Betrachtung von Erziehung von ihren Effekten her unter Verzicht auf pädagogische Intentionen das Denkmodell ‚Erziehung' sprengt" und zur Auflösung des Erziehungsbegriffs führt.

II.3 Die Entfaltung der pädagogischen Perspektive über die Strukturmerkmale pädagogischen Handelns

Die Entfaltung der pädagogischen Perspektive auf die Lebenswirklichkeit wird möglich durch die Explikation der oben vorgenommenen Definition erzieherischen bzw. pädagogischen Handelns. Diese ergibt folgende Strukturmerkmale (↗ Beyer 1997a, 79 f.):

Strukturmerkmale pädagogischen Handelns
◊ die Person dessen, der zu fördern versucht (des *Erziehers*)
◊ die Person dessen, der gefördert werden soll (des *Edukanden)*
◊ die Richtung der intendierten Förderung (die *Erziehungsziele*)
◊ die *Prinzipien,* von denen sich der Erzieher bei seinem Förderungsversuch leiten lässt (die *Erziehungsprinzipien*)
◊ die vom Erzieher zum Zweck der Förderung eingesetzten *Maßnahmen* (traditionell: die Erziehungsmittel bzw. Erziehungsmethoden)

Diese *Merkmale* sind konstitutiv für jedes erzieherische Handeln. Sie zusammen bilden dessen Struktur und sind deshalb zugleich obligatorische *Kategorien* der – auf dieses Handeln gerichteten – pädagogischen Reflexion[10]. Diese bliebe allerdings defizitär, wenn sie nicht darüber hinaus die historisch-gesellschaftlich-kulturellen Bedingungen, denen der jeweilige pädagogische Förderungsversuch unterliegt, hinreichend berücksichtigen würde. Nur wenn diese vom Erzieher in seinen Entscheidungen angemessen beachtet werden, kann er auf einen Erfolg seiner pädagogischen Bemühungen hoffen. Denn die Bedingungen beeinflussen die Interaktion von Erzieher und Edukand, in die das pädagogische Handeln eingelagert ist, sowie die Wirkungen des Handelns. Aufgrund dieser Bedeutung ist es erforderlich, den Bedingungen des Erziehens in der pädagogischen Reflexion als einer weiteren Kategorie einen festen Platz neben den aus der Struktur des Erziehens gewonnenen Kategorien einzuräumen.[11]

Analoges gilt für die Wirkungen pädagogischen Handelns: Bei der Planung des Handelns entsprechen sie als bloße Intentionen den Erziehungszielen. Bei der Reflexion bereits erfolgten Handelns sind jedoch bereits Wirkungen eingetreten. Diese

[10] Zur Gewinnung erkenntnisleitender Kategorien vgl. als analoges Verfahren die durch das „Berliner Modell" vorgenommene Strukturbeschreibung von „Unterricht" sowie die Funktion der so gewonnenen *Strukturmerkmale* als obligatorische *Kategorien* der auf Unterricht gerichteten didaktischen Reflexion (der Unterrichtsanalyse ebenso wie der Unterrichtsplanung).

[11] Im Interesse begrifflicher Klarheit ist es erforderlich, zwischen den „Strukturmerkmalen des Erziehens" und den „Kategorien der pädagogischen Reflexion" (Strukturmerkmale, ergänzt um die Bedingungen und ggf. die Wirkungen des Erziehens) zu unterscheiden.

sollten nicht nur daraufhin analysiert werden, ob und inwieweit sie den angestrebten Zielen entsprechen, sondern auch im Hinblick auf mögliche Nebenwirkungen und längerfristige Folgen des Handelns.
Mit der hiermit abgeschlossenen Zusammenstellung *obligatorischer Kategorien* pädagogischer Reflexion ist ein leistungsfähiges Raster für die Reflexion pädagogischer Praxis gewonnen. Damit diese in der erforderlichen Systematik erfolgen kann, sollte allerdings Folgendes beachtet werden:

◊ Keine der genannten Kategorien darf in der pädagogischen Reflexion vernachlässigt werden, wenn diese sich nicht den Vorwurf einer unzulässigen Reduktion machen lassen will. Die Kenntnis der Reflexionsstruktur kann die Schüler vor einer solchen Verkürzung schützen.

◊ Eine Struktur besteht nicht nur aus den sie konstituierenden Merkmalen, sondern auch aus ihren Beziehungen zueinander. Dies bedeutet, dass es z.B. wenig Sinn macht, sich im Unterricht über mögliche Erziehungsziele den Kopf zu zerbrechen, ohne gleichzeitig über die Möglichkeiten und Bedingungen ihrer Realisierung nachzudenken. Anhand ihrer Strukturkenntnisse sollten die Schüler nach einiger Übung in der Lage sein, nicht nur die für die pädagogische Reflexion konstitutiven Kategorien, sondern auch deren Beziehungen zueinander zu beachten.

◊ Alles, was im Fach Pädagogik inhaltlich gelernt wird, sollte dieser Struktur zugeordnet werden, indem es daraufhin befragt wird, welchen Kategorien es sich zuordnen lässt und welche Beziehungen zwischen den Kategorien es besser zu verstehen hilft. Die Beachtung dieser Forderung kann verhindern, dass sich die Behandlung z.B. einer Entwicklungs- oder Sozialisationstheorie verselbständigt, ohne an die pädagogische Fragestellung rückgebunden zu werden.

◊ Die Rückbindung kann erst dann erfolgen, wenn die jeweilige Theorie von den Schülern so verstanden wurde, dass sie die sich anschließende pädagogische Reflexion bereichern kann. Dass diese Reflexion, auf die es im Fach Pädagogik *primär* ankommt, in der zeitlichen Abfolge immer erst *sekundär*, d.h. nach der Sicherung ihres jeweiligen Theoriefundaments erfolgen kann, ist unvermeidlich. Den Schülern sollte jedoch immer wieder deutlich werden, dass es diese *pädagogische* Reflexion ist, die den eigentlichen Sinn des Faches ausmacht.

◊ Die die pädagogische Reflexion konstituierenden Kategorien sind zwar formal konstant, inhaltlich aber hochvariabel. Deshalb müssen zum Zwecke pädagogischen Handelns Entscheidungen getroffen werden, wie sie (z.B. die Förderungsabsicht angesichts eines bestimmten Handlungsproblems) inhaltlich konkretisiert werden sollen. In die erforderlichen Entscheidungen und deren Begründungen fließen sachrationale und wertrationale Gesichtspunkte ein. Insofern verlangt die kategoriengeleitete pädagogische Reflexion neben technologischen Urteilen, die sich auf die Effizienz einer Handlung beziehen, auch *axiologische* Urteile (von gr. „ἄξιος“: „wert“, „würdig“), in denen die jeweilige Handlung (Ziele, Prinzipien, Maßnahmen) nicht nur auf ihre normativen Voraussetzungen und Implikate hin zu *beurtei-*

len, sondern auch von den eigenen Werten und Normen und der persönlichen Auslegung der Förderungsabsicht erzieherischen Handelns her zu *bewerten* ist.

II.4 Weitere für die pädagogische Reflexion konstitutive Kategorien

Anhand des in II.2 definierten Begriffs pädagogischen Handelns lassen sich zunächst weitere genuin pädagogische Kategorien bestimmen:

◊ *Erziehungspraxis* (*pädagogische Praxis*): bezeichnet sowohl eine einzelne erzieherische Handlung als auch das Gefüge mehrerer, vieler, aller erzieherischen Handlungen einer bzw. (in Institutionen) mehrerer Personen
◊ *Erziehungskompetenz* (*pädagogische Kompetenz*): die für pädagogisches Handeln benötigte Kompetenz
◊ *Erziehungswirklichkeit:* die aus *pädagogischer* Perspektive reflektierte Lebenswirklichkeit im Unterschied z.B. von der politischen Wirklichkeit als derselben (jedoch aus *politischer* Perspektive reflektierten) Lebenswirklichkeit
◊ *Erziehungsinstitution* (pädagogische Institution): Institution, die pädagogische Aufgaben hat und in der erzieherisch gehandelt wird
◊ *Pädagogisches Verhältnis:* Verhältnis von Erzieher und Edukand unter pädagogischer Perspektive
◊ *Erziehungsziel:* diejenige Disposition, deren Entwicklung ein Erzieher im Interesse eines Edukanden zu unterstützen versucht
◊ *Erziehungsprinzip* (pädagogisches Prinzip): abstrakte, möglichst gut begründete Anforderung an die Qualität erzieherischen Handelns
◊ *Erziehungsmittel:* eine Maßnahme, die ein Erzieher zu pädagogischen Zwecken (zur Förderung der Persönlichkeitsentwicklung eines Edukanden) einsetzen will, einsetzt, eingesetzt hat
◊ *Erziehungsmethode:* Grundform (auch: Fehlform) des Versuchs, die Persönlichkeitsentwicklung eines Edukanden zu unterstützen
◊ *Erziehungsstil:* Grundtypus der pädagogischen Praxis eines Erziehers, dem sich die überwiegende Zahl seiner erzieherischen Handlungen zuordnen lässt.

II.5 Für die pädagogische Reflexion besonders relevante Hilfskategorien

Nach der Bestimmung des Begriffs „erzieherisches Handeln" sowie der auf ihn bezogenen *pädagogischen* Begriffe kann im nächsten Schritt die Klärung dreier *soziologischer* Begriffe[12] erfolgen, die für die pädagogische Reflexion eine beson-

[12] Die folgende Einteilung von Begriffen in „soziologische" und „psychologische" Begriffe (und der auf ihnen fußenden Theorien) ist trotz ihrer weiten Verbreitung nicht unproblema-

ders große Relevanz besitzen: „Sozialisation“, „Individuation“, „Personalisation“. Wie der Erziehungsbegriff finden auch diese Begriffe in der wissenschaftlichen Literatur in jeweils drei Bedeutungen (der Prozess-, Produkt-, Handlungsbedeutung) Verwendung:

◊ *Sozialisation:* Soziogenese (Prozess), Sozialität (Produkt), Sozialisierung (Handlung: Versuch der Förderung der Soziogenese)
◊ *Individuation:* Individualgenese (Prozess), Individualität (Produkt), Individuierung (Handlung: Versuch der Förderung der Individualgenese)
◊ *Personalisation:* Personagenese (Prozess), Persönlichkeit (Produkt), Personalisierung (Handlung: Versuch der Förderung der Personagenese)

Eine besondere pädagogische Relevanz kommt diesen Kategorien zu, weil sie
(a) in der Prozessbedeutung Prozesse benennen, die als wesentliche Bedingungen des erzieherischen Handelns Beachtung verlangen (Das erzieherische Handeln wird durch – ihrerseits multipel bedingte – Sozialisations-, Individuations- und Personalisationsprozesse auf Seiten des Edukanden massiv beeinflusst).
(b) in der Produktbedeutung Wirkungen formulieren, die als hochrangige Ziele erzieherischen Handelns gelten müssen (Erzieherisches Handeln zielt auf die Förderung von Sozialität, Individualität und Personalität, d.h. auf eine Persönlichkeit, die in der Lage ist, die zwischen sozialen Anforderungen und individuellen Bedürfnissen bestehende Spannung auszubalancieren)
(c) in der Handlungsbedeutung auf bedeutsame Teilaufgaben (Sozialisierung, Individualisierung und Personalisierung) des pädagogischen Handelns hinweisen.

Schließlich empfiehlt sich in einem um Systematik und begriffliche Klarheit bemühten Pädagogikunterricht die Bestimmung der für das pädagogische Denken konstitutiven *psychologischen* Begriffe „Entwicklung“ und „Lernen“:

◊ *Entwicklung:* Prozess der Ausbildung (Differenzierung, Erweiterung, Festigung, Integration / Desintegration) der psychischen Dispositionen einer Person (Diese komplexe Definition umfasst auch Entwicklungsprozesse, die durch Reifung, Krankheit, Ermüdung, Drogeneinnahme o. ä. bedingt sind.)
◊ *Lernen:* Prozess der Differenzierung, Erweiterung, Festigung, Integration / Desintegration der psychischen Dispositionen einer Person durch die Verarbeitung von Erfahrungen. Diese Definition ist *didaktisch* geeigneter als die behavioristische – vor allem im Hinblick auf Tierexperimente benutzte – Definition des Lernens als einer Verhaltensänderung, weil sie durch ihre Ausrichtung auf die Dispositionen eines Menschen diesen die Freiheit belässt, ihre Dispositionen selbstbestimmend zu nutzen (oder auch nicht). Allerdings sollte bei der wissenschaftsfundierten Be-

---

tisch, weil die gesellschaftlich bedingten Prozesse immer auch eine psychologische Dimension besitzen, so wie psychische Prozesse immer auch gesellschaftlich bedingt sind.

arbeitung der Kategorie „Lernen“ eine Kontrastierung dieser beiden Begriffe (jeweilige Vorteile / Nachteile) erfolgen.

◊ *Bezug* dieser beiden Begriffe *zueinander:* Der Begriff „Lernen“ bezeichnet die neben den Reifungsprozessen für die „Entwicklung“ entscheidenden Teilprozesse der Ausbildung der psychischen Dispositionen einer Person.

◊ *Bezug* dieser beiden Begriffe *zu den Begriffen Sozialisation, Individuation, Personalisation:* Der Begriff „Entwicklung“ bildet den Oberbegriff für die drei Begriffe. Der Begriff „Lernen“ bezeichnet den Prozess der Ausbildung der für die Sozio-, Individual- und Personagenese konstitutiven psychischen Dispositionen durch die Verarbeitung von Erfahrungen.

Die durch diese Begriffe bezeichneten Kategorien besitzen für die *pädagogische* Reflexion deshalb eine besondere Bedeutung,

◊ weil das erzieherische Handeln definitionsgemäß (→ II.2) in dem Versuch besteht, die *Entwicklung* der Persönlichkeit einer anderen Person zu fördern, und deshalb nur gelingen kann, wenn es die Entwicklungsgeschichte, den Entwicklungsstand und das Entwicklungspotential dieser Person hinreichend berücksichtigt

◊ weil die durch das Erziehen intendierte Förderung der Persönlichkeitsentwicklung darauf angewiesen ist, diesem Zweck dienliche *Lernprozesse* auf Seiten der zu fördernden Person anzuregen und zu unterstützen.

II.6 Funktionen der pädagogischen Perspektive

Die pädagogische Perspektive kann im Rahmen pädagogischer Reflexion insbesondere folgende Funktionen übernehmen:

◊ Mit ihrer Hilfe kann eine trennscharfe Abgrenzung von anderen Perspektiven erfolgen (→ II.2) (Diskriminierungsfunktion).

◊ Konkrete Erziehungspraxis kann auf die jeweils vorliegenden Varianten der Strukturmerkmale hin analysiert werden, indem z.B. nach den Dispositionen gefragt wird, die durch eine bestimmte Erziehungshandlung gefördert werden sollen, oder nach den Mitteln, mit deren Hilfe die Förderung der Persönlichkeitsentwicklung versucht wird (analytische Funktion).

◊ Die pädagogische Perspektive kann dazu genutzt werden, nach möglichen, auch nach neuen Varianten der variablen Strukturmerkmale, z.B. nach unterschiedlichen Förderungsmöglichkeiten, zu suchen (heuristische Funktion).

◊ Anhand der die pädagogische Perspektive konstituierenden Kategorien sollte es den Schülern möglich sein, die Vielfalt der im Pädagogikunterricht zu gewinnenden Einsichten (einschließlich der Erkenntnisse der Erziehungswissenschaft, aber auch anderer wissenschaftlicher Disziplinen) den Strukturmerkmalen pädagogischer Reflexion zuzuordnen (Strukturierungsfunktion).

◊ Mit Hilfe der pädagogischen Perspektive können alle Handlungen, auch vorgeblich erzieherische, daraufhin überprüft werden können, ob sie von der für das Erziehen unverzichtbaren Förderungsabsicht geleitet werden. Dies gilt vor allem im Hinblick auf das eigene Handeln, da der Handelnde seine eigenen Absichten in der Regel kennen dürfte. Der Überprüfung fremder Absichten sind dagegen aufgrund ihrer Nicht-Beobachtbarkeit enge Grenzen gesetzt sind. Die Überprüfung sollte auf die Frage ausgeweitet werden, ob sich die erzieherische Handlung nicht nur von einer Förderungsabsicht dem Edukanden gegenüber leiten lässt, sondern diese Förderung auch wirklich zu dessen Persönlichkeitsentwicklung (→ II.2) beiträgt (kritische Funktion).

II.7 Die Aneignung, inhaltliche Füllung und kompetente Nutzung der pädagogischen Perspektive

Die Aneignung, inhaltliche Füllung und kompetente Nutzung der pädagogischen Perspektive für die kritisch-konstruktive Reflexion pädagogischer Theorie und pädagogischer Praxis stellt den Schüler vor eine anspruchsvolle Aufgabe. Bei deren Bewältigung kann ihm der Unterricht jedoch eine große Hilfe sein, wenn er folgendermaßen aufgebaut wird:

Zu Beginn des Pädagogikunterrichts wird anhand eines ausreichend komplexen Fallbeispiels in einem gelenkten, von den subjektiven Theorien der Schüler ausgehenden Unterrichtsgespräch die *Struktur der pädagogischen Reflexion* entwickelt. Dazu werden die *Strukturmerkmale des erzieherischen Handelns* ebenso wie dessen *Bedingtheit* und dessen Wirkungen herausgearbeitet und als unverzichtbare *Kategorien pädagogischer Reflexion* herausgestellt (→ II.3).

Anhand weiterer Fälle und geeigneter Theorietexte wird die Kenntnis dieser Struktur gefestigt und deren Beachtung so weit eingeübt, dass sie dem Schüler selbstverständlich wird. Dabei werden zunehmend auch die *Relationen* geprüft, die *zwischen den einzelnen Kategorien* bestehen (z.B. zwischen der Förderungsabsicht und den Wirkungen des Förderungsversuchs oder zwischen den Bedingungen des Förderungsversuchs und den Förderungsmaßnahmen).

Mit der Implementation dieses Strukturkonzepts ist die Basis für den weiteren Unterricht gelegt. Dieser gibt den Schülern Gelegenheit, sich nach und nach weitere, für die pädagogische Reflexion besonders relevante pädagogische, soziologische und psychologische Kategorien (→ II.4; II.5) anzueignen, sie für ihre pädagogische Reflexion zu nutzen und dabei auch deren Relationen untereinander (z.B. zwischen Lernen und Entwicklung, Entwicklung und Sozialisation) sowie die Relationen zu den bereits bekannten pädagogischen Kategorien (z.B. das Verhältnis von Entwicklungsstand des Edukanden und pädagogischer Förderungsabsicht oder von dessen sozialer Herkunft und den Wirkungen des Förderungsversuchs) zu reflektieren.

Nach der Erarbeitung der für die pädagogische Reflexion maßgeblichen Kategorien werden diese in einem *spiralförmig* aufgebauten Unterricht nach und nach mit wissenschaftlich fundierten Kenntnissen, Erkenntnissen und Einsichten inhaltlich angereichert. Dabei empfiehlt sich

- die Erarbeitung von Einsichten zunächst zu den für die pädagogische Reflexion konstitutiven Kategorien (→ II.3; II.4) und deren Nutzung zur pädagogischen Reflexion von Fallbeispielen
- die Erarbeitung von Einsichten zu *einer* weiteren Kategorie (z.B. zur Kategorie „Lernen")
- die Nutzung der unter dieser Kategorie gewonnenen Einsichten zusammen mit den bereits im Hinblick auf die Strukturmerkmale erworbenen Einsichten für die pädagogische Reflexion von Fallbeispielen
- die Erarbeitung von Einsichten zu jeweils *einer* weiteren Kategorie (z.B. der Kategorie „Sozialisation")
- die Nutzung der neu gewonnenen kategorialen Einsichten zur „Sozialisation" *zusammen mit* allen zuvor bereits erworbenen Einsichten zur pädagogischen Reflexion von Fallbeispielen usw.
- die Einübung in das zunehmend selbständige kategoriengeleitete Heranziehen geeigneter Einsichten durch die Schüler zur Bearbeitung von Fallbeispielen und zur abschließenden Reflexion komplexer pädagogischer Grundprobleme.[13]

Bei diesem Prozedere wird von Anfang an und durchgehend die *Komplexität* der pädagogischen Perspektive berücksichtigt. Das heißt: Auch die anfangs nur durch die Präkonzepte der Schüler gefüllten und noch nicht durch wissenschaftlich fundierte Einsichten angereicherten Kategorien werden von Beginn an in die Reflexion einbezogen. Verdeutlicht sei dieses Vorgehen in exemplarischer Absicht im Hinblick auf die im Pädagogikunterricht üblicherweise gründlich behandelte Kategorie „Lernen":

- Nach der vom Vorverständnis der Schüler ausgehenden Herleitung eines Arbeitsbegriffs des Lernens (im Kontrast zu sich davon unterscheidenden Begriffen; → II.5) schließt sich eine theoriefundierte Erarbeitung unterschiedlicher Lernarten an. Es folgt die Beschreibung und Analyse des Versuchs, einen Lernprozess zu fördern. Dabei wird nach der Förderungsabsicht, nach der Begründbarkeit dieser Absicht, nach der Eignung der im Fallbeispiel gewählten Lernart, nach den Lernvoraussetzungen und nach den Wirkungen des Lernens gefragt.
- Anschließend erfolgen (unter Hinzuziehung weiterer Kategorien) eine Beurteilung und eine Bewertung des analysierten Förderungsversuchs sowie des tatsächlich erfolgten Lernprozesses, bevor nach Alternativen sowie nach Konsequenzen für das eigene Lernen der Schüler und deren eigenes Konzept der Lernförderung gefragt wird.

---

[13] Vgl. hierzu die Rahmenreihen in Beyer 2003 / 2004; vgl. auch Storck / Wortmann 2009.

Als Resümee lässt sich festhalten: Durch den spiralförmigen Aufbau des Unterrichts, wie er hier vorgeschlagen wird, kann ein Lernen der Schüler gefördert werden, das nicht lediglich zur Aneignung von Kenntnissen zu einzelnen, kaum miteinander vernetzten Kategorien führt, sondern das die jeweils gewonnenen Einsichten systematisch der komplexen pädagogischen Perspektive auf die Wirklichkeit zuordnet. Aufgrund eines solchen Unterrichts sollten die Schüler eine breite, kategorial strukturierte pädagogische Reflexionsfähigkeit erwerben.

II.8 Die Nutzung der pädagogischen Perspektive im Hinblick auf den Bildungsauftrag des Unterrichts

Das wohl hochrangigste Ziel pädagogischen Handelns und damit auch der pädagogischen Praxis in der Schule und im Pädagogikunterricht ist es, den Edukanden Bildungsprozesse zu ermöglichen.
Um das Verständnis der Schüler für diese anspruchsvolle Aufgabe zu wecken, ist es erforderlich, den Bildungsbegriff zu explizieren und zu definieren. Die Explikation sollte in einem vom Lehrer gelenkten Unterrichtsgespräch auf der Basis der den Schülern dazu möglichen Beiträge erfolgen und dann nach einer Systematisierungsphase zu einem Ergebnis wie dem folgenden führen:

Bildung ...
◊ ist eine Abfolge von – für die Persönlichkeitsentwicklung wesentlichen – *Prozessen*, kein einmal erreichbarer und nach außen ausweisbarer Zustand des Gebildetseins ◊ vollzieht sich in Form von *Selbstbildungsprozessen*, die von außen nur angeregt, unterstützt, begleitet und, wenn überhaupt, nur partiell überprüft werden können ◊ vollzieht sich in der *aktiven Auseinandersetzung* einer Person mit sich, mit der Welt und mit dem Verhältnis der eigenen Person zur Welt, in der diese ihr persönliches Selbst- und Weltverständnis *selbst* konstruiert (modifiziert, erweitert, vertieft, differenziert, korrigiert) ◊ ist ein *historisch-gesellschaftlich-kulturell überformter Prozess*, der nicht individualistisch verengt verstanden werden darf, sondern immer in seiner sozialen, ökonomischen, politischen und kulturellen Bedingtheit bedacht werden sollte ◊ ist ein *für die Person bedeutsamer Prozess*, weil die im Bildungsprozess erfolgende Auseinandersetzung mit der eigenen Person und deren Verhältnis zur Welt *Betroffenheit* und damit Emotionen auslöst, die umso heftiger ausfallen, je stärker die Person durch die sich im Bildungsprozess vollziehenden Veränderungen betroffen wird

◊ vollzieht sich als ein *ganzheitlicher Prozess*, der alle Dimensionen der Existenz des Menschen berührt (sein Denken, Fühlen, Wollen, Handeln) und es der Person erlaubt, die im Bildungsprozess erworbenen Einsichten, Prinzipien, Haltungen, Fähigkeiten miteinander zu verknüpfen (↗ Humboldt: *harmonisch-proportionierliche Bildung aller Kräfte zu einem Ganzen*)
◊ hat insofern eine *emanzipatorische Funktion,* als er
  □ zur „Befreiung aus dem Kordon von Vorurteilen und Voreingenommenheiten, von autoritären Abhängigkeiten, von dem gedankenlosen Nachreden" und „von Repression, Restriktion und Manipulation" beiträgt (Ballauf 1978, 312)
  □ dem Menschen hilft, die „Kraft zum Nicht-Mitmachen" (Adorno 1970, 93) zu gewinnen und sich so der totalen Funktionalisierung zu entziehen und inhumanen Erwartungen von Personen, Gruppen und Gesellschaften zu widerstehen
◊ ist (über die emanzipatorische Funktion hinaus) auch ein Prozess, der die Person sich in kritisch-konstruktiven Reflexionen der eigenen Bedürfnisse und ihrer Berechtigung bewusst werden lässt und ihr so die Ausbildung einer Identität ermöglicht, die sich um eine vernünftige Balance zwischen gesellschaftlichen Anforderungen und eigenen Bedürfnissen und damit um ein vernünftiges, d.h. rational begründbares und verantwortbares Handeln bemüht
◊ umfasst Prozesse der Reflexion auf die Konsequenzen des eigenen Handelns und gewinnt dadurch eine *moralische Dimension*, in der nach der Verantwortbarkeit des Handelns für die von diesem Handeln unmittelbar und mittelbar Betroffenen gefragt wird
◊ erfordert, um die Frage nach der Verantwortbarkeit stellen zu können, die Ausbildung *praktischer Vernunft* (die Fähigkeit, konkrete Handlungsprobleme und allgemeine Einsichten und Prinzipien in sinnvoller Weise aufeinander zu beziehen)
◊ ist ein prinzipiell *nicht abschließbarer Prozess*, der ein dauerhaftes Bildungsengagement verlangt
◊ ist ein Versuch der ständigen „*Selbstvervollkommnung*",
  □ der Interesse, Offenheit, Aufgeschlossenheit und Empathie voraussetzt
  □ der das Bemühen um neue Einsichten und Kompetenzen verlangt
  □ der sich mit keiner Einsicht als endgültiger Wahrheit zufriedengibt, weil „alles dogmatisch Gewisse das Ende der Bildung" bedeutet (Mitscherlich 1983)
  □ und der deshalb als Prozess der „dauernden Steigerung des reflektierenden Bewusstseins" (Schelsky 1965) zu verstehen ist
◊ erfordert *metareflexive Prozesse*, in denen die eigenen Bildungsprozesse und deren Ergebnisse einer kritisch-konstruktiven Würdigung unterzogen werden.

Vor dem Hintergrund dieser Explikation sollte der Bildungsbegriff von den Schülern in einer Weise, die weitgehend konsensfähig sein sollte, z.B. wie folgt definiert werden können:

> *Die Bildung, die der Unterricht anzuregen und zu unterstützen hat, wird verstanden als ein für die Person des Schülers bedeutsamer, ganzheitlicher, lebenslanger Selbstbildungsprozess, in dem dieser versucht, sein Selbst- und Weltverständnis und seine Kompetenz zum vernünftigen (d.h. rational begründbaren und verantwortungsbewussten) Handeln so weit wie möglich zu entwickeln.*

Die so bestimmte Bildungskategorie wird nach dieser Präzisierung inhaltlich gefüllt (z.B. durch die Bearbeitung bildungstheoretischer Texte, durch die Analyse von Bildungsplänen und Bildungsbiographien), wobei die gewonnenen Einsichten jeweils den die pädagogische Reflexion konstituierenden Kategorien (→ II.3; II.4) zugeordnet werden. Auf diese Weise baut sich bei den Schülern ein *komplexes, kategorial strukturiertes Bildungsverständnis* auf. Dieses wird dann für die pädagogische Reflexion z.B. von Bildungsprogrammen (der Parteien, Kirchen, Gewerkschaften, Verbände etc.) oder von Richtlinien und Lehrplänen genutzt, indem nach den jeweiligen Bildungszielen einschließlich ihrer normativen Voraussetzungen und Implikate, nach Bildungsprinzipien, Bildungsvoraussetzungen, Bildungsmaßnahmen, Bildungshindernissen sowie nach bisherigen Bildungserfolgen bzw. -misserfolgen gefragt wird.
Eine komplexe Nutzung der zur Bildungskategorie erworbenen Einsichten sollte aber auch anhand der Fragen geschehen, ob die heutige Bildungspolitik und das von ihr zu verantwortende Bildungssystem dem Bildungsanspruch aller Schüler hinreichend gerecht werden, in welchem Maße und in welcher Weise Schule und Unterricht (insbesondere der Pädagogikunterricht) ihren Bildungsauftrag wahrnehmen, in welchem Verhältnis die Konzentration des Unterrichts auf Bildungsstandards und zentrale Lernstandsüberprüfungen zum schulischen Bildungsauftrag stehen, ob die derzeitige Verwendung von Begriffen wie „Bildungsziel", „Bildungsauftrag", „Bildungspolitik", „Bildungssystem", „Bildungsinstitution" und „Bildungsreform" – gemessen am zugrundegelegten Bildungsbegriff – noch gerechtfertigt ist etc.[14]
Durch solche *kritischen* Fragen werden die Schüler nicht nur auf die oft fragwürdige Verwendung von auf „Bildung" bezogenen Begriffen aufmerksam, sondern werden darüber hinaus veranlasst, solche Alternativen zur Verwendung dieser Begriffe zu entwickeln, die mit dem Arbeitsbegriff von „Bildung" kompatibel sind. Demnach wäre

[14] Vgl. die von Storck (2005, 18 ff.) am Beispiel einer Unterrichtsreihe zu „Triple P" angemahnte Berücksichtigung der Komplexität der pädagogischen Perspektive.

* „Bildungsziel“: ein Ziel, das sich der Schüler für seinen eigenen Bildungsprozess selbst setzt, oder ein z.B. vom Lehrer angebotenes Ziel, das der Schüler zu seinem eigenen Ziel macht, weil er erkennt, dass es für seine Bildung hilfreich ist
* „Bildungsauftrag“: die Aufgabe, einer Person Bildungshilfe zu leisten, indem ihr Bildungsprozesse (im oben definierten Sinne) ermöglicht werden
* „Bildungspolitik“: eine Politik, die geeignete (politische, ökonomische, soziale, juristische, institutionelle) Rahmenbedingungen für möglichst vielfältige und erfolgreiche Bildungsprozesse zu schaffen hat
* „Bildungssystem“: ein System gesellschaftlicher Institutionen, das allen Mitgliedern der Gesellschaft die ihnen gemäßen Bildungsmöglichkeiten zu verschaffen hat
* „Bildungsinstitution“: eine gesellschaftliche Institution, der die Organisation möglichst guter Bildungschancen für ihre Mitglieder obliegt
* „Bildungsreform“: der Versuch, die Bildungsmöglichkeiten durch die Reform des Bildungssystems oder einer Bildungsinstitution zu verbessern.

Auf der Basis dieser gemeinsam erarbeiteten Begriffsbestimmungen werden in exemplarischer Absicht z.B. Aufgaben und Prinzipien einer Bildungspolitik erörtert, die allen Mitgliedern der Gesellschaft die ihnen gemäßen Bildungsmöglichkeiten garantieren will. Vor allem aber werden die de facto (an der eigenen Schule und im Fach Pädagogik) – zum Glück immer *noch* gegebenen – Bildungsmöglichkeiten herausgearbeitet, bevor *konstruktiv* nach Möglichkeiten ihrer Erweiterung und Verbesserung gefragt wird.

Die skizzierte Unterrichtsreihe
* trägt der Einsicht Rechnung, dass eine Schule, die in der Urteilskompetenz der Schüler ein hochrangiges Unterrichtsziel sieht, sich selbst mit ihrem Bildungsauftrag und dessen Wahrnehmung der Kritik zu stellen hat (Dies gilt für alle Fächer, insbesondere aber für den Pädagogikunterricht, in dem die Bildungsthematik zum inhaltlichen Kern des Faches zählt.).
* zeigt, dass das Fach Pädagogik seinem Bildungsauftrag nicht hinreichend gerecht wird, wenn es die pädagogische Perspektive nur zur sachgerechten Erfassung, Erklärung und kritischen Beurteilung von Wirklichkeit nutzen lässt, sondern dass neben der *kritischen* auch eine *konstruktive* Auseinandersetzung der Schüler mit Erziehung und Bildung erforderlich ist
* verdeutlicht, dass es zur Bearbeitung der Bildungsthematik nicht ausreicht, einzelne bildungstheoretische Texte zu behandeln, sondern dass diese einer *systematischen* pädagogischen Reflexion mit dem Ziel unterzogen werden müssen, ein eigenes reflektiertes, kategorial strukturiertes Bildungsverständnis zu gewinnen

* belegt, dass sich die eigentlichen Ziele des Faches (hier: ein reflektiertes Bildungsverständnis der Schüler) nicht in Form operationalisierter, möglichst objektiv zu überprüfender Erwartungshorizonte überprüfen lassen.[15]

III. Spezifisch pädagogische Bildung

Zu einem vom jeweiligen Lehrplan und der konkreten Unterrichtssituation abhängigen Zeitpunkt können die Explikationen der pädagogischen Perspektive (→ II.3) und des allgemeinen, noch nicht pädagogisch spezifizierten Bildungsbegriffs (→ II.8) zur Explikation des Begriffs „pädagogische Bildung“ genutzt werden. Für diesen Zweck kann der Versuch hilfreich sein, die Frage zu beantworten, über welche Voraussetzungen ein Erzieher verfügen sollte, um Lernprozesse im Allgemeinen und Bildungsprozesse im Besonderen mit Aussicht auf Erfolg fördern zu können. Die von den Schülern in einer Gruppenarbeitsphase gewonnenen Antworten sollten so geordnet und verallgemeinert werden, dass sich z.B. folgende Zusammenstellung von Anforderungen an einen Erzieher ergibt (↗ Beyer 2008, 30-34):

Anforderungen an die pädagogische Förderung der Persönlichkeitsentwicklung
◊ die Aneignung und inhaltliche Weiterentwicklung der pädagogischen Perspektive (der für sie maßgeblichen Kategorien sowie der unter ihnen zu gewinnenden und einzuordnenden Einsichten) ◊ eine distanzierte, zunehmend kategorien- und theoriengeleitete Reflexion von Erziehungspraxis und ihre historisch-gesellschaftlich-kulturellen Bedingungen incl. ihrer normativen Voraussetzungen und Implikate ◊ die kritisch-konstruktive Auseinandersetzung mit unterschiedlichen Varianten pädagogischer Theorie und pädagogischer Praxis ◊ die Ausbildung pädagogischen Problembewusstseins ◊ die Gewinnung und Elaborierung eines eigenen, immer reflektierter werdenden pädagogischen Handlungskonzepts (Ziele, Prinzipien, Formen, Probleme, Wirkungen pädagogischen Handelns) ◊ die Entwicklung von Empathie als der Fähigkeit, sich in die jeweilige Handlungssituation hineinzudenken und hineinzufühlen ◊ die Entwicklung von Sensibilität für die Besonderheit jeder Handlungssitua-

[15] Allerdings sollten sich die Schüler z.B. durch häufigere (nicht der Benotung dienende Tests) davon überzeugen können, dass sie über die für die formellen Lernerfolgsüberprüfungen vorausgesetzten Kenntnisse und Fähigkeiten verfügen, weil nur auf dieser Basis die dort erwarteten Leistungen erbracht werden können.

tion

◊ die Ausbildung pädagogischer Handlungskompetenz anhand eines Prozessmodells pädagogischen Handelns (→ IV.2) und eines darauf bezogenen Kompetenz-Struktur-Modells pädagogischer Handlungskompetenz (→ IV.3)

◊ eine aktive Auseinandersetzung mit der eigenen Erziehung und Bildung

◊ die Entwicklung von Verantwortungsbewusstsein und persönlichem Engagement
  - □ für die Förderung der eigenen Entwicklung hin zu einer Person, die zu einem vernünftigen, d.h. selbstbestimmten und verantwortungsbewussten Handeln bereit und in der Lage ist
  - □ für die Förderung anderer Personen bei einer solchen Entwicklung
  - □ für die Verbesserung der Bedingungen pädagogischer Praxis

◊ die Metareflexion des eigenen Bildungsprozesses, des eigenen Pädagogikverständnisses und des eigenen pädagogischen Handelns.

Auf der Basis dieser Anforderungen oder einer ähnlichen Zusammenstellung sowie des zuvor (→ II.8) entfalteten allgemeinen Bildungsbegriffs lässt sich nun in einem Unterrichtsgespräch der Begriff „pädagogische Bildung" wie folgt definieren (↗ Beyer 2012, 23-26):

„Pädagogische Bildung" wird verstanden als ein Selbstbildungsprozess, in dem eine Person sich bemüht, sich die pädagogische Perspektive auf die Lebenswirklichkeit anzueignen, mit ihrer Hilfe ein immer reflektierteres Verständnis von den Aufgaben, Möglichkeiten, Bedingungen, Schwierigkeiten und potentiellen Auswirkungen pädagogischen Handelns zu gewinnen und dieses Verständnis für eine vernünftige Planung, Steuerung und Kontrolle seiner Erziehungspraxis zu nutzen.

IV. Pädagogische Bildung und pädagogische Kompetenz

Pädagogische Bildung, wie sie zuvor erläutert wurde, soll nicht nur das Bewusstsein für die Aufgaben, Prinzipien, Möglichkeiten und Probleme pädagogischer Praxis schärfen und es so jedem Schüler ermöglichen, ein *persönliches pädagogisches Konzept* anzubahnen, sondern auch die Basis legen für eine *vernünftige Ausgestaltung pädagogischer Praxis*. Dazu benötigt der Schüler eine möglichst gut ausgebildete pädagogische Handlungskompetenz.

IV.1 Der Zusammenhang von pädagogischer Bildung und pädagogischer Handlungskompetenz

Der Auftrag von Schule und Unterricht wurde durch die pädagogische Tradition in höchst widersprüchlicher Weise entweder als Bildungsauftrag (z.B. Humboldt) oder als Qualifizierungsauftrag (z.B. Robinsohn) bestimmt. Die Folge war eine massive wechselseitige Kritik: Die Befürworter eines die Schüler für das Leben qualifizierenden Unterrichts kritisierten die Bildungsschule als lebensfremd, während die Vertreter einer „bildenden Schule“ sich gegen jede Funktionalisierung verwahrten. Kompetenzerwerb und Bildung schienen sich wie Feuer und Wasser zueinander zu verhalten.

Tatsächlich aber handelt es sich bei beiden Aufgaben um zwei zentrale Aufgaben der Schule. Das einseitige Beharren auf einer der beiden Positionen würde deshalb den schulischen Auftrag verkürzen, indem eine seiner unverzichtbaren Aufgaben der jeweils anderen aufgeopfert würde.

Für den Pädagogikunterricht heißt dies, dass er den Doppelauftrag hat, seinen Schülern Prozesse pädagogischer Bildung zu ermöglichen *und* sie dabei zu unterstützen, ihre pädagogische Handlungskompetenz zu elaborieren.

Allerdings sollten beide Aufgaben in einem engen Bezug zueinander erfüllt werden. Möglich wird dies, weil beide Aufgaben sich nicht ausschließen, sondern sich wechselseitig bedingen. Denn wenn pädagogische Bildung *„als ein Selbstbildungsprozess verstanden wird, in dem eine Person sich bemüht, sich die pädagogische Perspektive auf die Lebenswirklichkeit anzueignen, mit ihrer Hilfe ein immer reflektierteres Verständnis von den Aufgaben, Möglichkeiten, Bedingungen, Schwierigkeiten und potentiellen Auswirkungen pädagogischen Handelns zu gewinnen und dieses Verständnis für eine vernünftige Planung, Steuerung und Kontrolle seiner Erziehungspraxis zu nutzen“* (→ III.), erfordert sie die Aneignung anspruchsvoller Kompetenzen (z.B. von pädagogischer Sach- und Urteilskompetenz), d.h. von Kompetenzen, die auch für kompetentes pädagogisches Handeln benötigt werden. Andererseits kann von pädagogischer Handlungskompetenz in der vollen Bedeutung des Begriffs nur die Rede sein, wenn der Handelnde in der Lage ist, zu seinem eigenen Kompetenzgebrauch in ein reflektiertes Verhältnis zu treten (↗ Benner 1990, 598). Die Entwicklung dieser Metakompetenz, *den eigenen Kompetenzgebrauch vom Standpunkt der Verantwortung her zu reflektieren* (↗ Löwisch 2000, 172 ff.), erfordert Bildungsprozesse, in denen nicht nur die Kategorien erworben werden, die für diese Reflexion erforderlich sind, sondern auch die Verantwortungsbereitschaft, die für vernünftiges pädagogisches Handeln unverzichtbar ist.

Insofern besteht zwischen Kompetenz und Bildung nicht nur kein Gegensatz, sondern beide bedingen sich wechselseitig, weil Bildung sich ohne Kompetenz ebenso wenig entwickeln kann wie Kompetenz ohne Bildung.

Bildungsprozesse und Prozesse der Kompetenzentwicklung müssen demnach auch im Pädagogikunterricht eng aufeinander bezogen werden, wenn den Schülern ein pädagogisches Handeln möglich werden soll, das sich sowohl durch Zweckmäßigkeit als auch durch moralische Verantwortbarkeit auszeichnet.

IV.2 Die Aneignung der für kompetentes pädagogisches Handeln konstitutiven Operationen (Prozess-Modell pädagogischen Handelns)

Pädagogische Handlungskompetenz kann einer Person nur zugesprochen werden, wenn diese prinzipiell zum kompetenten Vollzug von Operationen in der Lage ist, die zusammen die Tiefenstruktur des an der Oberfläche erkennbaren Handelns bilden. Diese Operationen sollen im Folgenden – in stellenweiser Anlehnung an Alfred Schütz (1971; 1974) – anhand eines *Prozess-Modells kompetenten pädagogischen Handelns* vorgestellt werden, durch das die Abfolge der der tatsächlichen Ausführung einer pädagogischen Handlung vor- und nachgelagerten Operationen schrittweise von der ersten Erfassung eines Wirklichkeitsausschnitts bis hin zur abschließenden Evaluation des erfolgten Handelns[16] nachgezeichnet wird:

Prozess-Modell kompetenten pädagogischen Handelns
(a) Die Erfassung der Wirklichkeit aus pädagogischer Perspektive (b) Die Analyse, Beurteilung und Bewertung der Wirklichkeit aus pädagogischer Perspektive (c) Das Entwerfen pädagogischer Handlungsideen (d) Die Ausarbeitung von Handlungsideen zu pädagogischen Handlungsstrategien (e) Die Entscheidung für eine pädagogische Handlungsstrategie (f) Der Entschluss zum Vollzug der getroffenen Entscheidung (g) Der Vollzug der geplanten pädagogischen Handlung (h) Die Evaluation des pädagogischen Handelns

IV.3 Die Aneignung der die pädagogische Handlungskompetenz fundierenden Basiskompetenzen (Kompetenz-Struktur-Modell)

Der angemessene Vollzug der vorgestellten Operationen erfordert jeweils eigene Kompetenzen. Insofern kann es nicht überraschen, dass das Prozess-Modell pädagogischen Handelns ein hohes Maß an Übereinstimmung mit dem folgenden dreigeteilten *Strukturmodell der pädagogischen Handlungskompetenz* aufweist.[17] Dieses enthält

[16] Vgl. die Erläuterung der Operationen in Beyer (2012, 22 f.)

[17] Vgl. die Erläuterung der Kompetenzen in Beyer (2012, 25-30).

◊ *allgemeine*, d.h. für jedes kompetente Handeln *benötigte Grundkompetenzen*
◊ die *Basiskompetenzen der pädagogischen Handlungskompetenz*, die als Voraussetzungen für den kompetenten Vollzug der im Prozess-Modell ausgewiesenen Operationen erforderlich sind
◊ die *Metakompetenz*, die benötigt wird, um die Nutzung der Grundkompetenzen sowie der Basiskompetenzen metareflexiv steuern und kontrollieren zu können.

Für kompetentes pädagogisches Handeln erforderliche Kompetenzen
(Kompetenz-Struktur-Modell)

A. Für jedes kompetente Handeln benötigte Grundkompetenzen	
A.1 Selbstkompetenz (Kompetenz, die persönliche Identität auszubilden, in Interaktionen zu bewahren und weiterzuentwickeln)	A.2 Sozialkompetenz (Kompetenz, das Verhältnis zu anderen Personen kritisch zu prüfen und konstruktiv auszugestalten)
A.3 Lern- und Methodenkompetenz (Kompetenz, für das Urteilen, Entscheiden und Handeln benötigte Kenntnisse und Einsichten methodisch zu beschaffen, auszuwerten und so abzuspeichern, dass sie flexibel verfügbar sind)	

B. Basiskompetenzen pädagogischer Handlungskompetenz
B.1 Pädagogische Sachkenntnis (Verfügbarkeit der für kompetentes pädagogisches Denken und Handeln zentralen Kategorien sowie der unter ihnen abgespeicherten Kenntnisse, Einsichten, Prinzipien)
B.2 Pädagogische Urteilskompetenz (Kompetenz, Wirklichkeit und Wirklichkeitsentwürfe aus pädagogischer Perspektive zu erfassen, zu analysieren sowie sach- und wertrational zu beurteilen)
B.3 Pädagogisch-strategische Kompetenz (Kompetenz, pädagogische Handlungsideen zu generieren und zu effizienten Handlungsstrategien auszuarbeiten)

B.4 Pädagogische Entscheidungskompetenz
(Kompetenz, vernünftig, d.h. unter Berücksichtigung des eigenen pädagogischen Konzepts und der Besonderheit der Handlungssituation, zwischen Handlungsoptionen zu wählen)

B.5 Pädagogische Vollzugskompetenz
(Kompetenz, eine getroffene pädagogische Entscheidung sach-, adressaten- und situationsgerecht zu vollziehen)

B.6 Pädagogische Evaluationskompetenz
(Kompetenz, die Handlungsplanung, den Handlungsvollzug und die Wirkungen pädagogischen Handelns kritisch-konstruktiv zu reflektieren)

C. Metakompetenz
(Kompetenz, die Nutzung der allgemein benötigten Grundkompetenzen und der Basiskompetenzen pädagogischen Handelns metareflexiv zu planen, zu steuern und zu kontrollieren)

Verantwortliches Erziehen setzt den kompetenten Vollzug der aufgelisteten Operationen und die Verfügbarkeit der dafür benötigten Kompetenzen voraus. Für einen Pädagogikunterricht, der seiner Verpflichtung zur Qualifizierung für pädagogisches Denken und Handeln nachkommen will, gehört es deshalb zu den zentralen Aufgaben, den Schülern Prozesse pädagogischer Bildung zu ermöglichen und sie zu diesem Zweck auch die für ein vernünftiges pädagogisches Handeln erforderlichen Kompetenzen erwerben zu lassen, indem sie immer wieder Gelegenheit erhalten, sich in geeigneter Weise in den korrekten Vollzug der Operationen einzuüben, die das pädagogische Handeln konstituieren.

V. Schlussbemerkungen

V.1 Konsequenzen für die Planung des Pädagogikunterrichts und die Lernerfolgskontrolle

Die in diesem Beitrag entfaltete pädagogische Perspektive ist systematisch vom Leitziel des Faches (Förderung der Kompetenz zur vernünftigen Reflexion und Ausgestaltung pädagogischer Praxis) und einer trennscharfen Definition des päd-

agogischen Handelns her entwickelt worden.[18] Mit ihrer Hilfe wird es möglich, den Pädagogikunterricht einerseits als ein für das Selbst- und Weltverständnis der Schüler und deren Kompetenzprofil *unverzichtbares* und andererseits als ein *eigenständiges* Fach zu erweisen, das aufgrund seiner Spezifik durch kein anderes Fach ersetzt werden kann (vgl. Benner 2005, 174 f.).
Wird diese Perspektive als das „proprium" des Pädagogikunterrichts anerkannt, lassen sich unter ihr die Ziele des Faches präzise bestimmen und die Unterrichtsinhalte nicht nur gezielt auswählen, sondern auch bei ihrer Bearbeitung im Unterricht aufeinander beziehen. Damit ermöglicht sie die systematische Entwicklung eines Kerncurriculums, in dem die Kompetenzen und Kenntnisse formuliert werden, über die die Schüler zum Zeitpunkt des Abiturs verfügen sollten (↗ Beyer 1997a, 220-287; Beyer 1997b, 1-65; GFDP 2001; Storck / Wortmann 2006).
Dieses Curriculum sollte dann der Maßstab sein, anhand dessen die Leistungserwartungen für die Abiturprüfung formuliert werden: Die Schüler müssten sich darauf einstellen, ein ihnen in der Klausuraufgabe oder (nach entsprechender Vorbereitungszeit) in der mündlichen Prüfung vorgegebenes pädagogisches Problem *eigenständig und systematisch* in der Komplexität zu bearbeiten, die die pädagogische Perspektive verlangt. Sie sollten dazu in der Lage sein, wenn sie die Berücksichtigung der Struktur dieser Perspektive (d.h. der für sie konstitutiven Kategorien und ihres Zusammenhangs) so systematisch gelernt haben, wie es in diesem Beitrag vorgeschlagen wird. Zugleich wäre mit einer solchen Aufgabe der willkürlichen Auswahl von mehr oder minder zufällig ausgewählten und obendrein von Zeit zu Zeit wechselnden Inhaltsbereichen für das Zentralabitur, wie sie bisher zu diagnostizieren ist, ein Riegel vorgeschoben.
Denn für die Auseinandersetzung mit einer problembezogenen Aufgabe reicht die Reproduktion inselhafter Kenntnisse keineswegs aus. Die erfolgreiche Auseinandersetzung mit einem bisher unbekannten Fall erfordert vielmehr die Kenntnis und die Nutzung der Struktur der pädagogischen Reflexion in ihrer ganzen Breite und das selbständige fallbezogene Heranziehen substantieller theoretischer Einsichten zu den für die pädagogische Reflexion konstitutiven Kategorien. Oder, um es mit Wilhelm Flitner (1983, 280) zu formulieren: „Die *pädagogische Bildung* besteht nicht in einer Mitteilung einzelner Ergebnisse der Erziehungswissenschaft, sondern in der Erkenntnis des Zusammenhangs; sie ermöglicht die pädagogische Besinnung im existentiellen Zusammenhang der Fragen mit der Praxis." Das heißt in anderen Worten: Sie ermöglicht *eine pädagogische Reflexion*, die Theorie und Praxis nicht *irgendwie*, sondern *systematisch* aufeinander bezieht.

[18] Vgl. Bernhards (2005, 3) Forderung: „Pädagogische Bildung muss aus dem Gegenstand der Pädagogik selbst systematisch konzipiert werden."

V.2 Bedeutung der pädagogischen Perspektive für die Erziehungswissenschaft

Abschließend sei darauf hingewiesen, dass auch die Erziehungswissenschaft davon profitieren dürfte, wenn sie mittels der hier vorgestellten pädagogischen Perspektive den Praxisbezug ihrer Forschung und Lehre stärker herausstellte und sich dadurch deutlicher, als dies weithin der Fall ist, als Handlungswissenschaft akzentuierte. Ließe sich die Erziehungswissenschaft auf diese Perspektive ein, wäre sie genötigt, sich auf die zentralen Fragestellungen zu besinnen, die für die pädagogische Reflexion konstitutiv sind. Sie gewönne damit die pädagogische Mitte zurück, die immer mehr aus dem Blick zu geraten droht.

Stattdessen erscheint sie, wie sich in fachdidaktischen Lehrveranstaltungen an der Universität und Gesprächen mit Fachleitern und Pädagogiklehrern immer wieder ergibt, vielen an pädagogischer Praxis Interessierten als eine unkonturierte, heterogene, in ihren Theorien teilweise inkompatible und für die Ausbildung pädagogischer Handlungskompetenz wenig effektive Disziplin, die in einzelne, sich zunehmend verselbständigende Teildisziplinen wie „Philosophie der Erziehung", „Historische Pädagogik", „Pädagogische Psychologie", „Pädagogische Soziologie", „Interkulturelle Pädagogik", „Schulpädagogik" etc. zu zerfallen scheint und die „Allgemeine Pädagogik", die eigentlich das gemeinsame Fundament aller Teildisziplinen sein sollte, quantitativ (Zahl der Lehrstühle) und qualitativ (hinsichtlich ihrer Bedeutsamkeit) marginalisiert.

Der Eindruck einer sich immer mehr auseinander entwickelnden Wissenschaft mag zum Teil auf mangelnder Transparenz des Studiums beruhen und durch die zu sektoriellem Denken verführenden Studien- und Prüfungsordnungen begünstigt werden. Die Funktion der einzelnen Lehrveranstaltung für die Anregung und Begleitung von Prozessen pädagogischer Bildung und für die Ausbildung pädagogischer Handlungskompetenz mag nicht immer deutlich genug sichtbar werden. Allein: Diese Erklärungsmöglichkeiten reichen nicht aus. Die tiefere Ursache ist im derzeitigen Zustand der Erziehungswissenschaft zu sehen, die zunehmend unter separatistischen Neigungen ihrer Teildisziplinen leidet.

Es stellt sich die Frage, ob diese Auflösungstendenz nur eine Folge sich verselbständigender Forschungs- und Ausbildungsinteressen ist oder, was schwerer wiegen würde, nicht zuletzt doch bedingt wird durch den gegenwärtigen Theoriestand in der Erziehungswissenschaft, der ein geeigneter Kristallisationspunkt für die unterschiedlichen erziehungswissenschaftlichen Theorierichtungen und Teildisziplinen fehlt (vgl. hierzu bereits Groothoff 1979, 3). Zwar beziehen sich, seit eine metaphysische Legitimation pädagogischer Theoriebildung problematisch geworden ist, die heute in der Erziehungswissenschaft dominanten Theorien (historisch-hermeneutische Theorie, kritisch-rationale Theorie, Kritische Theorie, Systemtheorie) alle auf die Erziehungswirklichkeit. Der gesuchte gemeinsame Bezugspunkt für die erziehungswissenschaftliche Theoriebildung ist damit indessen nur scheinbar gegeben, weil gemäß erkenntnistheoretischer Einsicht dem Menschen immer nur ein perspektivischer Zugriff auf die Wirklichkeit möglich ist. Diese Unmöglichkeit, Wirklichkeit objektiv zu erfassen, hat zur Konsequenz, dass die Erziehungswirklichkeit durch die verschiedenen Theorierichtungen in sehr unterschiedlicher Weise bestimmt wird und deshalb unterschiedliche, je verkürzende Ausgrenzungen der Erziehungswirklichkeit aus der komplexen Lebenswirklichkeit die Folge sind (↗Beyer / Pfennings 1979, 67 ff.).

Der Versuch, diese perspektivischen Verkürzungen so weit wie möglich zu vermeiden, hat zur Ausbildung des sogenannten Paradigmenkonzeptes geführt, demzufolge man sich der Wirklichkeit dadurch wenigstens nähern könne, dass man die - als interpretative Paradigmata verstandenen - unterschiedlichen Interpretationen von Wirklichkeit zu einer zwar niemals vollständigen, aber doch approximativen Erfassung von Wirklichkeit vereinigt (↗ Lippitz 1980, 303-305).

Diesen zunächst verlockenden Gedanken der Kombination verschiedener Zugriffsweisen auf die Lebenswelt, um die Erziehungswirklichkeit quasi in einer Addition der je verkürzten Auffassungen möglichst umfassend und widerspruchsfrei in den Blick zu bekommen, weist Lippitz jedoch angesichts der Inkompatibilität mancher Paradigmen zurück: Die Paradigmata seien deshalb miteinander unverträglich, weil „Weltansichten miteinander konkurrieren, die sich gegenseitig ausschließen" (Lippitz, 1980, 303).

Zu suchen wäre deshalb eine andere Art der Theoriebildung, mit er es möglich wäre, die Erziehungswirklichkeit sowohl in voller Komplexität zu erfassen als auch von anderer Wirklichkeit abzugrenzen. Bei der Suche nach einer solchen Theorie stellt sich indessen heraus, dass es prinzipiell unmöglich ist, die Lebenswirklichkeit sektoriell (z.B. in eine politische, eine ökonomische, eine pädagogische Wirklichkeit) zu unterteilen. Denn eine sektorielle Aufteilung würde nicht nur Bestandteile der Wirklichkeit (z.B. Schule als Bestandteil pädagogischer Wirklichkeit) in unzulässiger Weise von anderen, mit ihnen eng verknüpften Bestandteilen (z.B. Schule als Bestandteil ökonomischer Wirklichkeit) trennen, sondern auch bestimmte Wirklichkeitskomponenten (z.B. den Bildungsetat eines Landes) mehreren Wirklichkeitsausschnitten (der ökonomischen Wirklichkeit, der politischen Wirklichkeit, der Erziehungswirklichkeit) zuweisen.

Wenn sich aber demnach die Lebenswirklichkeit nicht trennscharf in Teilwirklichkeiten zerlegen lässt, muss ein alternativer Weg gefunden werden, die Erziehungswissenschaft von anderen Wissenschaften abzugrenzen. Möglich wird die Abgrenzung mit Hilfe der unterschiedlichen Perspektiven, die man auf ein-und-dieselbe, komplexe, nicht aufteilbare Wirklichkeit richten kann. So kann z.B. die Institution Schule als ein bedeutender Bestandteil der Wirklichkeit zum Gegenstand ökonomischer, politischer, pädagogischer etc. Reflexion werden. Der Gegenstand der Reflexion ist jeweils derselbe. Unterschiede bestehen nur hinsichtlich der Perspektiven, unter denen die Schule in den Blick genommen wird: Während sie durch die Ökonomie vorrangig *unter wirtschaftlichen Gesichtspunkten* und durch die Politik *aus politischer Sicht* reflektiert wird, betrachtet die Pädagogik sie *aus pädagogischer*

Perspektive, d.h. als Ort und Bedingung pädagogischer Praxis. Mit der Explikation dieser Perspektive über den Begriff des „pädagogischen Handelns" (→ II.2) ist die gesuchte differentia specifica für eine Reflexion gefunden worden, die die komplexe Lebenswirklichkeit aus einer pädagogischen, von anderen Perspektiven unterscheidbaren Weise fokussiert und damit zugleich die Erziehungswissenschaft von anderen Wissenschaften unterscheidbar macht.

Mit Hilfe dieser Perspektive wird die von Blaß (1978b, 198) geforderte Rückbindung erziehungswissenschaftlicher Theoriebildung möglich, nun allerdings nicht als Rückbindung an die *Struktur der Erziehungswirklichkeit*, auf die nur perspektivische und damit immer verkürzende Zugriffe möglich sind, sondern als Anbindung an die *Struktur der pädagogischen Reflexion der Lebenswirklichkeit*. Allein durch eine solche Rückbindung der sich immer mehr verselbständigenden erziehungswissenschaftlichen Teildisziplinen können Fortschritte in der pädagogischen Theoriebildung und der pädagogischen Praxis erwartet werden. Ohne eine Rückbindung an die pädagogische Strukturproblematik besteht dagegen die Gefahr, dass die zunehmende Verselbständigung erziehungswissenschaftlicher Forschungsrichtungen anhält und die Erziehungswissenschaft endgültig ihre Legitimation als eigenständige, weil spezifische Wissenschaft verliert.

Durch die Zentrierung der pädagogischen Reflexion auf die pädagogische Praxis und deren Bedingungen kann zugleich die Grenze sichtbar werden, die der Erziehungswissenschaft gesetzt ist: Die Frage, wie im konkreten Einzelfall erzogen werden soll, kann von der Erziehungswissenschaft nicht beantwortet werden, sondern richtet sich nach der das jeweilige Handeln leitenden Förderungsabsicht, den das Handeln leitenden Prinzipien sowie den konkreten Bedingungen, unter denen es erfolgt.

Dass die Erziehungswissenschaft hier ihre Grenzen findet, ergibt sich nicht nur aus dem Allgemeinheitsgrad wissenschaftlicher Aussagen, der keine bestimmte Art der Konkretisierung erlaubt, sondern auch aus dem Verlauf der Diskussion um die Lebensweltproblematik seit Husserl (1996), die zumindest geklärt hat, dass die Lebenswirklichkeit mehr umfasst, als sich an ihr mittels objektivierender Verfahren erfassen lässt, nämlich gerade auch den vorwissenschaftlichen Erfahrungsraum, von dem sich im Übrigen auch die wissenschaftliche Reflexion selbst letztlich nicht lösen kann. Dies heißt für die Pädagogik, dass die pädagogische Reflexion des Erziehers nicht in der erziehungswissenschaftlichen Sichtweise aufgeht, sondern als ein Prozess verstanden werden sollte, in dem vermittelt werden kann zwischen wissenschaftlicher (das heißt u.a.: situationsübergreifender) und situationsbezogener Reflexion. Eine solche Vermittlung ist unverzichtbar, weil das erzieherische Handeln immer mehr als bloß szientifisches Denken voraussetzt. Die damit verbundene Gefahr der Irrationalität kann auch eine sich durch das Bemühen um ein Höchstmaß an Rationalität auszeichnende Erziehungswissenschaft niemals aufheben, aber insoweit mildern, als sie dem erzieherisch Handelnden erlaubt, sich der Verfahren und Ergebnisse erziehungswissenschaftlicher Reflexion zu bedienen und

diese mit seiner vorwissenschaftlichen Reflexion zu vermitteln. Dies setzt voraus, dass es einen gemeinsamen Bezugspunkt für die Vermittlung wissenschaftlicher und vorwissenschaftlicher Reflexion gibt.
Einen solchen Bezugspunkt benötigen konsequenterweise auch die Schüler, um pädagogische und andere wissenschaftliche Theorien von diesem her analysieren, der Struktur ihrer pädagogischen Reflexion zuordnen und auf ihre pädagogische Relevanz hin beurteilen zu können. Nur wenn sie gelernt haben, z.B. Krappmanns Identitätstheorie auf die Bedingungen pädagogischer Praxis sowie auf Konsequenzen für die Ziele, Prinzipien, Formen und voraussichtlichen Wirkungen eines pädagogischen Handelns hin zu befragen, das sich der Förderung der Identitätsentwicklung verschreibt, haben sie die Chance, diese Theorie gezielt zur Bearbeitung eines konkreten Identitätsproblems heranzuziehen, sie mit anderen Identitätstheorien auf ihre Gemeinsamkeiten und Unterschiede, ihre Stärken und Schwächen sowie ihre Leistungsfähigkeit im Hinblick auf das zu lösende Problem zu beurteilen.
Dass sich die Erziehungswissenschaft mit der Übernahme dieser Handlungsperspektive so schwer tut, muss insbesondere angesichts der Tatsache verwundern, dass die meisten erziehungswissenschaftlichen Disziplinen (Früh- und Kleinkindpädagogik, Schulpädagogik, Sozialpädagogik, Heilpädagogik, Wirtschaftspädagogik etc.) die Aufgabe haben, ihren Studierenden Grundlagen für eine professionelle *pädagogische Praxis* zu vermitteln. Für alle diese Teildisziplinen könnte eine Allgemeine Pädagogik, die die Struktur pädagogischer Reflexion (Ziele, Prinzipien, Handlungsformen, Bedingungen, Wirkungen pädagogischen Handelns und deren Beziehungen zueinander) aufzuklären versuchte, ein gemeinsames Fundament legen, ein Fundament, das den Studenten die Orientierung innerhalb der Erziehungswissenschaft erheblich erleichtern würde. Auf diesem gemeinsamen Fundament aufbauend könnten dann die Differenzierungen und Konkretisierungen erfolgen, die im Interesse der verschiedenen Praxen erforderlich sind.
Auf diese Weise würde eine zumindest partielle Integration der sich immer mehr verselbständigenden Teildisziplinen erforderlich und möglich. Damit würde ein Gegengewicht geschaffen gegen die zentrifugalen Kräfte, die die Unabhängigkeit der jeweiligen Teildisziplin betonen und dazu beitragen, dass nicht nur in den Medien, sondern auch in der Erziehungswissenschaft selbst zunehmend im Plural von „den Erziehungswissenschaften" gesprochen wird.
Über die pädagogische Handlungsperspektive würde aber vor allem diejenige Frage wieder in den Vordergrund von Forschung und Lehre gestellt, die für die Erziehungswissenschaft spezifisch ist und die sie als eigenständige wissenschaftliche Disziplin gegenüber anderen humanwissenschaftlichen Disziplinen ausweist (→ II.2), nämlich die Frage, wie sich die Qualität pädagogischer Praxis am besten fördern lässt.
Diese Frage ist für alle Ebenen der pädagogischen Reflexion konstitutiv und kann diese miteinander verknüpfen: die erziehungswissenschaftliche Forschung und Lehre, die Fachdidaktik Pädagogik, die theoretische und praktische Ausbildung der

Pädagogiklehrer und anderer professioneller Pädagogen sowie den Pädagogikunterricht. Dass diese Verknüpfung zunehmend gelingen möge, ist ein Wunsch, dessen Erfüllung allerdings von einer entsprechenden Bereitschaft vor allem auf Seiten der Erziehungswissenschaft abhängt.

Wachsen sollte diese Bereitschaft, wenn die Erziehungswissenschaft sich immer wieder ins Bewusstsein riefe, dass sie nicht nur der Gesellschaft gegenüber eine besondere Verantwortung für das Gelingen von Erziehungspraxis hat, sondern dass sie selbst ein eigenes Interesse daran haben sollte, durch die Vermittlung ihrer grundlegenden Einsichten an möglichst breite Bevölkerungskreise zur Ausweitung und Verbesserung pädagogischer Bildung beizutragen.[19] Denn was nützt letztendlich die beste erziehungswissenschaftliche Theorie, wenn sie dem Praktiker nicht zur Verfügung steht und ihm nicht gezeigt wird, ob und inwiefern pädagogische Praxis sich durch sie besser aufklären lässt, und zwar so aufklären, dass die Praxis davon profitieren kann?

VI. Literaturhinweis

Adorno, Th. W. (1970): Erziehung nach Auschwitz. In: Ders.: Erziehung zur Mündigkeit. Vorträge und Gespräche mit Hellmut Becker 1959-1969, hrsg. v. G. Kadelbach. Frankfurt a.M., 88-104.

Ballauf, Th. (1978): Antithesen zur Lerntheorie. In: Pädagogische Rundschau 32, 308-316.

Benner, D. (1990): Wissenschaft und Bildung. Überlegungen zu einem problematischen Verhältnis und zur Aufgabe einer bildenden Interpretation neuzeitlicher Wissenschaft. In: Zeitschrift für Pädagogik 36, H. 4, 597-620.

Benner, D. (2005): Diskussionsbemerkung zur Legitimation des Pädagogikunterrichts. In: Kuld, L. / Bolle, R. / Knauth, Th. (Hrsg.): Pädagogik ohne Religion? Beiträge zur Bestimmung und Abgrenzung der Domänen von Pädagogik, Ethik und Religion. Münster / New York / München / Berlin, 174-175.

Bernhard, A. (2005): Pädagogische Bildung: Thesen zu ihrer Notwendigkeit in einer verkehrten Welt. In: Pädagogikunterricht 25, H. 2/3, 2-7.

[19] Dass dieses Interesse weithin fehlt, zeigt sich v.a. daran, dass die Erziehungswissenschaft – anders als andere Wissenschaften, die sich vehement für die Belange des jeweiligen Schulfaches einsetzen – sich für das Unterrichtsfach Pädagogik als „ihr“ Fach kaum engagiert, ja von dessen Existenz oft nicht einmal Kenntnis nimmt. Die Folge ist, dass sich viele Erzieher, die für ihr pädagogisches Handeln Hilfen erwarten, der umfangreichen, aber oft mehr als problematischen „Ratgeber“-Literatur zuwenden.

Beyer, K. (1997a): Handlungspropädeutischer Pädagogikunterricht. Eine Fachdidaktik auf allgemeindidaktischer Grundlage. 3 Bde. Teil I: Aufgaben, Prinzipien und Lernziele. Baltmannsweiler.

Beyer, K. (1997b): Handlungspropädeutischer Pädagogikunterricht. Eine Fachdidaktik auf allgemeindidaktischer Grundlage. 3 Bde. Teil II: Inhalte, Arbeitsformen, Sozialformen. Baltmannsweiler.

Beyer, K. (2002): Die historisch einzigartige Bedeutung pädagogischer Bildung. In: Beyer, K. / Knöpfel, E. / Storck, C.: Pädagogische Kompetenz: die Basiskompetenz im 21. Jahrhundert. Baltmannsweiler, 125-183.

Beyer, K. (2003/2004): Planungshilfen für den Pädagogikunterricht. 45 Rahmenreihen. 3 Bde. Baltmannsweiler.

Beyer, K. (2008): Pragmatische Didaktik. 9 Studien zur Förderung der Kompetenz zum vernünftigen Handeln. Baltmannsweiler.

Beyer, K. (2009): „Kompetenz zum vernünftigen Handeln“ statt „Mündigkeit“ als pädagogische Zielformel? In: Seminar 15, H. 4, 22-56.

Beyer, K. (2010): Die Entfaltung der pädagogischen Perspektive. In: Pädagogikunterricht 30, H. 2/3, 40-53.

Beyer, K. (2011): Das besondere Bildungspotential des Unterrichtsfaches Pädagogik. In: Pädagogikunterricht 31, H. 2/3, 2-16.

Beyer, K. (2012): Pragmatische Fachdidaktik Pädagogik. Zehn zusammenhängende Studien. Baltmannsweiler.

Beyer, K. (2014): Didaktische Prinzipien. Eckpfeiler guten Unterrichts. Ein theoriebasiertes und praxisorientiertes Handbuch in Tabellen für den Unterricht auf der Sekundarstufe I. Baltmannsweiler.

Beyer, K. / Knöpfel, E. / Storck, C. (2002): Pädagogische Kompetenz: die Basiskompetenz im 21. Jahrhundert. Baltmannsweiler.

Beyer, K. / Pfennings, A. (1979): Grundlagen des Pädagogikunterrichts. Heidelberg 1979.

Flitner, W. (1961): Die gymnasiale Oberstufe. Heidelberg.

Flitner, W. (1983): Exkurs über pädagogische Bildung. In: Ders.: Gesammelte Schriften. Bd. 2, hrsg. v. Karl Erlinghagen, Andreas Flitner, Ulrich Herrmann. Paderborn, 280-283.

Gesellschaft für Fachdidaktik Pädagogik (GFDP) (2001): Kerncurriculum Erziehungswissenschaft. Vorschläge für ein Basiscurriculum Pädagogik-Bakkalaureus und ein Curriculum Lehramtsmaster. Bochum.

Groothoff, H.-H. (Hg.) (1979): Die Handlungs- und Forschungsfelder der Pädagogik - Differentielle Pädagogik. 2 Bde. Teil 1. Königstein / Ts.

Husserl, E. (^{3}1996/1936): Die Krisis der europäischen Wissenschaften und die transzendentale Phänomenologie. Eine Einleitung in die phänomenologische Philosophie, hrsg. v. E. Ströker. Hamburg.

Kant, I. (1784): Beantwortung der Frage: Was ist Aufklärung? In: Kants Werke, hg. v. A. Messer. Bd. III. Berlin o. J., 636-643.

Löwisch, D.-J. (2000): Kompetentes Handeln: Bausteine für eine lebensweltbezogene Bildung. Darmstadt.
Mitscherlich, A. (1983): Das soziale und das persönliche Ich. In: Gesammelte Schriften. Bd. IV. Frankfurt a. M.
Röken, G. (2009): Pädagogikunterricht reloaded. In: Pädagogikunterricht 29, H. 2/3, 12-18.
Schaller, K. (1980): Was ist eigentlich die Pädagogik der Kommunikation? In: Westermanns Pädagogische Beiträge 32, 1980, H. 9, 368-373.
Schelsky, H. (1965): Der Mensch in der wissenschaftlichen Zivilisation. In: Ders.: Auf der Suche nach der Wirklichkeit. Gesammelte Aufsätze. Düsseldorf / Köln, 439-480.
Schütz, A. (1971): Das Wählen zwischen Handlungsentwürfen. In: Schütz, A.: Gesammelte Aufsätze. Bd. I: Das Problem der sozialen Wirklichkeit. Den Haag, 77-110.
Schütz, A. (1974): Der sinnhafte Aufbau der sozialen Welt. Eine Einleitung in die verstehende Soziologie. Frankfurt a. M.
Stiller, E. (1997): Dialogische Fachdidaktik Pädagogik. Paderborn.
Storck, C. (2005): Pädagogische Bildung im Spannungsfeld von Erziehung, Pädagogik und Erziehungswissenschaft. In: Pädagogikunterricht 25, H. 2/3, 13-21.
Storck, C. / Wortmann, E. (2006): Kompetenzfördernder Pädagogikunterricht, hrsg. v. d. Gesellschaft für Fachdidaktik Pädagogik (GFDP). Baltmannsweiler.
Storck, C. / Wortmann, E. (2009): Pocket Teacher Pädagogik. Berlin.
Vogel, P. (1996): Scheinprobleme der Erziehungswissenschaft: Das Verhältnis von „Erziehung" und „Sozialisation": In: Zeitschrift für Pädagogik 42, H. 4, 481-490.
Weniger, E. (1979): Theorie und Praxis in der Erziehung. In: Westermanns Pädagogische Beiträge 31, H. 6, 212-218.
Wortmann, E. (2009): Einführung in den pädagogischen Grundbegriff der Bildsamkeit. Texte und didaktische Hinweise zu einer Unterrichtsreihe für die Jahrgangsstufe 11. In: Pädagogikunterricht 29, H. 2/3, 30-43.

VOLKER LADENTHIN

Die pädagogische Perspektive
Historisch-systematische Betrachtungen zu Verständnis und Geltung der Pädagogik heute

1. Aufbruch, Abbruch oder Umbruch? Pädagogik heute

Seit etwa 10 Jahren erleben wir in der öffentlichen pädagogischen Diskussion eine Aufbruchsstimmung – oder, müssen wir sagen, eher eine Abbruchstimmung? An den Universitäten werden Lehrstühle für Historische und Allgemeine Pädagogik gestrichen oder durch solche der Empirischen Pädagogik ersetzt. Wissenschaftsministerien heißen nunmehr *Ministerium für Innovation, Wissenschaft und Forschung* (so, als ob es vorher keine Innovationen gegeben hätte) und manche in der Pädagogik sprechen schon wieder vom anstehenden Paradigmenwechsel[1]: Nimmt man die Internetplattform *wikipedia* als Ausdruck veröffentlichter Meinung und Zeitgeist, so steht dieser Wechsel bevor: „Der Kompetenzbegriff gewinnt in der Bildungstheorie und Schulpolitik zunehmend an Bedeutung. In Deutschland ist dies zu einem wesentlichen Teil eine Reaktion auf die PISA-Studie von 2000/2001, die nicht abrufbares Wissen (Sach- oder Methodenwissen) der Schülerinnen und Schüler abprüfte, sondern Kompetenzen wie Lesekompetenz, mathematische und naturwissenschaftliche Kompetenz. Dies kommt einem *Paradigmenwechsel* gleich; von einer ‚Input-Orientierung' auf Lehrpläne, -mittel und -maßnahmen hin zu einer ‚Output-Orientierung' auf sogenannte Bildungsstandards."[2] Müssen wir also vergessen, was man *zuvor* Pädagogik nannte – so wie man nach einem *Paradigmenwechsel* in der Astronomie die These ad acta legen musste, dass sich die Sonne um die Erde drehte und nun weiß, dass die Erde um die Sonne kreist? Ein Paradigmenwechsel, den man als kopernikanische Wende bezeichnete. Danach war nichts mehr wie zuvor in der Astronomie. Unterschiedliche Paradigmen sind nicht ineinander überführbar, sie schließen sich wechselseitig aus. Hat also die Kompetenzforschung die Pädago-

[1] Vgl.: „Einerseits steht (der Begriff „Paradigma", V.L.) für die ganze Konstellation von Meinungen, Werten, Methoden usw., die von den Mitgliedern einer gegebenen Gemeinschaft geteilt werden. Andererseits bezeichnet er ein Element in dieser Konstellation, die konkreten Problemlösungen, die, als Vorbilder oder Beispiele gebraucht, explizite Regeln als Basis für die Lösung der übrigen Probleme der 'normalen Wissenschaft' ersetzen können." Thomas S. Kuhn: Die Struktur wissenschaftlicher Revolutionen. Mit einem Postskriptum von 1969. 5. Auflage. Suhrkamp, Frankfurt am Main 1981, S. 186.

[2] http://de.wikipedia.org/wiki/Kompetenz_%28P%C3%A4dagogik%29. Abgerufen am 22.12.2013. Hervorheb. von mir, V.L.

gik erneut erfunden[3] .... oder ist das, was da erfunden wurde, überhaupt noch Pädagogik? Und wenn es Pädagogik ist, inwiefern beziehen sich dann traditionelle Bildungstheorie und Kompetenzforschung auf den gleichen Gegenstand? Ist die Psychometrie[4], die die Basis der PISA-Messungen bildet, die bessere oder zumindest die neue Pädagogik? Ist Pädagogik nicht das, was Wirkungen zeigt und Erfolg hat, so dass die vergleichende und ökonomische Betrachtung des Bildungssektors die letztlich Entscheidende ist?[5]
Der folgende Text will rekonstruieren, um was es der Pädagogik überhaupt geht und inwiefern sie Bedeutung für den Menschen hat. Damit wird zugleich bestimmt, was denn die Zentralperspektive im *Pädagogikunterricht* sein muss, wenn dieses Fach notwendig ist, weil es eine eigene und unverzichtbare Perspektive auf das menschliche Leben hat.

2. Fragen an die Geschichte

Wer vom Paradigmenwechsel in einer Wissenschaft spricht, nimmt an, dass es in der Geschichte eines Faches einen grundlegenden Wechsel gegeben hat, der aber *zugleich* die Identität des Faches wahrt (Kuhn nennt dies die "gegebene Gemeinschaft" [6]): So bleibt trotz der revolutionierenden Erkenntnis, dass die Sonne nicht um die Erde, sondern die Erde um die Sonne kreist, die Fragestellung der Astronomie gleich[7]: nämlich die „Formen kosmischer Materie, ihres physikalischen Zustandes, ihrer Bewegungsverhältnisse sowie ihrer Entstehung und Entwicklung"[8] zu erforschen: Seit der Antike galt diese Fragestellung als das einheitsstiftende Moment, wie der folgende Text aus dem 5. Jahrhundert nach Christus über einen Text aus dem 6. Jahrhundert vor Christus zeigt: „Die Forschung über die Größe und Entfernung [der Planeten] hat zuerst Anaximandros angestellt, wie Eudemos berichtet, der die Feststellung ihrer Reihenfolge auf die Pythagoreeer als Urheber zurückführte."[9]

---

[3] Vgl. Müller-Ruckwitt, Anne: "Kompetenz" - Bildungstheoretische Untersuchungen zu einem aktuellen Begriff. Würzburg 2008.

[4] Vgl. Lamberti, Georg (Hg.): Intelligenz auf dem Prüfstand – 100 Jahre Psychometrie. Vandenhoeck & Ruprecht. Göttingen 2006.

[5] Vgl. Pechar, Hans: Bildungsökonomie und Bildungspolitik. Waxmann. Münster 2006.

[6]. Kuhn, Thomas S: Die Struktur wissenschaftlicher Revolutionen. Mit einem Postskriptum von 1969. 5. Auflage. Suhrkamp. Frankfurt am Main 1981. S. 186.

[7] Hamel, Jürgen: Die Geschichte der Astronomie. Essen 2004.

[8] N.N.: Art.: Astronomie. In: Brockhaus Enzyklopädie in 20 Bänden. Bd. 1. Wiesbaden 1966 (17. Aufl.). S. 818-820. Hier S. 818

[9] Zitiert wird Simplicius' Aristoteles-Kommentar in: Capelle, Wilhelm (Hg.): Die Vorsokratiker. Stuttgart 1968. S. 76.

Wenn also vom Paradigmenwechsel in der Pädagogik die Rede ist, muss trotz des grundlegenden Wandels eine Bestimmung dessen erfolgen, was sich nicht wandelt – weil es ja eben etwas *in der Pädagogik* ist, das sich wandelt. Was ist aber jenes, was gleich geblieben ist in der Pädagogik – trotz aller Paradigmenwechsel – so dass man überhaupt eine Geschichte der Pädagogik – analog zu einer Geschichte der Astronomie – schreiben kann?

Wer es nun unternimmt, sich mit diesem Interesse in der Geschichte der Pädagogik kundig zu machen, sieht sich zuerst mit dem Problem konfrontiert, mit dem Geschichtsschreibung überhaupt konfrontiert ist: Was sind überhaupt die Quellen, mittels derer eine Geschichte und ihre Begriffe zu rekonstruieren sind? Damit ist nicht nur gemeint, dass zwischen einer Geschichte der Pädagogik als Theorie und einer Geschichte der Pädagogik als Praxis zu unterscheiden ist – also etwa zwischen einer Geschichte der Theorie der Schule (für die man schon in der Antike reichlich Material findet)[10], und einer Geschichte der Einrichtung Schule, über die sehr viel schwerer Material zu erhalten ist. Sondern mit dem Quellenproblem einer Geschichte der Pädagogik stellt sich, wie bei jeder Themengeschichte, die Frage, welche Quellen denn – im Bereich der Theorie etwa – zu einer Geschichte der Pädagogik gehören. So, wie zur Musikgeschichte nur Quellen gehören, die mit dem Begriff der *Musik* verbunden sind[11] (aber nicht solche Texte, die sich zur Malerei äußern), können für eine Geschichte der Pädagogik nur solche Texte berücksichtigt werden, die zur Erkenntnis der Pädagogik einen Beitrag liefern – nicht aber z. B. zur Physiologie des Menschen (diese Texte gehören in eine Geschichte der Medizin oder Biologie) oder zum politischen System (diese Texte gehören in die Geschichte der Politik).

Nun fällt aber auf, dass es in der Antike (in der Bücher nicht immer mit Buch-Titeln versehen waren) kaum Bücher mit dem (in der Folgezeit eingebürgerten) Titel „Pädagogik" gab – und dass es umgekehrt Bücher gab, die z. B. mit „Politik" betitelt waren, deren Inhalt sich aber umfänglich mit dem beschäftigt, was dem Selbstverständnis nach als Pädagogik galt und auch dem heutigen Alltagsverständnis nach zur Pädagogik gehört: Dies trifft etwa auf die bereits erwähnte „Politik" des Aristoteles zu, eine wohl nachträgliche Zusammenstellung unterschiedlicher Schriften zu acht „Büchern", von denen sich immerhin zwei ausschließlich mit Erziehungsfragen beschäftigen.

---

[10] Konrad, Franz-Michael: Geschichte der Schule. Von der Antike bis zur Gegenwart. München 2007.

[11] Vgl., wie ausführlich ein Musikhistoriker den Begriff der Musik bestimmt, um überhaupt einen Gegenstand zu haben, den er erforschen kann: „Um von Musik zu sprechen, müssen drei Merkmale erfüllt sein:" nämlich feste Tonintervalle, gegliederte Tonfolgen und Sinnanspruch (Sprachlichkeit). Nach Wörner, Karl H.: Geschichte der Musik. Göttingen 1965 (4. Aufl.). S. 22.

Diese Gattungsvermischung in der Antike ist übrigens in der sich in Fächer ausdifferenzierenden Moderne als Problem bemerkt worden. So stellt (in provozierender Absicht) Rousseau fest: „Lest Platons ‚Staat'. Das ist keineswegs eine politische Arbeit, so wie jene denken, die die Bücher nach ihren Titeln beurteilen. Es ist die schönste Abhandlung über die Erziehung, die je geschrieben wurde."[12] Im Falle Platons allerdings verhält es sich so, dass die argumentierende Hauptperson des umfänglichen Dialogs eine Person namens Sokrates ist, der angeklagt worden war, als Lehrer versagt zu haben, „indem er die Jugend verderbe"[13] – worauf dieser entgegnet, „nie irgend jemandes Lehrer gewesen"[14] zu sein. Ja, er steigert die Ablehnung dessen, was seine Zeitgenossen (und viele Menschen heute) als pädagogisch bezeichneten[15]: „Und ob nun jemand von diesen besser wird oder nicht, davon bin ich nicht schuldig, die Verantwortung zu tragen, da ich Unterweisung hierin weder jemals jemandem versprochen noch auch erteilt habe. Wenn aber einer behauptet, jemals von mir etwas ganz besonderes gelernt oder gehört zu haben, was nicht auch alle andern, so wisst, daß er nicht die Wahrheit redet."[16] Ist nun die Rede des Sokrates in der Politik ein pädagogischer Text (wie Rousseau – gegen den Buchtitel und die Überlieferungstradition – behauptet) oder nicht (wie Sokrates – gegen die zeitgenössischen Ansichten – zu behaupten scheint)? Gehört die „Apologie" (von der literarischen Gattung her eine „Gerichtsrede")[17], in der unterschiedliche Arten des Erziehungsverständnisses dargestellt werden, zur Pädagogik – und sei es in dem

[12] Rousseau, Jean-Jacques: Emile oder über die Erziehung. Hg., eingel. u. m. Anm. versehen v. Martin Rang. Unter Mitarbeit des Herausgebers aus dem Französischen übertragen von Eleonore Sckommodau. Stuttgart 1963. S. 114.

[13] Platon: Des Sokrates Verteidigung [Apologie]. In: Platon: Sämtliche Werke. In der Übers. v. F. Schleiermacher (…) hg. v. Walter F. Otto, Ernesto Grassi, Gert Plamböck. Bd. 1 Hamburg 1957. S. 7-31. Hier S. 15 (= 24b).

[14] Platon: Des Sokrates Verteidigung [Apologie]. In: Platon: Sämtliche Werke. In der Übers. v. F. Schleiermacher (…) hg. v. Walter F. Otto, Ernesto Grassi, Gert Plamböck. Bd. 1 Hamburg 1957. S. 7-31. Hier S. 23 (= 33a).

[15] Zum Verständnis von Pädagogik während und nach der Zeit Platons vgl. Böhm, Winfried: Geschichte der Pädagogik. Von Platon bis zur Gegenwart. 2. durchges. Aufl. Beck. München 2007.

[16] Platon: Des Sokrates Verteidigung [Apologie]. In: Platon: Sämtliche Werke. In der Übers. v. F. Schleiermacher (…) hg. v. Walter F. Otto, Ernesto Grassi, Gert Plamböck. Bd. 1 Hamburg 1957. S. 7-31. Hier S. 23. (= 33b).

[17] Vgl. Aristoteles: Rhetorik. Übers., mit einer Bibliogr., Erläuterungen und einem Nachwort von Franz G. Sieveke. München 1995 (5. Aufl.). S. 54ff. (= 1368b). Man könnte auch die Rhetorik (also die Kunst, andere durch Argumente zu überzeugen, als Vor- oder Nebenform der Pädagogik betrachten. Inzwischen gibt es eine eigene Forschungsrichtung in der Pädagogik, die das umfängliche Wissen der Rhetorik für die Pädagogik nutzbar zu machen sucht: Koch, Lutz (Hg.): Pädagogik und Rhetorik. Würzburg 2004.

Sinne, dass hier erklärt werde, was *nicht* Pädagogik ist? (So gehören sicherlich doch die umfänglichen Kritiken der Pädagogik zu einer Geschichte der Pädagogik, weil sie ja einen Begriff vom Gegenstand dessen haben müssen, was sie kritisieren.)
Und inwiefern gehört die Biografie über einen Pädagogen zur Geschichte der Pädagogik? Wird sie anders recherchiert und geschrieben als die Biografie über einen Musiker oder Maler? Oder gehört sie erst dann zur pädagogischen Geschichtsschreibung, wenn sie thematisiert, inwiefern der Beschriebene *pädagogisch* gewirkt hat? Wie aber wirkt ein Pädagoge als Pädagoge? Eine Frage, die, wie im soeben erwähnten „Falle Sokrates" zu zeigen wäre, nicht so einfach zu beantworten ist: Sokrates lehnt es ja ab, im Sinne der zeitgenössischen Pädagogik *Pädagoge* genannt zu werden; er lehnt sogar die zeitgenössische Pädagogik, die Schule der Sophisten, ab. Andererseits wurde er gerade als idealer Lehrer empfunden – so dass das Interesse wuchs, den einmal erreichten Stand an pädagogischer Kunst zu beschreiben und für die Nachwelt festzuhalten: „Wie (Sokrates) (...) nun nach meiner Meinung seine Freunde auch förderte, einmal indem er durch sein Verhalten ein Beispiel gab, wie er selbst war, und andererseits indem er mit ihnen sich unterredete, davon will ich jetzt schreiben, soweit ich mich erinnern kann."[18] Diese Absichtserklärung stammt von Xenophon, dem ersten Biographen Sokrates'. Seine Biographie ist eine der ersten umfangreichen und systematischen *empirischen* Arbeiten in der Pädagogik.
Gehören jene unmittelbar Abscheu erweckenden Schriften über Züchtigung, demütigende Strafen und inhumane Ziele, die man gemeinhin als „Schwarze Pädagogik"[19] beschreibt, überhaupt in eine Geschichte der Pädagogik oder zum Begriff der Pädagogik? Gehören Hitlers Äußerungen über die Vereinnahmung der Jugend zu einer Geschichte der Pädagogik: „Diese Jugend, die lernt ja nichts anderes als deutsch denken, deutsch handeln, und wenn diese Knaben mit zehn Jahren in unsere Organisation hineinkommen und dort oft zum ersten Male überhaupt eine frische Luft bekommen und fühlen, dann kommen sie vier Jahre später vom Jungvolk in die Hitlerjugend, und dort behalten wir sie wieder vier Jahre, und dann geben wir sie erst recht nicht zurück in die Hände unsrer alten Klassen- und Standeserzeuger, sondern dann nehmen wir sie sofort in die Partei, in die Arbeitsfront, in die SA oder in die SS, in das NSKK und so weiter. Und wenn sie dort zwei Jahre oder anderthalb Jahre sind und noch nicht ganze Nationalsozialisten geworden sein sollten, dann kommen sie in den Arbeitsdienst und werden dort wieder sechs und sieben Monate geschliffen, alles mit einem Symbol, dem deutschen Spaten. Und was dann nach sechs oder sieben Monaten noch an Klassen- und Standesdünkel da oder da noch vorhanden sein sollte, das übernimmt dann die Wehrmacht zur weiteren Be-

[18] Xenophon: Erinnerungen an Sokrates. Griechisch-deutsch. Übers. u. hg. v. Peter Jaerisch, m. Literaturhinweisen v. Rainer Nickel. Düsseldorf-Zürich 2003. S. 47 (= I,3).
[19] Vgl. Rutschky, Katharina: Schwarze Pädagogik. Quellen zur Naturgeschichte der bürgerlichen Erziehung. Ullstein: Frankfurt/M. 1977.

handlung auf zwei Jahre, und wenn sie nach zwei, drei oder vier Jahren zurückkehren, dann nehmen wir sie, damit sie auf keinen Fall rückfällig werden, sofort wieder in die SA, SS und so weiter, und sie werden nicht mehr frei ihr ganzes Leben. Und wenn mir einer sagt, ja, da werden aber immer noch welche übrig bleiben: Der Nationalsozialismus steht nicht am Ende seiner Tage, sondern erst am Anfang!"[20]. (Würde eine Geschichte der Malerei auch Beispiele misslungener Malerei, Produkte der Laienkunst, des Dilettantismus beinhalten? Vermutlich nicht, denn in keiner Kunstgeschichte finden sich Beispiele der auf Flohmärkten und Laienbörsen ausgestellten Kunst der Hobbymaler. Warum also sollten dilettierende Autoren wie Hitler Gegenstand einer Geschichte der Pädagogik sein?)
Und wie verfährt man mit Gewohnheiten? So schrieb der „Kernlehrplan für die Sekundarstufe II Gymnasium / Gesamtschule in Nordrhein-Westfalen Erziehungswissenschaft (Entwurf Verbändebeteiligung: 17.03.2013)" in Weiterführung früherer Lehrpläne vor: "Die SuS erklären Formen heterogener *Entwicklung* sowie *Sozialisation* aus *psychoanalytischer* sowie *sozialpsychologischer* Sicht". Sind die kursiv gedruckten Termini überhaupt pädagogische oder pädagogisch relevante Begriffe? In der 16. Auflage (!) eines pädagogischen Lexikons (das somit doch den Mainstream der pädagogischen Forschung repräsentieren dürfte) ist zu lesen: „"F[reud] hat sich nicht unmittelbar zu Erziehungsfragen geäußert (...) (und) stets vor einer unkritischen Übertragung der Psychoanalyse gewarnt."[21] Und dann zitiert der Artikel Freud selbst: „Bis heute gilt, dass ‚die Erziehungsarbeit etwas suis generis ist, das nicht mit psychoanalytischer Behandlung verwechselt und nicht durch sie ersetzt werden kann. Die Psychoanalyse des Kindes kann von der Erziehung als Hilfsmittel herangezogen werden. Aber sie ist nicht dazu geeignet, an ihre Stelle zu treten'."[22] Wieso also sollte eine Theorie aus der Psychoanalyse, die keine Pädagogik sein *will*, zur Pädagogik gezählt werden?
Gleiches ist über das ebenfalls im Entwurf vorgeschlagene „Inhaltsfeld I 4 (Identitätsbildung)" zu sagen. „Identitätsbildung" wird an den Universitäten in der Erziehungswissenschaft nicht als eigenes Fach gelehrt, gehört traditionell ebenfalls zur Psychologie und zur Soziologie – und hat dort kaum noch einen großen Stellenwert. Es gibt in Deutschland keinen „Lehrstuhl für Identitätsforschung" und in Halle lediglich ein Graduiertenkolleg. Neuere Publikationen zur Identitätsforschung beziehen sich auf Inhalte von möglicher Identität, nicht aber auf die Frage, wie Identi-

---

[20] Hitler, Adolf: Auszug aus der Rede vor Kreisleitern in Reichenberg am 2.12.1938. Abgedruckt im „Völkischen Beobachter" vom 4.12.1938. Zit nach Fest, Joachim: Das Gesicht des Dritten Reiches. Profile einer totalitären Herrschaft. Piper. München 1963. S. 311f.

[21] Art.: Freud, Sigmund. In: Böhm, Winfried: Wörterbuch der Pädagogik. 16., vollständig überarbeitete Auflage unter Mitarbeit von Frithjof Grell. Stuttgart 2005. S. 222f. Hier S. 222.

[22] Freud, Sigmund: Geleitwort zu „Verwahrloste Jugend" von Augustin Eichhorn. (1931) In: Freud, Sigmund: Gesammelte Werke. Chronologisch geordnet, 17 Bde. (1940-1952, hg. v. Anna Freud u.a.). Hier Bd. XIV London 1948. S. 565-567. Hier: 566.

tät entsteht (also gelernt wird). Die Frage ist zudem, warum ein – längst nur noch historisches – Thema der Psychologie und Soziologie eine so große Bedeutung im Pädagogikunterricht haben soll? Zumal die Frage nach inhaltlichen Identitätsfindungsprozessen ja ausgiebig im Deutschunterricht (Stichwort: Max Frisch) besprochen wird. Offensichtlich fassen die Autoren der Richtlinien etwas als *pädagogisch* auf, was sowohl von den bemühten Autoren selbst als auch von der Wissenschaftsgemeinschaft gar nicht als pädagogisch verstanden wird. Warum aber wird im Pädagogikunterricht etwas thematisiert, was von sich aus gar keine Pädagogik sein will?
Schließlich ist zu fragen, ob Untersuchungen von Wirtschaftsorganisationen wie der OECD, die sich auf Institutionen richten, die man gemeinhin als pädagogisch qualifiziert, nämlich der Schule, überhaupt pädagogisch sind. Sind Messungen schon deshalb pädagogische Forschung, weil der Gegenstand „pädagogisch" ist? Ist die Frage, ob sich „Schule" volkswirtschaftlich rechnet, überhaupt eine pädagogische Frage (also eine solche, die sich mit Methoden der Pädagogik beantworten ließe) oder nicht viel eher eine ökonomische Frage, die mit Methoden der Ökonomie bearbeitet werden muss? Wäre die Beantwortung der Frage „Lohnt sich die Investition in das Bildungssystem?"[23] eine pädagogische Frage, während die Frage „Lohnt sich die Investition Kunst?"[24] eine künstlerische oder kunstgeschichtliche Frage wäre? (Erfährt man mehr über die Aussage eines Kunstwerkes, wenn man betrachtet, zu welchem Preis es verkauft wurde? Erfährt man mehr über die Pädagogik, wenn man betrachtet, welche Kosten sie verursacht?) Sind also Arbeiten mit gleicher Methode (etwa der Statistik) dann unterschiedlichen Wissenschaften zuzuordnen, wenn sie auf die Schule oder die Kunst angewendet werden? Ist eine Schulstatistik eine andere Art der Statistik als die der Einwohnerzahlen? Wendet sie andere Methoden an? Was sind aber dann eigene „Methoden der Pädagogik"?

Lässt sich der Befund einer unreflektierten Vermischung von Ökonomie und Pädagogik auch im politischen Bereich feststellen? Ist der folgende Ausschnitt aus dem „Europäische Referenzrahmen: Schlüsselkompetenzen für lebenslanges Lernen" von 2007 ein pädagogischer, ökonomischer oder politischer Text? „Die Kenntnisse, Fertigkeiten und Kompetenzen der europäischen Arbeitnehmer sind ein wichtiger Faktor für Innovation, Produktivität und Wettbewerbsfähigkeit in der EU. Zunehmende Internationalisierung, rascher Wandel und die kontinuierliche Einführung neuer Technologien erfordern, dass die Europäer nicht nur ihre berufsspezifischen

[23] Zu den ersten Veröffentlichungen, die die Theorie des Humankapitals deutlich aussprechen, gehören die folgenden Arbeiten: Schultz, Theodore W.: The Economic Value of Education. New York 1963 und Schultz, Theodore W.: Investment in Human Capital: The Role of Education and of Research. New York 1971.

[24] Vgl. etwa: Bernhard, Eric M.: Kunst als Kapitalanlage: Kunstmarktfonds als Verbindung zwischen Kunst- und Kapitalmärkten von Eric M. Bernhard. Wiesbaden 2005.

Fertigkeiten auf dem neuesten Stand halten, sondern auch über allgemeine Kompetenzen verfügen, die ihnen die Anpassung an den Wandel ermöglichen. Die Kompetenzen der Menschen tragen auch zu ihrer Motivation und Zufriedenheit am Arbeitsplatz bei und wirken sich daher auch auf die Qualität ihrer Arbeit aus. (...) In diesem Klima des raschen Wandels ist der soziale Zusammenhalt zunehmend bedroht. Es besteht die Gefahr, dass viele Europäer nicht mit der Globalisierung und der digitalen Revolution Schritt halten können und sich an den Rand gedrängt fühlen."[25] Ist „Anpassung" eine legitime pädagogische Leitidee?

Wie also wären die Pädagogik und ihre Fragestellungen, ihr Gegenstandsbereich zu bestimmen – etwa im Unterschied zur Biologie oder zur Ökonomie, zur Psychologie oder Soziologie (die es ja auch mit dem Menschen zu tun haben)? Die Geschichte der Pädagogik gibt, so dürfte deutlich geworden sein, keine Antwort auf diese Frage: Vielmehr bedarf die Geschichte der Pädagogik bereits vorab einer Antwort auf die Frage, „Was ist Pädagogik?", um überhaupt geschrieben werden zu können. Auch die Empirie gibt keine Antwort, denn sie ist ja dann erst pädagogisch, wenn zuvor beschrieben wurde, was „pädagogisch" ist. Was aber ist „pädagogisch"?

3. Freiheit und Geltungsanspruch

Schauen wir zurück, wie wir zur Klärung der einfachen Frage „Was ist Pädagogik?" vorgegangen sind. Wir haben durch die Lektüre und Auslegung von Dokumenten festgestellt, dass der Begriff des Pädagogischen weder von Natur aus gegeben ist noch beliebig festgelegt werden kann. Offensichtlich ist das, was der Mensch denkt, nicht festgelegt, determiniert: Wir können den Menschen als Person (wie Sokrates es macht) oder als Humankapital (wie Schultz es macht) betrachten; zugleich aber steht diese Betrachtung unter dem Anspruch, gültig zu sein. Es ist nicht gleichgültig, wie wir etwa Kinder betrachten – denn wir würden anders mit ihnen umgehen, wenn wir sie als Person betrachten, als wenn wir sie als Kapitalanlage betrachten. Diese Geltungsansprüche *können* in der Sache erhoben werden (man *kann* Menschen als Person und als Kapitalanlage betrachten – diese Freiheit haben wir), aber wir *müssen* auch fragen, wie es *sinnvoll* wäre, wie wir Menschen betrachten *sollen*. Die erste Frage wäre sachlich zu klären, die zweite Frage betrifft die Würde des Menschen, führt also zu Diskursen über die Würde des Menschen – zur Ethik: Dürfen wir Menschen (ausschließlich? vorrangig? auch?) als Mittel zu Zwecken betrachten?

[25] http://www.eu-bildungspolitik.de/uploads/dokumente_instrumente/2007_kom_brochure_referenzrahmen.pdf

Wir stellen die beiden Fragen, die nach der *möglichen* und die nach der *moralisch* vertretbaren Betrachtungsart, weil jeder von uns will, dass sein Leben *gelingt*. Kann man wollen, dass etwas misslingt, was man beginnt? Das scheint anthropologisch so unwahrscheinlich, dass es keine Theorie darüber gibt – wohl aber seit der Antike die Annahme, dass jeder will, dass sein Leben gelingt: „Jede Kunst und jede Lehre, ebenso jede Handlung und jeder Entschluß scheint irgendein Gut zu erstreben."[26] Und Kant schreibt: „Daß der Mensch sich selbst beleidigen könne, scheint ungereimt zu sein (volenti non fit iniuria). (...) (D)ie schwärmerische Selbsterkenntnis (...) widerspricht sich selbst."[27] Man kann ein Misslingen des Lebens nicht als Ziel des Gelingens ausgeben.

Verallgemeinert können wir feststellen, dass dem Menschen Freiheit zukommt – die Freiheit, die Welt nach unterschiedlichen Gesichtspunkten zu ordnen, zu deuten, zu erklären oder zu verstehen. Die Art der Deutungen ist nicht vorgeschrieben – jede Frage und jede Untersuchung sind möglich. Die Antwort auf die Frage unterliegt dann allerdings den Methoden, die man der Fragestellung zugeordnet hat. Mit Hilfe von Methoden können wir ungültige von gültigen Antworten unterscheiden. Wer wissen will, wie viele Kinder in einer Schulklasse sitzen, kann raten oder zählen. Die methodische Antwort wäre das Zählen. Sie ist der unmethodischen Antwort an Geltung überlegen.

4. Sachangemessene und sittliche Geltungsansprüche

Es besteht also Freiheit in der Fragestellung, aber ein Geltungsanspruch in der Antwort: Wir können zählen, wie viele Schülerinnen und Schüler in der Klasse sitzen, aber die Antwort ist nicht beliebig sondern durch die Methode des Zählens beweisbar. Wir können fragen, welche Ziele die EU für die „Arbeitnehmer" setzt – und können zur Beantwortung der Frage in den Text schauen. Und wir stellen fest, dass dort „Anpassung" als Ziel pädagogisch gemeinter Konzepte ausgegeben wird, nicht aber Kreativität oder Zukunftsgestaltung. Unsere Analyse ist gültig in dem Sinn, dass wir zwischen richtig und falsch im Hinblick auf eine Frage an den Text entscheiden können.

Auch können wir fragen, ob wir andere Menschen als „Kapital" oder (allgemeiner formuliert) als *Mittel zum Zweck* betrachten dürfen; ob eine solche Auffassung grundsätzlich oder aber speziell in der Pädagogik sittlich zu vertreten ist. Aristoteles etwa legitimierte eine solche Betrachtung: So gebe es Menschen, die von der Natur

---

[26] Aristoteles: Die Nikomachische Ethik. Übers. u. hg. v. Olof Gigon. München 1975. (2. Aufl.) S. 55 (= 1094 a 1).

[27] Kant, Immanuel: Die Metaphysik der Sitten.[1797] In: Kant, Immanuel: Werke in zehn Bänden. Hg. v. Wilhelm Weischedel. Bd. 7. Darmstadt 1983. S. 309-634. S. 554, 577 (=A 72, 105).

dazu bestimmt sind, Werkzeug zu sein: „Der jenige Mensch nämlich, welcher von Natur nicht sich selber, sondern einem anderen angehört, der ist Sklave von Natur“[28]. Diese Menschen unterschieden sich nicht graduell (z. B. durch mehr oder weniger Ausbildung) sondern prinzipiell von den freien Menschen der Polis: „Alle diejenigen, welche so weit von anderen abstehen wie der Leib von der Seele und das Tier vom Menschen (...) sind Sklaven von Natur.“[29] Für Sklaven von Natur sei es besser, „wenn sie auch tatsächlich als solche regiert werden.“[30] Das bedeutet, dass ein Sklave „an der Vernunft nur soweit teilhat, um ihre Gebote zu verstehen, ohne sie zu besitzen.“[31] Diese Gruppe von Menschen, die als ein ‚lebendiges Werkzeug‘[32] (also als Mittel zum Zweck) dienen, bedürften also zwar auch des Wissens, aber eben nur so viel des Wissens, wie es ihnen in ihrer Funktion als Werkzeug (als Mittel zum Zweck) zukomme: „Doch gibt es allerdings auch eine Wissenschaft des Herrn und eine des Sklaven. Eine solche Wissenschaft, wie sie für einen Sklaven dienlich ist, trug wirklich einmal in Syrakus einer vor, indem er gegen Lohn die Sklaven in ihren gewöhnlichen Dienstleistungen unterrichtete. Der Unterricht in diesen Dingen lässt sich noch weiter ausdehnen, wie z. b: auf die Kochkunst und andere solche Arten des Dienstes, denn gewisse Vorrichtungen zeichnen sich vor den anderen durch größere Schätzbarkeit aus, während diese dafür wieder die größere Unentbehrlichkeit voraushaben (...). Kenntnisse nun also in diesen Dingen bilden das Wissen eines Sklaven; die Wissenschaft des Herrn aber besteht darin, dass er die Sklaven zu gebrauchen versteht.“[33]. Man kann sehen – aus diesen Überlegungen folgen sogar schon Perspektiven auf das, was wir im Alltagssprachgebrauch Pädagogik nennen.

---

[28]Aristoteles: Politik [zw. 335-323 v. Chr.]. Nach der Übersetzung von Franz Susemihl bearbeitet mit Nummerierung, Gliederungen und Anmerkungen hg. v. Nelly Tsouyopoulos u. Ernesto Grassi. O.O. [Hamburg] 1965. S. 14 (= 1254a 15).

[29] Aristoteles: Politik [zw. 335-323 v. Chr.]. Nach der Übersetzung von Franz Susemihl bearbeitet mit Nummerierung, Gliederungen und Anmerkungen hg. v. Nelly Tsouyopoulos u. Ernesto Grassi. O.O. [Hamburg] 1965. S. 16. (= 1254b 15).

[30] Aristoteles: Politik [zw. 335-323 v. Chr.]. Nach der Übersetzung von Franz Susemihl bearbeitet mit Nummerierung, Gliederungen und Anmerkungen hg. v. Nelly Tsouyopoulos u. Ernesto Grassi. O.O. [Hamburg] 1965. S. 16 (= 1255 a 20).

[31] Aristoteles: Politik [zw. 335-323 v. Chr.]. Nach der Übersetzung von Franz Susemihl bearbeitet mit Nummerierung, Gliederungen und Anmerkungen hg. v. Nelly Tsouyopoulos u. Ernesto Grassi. O.O. [Hamburg] 1965. S. 16. (= 1255 a 20).

[32] Aristoteles: Politik [zw. 335-323 v. Chr.]. Nach der Übersetzung von Franz Susemihl bearbeitet mit Nummerierung, Gliederungen und Anmerkungen hg. v. Nelly Tsouyopoulos u. Ernesto Grassi. O.O. [Hamburg] 1965. S. 13 (= 1253b 25ff).

[33] Aristoteles: Politik [zw. 335-323 v. Chr.]. Nach der Übersetzung von Franz Susemihl bearbeitet mit Nummerierung, Gliederungen und Anmerkungen hg. v. Nelly Tsouyopoulos u. Ernesto Grassi. O.O. [Hamburg] 1965. S. 19 (= 1255b 20).

Kant hat die Frage danach, ob wir den Menschen als Sklaven (also als Werkzeug, als Mittel zum Zweck) betrachten dürfen, anders beantwortet: „Denn vernünftige Wesen stehen alle unter dem *Gesetz*, dass jedes derselben sich selbst und alle andere *niemals bloß als Mittel*, sondern jederzeit *zugleich als Zweck an sich selbst* behandeln *solle*.“[34] Zu vermuten wäre, dass sich auch bei Kant pädagogische Konsequenzen ergeben. In der Tat lesen wir: „Der Mensch soll nicht bloß zu allerlei Zwecken geschickt sein, sondern auch die Gesinnung bekommen, daß er nur lauter gute Zwecke erwähle. Gute Zwecke sind diejenigen, die notwendigerweise von jedermann gebilligt werden; und die auch zu gleicher Zeit jedermanns Zwecke sein können.“[35] Auch in sittlichen Fragen gibt es Geltungsansprüche – mit erheblichen Konsequenzen – die sogar – wie im Fall Sokrates – über Leben und Tod entscheiden.

Wir können in diesem letzten Sinne vorläufig zusammenfassen: Der Mensch ist von Natur aus frei; aber er muss diese Freiheit nutzen, um sich richtig und gut zu bestimmen. Er kann, wenn er sachlich und sittlich falsch entscheidet, sich und andere in erheblichem Maße schädigen – bis hin zum Tod. Aus dieser merkwürdigen Doppelbestimmung kommt kein Mensch heraus, weder in früheren Zeiten noch heute – und so ist die These sicherlich berechtig und gut zu begründen, dass der Mensch dazu bestimmt ist, sich selbst gültig zu bestimmen. Dies gilt allerdings dann nicht, wenn man – wie Aristoteles – der Ansicht ist, dass es Menschen gibt, die von Natur aus unfrei sind, dass also Menschen nicht gleich sind.

5. Sind die Menschen gleich?

Wir gelangen also zu einem anthropologischen Diskurs: Sind Menschen insofern gleich, als sie alle von Natur aus frei sind – oder gibt es solche Menschen, die von Natur aus unfrei und solche Menschen, die von Natur aus frei sind? (Wir hatten ja gesehen, dass es solche Theorien gibt – mit Konsequenzen für den Umgang.)

Für die von Natur aus unfreien Menschen braucht es nur einen Umgang zu geben, nämlich jenen, der ihrer Unfreiheit entspricht – so, wie wir mit Tieren umgehen, die von Natur aus unfrei sind: Sie sind an ihre Instinkte gebunden; und wir verhalten

---

[34] Kant, Immanuel: Grundlegung zur Metaphysik der Sitten.[1785] In: Kant, Immanuel: Werke in zehn Bänden. Hg. v. Wilhelm Weischedel. Bd. 6. Darmstadt 1983. S. 7-102. Hier S. 66 (= BA 74/75). Hervorheb. durch Kant; das Wort „solle“ ist im Original kursiv, die anderen Hervorheb. durch Sperrdruck.

35 Kant, Immanuel: Über Pädagogik [postum, 1803]. In: Kant, Immanuel: Werke in zehn Bänden. Hg. v. Wilhelm Weischedel. Bd. 10. Darmstadt 1968. S. 694-761. Hier S. 707 (= A 24).

uns artgerecht, wenn wir diese natürliche Bindung achten. Ist es also denkbar, dass wir mit Menschen so umgehen, wie wir mit Tieren umgehen? Dass wir sie allein ihrer biologischen Natur gemäß behandeln?

Für die von Natur aus freien Menschen wäre dieser Umgang nicht gemäß: Denn sie sind nicht auf Natur festgelegt (wenngleich sie natürlich nicht völlig unabhängig von der Natur sind): Sie können sich aber zu ihrer Natur verhalten: So kann man von Natur aus schwarze Haare blond färben lassen (und wieder stellen sich die zwei Fragen: Wie geht das? Soll man das?) oder kann eine Sehbehinderung durch eine Brille ausgleichen (und kann wiederum fragen: wie stellt man Gläser her, die natürliche Beeinträchtigungen der Linse korrigieren und soll man das?) Wir könne sogar menschliches Leben an der Entstehung hindern (wie geschieht das? Soll man das?). Von der Natur freie Menschen müssen also lernen, mit dieser Freiheit umzugehen. Das kann nicht wiederum durch natürliche Prozesse geschehen, denn die Menschen sollen ja frei sein von Naturprozessen.

Nun meint Aristoteles beweisen zu können, dass es Menschen gibt, die nicht nur von Natur aus unfrei sind, sondern auch solche, die es durch die Gesellschaft (etwa durch Kriege) werden. Mit solchen Menschen müsste man nicht umgehen wie mit von Natur aus festgelegten Wesen – sie also dressieren. Sondern wenn sie durch die Gesellschaft unfrei werden, muss man mit ihnen gesellschaftlich umgehen, etwa durch „Gewöhnung". Sie sind ja durch den Umgang und die Gewöhnung unfrei, also muss man Geltungsansprüche durch Umgang und Gewöhnung durchsetzen.

Für die in einer Gesellschaft *freien* Menschen wäre dieser Umgang allerdings nicht angemessen: Denn sie sind nicht auf die Gesellschaft festgelegt (wenngleich sie natürlich nicht völlig unabhängig von der Gesellschaft sind): Sie können sich aber zur Gesellschaft verhalten. So kann man sie zusätzlich zur Landessprache eine Fremdsprache lehren (und wieder gibt es zwei Fragen: Wie geht das? Soll man das?). Man kann sich gegen den Spruch: „Mädchen brauchen keine Ausbildung; die heiraten ja doch" mit dem Argument wehren, dass es aber klüger sei, ein gute Ausbildung zu bekommen – weil man dann die eigene Freiheit sichern kann. Menschen können sich gegen die faktische Gesellschaftsordnung wehren – wie es zuletzt der Prozess der deutschen Einheit gezeigt hat: Die Bürger der DDR waren von dem Bildungs- und Gesellschaftssystem der DDR nicht so stark determiniert, dass sie es nicht hätten kritisieren und ablehnen können und schließlich sogar abschaffen konnten. (Und wieder lässt sich fragen: wie geschah das? War es gut, dass es geschah?) Also müsste man die von der Gesellschaft nicht determinierten Menschen lehren, mit ihrer Freiheit umzugehen. Das kann ebenfalls nicht durch Umgang oder Gewöhnung gelehrt werden, denn von beidem sollen sie sich ja unabhängig machen.

Man konnte soeben eine anthropologische Grundannahme in ihren Konsequenzen betrachten: Nimmt man an, dass es Menschen gibt, die frei und solche, die unfrei sind, dann wählen wir mit letzteren einen anderen Umgang als mit jenen, die wir als frei voraussetzen. (Darauf hatte ja schon Aristoteles hingewiesen.)
Die Behauptung aber, alle Menschen seien unfrei, lässt sich nicht aufrecht erhalten, weil dann auch das Denken sinnlos wäre. Es käme ja doch nur das heraus, was auch ohne das Nachdenken herauskommen würde. Jede Theorie der Determination des Menschen hebt sich selbst auf; einmal dadurch, dass sie sinnlos wäre (weil sie doch nichts ändert), zum anderen wenn man vielleicht auf Grund der aufgezeigten Determination von der Vorherbestimmung abweichen würde – und sie damit widerlegt hätte.
Im Hinblick auf die Freiheit des Menschen haben also deterministische Theorien nur begrenzte Bedeutung: Die Biologie (oder Medizin) als Wissenschaft von der biologischen Eigenart des Menschen kann aufzeigen, wie der Mensch funktioniert; was sie aber nicht aufzeigen kann ist, wie er mit seinen Funktionen umgehen kann – und soll. Die Soziologie (als Sozialisationsforschung) kann aufzeigen, wie der Mensch durch Gesellschaft bestimmt werden; was sie aber nicht aufzeigen kann ist, wie er mit diesen Bestimmungen umgehen kann und soll.
Sind nun alle Menschen frei – oder nur ein Teil der Menschheit? Dass alle Menschen in sozialer Hinsicht grundsätzlich frei sind, lässt sich dadurch nachweisen, dass alle Menschen fähig sind, auch jene Sprache zu lernen oder jene Gewohnheiten anzunehmen, die nicht ihrer sozialen Umwelt entsprechen. Aber auch in biologischer Hinsicht lässt sich zeigen, dass alle Menschen in der Lage sind, ihre biologische Ausstattung zu korrigieren: Gerade mit diesem Grundsatz begründen wir ja einen besonderen fürsorglichen Umgang mit Menschen, die starke Behinderungen haben – und z. B. augenblicklich das Konzept der Inklusion.
Wir kennen kein menschliches Wesen, das sich nicht zu seiner Natur und zu seinen gesellschaftlichen Zuschreibungen verhalten könnte. Daher müssen wir annehmen, dass alle Menschen prinzipiell frei sind – und daher gültiger Regeln bedürfen, mit dieser Freiheit so umzugehen, dass sie sinnvoll genutzt wird.
Biologie und soziologische Theorien können zwar erklären, inwiefern der Mensch unfrei ist, oder wie es zur Unfreiheit gekommen ist – aber sie können keine Konzepte begründen, wie denn mit der Freiheit umzugehen sei. Biologie (Verhaltensforschung, Hirnforschung, Ethologie, Medizin) sind für sich selbstverständlich wertvolle Forschungen; aber sie beantworten allesamt nicht die Frage nach dem richtigen Umgang mit der Freiheit. Sie gehören daher nicht (oder nur in einem genauer zu bestimmenden Sinne) zur Pädagogik. Psychologie und Soziologie sind ebenfalls für sich wertvolle Forschungen; aber auch sie beantworten nicht die Frage nach dem richtigen Umgang mit Freiheit. Sie gehören daher ebenfalls nicht (oder nur in einem genauer zu bestimmenden Sinne)zur Pädagogik.
Pädagogische Fragen thematisieren ausschließlich den gültigen Umgang mit den aus der Freiheit gegebenen Möglichkeiten des Menschen – so, wie es seit der Anti-

ke beschrieben wurde: Sokrates „unterhielt sich immer über die menschlichen Dinge und untersuchte, was (seinem Wesen hach) fromm und was gottlos, was schön und was häßlich, was gerecht und was ungerecht ist, was Besonnenheit und was Torheit ist, was Tapferkeit und was Feigheit ist, was ein Staat und was ein Staatsmann ist, was eine Herrschaft über Menschen und ein Herrscher über Menschen ist, sowie über das andere, durch dessen Wissen die Menschen nach seiner Meinung tüchtig und gut seien, während sie bei Unwissenheit darüber mit Recht als Sklavenseelen bezeichnet würden."[36] Das Untersuchen (Reflektieren – oder eben *Lernen*) ist der pädagogische Gegenstand, nicht die Annahme eines vorweg festgelegten Zustands.

Aber was ist nun davon zu halten, wenn eine EU-Kommission – wie bereits zitiert – angibt: „Die Kenntnisse, Fertigkeiten und Kompetenzen der europäischen Arbeitnehmer sind ein wichtiger Faktor für Innovation, Produktivität und Wettbewerbsfähigkeit in der EU. Zunehmende Internationalisierung, rascher Wandel und die kontinuierliche Einführung neuer Technologien erfordern, dass die Europäer nicht nur ihre berufsspezifischen Fertigkeiten auf dem neuesten Stand halten, sondern auch über allgemeine Kompetenzen verfügen, die ihnen die Anpassung an den Wandel ermöglichen."[37] Warum ist nur die Rede von „Arbeitnehmern" – nicht aber Arbeitgebern? Müssen jene etwas lernen, was diese nicht lernen müssen und umgekehrt? Und wieso muss man sich an die Welt anpassen, wenn man doch lernen soll, sich zu ihr zu verhalten? Kann hier die Politik eine pädagogische Frage sinnvoll beantworten?

6. Das Spezifikum der Pädagogik

Unter der Hand haben wir damit die Pädagogik bestimmt als eine Wissensform, die die Frage nach dem (sachlich und sittlich) richtigen Umgang mit der Freiheit nicht außer Acht lassen kann. Aber beantworten nicht auch Politik, Ethik (also alle Wissenschaften mit der Endung -ik) diese Frage? Es muss also ein Unterscheidungsmerkmal zwischen Politik und Ethik einerseits und Pädagogik andererseits geben, wenn denn nicht das pädagogische Geschäft auch von der Ethik oder der Politik übernommen werden kann.

Der Unterschied liegt im Umgang mit der Freiheit: Sie ist zwar prinzipiell vorausgesetzt, aber der gültige Umgang mit den durch die Freiheit sich bietenden Möglichkeiten muss erworben werden. Der Mensch kann sich zu seinen natürlichen und

[36] Xenophon: Erinnerungen an Sokrates. Griechisch-deutsch. Übers. u. hg. v. Peter Jaerisch, m. Literaturhinweisen v. Rainer Nickel. Düsseldorf-Zürich 2003. S. 15.

[37] http://www.eu-bildungspolitik.de/uploads/dokumente_instrumente/2007_kom_brochure_referenzrahmen.pdf

sozialen Bedingtheiten in ein reflektierendes Verhältnis setzen: Dies ist ein (unabschließbarer) Prozess, kein einmaliges Ereignis. Während Instinkte beim Tier von Geburt wie in einem Keim angelegt sind, ist das Weltverhältnis beim Menschen nicht von Geburt festgelegt, es ist eben nicht von Geburt an angelegt, ob er Türkisch oder Deutsch spricht oder welche Ethik er als gültig erachtet. Die *Politik* geht von Menschen aus, die mündig *sind*: Aber bei Geburt sind die Menschen nicht mündig. Sie können nicht mal den Mund öffnen, um von sich zu sprechen. Die *Ethik* geht von vernünftigen, entscheidungsfähigen und autonom urteilenden Subjekten aus – aber diese Entscheidungsfähigkeit bedarf des Sachwissens und der sittlicher Urteilskraft. Ethik und Politik beantworten also die Frage gar nicht, wie der Mensch fähig *wird*, gemäß dem zu handeln, was Politik und Ethik als richtig und gut erkannt haben. Diese Fähigkeit muss erworben, also gelernt werden. Die Lerninhalte sind weder die Konsequenz menschlicher Natur (denn sonst würde man von Instinkten sprechen – und der Mensch wäre doch unfrei) noch die Konsequenz des Umgangs (denn sonst könnte er nur lernen, was es in seiner Umgebung gibt). Der Mensch kann aber lernen, sich zu seiner Natur und zu seiner Umwelt zu verhalten – er ist auch beim Lernen frei.

7. Über das Lernen

Lernen ist also eine *notwendige* Folge der Freiheit – nicht ein Vollzug von natürlichen Prozessen („Entwicklung“) – so dass alle Menschen das Gleiche lernten, wenn man sie denn nur sich selbst überließe. Lernen ist eine notwendige Folge der Freiheit – und also auch nicht ein Vollzug von sozialen Prozessen („Sozialisation“) – so dass alle Menschen gleich würden, wenn man sie denn in gleicher Umgebung aufwachsen ließe.
Lernen ist ein Vorgang der Freiheit und der durch sie erst möglichen Vernunft. Lernen ist die Arbeit der Vernunft *gegenüber* Natur und Gesellschaft. Andere Lerntheorien mögen möglich sein – aber sie betreffen die Biologie oder die Soziologie, nicht die Pädagogik: Die Pädagogik kann das Lernen nur als Arbeit der Vernunft verstehen – weil nur dieses Lernen den Grund seiner selbst achtet: Die Freiheit. *Weil Freiheit das Lernen erforderlich macht, kann das Lernen nicht so geschehen, dass die Art des Lernens die Freiheit nicht achtet.*

8. Ein Beispiel

Dieser letzte Satz ist so fundamental für die Pädagogik, dass wir ihn seit der schriftlichen Überlieferung immer wieder (gerade in Opposition zu anderen Behauptungen von Zeitgenossen) nachweisen können: Ich wähle ein zeitlich weit zurückliegendes Beispiel – und zeige, wie die bisherige Gedankenführung schon in der Antike präsent war: Als Beispiel soll der antike Philosoph Demokrit herhalten, der um 460 vor Christus in Abdera oder Milet geboren wurde und um 370 verstarb. Er erwarb sich erhebliches Ansehen (und Vermögen) als öffentlicher Philosoph. Sein Schriftenverzeichnis umfasst 60 Titel – aber es sind nur Fragmente überliefert.[38] Bei Demokrit lesen wir zuerst den Hinweis, dass der Mensch nur durch das Lernen bestimmt sei: „Weder Kunst noch Wissenschaft kann man erwerben, wenn man nicht ‚vorher gründlich' lernt."[39] Es muss also eine Wissenschaft dieses „Lernens" geben. Aber es gibt viele Arten des Lernens – nur eine Art des Lernens gehört zur Pädagogik: Dieses pädagogische Lernen geschieht nicht in der Übernahme der Üblichkeiten, sondern gerade durch das, was gar nicht sichtbar (und daher empirisch nachweisbar) ist und im Umgang der Menschen anzutreffen: Durch Vernunftentscheidungen: „Gewertet oder nicht gewertet wird ein Mann nicht nur nach seinem Tun, sondern auch nach seinem Wollen."[40] Die Absichten sind nicht identisch mit den Regeln der Gesellschaft, denn sonst könnte man sie am Verhalten ablesen. Das aber ist gerade nicht möglich. Das Wollen kann man nicht sehen, nicht messen und nicht lehren. Es ist das, was Lernen auslöst.

Es entsteht also durch das Lernen der Vernunft ein zweites Wesen, zusätzlich zu dem natürlichen und sozialen Wesen des Menschen. Pädagogik schafft geradezu die Differenz zwischen dem Natur- und Sozialwesen und dem vernünftigen Wesen: „Die Natur und die Erziehung haben eine gewisse Ähnlichkeit. Denn auch Erziehung wandelt den Menschen um; durch diese Umwandlung aber schafft sie eine ‚zweite' Natur."[41] Pädagogik „wandelt um". Der sich bildende Mensch ist nicht mehr der natürliche – daher kann auch die Natur nicht Regel für die Erziehung sein: „Das Tier weiß, wieviel es bedarf, der Mensch nicht."[42]. Aber auch die Gesellschaft kann die Regeln nicht geben – denn sie kann nicht zu einer Willensentscheidung befähigen: „Weder durch den Leib (also die Natur, V.L.) noch durch Geld und Gut

---

[38] Der Altphilologe Hermann Diels hat die gesammelten Fragmente zusammengestellt: Die Fragmente der Vorsokratiker. Griechisch und deutsch von Hermann Diels. Hg. v. W. Kranz. Dublin-Zürich 1972 (Nachdruck der 6. Aufl. 1951). Wilhelm Capelle hat eine populäre Ausgabe erstellt, die auf den Abdruck der griechischen Originaltexte verzichtet: Capelle, Wilhelm (Hg.): Die Vorsokratiker. Stuttgart 1968. Die für die Pädagogik unmittelbar relevanten Fragmente von Demokrit sind zusammengestellt in Ladenthin, Volker (Hg.): Philosophie der Bildung. Eine Zeitreise von den Vorsokratikern bis zur Postmoderne. Bonn 2012 (2. Aufl.). S. 38-43.

[39] Ich gebe zuerst die übliche Zählung nach Diels, dann die nach Capelle an (vgl. die vorhergehende Fußnote). Hier also: Demokrit: Fr. 59; Cap. 249 (= S. 461). Alle Fragmente auch in Ladenthin, Volker (Hg.): Philosophie der Bildung. Eine Zeitreise von den Vorsokratikern bis zur Postmoderne. Bonn 2012 (2. Aufl.) S. 38-43. Hier S. 38.

[40] Demokrit: Fr. 68; Cap. 207; Ladenthin: S. 38.

[41] Demokrit: Fr. 33; Cap. 248. Ladenthin: S. 38.

[42] Demokrit: Fr. 198; Cap. 263. Ladenthin: S. 41.

(also die gesellschaftlichen Mächte, V.L.) sind die Menschen glücklich, sondern durch Rechtlichkeit und Verstand."[43] Die gesellschaftlichen Mächte wie Geld und Gut geben daher auch nicht das Ziel des Lernens an: Es geht in pädagogischen Prozessen um Gelingen, nicht um Erfolg oder Anpassung.
Die Sätze Demokrits implizieren diese doppelte Differenz des Erzogenen – einmal zu seiner Natur und zum anderen zur realen Gesellschaft. Diese Distanz zu den Üblichkeiten, die gültige Nutzung der Freiheit, muss also erworben sein: Aber sie darf nur so erworben werden, dass die Art des Erwerbs dem Grundgedanken der Freiheit nicht widerspricht: „Der wird sich als ein besserer Erzieher zur Tugend zeigen, der freundliche Aufmunterung und die Kunst der Überredung anwendet, als derjenige, der Gesetz und Zwang gebraucht. Denn es steht zu vermuten, daß *derjenige*, der vom Unrechttun nur durch das Gesetz abgehalten ist, heimlich sündigt; dagegen wird aller Wahrscheinlichkeit nach derjenige, der durch gütliche Überredung auf den Weg der Pflicht geführt ist, weder heimlich noch öffentlich etwas Unrechtes tun. Daher offenbart sich der, der *aus Einsicht* und Wissen recht handelt, zugleich als mannhaft und gradsinnig."[44]
Man kann geradezu normativ den Satz aufstellen, dass alle jene Lehrweisen, die nicht auf die Autonomie und die Freiheit des Zöglings abheben (d.h. gerichtet sind und zugleich schon vollziehen), keinen Platz in jener Wissenschaft haben, die den Erwerb des Umgangs mit Freiheit lehren will – in der Pädagogik.
Diese Gedankenfolge stiftet die Einheit der Pädagogik – und ist, seitdem es zusammenhängende schriftliche Überlieferungen gibt, dokumentierbar.

9. Der Lehrende

Aber wenn der richtige Umgang mit der Freiheit weder angeboren ist noch einfach durch Nachahmung der Gewohnheiten (Kultur) einer Gesellschaft ausgebildet werden kann – wie erwirbt man sie dann?
Damit kommt eine letzte Größe in den Horizont, eine Größe, die man meistens personal-fürsorglich oder sozial gedeutet hat – nicht aber als aus der Bedingung der Freiheit als *notwendig*: Der Lehrende. Sicherlich bedarf die Natur des Kindes der Versorgung, Pflege und Fürsorge und auch der Liebe. Aber aus diesen Umgangsformen allein erwächst keine Autonomie. Sicherlich sind Kinder unmittelbar nach der Geburt im Kontakt zu anderen Menschen, deren Mimik und Sprache sie nachahmen. Aber aus dieser Nachahmung allein erwächst keine Distanz und Autonomie. Es muss also über Pflege und Umgang hinaus etwas geben, was erst und nur entsteht, wenn es gelehrt wird. Etwas, was kein Mensch aus sich selbst kultivieren kann und doch nur selbst hervorbringen kann. Dies ist die Vernunft. Man kommt

---

[43] Demokrit: Fr. 40; Cap. 162. Ladenthin: S. 38. Einfügungen von mir, V.L.

[44] Demokrit: Fr. 68; Cap. 207. Ladenthin: S. 38. Hervorheb. von mir, V.L..

nicht selbst darauf, vernünftig zu sein – denn um selbst darauf zu kommen, müsste man ja schon vernünftig sein. Der Entschluss, ab jetzt vernünftig zu werden, bedarf ja schon dessen, was man erst künftig vollziehen will. Aber man kann nur vernünftig werden, wenn man selbst denkt.

Der Lehrende/Erziehende ist also mehr als nur Versorger und sozialer Umgang: Er führt, über die Sprache, in die Vernunft ein. Er vertritt gerade nicht (nur) die biologischen Bedürfnisse und gewährleistet nicht (nur) den sozialen Umgang, sondern löst etwas aus, ohne dass Menschen ihrer Freiheit nicht inne werden würden: Die Vernunft. Aber die Vernunft kommt nicht von außen: denken kann man nur selber. Anders formuliert: Wir können mehr Sätze sprechen, als unserer Lehrer uns gelehrt haben. Aber ohne die Lehre könnten wir nicht ein Wort sprechen.

Demokrit hat diese prinzipielle Notwendigkeit des Lehrers beschrieben: „Wenn man den Knaben zu irgend etwas anderem freie Hand läßt als zu angestrengter Arbeit, dann lernen sie weder Musik noch Sport noch das, was vor allem die Tüchtigkeit in sich birgt: Respekt zu haben. Denn vor allem aus diesen ‚drei' pflegt der Respekt zu entspringen.“[45] Würde man ein Kind sich selbst überlassen, würde es nicht lernen, mit seiner Freiheit richtig und gut umzugehen.

In seiner fundamentalen Bedeutung hat diese Paradoxie wohl zuerst umfangreich deutlich gemacht Augustinus. Aus wohlhabender römisch-afrikanischer (also „heidnischen“) Familie stammend wurde er zu einem der bedeutendsten (christlichen) Kirchenväter. Für ihn stellt sich die Frage „Wie konnte dieser Lebensweg möglich sein?“ so existenziell, dass er einen umfassenden Rechenschaftsbericht ablegte, eine empirische Forschungsarbeit über den eigenen Bildungsprozess und zugleich die erste große Autobiographie des Abendlandes.[46] – Er beschrieb sein Leben, versuchte es zu verstehen – und schließlich jenes zu bestimmen, was ihn geleitet hatte. Eine dreifache Aufgabe: Empirie, Hermeneutik und Prinzipienwissenschaft.

Augustinus wuchs völlig eingewoben in der römisch-heidnischen Kultur auf; er teilte und lebte ihre Werte, auch ihre Religion. Wieso konnte er dann zum Christen werden? Es kann nicht in der Natur gelegen haben – denn dann hätte es eine (genetische) Anlage zum Christentium geben müssen. Es kann auch nicht in der Gesellschaft gelegen haben, denn diese kannte das Christentum kaum. Und so schildert er, wie er zufällig in einem Buch las, angeregt wurde und durch diese Anregung hin sein Leben änderte „Und da, plötzlich, höre ich die Stimme aus dem Nachbarhaus, wie die eines Kindes, ich weiß nicht, ob eines Jungen oder eines Mädchens, die im Singsang ausruft und oft wiederholt: ‚Nimm und lies, nimm und lies!‘ Sofort änderte sich mein Gesicht, und ich überlegte gespannt, ob es etwa ein Kinderspiel gebe,

[45] Demokrit: Fr. 179; Cap. 173. Ladenthin: S. 40.

[46] Aurelius Augustinus: Bekenntnisse. [um 400] Mit einer Einleitung von Kurt Flasch. Übersetzt, mit Anmerkungen versehen und herausgegeben von Kurt Flasch und Burkhard Mojsisch. Stuttgart 1998.

bei dem sie einen solchen Vers trällern; aber ich konnte mich nicht erinnern, das irgendwo gehört zu haben. Ich hemmte den Lauf der Tränen und stand auf, denn ich konnte das nur so deuten, Gott befehle mir, ein Buch aufzuschlagen und die Stelle zu lesen, auf die als erste mein Blick fallen werde. Denn von Antonius hatte ich gehört, daß er einmal zufällig dazukam, als das Evangelium verlesen wurde. Der Text habe ihn aufgerüttelt, als sei, was verlesen wurde, für ihn gesagt: *Geh, verkaufe alles, was du hast, und gib es den Armen! So wirst du einen Schatz im Himmel haben. Dann komm und folge mir nach!* Dieser Spruch habe ihn sofort zu dir bekehrt. Deswegen eilte ich erregt zu dem Platz zurück, wo Alypius saß, denn dort hatte ich das Buch mit den Paulusbriefen hingelegt, als ich aufstand. Ich riß es an mich, schlug es auf und las still für mich den Abschnitt, auf den zuerst mein Auge fiel: *Nicht in Schmausereien und Trinkgelagen, nicht in Unzucht und im Bett, nicht in Streit und Neid, sondern zieht den Herrn Jesus Christus an und sorgt euch nicht um das Fleisch und seine Begierden.* Weiter wollte ich nicht lesen; es war nicht nötig. Denn sofort, als ich den Satz zu Ende gelesen hatte, strömte das Licht der Gewißheit in mein Herz; jegliche Finsternis des Zweifels war verschwunden."[47]

10. Die Lehre

Nicht Lernen als Anpassung oder Assimilation, sondern erst das Lernen, das durch einen Lehrer ausgelöst wurde und die Vernunft herausfordert, kann erklären, warum man im ganz Falschen das Richtige lernen kann. Dieser Lehrende vertritt weder Natur noch Gesellschaft (denn in beiden Fällen brauchte man ihn nicht), sondern setzt in der Art des Lehrens etwas frei („weiter wollte ich nicht lesen; es war nicht nötig."), was die Distanz zu Natur und Gesellschaft ermöglicht und eine zweite Natur schafft: Die Vernunft. Diese Vernunft ermöglicht es auch dem Lehrer so zu lehren, dass seine Lehre nicht dem Gedanken der Freiheit widerspricht – indem er nämlich den anderen auffordert, selbst zu denken. Genau dies beschreibt die zitierte Passage aus dem Lebensbericht. Erst jetzt sind Lehre und Freiheit verbunden.

Pädagogisch handelt ein Lehrender also erst dann, wenn er so lehrt, dass der andere lernt, seine Freiheit unter Geltungsanspruch zu nutzen. Genau dies war auch schon bei Demokrit angeklungen; zu einer Theorie hat es dann Platon ausgebaut: Lehre ist nicht Belehrung, sondern Hilfe zum Selbstdenken, zum Gebären eines eigenen Gedanken, der ohne die Hilfe des anderen aber nicht hervorgekommen wäre (wie es Augustinus auch geschildert hatte). Es ist die Form des Dialogs, in der

---

[47] Aurelius Augustinus: *Bekenntnisse.* [um 400] Mit einer Einleitung von Kurt Flasch. Übersetzt, mit Anmerkungen versehen und herausgegeben von Kurt Flasch und Burkhard Mojsisch. Stuttgart 1998. S. 220f. Dieser Auszug in: Ladenthin, Volker (Hg.): Philosophie der Bildung. Eine Zeitreise von den Vorsokratikern bis zur Postmoderne. Bonn 2012 (2. Aufl.). S. 85-93. Hier S. 91.

der Lehrende den Lernenden dazu auffordert, sein künftiges Wissen und Können selbst hervorzubringen: „Sokrates: Überlege dir nur recht alles von den Hebammen, wie es um sie steht, so wirst du leichter merken, was ich will. Denn du weißt doch wohl, daß keine, solange sie noch selbst empfängt und gebärt, andere entbindet, sondern nur, welche selbst nicht mehr fähig sind zu gebären, tun es. (...) Ja, auch hierin geht es mir eben wie den Hebammen: Ich gebäre nichts von Weisheit, und was mir bereits viele vorgeworfen, daß ich andere zwar fragte, selbst aber nichts über irgend etwas antwortete, weil ich nämlich nichts Kluges wüßte zu antworten, darin haben sie recht. Die Ursache davon aber ist diese: Geburtshilfe leisten nötigt mich der Gott, erzeugen aber hat er mir verwehrt. Daher bin ich selbst keineswegs etwa weise, habe auch nichts dergleichen aufzuzeigen als Ausgeburt meiner eigenen Seele. Die aber mit mir umgehen, zeigen sich zuerst zwar zum Teil als gar sehr ungelehrig; hernach aber, bei fortgesetztem Umgang, alle, denen es der Gott vergönnt, als wunderbar schnell fortschreitend, wie es ihnen selbst und andern scheint; und dieses ganz offenbar ohne jemals irgend etwas von mir gelernt zu haben, sondern *nur selbst aus sich selbst entdecken* sie viel Schönes und halten es fest; die Geburtshilfe indes leisten dabei der Gott und ich.“[48]
Und so erklärt sich nun, warum Sokrates – wie eingangs zitiert – es abgelehnt hat, als Lehrer bezeichnet zu werden, warum er von sich behauptet hat, er habe nie belehrt – und könne somit auch nicht die Verantwortung für die Auffassungen anderer übernehmen. Er habe keine Verhaltensänderung eingefordert und andere nicht beeinflusst in dem Sinne, wie man Tiere dressiert oder Verhaltensweisen durch Einüben, Anlernen oder Auswendiglernen weitergibt. Er habe vielmehr Gedanken provoziert, die der andere erst dann artikulieren konnte, wenn er sie selbst gedacht und geprüft hat. *Pädagogische* Lehre ist also *nur* solche, die zum Denken anregt, nicht aber solche, die sich ins Denken des anderen setzt. Es mag andere Arten der Beeinflussung geben (den Befehl, die Überredung, die Werbung), die Wirkungen zeigen und erfolgreich sind: Sie gehören aber nicht zur Pädagogik. Pädagogisch ist eine Lehre nur dann, wenn sie auf Wirkungen verzichtet und stattdessen den anderen befähigt, selbst etwas einzusehen.
Es kann also keinen Paradigmenwechsel in der Pädagogik geben, dergestalt (wie einleitend zitiert), dass man nunmehr vom „Output“ auf die Berechtigung des Inputs schließt. Genau dieser Schluss – den die Ankläger des Sokrates vorgenommen haben – ist unpädagogisch und daher unzulässig. Pädagogisches Handeln hat dem eigenen Verständnis nach keine „Wirkungen“[49]. Es fordert (unter Geltungsan-

[48] Platon: Theaitetos. In: Platon: Sämtliche Werke. Nach der Übersetzung von Friedrich Schleiermacher (...), hg. v. Walter F. Otto, Ernesto Grassi und Gert Plamböck. Bd. IV. Hamburg 1958. S. 103-181. Hier S.113f (= 149b ff).

[49] „Wirkungen“ sind kausal verursachte Folgen eines Impulses: Denken kann aber nicht als Folge eine Impulses verstanden werden, sondern als eigenverantwortliche Aktivität. Wäre das Denken Wirkung eines Impulses, gäbe es keine Freiheit. In der Sprachtheorie hat Hum-

spruch) zur Selbsttätigkeit auf. Die Verantwortung für das *Handeln* trägt der Handelnde, nicht aber der Lehrende. Der Lehrende trägt nur Verantwortung für das *Lehren*. Lernen muss man aber immer selber.
Würde man pädagogisches Handeln vom Output her planen, würde man naturhafte kausale oder sozialtechnisch-kausale Prozesse voraussetzen – nach denen gleiche Voraussetzungen bei gleichen Gestaltungsprozessen zu gleichen Ergebnissen führen. Dann aber wäre der Mensch unfrei. Er würde behandelt wie ein Tier, das man dressiert. Er wäre nicht mehr als die Summe seiner Einflüsse – sei es verstanden als Summe seiner Anlagen, so dass das „Verhalten zum Mitmenschen in höherem Maße von angeborenen Komponenten und weit weniger von Lernleistungen bestimmt“[50] werde, sei es verstanden als „Ensemble der gesellschaftlichen Verhältnisse“[51]. Für diese Art Menschenformung ist die Pädagogik nicht zuständig, wenn sie denn überhaupt (aus ethischen Gründen) beim Menschen versucht werden darf. Bereits Platon kennt diese Konzepte der vom Ende her geplanten Menschenformung; die Formung der Menschen als Werkzeug oder Mittel zu vorgegebenen Zwecken. Er hat sie beschrieben[52] und als unpädagogisch zurückgewiesen. „Wenn deine Söhne (…) Füllen oder Kälber wären, wüßten wir wohl einen Aufseher für sie zu finden (…), der sie gut und tüchtig machen würde in der ihnen angemessenen Tugend, es würde nämlich ein Zureiter sein oder ein Landmann: nun sie aber Menschen sind, was für einen Aufseher bist du gesonnen ihnen zu geben? Wer ist wohl in dieser menschlichen und bürgerlichen Tugend ein Sachverständiger? (…) (I)ch aber verstehe es [diese Art der Lehre] eben nicht(…). Ich habe nämlich (…) durch nichts anderes als durch eine gewisse Weisheit diesen Namen erlangt. Durch was für eine Weisheit aber? Die eben vielleicht die menschliche Weisheit ist. Denn ich mag in der Tat wohl in dieser weise sein; jene aber, deren ich eben erwähnt, sind

---

boldt aufgezeigt, „Die gemeinsame Rede ist nie mit dem Uebergeben eines Stoffes vergleichbar. In dem Verstehenden, wie in dem Sprechenden muss derselbe [Stoff] aus der eignen, innren Kraft entwickelt werden…“ (Humboldt, Wilhelm von: Ueber die Verschiedenheit des menschlichen Sprachbaues und ihren Einfluss auf die geistige Entwicklung des Menschengeschlechts (1830-1835). In: Humboldt, Wilhelm von: Werke in fünf Bänden. Hg. von Andreas Flitner und Klaus Giel. Bd. III. Darmstadt 1988 (6.Aufl.). S. 368ff. Hier S. 430.

[50] Eibl-Eibesfeldt, Irenäus: Der vorprogrammierte Mensch. Das Ererbte als bestimmender Faktor im menschlichen Verhalten. München 1976. S. 11.

[51] Marx, Karl: Thesen über Feuerbach. In: Marx, Karl; Engels, Friedrich: Werke. (MEW) Bd. 3. Berlin 1958. Hier S. 6.

[52] Platon: Des Sokrates Verteidigung [Apologie]. In: Platon: Sämtliche Werke. In der Übers. v. F. Schleiermacher (…) hg. v. Walter F. Otto, Ernesto Grassi, Gert Plamböck. Bd. 1 Hamburg 1957. S. 7-31. Hier S. 11 (19e).

vielleicht weise in einer Weisheit, die nicht dem Menschen angemessen ist."[53] Der behauptete gegenwärtige „Paradigmenwechsel" ist also so neu nicht. Er wurde schon in der Antike versucht und konnte schon in der Antike das pädagogische Denken nicht ersetzen („Aber Sokrates, was ist denn also dein Geschäft?" wenn es nicht dasjenige ist, gegen Geld „Menschen zu erziehen?"[54])

11. Die pädagogische Frage

Wenn man nun zusammenfasst, was Pädagogik ausmacht, so könnte man formulieren: *Pädagogik ist die Theorie der unter Geltungsanspruch stehenden vernünftigen Aufforderung zu vernünftiger Selbsttätigkeit in sachangemessener und sittlicher Hinsicht unter der Perspektive des gelingenden Lebens.*

Nur jene Autoren, die eine solche Theorie entwickeln, gehören in eine Geschichte der Pädagogik. Es mag Autoren geben, die pädagogische Ansprüche stellen – aber man kann ihre Geltung mit Hilfe einer solchen Theorie prüfen. Immer, wenn Aspekte dieser Bestimmung fehlen, handelt es sich nicht um genuin pädagogische Texte oder Thesen.

Freilich können wir Texte mit anderen Fragen pädagogisch betrachten, wir können sie für Teilantworten nutzen: So lässt sich vielleicht die Psychoanalyse heranziehen, wenn wir fragen, warum jemand nicht lernfähig ist. Gleichen Nutzen hat die Hirnforschung, die organische Lernbehinderungen aufzuspüren vermag. Die Biologie gibt Antwort, welche physiologischen Bedingungen fürs Lernen schädlich sind, welche Zuckerwerte unser Blut haben muss, damit wir nicht durch eine auf den gesamten Stoffwechsel wirkende Unterzuckerung am Lernen gehindert sind – oder wie Stühle designed werden müssen, damit Schüler (und Lehrer), die täglich 6-7 Stunden auf ihnen sitzen, keine bleibenden Schäden bekommen. All dieses Wissen ist hilfreich – aber es beantwortet nicht die Frage, wie wir lernen, was sachlich gilt und sittlich vertretbar ist. Weder der Zuckergehalt unseres Blutes noch ergonomisch gestaltete Stühle, weder die Lokalisierung von Gehirnströmungen noch ausdifferenzierte Rollen- oder Identitätstheorien und solche über Spiegelneuronen helfen bei der Beantwortung der Frage, wie man herausfindet, wie groß die Summe der Kathetenquadrate a^2 und b^2 in einem rechtwinkligen Dreieck mit den Katheten a und b sowie der Hypotenuse c ist. Die Antwort ist nicht Teil unserer Biologie und wir können ihr nicht vertrauen, wenn andere behaupten, es sei 2c oder c^2. Wir müssen

[53] Platon: Des Sokrates Verteidigung [Apologie]. In: Platon: Sämtliche Werke. In der Übers. v. F. Schleiermacher (…) hg. v. Walter F. Otto, Ernesto Grassi, Gert Plamböck. Bd. 1 Hamburg 1957. S. 7-31. Hier S. 11f (= 20 b ff).

[54] Platon: Des Sokrates Verteidigung [Apologie]. In: Platon: Sämtliche Werke. In der Übers. v. F. Schleiermacher (…) hg. v. Walter F. Otto, Ernesto Grassi, Gert Plamböck. Bd. 1 Hamburg 1957. S. 7-31. Hier S. 11 (20c).

die Antwort selbst suchen und denken. Und auch die Antwort, ob wir Kinder stillen oder schlagen sollen, lässt sich nicht aus der Beobachtung der Gewohnheiten anderer Menschen, der Tierwelt oder den Gehirnströmungen ableiten: Immerhin gibt es Mütter, die nicht stillen können und Sportarten, in denen sowohl „Schläge" als auch ein durch solche Schläge ausgelöstes „k.o." zum Lehrziel gehören: Wie aber sollte man Boxen lernen, wenn die Hirnforschung sagte, dass man bei körperlicher Gewalt und unter Angst nicht lernen könnte?
Die Frage, *wie vernünftige Führung zu Vernunft möglich ist,* lässt sich (wie empirisch-hermeneutisch gezeigt) bis in die Antike nachweisen, und es ist nicht ersichtlich, dass ihre zeitlose Fragestellung durch Antworten aus der aktuellen Bildungsökonomie, der Hirnforschung oder der Psychometrik geändert werden müsste. Von einem (eingangs erwähnten) Paradigmenwechsel ist unter dieser Perspektive nichts zu erkennen. Vielleicht würde es ausreichen, davon zu sprechen, dass von einigen Nicht-Pädagogen (Ökonomen, Medizinern, Psychologen) Thesen aufgestellt wurden, die pädagogische Relevanz haben könnten – welche, das steht noch offen.

12. Zur Methodik der Pädagogik

Bleibt eine letzte Frage: Wie sind wir zu unseren Ergebnissen gelangt? Inwiefern sind sie methodisch nachprüfbar und daher valide und evident?
Wir haben drei Methoden angewandt: Empirie, Hermeneutik und prinzipienwissenschaftliches Denken. Wir haben auf Grund von hermeneutisch aufgespürten Differenzen nach den Gründen und der Bedeutung dieser Differenzen gefragt: Wer hat Recht? Muss überhaupt jemand Recht haben? Da die Texte unter Erkenntnisanspruch standen, haben wir gefragt, wie Erkenntnisse überhaupt möglich sind. Die Antwort: Nur, wenn wir Freiheit voraussetzen und Geltung beanspruchen, kann es Erkenntnisse geben. Da diese Erkenntnisse in der Zeit vollzogen werden, muss es einen zeitlichen Vorgang des Erkennens geben, den wir als *Lernen* bezeichnet haben usw. Menschen sind also Wesen, die unter den Bedingungen von Freiheit und Geltung lernen.
Die Fragen nach der *Bedingung der Möglichkeit von Erkenntnis* sind Entwürfe menschlichen Bewusstseins, Voraussetzungen, die denk-notwendig sind. Innerhalb unserer Vernunft *können* wir das *Erkennen* nicht anders denken; wer diese Voraussetzungen bestreitet, wendet sie im Bestreiten bereits an. (So, wie der, der der Sprache keine Erkenntnis zubilligt, dies eben nur in Sprache äußern kann – und damit sich selbst widerspricht. Er muss das anwenden, dessen Gültigkeit er leugnet.)
Schließlich haben wir diese prinzipiellen Einsichten immer wieder empirisch illustriert, indem wir Beispiele in der Theorie oder Praxis gesucht haben, an denen sich die Geltung der erkannten Prinzipien veranschaulichen ließ. Die Praxis ist also in der Pädagogik der Theorie insofern immer nachgängig, als wie sie *nur* (!) unter Vorgabe einer Theorie erkennen kann. Was „pädagogische Praxis" ist, lässt sich

qualitativ oder quantitativ nur erheben, wenn *vorab* bestimmt wurde, was „Pädagogik" ist. (Genau dies war der Ausgangspunkt unserer Überlegungen: Eine Geschichte der Pädagogik lässt sich nur schreiben, wenn *zuvor* der Begriff dessen bestimmt wird, was zu dieser Geschichte gehören soll – also der Begriff der Pädagogik.) Von daher gibt es weder eine legitimierbare pädagogische Hermeneutik noch eine pädagogische empirische Forschung ohne *logisch* vorhergehende theoretische (prinzipielle) Klärung dessen, was Pädagogik ist. (In der Forschungspraxis wird diese logische Voraussetzung gelegentlich missachtet.) Ein Paradigmenwechsel der Pädagogik kann also gar nicht durch die Empirie eingeleitet werden, weil diese nur erheben kann, was zuvor als pädagogisch bestimmt wurde. Sie muss sich immer im Rahmen dessen bewegen, was vorab als ihr Rahmen bestimmt wurde.

Verallgemeinernd lässt sich sagen, dass pädagogische Erkenntnisse prinzipielle Festlegungen voraussetzen. Hermeneutische und quantitativ-empirische Verfahren helfen, sie mit Beispielen zu illustrieren, bzw. ausgehend von Beispielen nach ihnen zu fragen: „Alle unsere Erkenntnis hebt von den Sinnen an, geht von da zum Verstande, und endigt bei der Vernunft, über welche nichts Höheres in uns angetroffen wird, den Stoff der Anschauung zu bearbeiten und unter die höchste Einheit des Denkens zu bringen."[55]

Weniger wichtig also als die Frage, ob ein Text zur Pädagogik gehört oder nicht (ob er sich selbst als zugehörig bezeichnet, ob er den Terminus der Pädagogik verwendet, ob er in der Forschungsgemeinschaft kanonisiert ist oder in der Lehrpraxis dazu gezählt wird), ist die Entwicklung der *pädagogischen Frage*, die dann erst analytisch auf alle Texte angewendet werden kann. Die Antwort entscheidet, ob der fragliche Text zur Beantwortung der pädagogischen Frage hilfreich oder nicht hilfreich gewesen ist.

Die Aufgabe des Pädagogikunterrichts ist nicht die Lektüre und Aneignung kanonischer Texte zur Pädagogik, die möglichst vollständige Beschreibung pädagogischer Praxis oder das einübende Vorbereiten auf eine gemutmaßte Praxis. *Die Eigenheit des Pädagogikunterrichts ist das zeitbezogene Verstehen, die Entwicklung und Ausdifferenzierung der pädagogischen Frage: Wie führe ich jemanden unter Achtung seiner Person (Freiheit, Würde) zu gelten sollenden Einsichten, die sein Leben gelingen lassen?* Kurz und positiv formuliert – als Maxime für alle pädagogisch genannten Prozesse: „Kurz, [der Schüler] soll nicht *Gedanken* sondern *denken* lernen; man soll ihn nicht *tragen* sondern *leiten*, wenn man will, daß er in Zukunft von sich selbsten zu *gehen* geschickt sein soll."[56]

---

[55] Kant, Immanuel: Kritik der reinen Vernunft. In: Kant, Immanuel: Werke in zehn Bänden. Herausgegeben von Wilhelm Weischedel. Bd. IV. Darmstadt 1983. S. 311 (= A 298; B 355).

56 [Kant, Immanuel]: M. Immanuel Kants Nachricht von der Einrichtung seiner Vorlesungen in dem Winterhalbjahre, von 1765 – 1766. In: Kant, Immanuel. Werke in zehn Bänden. Hg. v. Wilhelm Weischedel. Bd. 2. Darmstadt 1968. S. 905-917. Hier S. 908 (= A 5).

Es würde sich zeigen, wenn man die Seiten zurückblättert, dass viele der zitierten Beispieltexte diesen Fragestand gar nicht erreichen, sondern entweder nur Aussagen über Ziele machen (nicht aber über deren Geltung im Hinblick auf Freiheit) oder Wege und Methoden beschreiben (ohne nach der Gültigkeit von Zielen zu fragen) noch das Paradox des Pädagogischen verinnerlicht haben, das darin besteht, *jemanden zu etwas zu führen, was er nur selbst ausführen kann.* Umgekehrt ließ sich zeigen, dass das, was als Paradigmenwechsel bezeichnet wird und als neue Erkenntnis, den antiken Wissensstand über die Eigenheit der Pädagogik nicht übersteigt. Der Grund hierfür liegt darin, dass die pädagogische Aufgabe mit dem Menschsein gegeben ist – und sich nicht historisch entfaltet. Was sich historisch entfaltet sind die Vorschläge, mit dieser Aufgabe umzugehen. Aber auch hier ist festzustellen, dass die antike Antwort, dass alles Lernen als Erkennen verstanden werden und alles Lehren dialogisch gestaltet sein muss, bisher nicht korrigiert wurde. Der Grund liegt darin, dass alle Methoden die Prinzipien von Freiheit und Geltung beachten müssen.

JÖRN SCHÜTZENMEISTER

Kategoriale Bildung mit einer >>Erweiterten pädagogischen Perspektive<< im berufspropädeutischen Pädagogikunterricht

1 Einleitung

Ein Gegenstand, eine Situation oder auch ein Prozess lässt sich aus vielen unterschiedlichen Blickwinkeln bzw. Perspektiven betrachten. Die >>pädagogische<< Perspektive ist durch spezifische Grundkategorien geprägt, die einem als leitende Begriffe oder auch als Grundfragen entgegentreten. Mit der pädagogischen Perspektive lässt sich das Proprium der Pädagogik markieren. Sie ist auch unter der Bezeichnung pädagogischer Grundgedanke bekannt.

Die pädagogische Theorie und Praxis sind in ihren Facetten enorm vielfältig. So stellt sich die Erziehungswissenschaft als eine relativ >>pluralistische<< Disziplin mit vielen Subdisziplinen, zahlreichen Arbeitsbereichen und mit mannigfaltigen interdisziplinären Bezügen dar. Die alltägliche und die professionelle pädagogische Praxis sind ebenfalls vielfältig und heterogen. Pädagogisches Denken und Handeln spielt in vielen alltäglichen Lebensbereichen eine Rolle. Es existieren zahlreiche pädagogische Berufe und auch viele andere Berufe, in denen pädagogisch gehandelt wird. Die pädagogische Perspektive kann als Band verstanden werden, mit dem versucht wird, pädagogische Subdisziplinen, Arbeitsbereiche und pädagogische Praxen zu bündeln. Die pädagogische Perspektive bringt die pädagogische Disziplinarität, die pädagogische Identität auf den Punkt, bezeichnet die spezifischen Analysekategorien für die pädagogische Betrachtung der Wirklichkeit und weist spezifischen Beiträge der Pädagogik zur Gestaltung der Wirklichkeit aus.

Die Konturierung des pädagogischen Grundgedankens bzw. der pädagogischen Perspektive ist eine zentrale Aufgabe der Allgemeinen Erziehungswissenschaft und der Fachdidaktik Pädagogik. Sie sollte für die pädagogische Bildung vor allem im Pädagogikunterricht und im Pädagogikstudium konstitutiv sein. So kann Pädagogik über die Kategorien der pädagogischen Perspektive kategorial erschlossen werden. So ist bspw. die didaktische Frage, welche Inhalte im Pädagogikunterricht thematisiert werden sollen, vor allem auch eine Frage danach, welche Inhalte welche pädagogischen Kategorien besonders gut bzw. besonders exemplarisch repräsentieren können. Die Frage nach den Kategorien der pädagogischen Perspektive ist insofern eine grundlegende Frage. Veröffentlichungen zur pädagogischen Perspektive im Pädagogikunterricht haben in der jüngeren Vergangenheit den pädagogischen fachdidaktischen Diskurs belebt. Es soll der spezifische Beitrag des Pädagogikunterrichts zur Allgemeinbildung ausgewiesen und das Fach von >>Nachbarfächern<< wie z.B. von der Psychologie und dem Fach Sozialwissenschaften abgegrenzt werden.

Im folgenden Beitrag wird der Zusammenhang zwischen kategorialer Bildung und pädagogischer Perspektive für den Pädagogikunterricht herausgearbeitet (→ 2, 3) und an frühere Ansätze zur kategorialen pädagogischen Bildung erinnert, die an einer pädagogischen Perspektive ausgerichtet sind (→ 3). Es wird gezeigt, dass die Expansion des Pädagogischen in den letzten Jahrzehnten und in der Gegenwart, welche absehbar anhalten wird, eine Erweiterung bzw. Neuarretierung der pädagogischen Perspektive für pädagogische Bildungsprozesse erforderlich macht (→ 4). Der Beitrag zeigt, dass der Pädagogikunterricht eben eine solche neu akzentuierte pädagogische Perspektive benötigt (→5). Im Anschluss daran wird das Konzept einer >>Erweiterten pädagogische Perspektive<< für den Pädagogikunterricht vorgestellt, mit der das Proprium des Pädagogischen vermittelt und mit der den bedeutenden expansiven Entwicklungen in der pädagogischen Praxis und Theorie Rechnung getragen werden könnte (→6). Da ich diese Perspektive (vgl. Schützenmeister 2008a) im Hinblick auf meine berufspropädeutische Konzeption des Pädagogikunterrichts (vgl. Schützenmeister 2009) entwickelt habe, möchte ich hier skizzieren, wie sich das berufspropädeutische Unterrichtsprinzip unter der >>Erweiterten pädagogischen Perspektive<< verwirklichen ließe und wie es zur Vermittlung dieser Perspektive beitragen könnte (→ 7).

2 Kategoriale Bildung

Die Vielfalt und die Dynamik pädagogischen Wissens fordert eine kategoriale Bildung, welche das exemplarische Lehren und Lernen einschließt. Diese kategoriale Bildung wäre auch für den an einer pädagogischen Perspektive orientierten Pädagogikunterricht maßgeblich. Als eine grundlegende Bildungstheorie für den Pädagogikunterricht kann deswegen die Theorie kategorialer Bildung von Wolfgang Klafki (Klafki 1964, 2013, vgl. auch Ebert 1986, Bär 2006) angesehen werden. Klafki verarbeitete wesentliche Gesichtspunkte dieser Theorie auch im Rahmen seiner Neuen Studien zur Bildungstheorie und Didaktik weiter (vgl. Klafki 1993). Bei der Kategorialen Bildungstheorie geht es im Kern um die dialektische Verschränkung materialer und formaler Bildung sowie von objektiven und subjektiven Momenten der Bildung im Begriff der Kategorialen Bildung (vgl. Klafki 1964, S.297 f., Klafki 2013, S.67 f., Klafki 1993, S.144). Schon der recht >>junge<< Klafki schreibt:

„Müssen wir nicht vielmehr annehmen, daß die bestimmenden Prinzipien dieser Bildungsgestalt sowohl in der objektiven Welt der Inhalte wie in der subjektiven Seele wirken, daß die Struktur des objektiven Momentes und die des subjektiven Momentes in der Bildungsgestalt einander im Grunde gleich sind, daß, wo `Bildung´ ist, die Gliederung der objektiven Welt in die subjektive Seele Eingang gefunden hat und zur Gliederung der Seele als eines `Aktzentrums´ (im weitesten

Sinne) geworden ist, wobei wiederum diese Gliederung der objektiven Welt schon in der Seele potentiell vorhanden, gleichsam `vorgezeichnet´ gedacht werden muß? Der Bildung Erwerbende fände danach also in sich selbst die Gliederung der objektiven Welt wieder und aktualisiert, funktionalisiert sie, d.h. macht sie zum eigenen Lebensprinzip!? Ich nenne nun diese Prinzipien, diese Aufbaugesetze der objektiven Welt und der subjektiven Seele, die in der Bildung zusammenfließen, und dadurch Funktion im Leben werden, *Kategorien*. Wo solche Kategorien oder ein Geflecht von mehreren in den Geist (in die Seele) Eingang gefunden hat oder besser: im Geist durch das Eindringen in die objektive Welt `aktualisiert´ worden ist, da reagiert der Geist sogleich situationsgerecht, sobald er vor einen geistigen oder dinglichen Sachverhalt gestellt wird, der potentiell dieselbe Kategorie (bzw. dieselben Kategorien) enthält. Ja, eben dieser Sachverhalt wird schon von vornherein nach dieser Kategorie aufgefasst, in sie eingeordnet.“ (Klafki 2013, S.67)

In seinen „Neuen Studien zur Bildungstheorie und Didaktik“ bringt Klafki einen Wesensmoment kategorialer Bildung folgender Maßen auf den Punkt: „Bildendes Lernen (…) wird (…) gewonnen, (…) dadurch, daß sich der Lernende an einer begrenzten Zahl von ausgewählten Beispielen [Exempeln] aktiv allgemeine, genauer: mehr oder minder weitreichend verallgemeinerbare Kenntnisse, Fähigkeiten, Einstellungen erarbeitet, m.a.W.: Wesentliches, Strukturelles, Prinzipielles, Typisches, Gesetzmäßigkeiten, übergreifende Zusammenhänge. Mit Hilfe solcher allgemeinen Einsichten, Fähigkeiten, Einstellungen können jeweils mehr oder minder große Gruppen strukturgleicher oder ähnlich strukturierter Einzelphänomene und -probleme zugänglich bzw. lösbar werden. Man kann die Wirkungsweise der jeweils an einem Beispiel gewonnenen allgemeinen Erkenntnisse, Fähigkeiten, Einstellungen `kategorial´ nennen (…). Dieser Begriff meint einen einheitlichen Vorgang, der zwei konstitutive Momente enthält: Der Lernende gewinnt über das am Besonderen erarbeitete Allgemeine Einsicht in einen Zusammenhang, einen Aspekt, eine Dimension seiner naturhaften und/oder kulturell-gesellschaftlich-politischen Wirklichkeit, und zugleich damit gewinnt er eine ihm bisher nicht verfügbare neue Strukturierungsmöglichkeit, eine Zugangsweise, eine Lösungsstrategie, eine Handlungsperspektive (…).“ (Klafki 1993, S.143 f.)

Es ist deutlich, dass es bei der Klafki´schen Theorie kategorialer Bildung um mehr als nur um Erkenntnisse und Inhalte geht, nämlich auch um Fähigkeiten und Einstellungen. Es geht dabei auch um die Kategorien, welche die Person in sich selbst anlegt, um einen Zugang zur Welt zu finden, also um Verstehenskategorien (vgl. auch Bär 2006, S.12). Damit steht im Raum, dass diese von der Person entwickelten Kategorien nicht >>zwingend<< vollkommen deckungsgleich sein müssen, mit denen - objektiv betrachtet - die Welt systematisch und / oder wissenschaftlich gegliedert wird. Vom didaktischen Standpunkt betrachtet, können aber solche elaborierten Kategorien als geeigneter für die Entwicklung des subjektiven Kategoriensystems angesehen werden als weniger objektiv elaborierte Kategorien. Insofern spielen die Frage nach den objektiven, inhaltlichen Kategorien und die Frage nach den Inhalten, mit denen Kategorien >>vermittelt<< bzw. >>erworben<< werden sollen, eine zentrale Rolle. Es geht also erstens um die Frage nach dem Allgemeinen und zweitens um die Frage nach dem Besonderen, an dem das Allgemeine bzw. die Kategorie offensichtlich wird.

Klafki spricht bezüglich der ersten Frage den Gedanken eines pädagogischen Kategorienplans an (vgl. Klafki 2013, S.94 f.). Bildungskategorien lassen sich weder ein für alle Male noch vom Standpunkt der Wissenschaften aus allein eingrenzen, sondern müssen in historischen Situationen immer wieder von Neuem bestimmt werden, und sie müssen auch die Situation der Lernenden bzw. der Subjekte in der jeweiligen Gegenwart und in der absehbaren Zukunft berücksichtigen (vgl. Klafki 2013, S.94 f., Klafki 1964, S.314, Klafki 1993, S.153). Die Bildungskategorien betreffen allgemeine Sachverhalte und Probleme, die gewissermaßen für alle Menschen bedeutsam sind. Über die Bildungskategorien ist bezüglich der jeweiligen historischen Situation immer wieder von Neuen ein Konsens zwischen den Akteuren im Raum der Bildung herzustellen. Das alles schließt aber die Wissenschaft nicht aus. Wissenschaften, insbesondere die Fachdidaktiken in der heutigen Zeit arbeiten potentielle Bildungskategorien heraus, aus denen unter anderem dann im demokratischen Diskurs eine begründete Auswahl getroffen und über welche für einen bestimmten Zeitraum eine gewisse Einigkeit erzielt wird.

Bei der Frage nach dem Besonderen, mit dem das Allgemeine bzw. mit dem Bildungskategorien erschlossen werden können, gab Klafki in seinen früheren Schriften dem Begriff des Elementaren den Vorzug vor dem damals schon geläufigen Begriff des Exemplarischen. Später fokussierte er viel mehr den Begriff des Exemplarischen (vgl. Klafki 1993, S. 145 ff.). Elementar ist ein Gegenstand bzw. ein Inhalt, welcher über sich selbst hinaus weist und so das Allgemeine bzw. die Kategorie zu erkennen gibt. Es wird so also die Qualität kategorialer Bildung, das Verhältnis des Besonderen zum Allgemeinen bzw. der Bildungswert des Bildungsinhaltes beschrieben (vgl. Klafki 1964, S.322, vgl. auch Ebert 1986, S.54). Für pädagogische Bildungsgänge kommt es darauf an, jene elementaren Inhalte zu ermitteln, mit denen die Lernenden kategoriale Erkenntnisse, Fähigkeiten und Einstellungen erwerben können, oder m.a.W., jene Bildungsinhalte zu bestimmen, mit denen die Bildungskategorien am besten exemplarisch vermittelt bzw. gelernt werden können. - Zu diesem Zwecke entwickelte Klafki das Instrument der didaktischen Analyse.
Der Lernende kann an elementaren Beispielen das Wesen der Dinge und Zusammenhänge, kurz die Kategorien erfassen, ohne dass er sich mit einer ganzen Fülle von Inhalten mühsam und langwierig beschäftigen muss. Klafki sprach im Zusam-

menhang mit dieser kategorialen Anschauung von ideierender Abstraktion bzw. Wesenschau (vgl. Klafki 2013, S.165).
Auch wenn exemplarisches Lernen und kategoriale Bildung eine Möglichkeit sind, mit der Stofffülle und der Wissensexpansion zu Recht zu kommen, will Klafki sie nicht als eine >>absolute<< Alternative zum orientierenden Lernen verstanden wissen. Der Bildungsumfang ist und bleibt wichtig. Vielmehr vertritt Klafki die Ansicht, dass exemplarisches Lernen und orientierendes Lernen einander ergänzen und zusammengehören (vgl. Klafki 1964, S.325 f., Klafki 1993, S.155 f.).

3 Kategoriale pädagogische Bildung und pädagogische Perspektive

Klafki selbst hat mehrfach versucht, das Konzept kategorialer Bildung zu konkretisieren. Gibt er in den 1950er und 1960er Jahren noch eine Liste aus zwölf geistigen Grundrichtungen vor, die sich wie ein Fachkanon liest (vgl. Klafki 1964, S.334), so spricht er in seinem Konzept der modernen Allgemeinbildung aus den 1980er Jahren von den epochaltypischen Schlüsselproblemen (vgl. Klafki 1993, S.56 f.), die einen fachübergreifenden und fächerverbindenden Unterricht nahe legen. Auf der Ebene der einzelnen Fächer bzw. geistigen Grundrichtungen hat er ebenfalls Konkretisierungsvorschläge zur kategorialen Bildung erläutert (vgl. Klafki 2013, S.111 ff., Klafki 1964, S.353 ff.).[1]
Pädagogische Bildung ließe sich insofern als Unterrichtsfach und als geistige Grundrichtung im Rahmen von Allgemeinbildung im Anschluss an Klafkis Kategoriale Bildungstheorie begründen, als dass pädagogische Lebenswirklichkeit eine

[1] Das Problem kategorialer Bildung differenzierte Klafki ursprünglich funktional auf drei Ebenen – das Fundamentale (geistige Grundrichtungen), die kategoriale Bildungsvoraussetzungen (das Elementare logisch funktional als Aneignungsmittel), das Geschichtlich-Elementare (Ebene der konkreten historischen Inhalte), (vgl. Klafki 1964, S.326 ff., vgl. Ebert 1986, S.58 ff.). Im weiter gefassten Sinne ließen sich dem Fundamentalen Überlegungen zum Fachkanon (z.B. Was geht alle Menschen an? Welche Fächer gehören dazu?), den kategorialen Bildungsvoraussetzungen Überlegungen zu Methoden im Einzelfach (Welche kategorialen Fähigkeiten sollen erworben werden?) und dem Geschichtlich-Elementaren Überlegungen zu den Inhaltskategorien des Einzelfachs (Welche fachlichen Bildungskategorien sind in der jeweils historisch konkreten Situation angebracht und sollen vermittelt werden?) zuordnen. – In der Klafki-Rezeption (vgl. Jank / Meyer 1994, S.146) wird das Fundamentale vor allem im Hinblick auf die Schüler und als die Art ausgelegt, wie Schüler grundlegende Einsichten gewinnen – nämlich auf prägnante Weise. Das Exemplarische scheint in der Rezeption zudem, in einen gleichen Rang mit dem Elementaren und Fundamentalen behandelt zu werden (vgl. ebd., S.146), obwohl Klafki ursprünglich selbst noch andere Grundformen des Elementaren und Fundamentalen differenzierte, z.B. das Typische, Klassische, Repräsentative usw. (vgl. Klafki 1964, S.441 ff.).

fundamentale und grundlegende Lebenswirklichkeit ist, die alle Menschen betrifft und die – wie im weiteren gezeigt wird – in der Vergangenheit bis heute an Bedeutung gewonnen hat und absehbar an Bedeutung gewinnen wird; pädagogische Bildung ist für die Bewältigung von epochalen Schlüsselproblemen grundlegend.

Die Frage, welche Kategorien >>im<< Pädagogikunterricht selbst eine Rolle spielen sollten, über welche die Schüler eigene Kategorien zum Verständnis der Pädagogik entwickeln, stellt gewisser Maßen die Frage nach den Kategorien der pädagogischen Perspektive im Pädagogikunterricht dar.[2]

Einerseits ist dabei zu berücksichtigen, welche objektiven Kategorien existieren, die prägnant beschreiben, was Pädagogik ist. Hier ist eine Orientierung an der Allgemeinen Erziehungswissenschaft sinnvoll, die solche Kategorien im Rahmen der Bestimmung des pädagogischen Grundgedankens kristallisiert. Andererseits ist zu berücksichtigen, wie sich der Zugang des Schülers zur Pädagogik gestaltet, was ihn interessiert und wie er Kategorien zum Verständnis der Pädagogik aufbaut und entwickelt. Die Fachdidaktik Pädagogik vermittelt diese beiden Orientierungspunkte bei der Bestimmung der für den pädagogischen Bildungsprozess günstigen objektiven Kategorien. Allgemeine Erziehungswissenschaft und Fachdidaktik Pädagogik können Vorschläge für solche pädagogischen Bildungskategorien unterbreiten und insofern ihre fachliche Expertise einbringen. Eine Auswahl aus diesen Bildungskategorien und ein Konsens sind auf dem Wege einer demokratischen Lehrplanentwicklung mit transparenten und effektiven Beteiligungsmöglichkeiten herbeizuführen.

Die Grundidee, pädagogische Bildung in Bezug auf Kategorien einer pädagogischen Perspektive zu gestalten, ist generell nicht neu. Sie ist nur aufgrund des jüngsten fachdidaktischen Diskurses stärker in die Wahrnehmung und in das Bewusstsein der interessierten Fachöffentlichkeit getreten. Dass kategoriale pädagogische Bildung implizit schon immer stattfand, wird z.B. klar, wenn man sich vergegenwärtigt, dass das pädagogisches Studium sehr lange Zeit maßgeblich Klassiker

[2] Kategoriale Bildung betrifft aber nicht nur die materiale, sondern eben auch die formale Seite der Bildung, also eben nicht nur kategoriale Kenntnisse und kategoriales Wissen, sondern z.B. ebenso Fähigkeiten. Auch wenn wir hier primär Inhaltskategorien betrachten und damit weitgehend unausgesprochen davon ausgehen, dass in der Auseinandersetzung mit entsprechenden Inhalten auch Fähigkeiten und Einstellungen erworben werden, soll hier doch zumindest darauf hingewiesen werden, dass der Nachweis und die Konzeptualisierung einer Schulung methodischer Kompetenz im Pädagogikunterricht noch weitgehend aussteht. Einige Beiträge zur Entwicklung methodischer Kompetenzen im Pädagogikunterricht aus der \`relativ´ jüngeren Vergangenheit (vgl. z.B. Wortmann 1999, S. 216 ff. Stiller 2001) könnten für diese Konzeptualisierung anknüpfungswürde Anregungen liefern.

der Pädagogik, wie z.B. Schriften von Rousseau, Pestalozzi, Wilhelm von Humboldt, Johann Friedrich Herbart usw. exemplarisch in den Mittelpunkt stellte. Jene Klassiker haben gewissermaßen die zentralen Grundfragen und Grundkategorien der Pädagogik so prägnant fokussiert, dass sie zu Brennpunkten der Fachgeschichte und der pädagogischen Bildung geworden sind.
In den Studienbüchern zum Funk-Kolleg Erziehungswissenschaft hat ein Autorenteam unter Leitung von Wolfgang Klafki ein an der Theorie kategorialer Bildung und an pädagogischen Kategorien orientiertes pädagogisches Studienprogramm realisiert (vgl. Klafki u.a. 1970a, b, 1971). Klafki schreibt dazu: „Es geht uns (...) darum, (...) *allgemeine* Fragestellungen, die die moderne Wissenschaft verfolgt, zu verdeutlichen. Solche Fragestellungen sind durch bestimmte Grundbegriffe oder durch sprachliche Formeln (...) durch bestimmte *Kategorien* gekennzeichnet.“ (Klafki 1970, S.35) Für das Funk-Kolleg Erziehungswissenschaft wurden dann folgende Kategorien für das Studienprogramm herausgearbeitet:

- das pädagogische Verhältnis;
- die pädagogischen Institutionen;
- Sozialpädagogik im engeren Sinne (erzieherische Vorgänge, Einrichtungen und Einflüsse außerhalb von Ausbildungsinstitutionen im weiteren Sinne);
- die Didaktik im engeren Sinne, d.h. die Inhaltlichkeit von Bildungs- und Erziehungsprozessen;
- die Methodik, d.h. pädagogische Methoden im Bildungs- und Erziehungsgeschehen;
- die Medien bei Bildungs- und Erziehungsprozessen;
- die Erziehungs-, Lehr- und Lernziele und die Normen;
- psychologische und anthropologische Voraussetzungen der Erziehung, insbesondere in der Verbindung von Erziehungswissenschaft und Psychologie;
- geschichtlich-gesellschaftliche Voraussetzungen der Erziehung in der Verbindung von Erziehungswissenschaft, Soziologie und kritischer Sozialphilosophie;
- wissenschaftliche Forschungsmethoden.

Eine Reihe erfolgreicher pädagogischer Studienbücher, die in vielen Auflagen erschienen sind, verfahren ähnlich, wie das Buch zum Funk-Kolleg Erziehungswissenschaft. Zum Beispiel das Studienbuch von Kaiser und Kaiser. Zuerst wird darin eine pädagogische Perspektive mit leitenden Kategorien (Zielaspekt, Lernprozess, didaktisch-methodische Dimension, Interaktion, institutionell-gesellschaftlicher Rahmen) aufgespannt, die dann in speziellen Kapiteln sukzessive exemplarisch vertieft werden (vgl. Kaiser / Kaiser 2001, S.32).

Für den Pädagogikunterricht ist die Theorie der kategorialen Bildung meines Erachtens bisher nicht >>ausreichend und deutlich genug<< im Hinblick auf die Vermittlung einer pädagogischen Perspektive thematisiert worden.[3]
Allerdings ist die vom Fachdidaktiker Klaus Beyer im Rahmen seines Handlungspropädeutischen-pragmatischen Modells systematisch entfaltete pädagogische Perspektive für den Pädagogikunterricht zu erwähnen (vgl. Beyer 1997a, b, 2012). Den Kern dieser pädagogischen Perspektive Beyers bildet dabei die Vorstellung, dass ein Erzieher auf einen Edukanden mit dem Ziel absichtsvoll einwirkt, die Persönlichkeitsdispositionen des Edukanden in dessen Interesse zu verändern (vgl. Beyer 1997a, S. 80 f., Beyer 1997b, S. 44, Beyer 2012, S. 26 ff.). Beyer beschreibt dabei u.a. die Ziel-, die Mittel-, die Bedingungs- und die Wirkungsdimension pädagogischen Handelns unter technologischen und axiologischen Blickwinkeln (vgl. Beyer 1997a, S. 138 ff., Beyer 1997b, S.44 ff.).[4] Diese Dimensionen der pädagogischen

---

[3] In diesem Zusammenhang ist der Sammelband der Gesellschaft für Fachdidaktik Pädagogik (GFDP) zu erwähnen, der aus einer Tagungsreihe der GFDP hervorgegangen ist, die unter der Frage stand: „Welche Anregungen für die Fachdidaktik des Schulfaches Pädagogik den wichtigsten allgemeindidaktischen Theorien entnommen werden können.“ (Beyer 2004, S.V) Darin ist Wolfgang Klafkis Vortrag zu seinem Konzept der Kritisch-konstruktiven Didaktik abgedruckt (vgl. Klafki 2004), in das viele Überlegungen zu seiner Theorie kategorialer Bildung eingeflossen sind. Klafki geht in diesem Beitrag aber nur ganz am Rande explizit auf den Pädagogikunterricht ein (vgl. ebd., S.39). Klaus Beyer und Christoph Storck haben in dem gleichen Band einen Beitrag zur Bedeutung der Kritisch-konstruktiven Didaktik für den Fachunterricht veröffentlicht (vgl. Beyer / Storck 2004). Dieser geht aber auch nur auf deren Bedeutung für den Fachunterricht im Allgemeinen und nicht für den Pädagogikunterricht im Speziellen ein. Beyer schreibt in seinem Vorwort zu dem Sammelband, in dem die beiden Beiträge abgedruckt sind (Klafki; Beyer / Storck), dass jener im Sinne einer „Fachdidaktik im Allgemeinen“ konzipiert worden ist und dass die fachdidaktische Präzisierungen für das Fach Pädagogik einer gesonderten Publikation vorbehalten bleibt (vgl. Beyer 2004, S.V). Jedoch blieb diese Publikation – soweit ich das übersehe – bisher leider aus. Der Beitrag von Klafki und der von Beyer und Storck bieten allerdings beide sehr fruchtbare Anregungen für Fragen zur Herausarbeitung pädagogischer Grundbegriffe, wenn man sie eben genau unter einer entsprechenden Fragehaltung liest.
In der fachdidaktischen Literatur zum Pädagogikunterricht ist auch der Beitrag von Andreas Bär zur fachdidaktisch-legitimatorischen Aktualität des Bildungsgedankens bei Klafki zu erwähnen (Bär 2006). Er stellt die kategoriale Bildungstheorie und insbesondere den Begriff der Kategorie von Klafki sehr gut vor. Anregungen für die systematische Entfaltung einer pädagogischen Perspektive können diesem Beitrag aber m.E. kaum entnommen werden.

[4] In der Version der pragmatischen Fachdidaktik erweitert Beyer die Kategorien seiner pädagogischen Perspektive und fasst sie noch systematischer (vgl. Beyer 2012, S.31 f.). Hinzuweisen ist in diesem Zusammenhang auch auf seinen Aufsatz „Entfaltung der pädagogischen Perspektive“ (vgl. Beyer 2010) und auf seinen Beitrag in diesem Band.

Perspektive können im Anschluss an Klafki durchaus als pädagogische Bildungskategorien bezeichnet werden, welche die kategoriale Bildung der Schüler fördern. Aus diesen Dimensionen und Kategorien hat Beyer einen Rahmenplan für den Pädagogikunterricht in der Sekundarstufe II entwickelt und zur Diskussion gestellt (vgl. Beyer 1997b, S. 64 f.).

4 Expansion des Pädagogischen und andere wichtige Veränderungen in der pädagogischen Theorie und Praxis

Die Frage, welche sich bei einer Vergewisserung der bildenden Kategorien für den Pädagogikunterricht, stellt, ist jene nach den Entwicklungen und Veränderungen im Bereich der pädagogischen Theorie und Praxis in der jüngeren Vergangenheit, in der Gegenwart und - sofern absehbar - der Zukunft, welche für die Schüler bedeutsam sind.
Eine der wichtigsten Entwicklungen innerhalb der vergangenen Jahrzehnte ist die >>Expansion des Pädagogischen<<. Gemeint ist damit das Vordringen pädagogischen Denkens und Handelns in viele gesellschaftliche Praxisfelder, die Ausweitung und Differenzierung der Pädagogik als eine Fachdisziplin sowie die zunehmende Bedeutung pädagogischen Wissens, pädagogisch kompetenten Urteilens und Handelns für die individuelle Lebensgestaltung und für die Gesellschaft. Professionstheoretische Beiträge (vgl. z.B. Giesecke 2013, Koring 1992, 1999), Beiträge zur Weiterbildung (vgl. z.B. Lenzen / Luhmann 1997) und zum pädagogischen Arbeitsmarkt (vgl. Otto / Rauschenbach / Vogel 2002; Krüger u.a. 2003, insb. Grunert / Krüger 2003; Krüger / Rauschenbach 2004) weisen auf die zunehmende Fülle und Vielfalt pädagogischer Tätigkeiten hin. Heinz-Hermann Krüger schrieb hierzu: „Der gewaltige Ausbau des Bildungs-, Erziehungs- und Sozialwesens sowie die damit einhergehende quantitative Expansion, Verwissenschaftlichung und Professionalisierung der pädagogischen Berufe, vor allem der Sozial- und Erzieherberufe, in den vergangenen Jahrzehnten haben zwar nicht zur Auflösung der Pädagogik, aber zu einer Entgrenzung des Pädagogischen und zu Pädagogisierung aller Lebensbereiche geführt.“ (Krüger 1995a, S.323)
Ohne den Anspruch auf Vollständigkeit zu erheben, soll hier auf die folgende Entwicklungen und Veränderungen im pädagogischen Feld hingewiesen werden, welche für eine zeitgemäße pädagogische Bildung bedeutsam sind:

- Pädagogisches Denken und Handeln bezieht sich in zunehmendem Maße auf Adressaten außerhalb der Kindheits- und Jugendphase, also auch auf Erwachsene in unterschiedlichen Abschnitten des Lebenslaufes, vom frühen Erwachsenenalter bis hin zum Greisenalter. Pädagogisches Handeln umfasst also >>alle<< Abschnitte des Lebenslaufes.

- Pädagogisches Denken und Handeln findet in immer mehr institutionellen Kontexten statt. Waren die pädagogischen Kontexte Familie, Kindergarten und allgemeinbildende sowie berufsbildende Schule lange Zeit die zentralen institutionellen Kontexte pädagogischen Denkens und Handelns, so gewannen andere institutionelle Zusammenhänge an Bedeutung. Pädagogisches Denken und Handeln spielen heute auch in sehr vielen unterschiedlichen Einrichtungen, z.B. des Sozial- und Gesundheitswesens, des Kultur- und Freizeitbereiches oder in Wirtschaftsunternehmen eine bedeutende Rolle.
- Die Rollen des Pädagogen und des pädagogischen Adressaten werden durch die Zunahme der Handlungskontexte ebenfalls vielfältiger. Ganz deutlich ist dies im Feld der professionellen Handlungszusammenhänge geworden, in welchem mittlerweile sehr viele pädagogische Spezialisierungen in den Berufsgruppen der Erzieher-, Lehrerberufe und der sozialpädagogischen Berufe anzutreffen sind. Es existiert eine große Fülle und Vielfalt pädagogischer Berufe. Der pädagogische Teilarbeitsmarkt ist eines der größten Arbeitsmarktsegmente.
- Bei den pädagogischen Handlungsgrundformen treten das Unterrichten und das pädagogische Beraten aufgrund des Bedeutungsgewinns der auf Erwachsene bezogenen pädagogischen Tätigkeiten in den Vordergrund. Beratende Unterstützung und Begleitung wird wegen der zunehmenden Flexibilisierung von Arbeits- und Lebenswelt, wegen der Zunahme von Sinn- und Orientierungsangeboten in einer stets vielfältiger werdenden Gesellschaft und wegen der damit verbundenen Schwierigkeiten wichtiger. Die steigende Bedeutung des Unterrichtens folgt aus der wachsenden Notwendigkeit zum lebensbegleitenden Lernen.
- Die Möglichkeiten, der Umfang und die Qualität der medialen Interaktion, Information und Bildung haben enorm zugenommen. Pädagogische Interaktion, Lehr- und Lernprozesse werden insbesondere durch die räumlichen und zeitlichen Entkopplungsmöglichkeiten, welche innovative Medien bieten, wesentlich tangiert. Das Verhältnis zwischen pädagogischer Face-to-face-Interaktion und medialer pädagogischer Interaktion wird sich vermutlich weiter verschieben.
- Pädagogische Interaktion und Lehrprozesse vermitteln zwischen dem Subjekt und objektiven Anforderungen. Im historischen Prozess oszillierte die öffentliche Sichtweise auf pädagogische Interaktion und Lehrprozesse. Mal ging es mehr um die Förderung und die Stärkung der Subjektposition, ein anderes Mal stärker um die Durchsetzung gesellschaftlicher Erwartungen. Es ist eine Erörterung Wert, ob sich mittlerweile im öffentlichen Bewusstsein und in der pädagogischen Praxis aufgeklärtere moderate Positionen stärker verbreitet haben oder in Zukunft durchsetzen werden, welche eine ausgewogene Vermittlung zwischen dem sich bildenden Subjekt und den objektiven Anforderungen anstreben.

- Aktuelle Prozesse wie Globalisierung, Ökonomisierung, Flexibilisierung, Migration, Bedrohung natürlicher Existenzgrundlagen (Ressourcenverknappung, Umweltbelastung usw.) sowie demographische Veränderungen legen nahe, die gegenwärtige Gesellschaft als eine Gesellschaft zu begreifen, die sich sehr rasch sehr einschneidend verändert, und sie als >>Übergangs- bzw. als Transformationsgesellschaft<< zu fassen. Diese Veränderungen gewinnen an Relevanz für die Pädagogik. Sie implizieren die Erhöhung der Anzahl potentieller pädagogischer Ziele und auch widersprüchlicher Zielvorstellungen. Jene erfordern eine stärkere gesellschaftliche Verständigung über den Umgang mit der Pluralität pädagogischer Ziele, über die Gewichtung und Auswahl jener pädagogischer Ziele, welche für alle Menschen in einer Übergangs- bzw. Transformationsgesellschaft relevant sein sollen. Vor dem Hintergrund o.a. Entwicklungen werden wahrscheinlich Verantwortung und Engagement für die Umwelt, interkulturelle und intergenerationelle Verständigung, Ausgleich und Toleranz, soziale Verantwortung, Weltoffenheit und Flexibilität als übergreifende pädagogische Ziele noch größere Bedeutung gewinnen.

5 Eingeschränkte pädagogische Perspektive plus Unzeitgemäßheit des Pädagogikunterrichts?

Wie steht es nun mit der pädagogischen Perspektive innerhalb des Pädagogikunterrichts? Wie zeitgemäß sind die Inhalte des Pädagogikunterrichts? Berücksichtigt er die aktuellen Entwicklungen im Bereich der pädagogischen Theorie und Praxis und kann er sie berücksichtigen?

Eine Antwort auf die Frage nach der pädagogischen Perspektive im Pädagogikunterricht der gymnasialen Oberstufe in Nordrhein-Westfalen suchen Elmar Wortmann und ich in einem speziellen Beitrag in diesem Band zu geben (vgl. Schützenmeister / Wortmann 2014). Die Kritik aus der Erziehungswissenschaft und Fachdidaktik Pädagogik, die Lehrplanentwicklung, die Lehrmaterialien und die wenigen empirischen Befunde zum Pädagogikunterricht legen nahe, dass es nicht gut mit der pädagogischen Perspektive im Pädagogikunterricht bestellt war und es mit dieser seit der jüngsten Lehrplannovellierung (vgl. MSW 2013a, 2013b) wahrscheinlich auch noch nicht ist.

Der neue kompetenzorientierte Kernlehrplan (MSW 2013b) steht im Fokus der gegenwärtigen Diskussion um die pädagogische Perspektive und Zeitgemäßheit des Pädagogikunterrichts, weil dieser eine normierende Funktion ausüben soll.[5] Seine

---

[5] Der Lehrplan lässt sich als eine logische Folge der dem >>PISA-Schock<< folgenden reformerischen Bemühungen um Normierung durch Bildungsstandards verstehen. Diese Normierung >>durch den Lehrplan<< wird aber zumindest ein Stück weit dadurch konterka-

Inhaltsfelder und inhaltlichen Schwerpunkte ähneln den Halbjahresthemen und den obligatorischen Inhalten des alten Lehrplans (MSWWF 1999) in großen Teilen. Sie ergeben erstens zusammen noch keine konsistente pädagogische Perspektive und zweitens stellen sich einige von ihnen als nicht anschlussfähig an erziehungswissenschaftliche und fachdidaktische Entwicklungen dar – z.B. die beiden Inhaltsfelder „Lernen und Erziehung“ sowie „Identität“.[6]

Allerdings sind mit dem neuen Lehrplan einige wichtige Veränderungen und Entwicklungen im Feld der Pädagogik zumindest schlagwortartig eingefangen worden. Hervorzuheben ist dabei einerseits das neue Inhaltsfeld „Pädagogische Professionalisierung in verschiedenen Institutionen“ (vgl. MSW 2013b, S.17), mit dem die Expansion des pädagogischen Arbeitsmarktes und die Vielfalt pädagogischen Handelns sowie die Fülle pädagogischer Berufe in verschiedenen Institutionen im Pädagogikunterricht etwas besser in den Blick kommen könnten als früher. Zu erwähnen ist auch, dass der neue Lehrplan fordert, neben Kindheit und Jugend die Bedeutung des pädagogischen Handelns und Denkens im Erwachsenenalter hervorzuheben (vgl. MSW 2013b, S.17), womit auf die wachsende Bedeutung des gesamten Lebenslaufes für die Pädagogik hingewiesen werden kann. Jedoch fügen sich diese Anregungen im neuen Kernlehrplan nicht in eine konsistente pädagogische Perspektive ein. Des Weiteren scheinen solche Anregungen im Kernlehrplan zu konturlos. Wenn bspw. die Expansion des Pädagogischen eine zentrale Entwicklung der Gegenwart und Zukunft ist, dann sollte sie nicht nur in einem speziellen Inhaltsfeld eine Rolle spielen, sondern ihre Vermittlung auch über das berufspropädeutische Unterrichtsprinzip angestrebt werden, welches sich in Bezug auf viele pädagogische Inhalte und damit zu mehreren Zeitpunkten des Pädagogikunterrichts in einer nachhaltigen Kontinuität verwirklichen lässt. Ohne Zweifel kann die Tatsache, die Kindheit und Jugendphase vordergründig im Pädagogikunterricht zu behandeln, mit der Schülernähe und dem vorliegenden Erfahrungsbezug der Schüler begründet werden. Wenn man aber den Lebenslauf als eine zentrale Kategorie der Pädagogik ansieht, dann sollten Kindheit und Jugend nicht zwingend bevorzugt behandelt werden, stattdessen wäre der Bezug zum Erwachsenenalter und zu er-

riert, dass weiterhin an der Praxis der Zentralabiturvorgaben festgehalten werden soll, weil dann eben auch jene oder auch vor allem jene und weniger der Lehrplan steuernd wirken.

[6] Auch wenn im Inhaltsfeld „Lernen und Erziehung“ gefordert wird, eine pädagogische Betrachtung von Lernprozessen anzustreben, ist dieses Inhaltsfeld insgesamt zu sehr auf psychologische Lerntheorie und zu wenig auf Lernhilfe ausgerichtet. Der im Inhaltsfeld „Identität“ fokussierte Identitätsbegriff ist eher eine soziologische Kategorie, kein genuiner pädagogischer Grundbegriff. Um den Prozess des Wechselverhältnisses von Subjekt und Welt zu betrachten, welcher bei der Identitätsentwicklung eine Rolle spielt, böten sich vielmehr der pädagogische Grundbegriff der Bildung und die darauf bezogenen pädagogischen Theorien für den Pädagogikunterricht an.

wachsenen pädagogischen Adressaten viel häufiger im Pädagogikunterricht herzustellen, als dies der neue Lehrplan fordert.
Es wird vor allem auf die Pädagogiklehrer ankommen, die Spielräume des neuen Lehrplans auszuloten, um eine zeitgemäße pädagogische Perspektive einzubringen, diese und deren Kategorien anhand passender Beispiele bzw. Inhalte exemplarisch zu thematisieren. Nicht nur im Lehrplan im Speziellen, sondern im Pädagogikunterricht insgesamt müssten die oben angeführten Veränderungen und Entwicklungen (→ 4) viel stärkere Berücksichtigung finden.[7]

6 Die „Erweiterte pädagogische Perspektive"

Mit welcher pädagogischen Perspektive können die erläuterten Entwicklungen und Veränderungen in pädagogischer Theorie und Praxis kategorial erfasst werden, so dass sich diese ggf. auch für die Gestaltung der Bildung im Pädagogikunterricht anbieten würde? Eine Antwort auf diese Frage wird man auch in der Allgemeinen Erziehungswissenschaft suchen müssen. Etwa ab der Mitte der 1990er Jahre wurden die Leistungen der Allgemeinen Erziehungswissenschaft stark diskutiert (vgl. z.B. Krüger 1994, Wigger 1996, 2002, Koring 2001a, b). Bei diesem Diskurs ging es auch um die Frage, wie die oben angeführte Veränderungen im Feld der Pädagogik (→ 4) durch die Allgemeine Erziehungswissenschaft aufgegriffen und verarbeitet werden können. Heinz-Hermann Krüger sah die Herausforderung für die Allgemeine Erziehungswissenschaft darin, „einen pädagogischen Grundgedanken zu formulieren, der für die Konzeptualisierung des pädagogischen Gegenstandsfeldes richtungsweisend und der für alle speziellen Subdisziplinen Geltung beanspruchen kann." (Krüger 1995b, S.315) Er führte aus: „Solch ein Grundgedanke könnte die Diagnose von der Universalisierung der Bildung und der Entgrenzung des Pädagogischen sein." (ebd.)[8] Impulse, welche es möglich machen, die genannten Entwick-

[7] Dies betrifft auch die Lehrmaterialien und den Pädagogikunterricht auf der Ebene der einzelnen Schulen. Zur zeitgemäßen inhaltlichen Entwicklung des Pädagogikunterrichts weise ich an dieser Stelle auch auf meine früheren Veröffentlichungen hin (vgl. Schützenmeister 2007, Schützenmeister 2011a, S.172 ff., Schützenmeister 2011b, Schützenmeister 2012).

[8] Krüger soll hier noch ein Stück weiter zitiert werden, weil seine Überlegungen die Forderung nach einer Erweiterung der pädagogischen Perspektive maßgeblich unterstützen: „Angesichts der Scholarisierung der Gesellschaft und der Erweiterung der Aufgaben der Sozialen Arbeit sind die AdressatInnen pädagogischen Handelns nicht mehr allein Heranwachsende, sondern Menschen aller Altersgruppen. Bildung als Aneignung von Wissen über die Welt wird deshalb zur richtungsweisenden Zielkategorie für pädagogische Handlungsprozesse innerhalb und außerhalb von Bildungsinstitutionen. Und bei der Analyse pädagogischer Handlungsfelder sind heute dementsprechend neben den zentralen und etablierten pädagogischen Institutionen wie z.B. der Schule auch neue informelle pädagogische Kontexte von

lungen und Veränderungen in der pädagogischen Theorie und Praxis in allgemeiner Form zu fassen, können u.a. aus zwei Denkansätzen bzw. Denkrichtungen abgeleitet werden.[9]

Die erste dieser beiden Richtungen entwickelt ein professionsbezogenes Aufgabenverständnisses innerhalb der Allgemeinen Erziehungswissenschaft. Die Erziehungswissenschaftler Bernhard Koring und Hermann Giesecke haben versucht, eine Antwort auf die Frage zu finden, was die Gemeinsamkeiten pädagogischer professioneller Tätigkeiten innerhalb der Fülle und Vielfalt pädagogischer Berufe sind. Sowohl Koring als auch Giesecke kristallisieren heraus, dass die Unterstützung des Lernens bzw. die Lernhilfe konstitutiv für pädagogische Berufe und Tätigkeiten ist (vgl. Koring 1999, S.127, Koring 2001a, Koring 2001b, S.12 f., Giesecke 2013, S.24). Beide identifizieren grundlegende Handlungsformen und –operationen im Rahmen pädagogischer Tätigkeiten – Koring: Zeigen und Deuten, die in jeweilige Kontexten als Unterrichten, Beraten, Erziehen oder Arrangieren (vgl. Koring 2001a, 2001b, S.22 [10], vgl. auch Koring 1992, S.66) konstituiert werden; Giesecke: Unterrichten, Informieren, Beraten, Arrangieren und Animieren (vgl. Giesecke 2013, S.72 ff.)[11].

Die zweite der beiden Denkrichtungen, welche bei der Erarbeitung und Begründung der „Erweiterten pädagogischen Perspektive" eine wichtige Rolle spielt, beschäftigt

---

Fußballfanprojekten bis hin zur Reisegruppe in der Gegenstandsbestimmung mit zu berücksichtigen und im Rahmen einer historisch sensiblen Gesellschafts- und Modernisierungstheorie zu verorten." (Krüger 1995b, S.315 f.)

[9] Innerhalb der Allgemeinen Erziehungswissenschaft gibt es weitere Ansätze zur Entfaltung des pädagogischen Grundgedankens bzw. der pädagogischen Perspektive. So z.B. der nach wie vor prominente Ansatz Dietrich Benners, den dieser in seiner „Allgemeinen Pädagogik" (vgl. Benner 2001) entfaltet und begründet hat. Jener wird von der Autorengruppe Gesell, Heindrihof, Röken und Wortmann (2010) für die Profilierung des Pädagogikunterrichts sehr stark präferiert (vgl. auch Röken 2009). Um der Entwicklung der Fachdisziplin aktuell und adäquat zu entsprechen, muss sich die Fachdidaktik auch um die Erschließung der anderen pädagogischen Perspektiven in der Allgemeinen Erziehungswissenschaft bemühen. Der Pädagogikunterricht – unabhängig davon, von welcher konkreten Perspektive er ausgeht – muss die Perspektivenpluralität zumindest flankierend zur jeweils präferierten pädagogischen Perspektive in das Blickfeld der Schüler bringen, z.B. im Rahmen der Reflexionen zur erziehungswissenschaftlichen Theoriebildung am Ende des pädagogischen Bildungsganges.

[10] Koring nennt als Grundoperationen das Zeigen und das Deuten. Als Grundformen bezeichnet er das Erziehen, Unterrichten und Beraten.

[11] Giesecke spricht bei diesen Tätigkeiten von Grundformen pädagogischen Handelns. Die Struktur pädagogischen Handelns stellt er in fünf Dimensionen dar: Festlegung des Ziels; Diagnose der Situation, in welche hinein gehandelt werden soll, Antizipation, Prüfung der Ergebnisse, Korrektur des Lernprozesses (vgl. Giesecke 2013, S.56). Diese Dimensionen können auch als Handlungsoperationen eines Handlungsablaufes interpretiert werden.

sich mit der Entwicklung eines am Lebenslauf orientierten Verständnisses pädagogischer Theorie und Praxis. Zu nennen sind hierbei Beiträge innerhalb des von Dieter Lenzen und Niklas Luhmann herausgegeben Bandes „Bildung und Weiterbildung im Erziehungssystem“ (Lenzen / Luhmann 1997). Niklas Luhmann stellt darin die primär am Kind bzw. an der Kind-Erwachsenen-Codierung orientierte Pädagogik in Frage, welche für die Erfassung der auf Erwachsene als Zielgruppe gerichteten pädagogischen Tätigkeiten schwierig ist (vgl. Luhmann 1997, S.11 f.). Er bringt als Alternative die von seinem Kollegen Karl Eberhard Schorr und ihm entwickelte Idee ins Spiel, den >>Lebenslauf<< als das allgemeinste Medium des Erziehungssystems aufzufassen, so dass neben der Erziehung und Bildung von Kindern und Jugendlichen auch die Erwachsenenbildung und Geragogik fassbar werden (vgl. Luhmann 1997, S.17 f., S.26). Dieter Lenzen leitet daraus den allgemeinen Systemcode von Humanontogenese und Lebenslauf ab (vgl. Lenzen 1997, S.244). Er stellt die Entwicklung des Erziehungssystems zu einem >>kurativen<< gesellschaftlichen Teilsystem und die Entwicklung des erziehungswissenschaftlichen Systems zur Integrationswissenschaft Humanvitologie zur Diskussion (vgl. ebd., S.246). Jürgen Zinnecker schlägt als Gegenmodell zur Autonomie-Behauptung der Pädagogik vor, Pädagogik in einem weiteren Sinne als >>Hilfe<< zu verstehen, um damit pädagogische Tätigkeiten innerhalb der zunehmenden Fülle von Berufen und Beziehungen erfassen zu können (vgl. Zinnecker 1997, S.202). Er schreibt: „Pädagogik bezeichnet alle sorgenden Verhältnisse zwischen allen zu einer Zeit lebenden Generationen, seien diese nun dominant auf Bildung/Unterrichtung, Erziehung oder soziale Hilfe fokussiert. Konstitutiv für pädagogische Sorgeverhältnisse zwischen Generationen ist, daß dabei die eine Seite im Generationenverhältnis auf Zeit für die andere Seite eine stellvertretende Einbeziehung (Inklusion) in das gesellschaftliche Teilsystem in Form eines Moratoriums übernimmt.“ (Zinnecker 1997, S.201) Im Anschluss an Werner Loch, einem Protagonisten einer am Lebenslauf orientierten Pädagogik, hält er die Lernhilfe als ein konstitutives Moment pädagogischen Handelns fest (vgl. ebd., S.209).

In der Auseinandersetzung mit diesen beiden, hier nur knapp angedeuteten Denkrichtungen, und mit weiteren Beiträgen, habe ich eine pädagogische Perspektive – wohlgemerkt, mit primären Blick auf den Pädagogikunterricht - erarbeitet, die ich >>Erweiterte pädagogische Perspektive<< nenne (vgl. auch Schützenmeister 2008a, S.44).[12] Sie entstand im Hinblick auf meine konzeptionellen Arbeiten zu einem berufspropädeutischen Modell des Pädagogikunterrichts (vgl. Schützenmeister 2009).[13] Dort stellte sich die Frage, wie der Aspekt der Berufsinformation im Päda-

[12] Dies kann auch als ein Beitrag zur Erschließung der pädagogischen Perspektivenpluralität der Allgemeinen Erziehungswissenschaft für den Pädagogikunterricht verstanden werden.

[13] Die „Erweiterte pädagogische Perspektive“ liegt ebenfalls der didaktischen Konzeption des >>Interessen und Leistungen fördernden Pädagogikunterrichts<< zugrunde (vgl. Schützenmeister 2011a, S.163 ff.)

gogikunterricht anzulegen ist, so dass mit ihr ein möglichst breites Spektrum pädagogischer Berufe und Tätigkeiten erfasst werden kann. Es ging also um die Frage nach allgemeinen Bildungskategorien, vor deren Hintergrund, alle oder zumindest viele pädagogische Tätigkeiten im Pädagogikunterricht vermittelt und verstanden werden könnten. Die grundlegende Überlegung zielte darauf ab, die Kategorien so allgemein wie möglich und so konkret wie nötig zu beschreiben, damit einerseits eine Erfassung pädagogischen Handelns in sehr vielen unterschiedlichen Zusammenhängen möglich wird und damit andererseits möglichst exakt erfassbar ist, was das genuin Pädagogische darstellt. Der Begriff „Erweitert" bezieht sich vor allem auf das Anliegen, möglichst eine große Breite des Spektrums der Pädagogik, der pädagogischen Tätigkeiten und Berufe bewusst in das Blickfeld pädagogischer Bildung zu rücken. So soll eine unzeitgemäße Enge des pädagogischen Blickwinkels aufgebrochen und der Horizont des Pädagogikunterrichts erweitert werden.[14]
Im Folgenden wird die „Erweiterte pädagogische Perspektive" knapp vorgestellt. Gegenüber der Ursprungsfassung (vgl. Schützenmeister 2008a, S.44 ff.) ist sie nur leicht weiter entwickelt worden und stellt sich deswegen in dem hier vorliegenden Beitrag in einer dazu modifizierten Form dar.

[14] Zur detaillierten Begründung der Perspektive siehe Schützenmeister 2008a. Dort ist die Auseinandersetzung mit den verschiedenen wissenschaftlichen Beiträgen geschildert, die maßgebliche Anregungen lieferten. Im Unterschied zu Giesecke (2013, S.72 ff.) wird an der Handlungsgrundform Erziehen festgehalten.

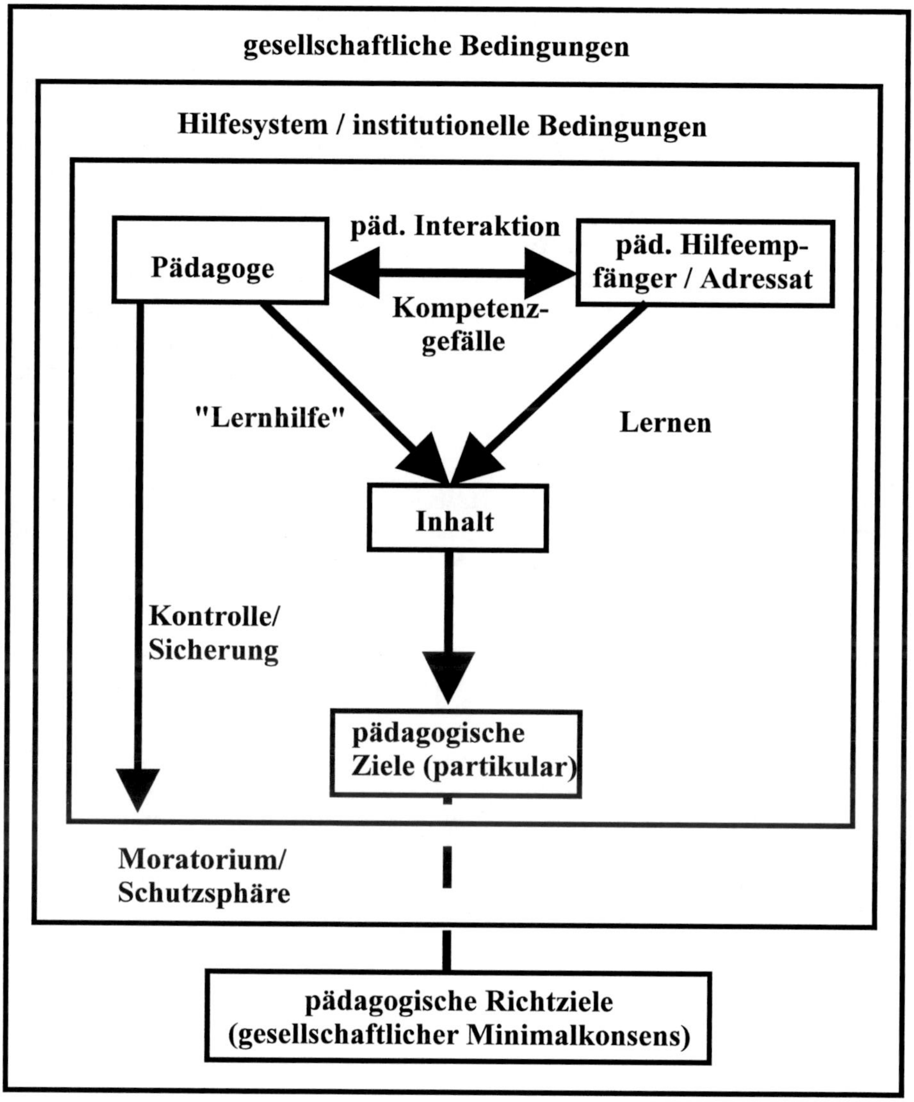

Abb.1: Erweiterte pädagogische Perspektive auf pädagogisches Handeln[15]

[15] Vgl. Schützenmeister 2008a, S.45

- In der pädagogischen Praxis stehen sich mindestens ein >>Pädagoge<< und mindestens ein >>pädagogischer Hilfeempfänger<< bzw. >>pädagogischer Adressat<< in einem >>pädagogischen Verhältnis<< gegenüber. Die Begriffe Pädagoge und pädagogischer Hilfeempfänger sind allgemein genug, um darunter sehr viele konkrete Rollen zu erfassen.[16] Diese Rollen werden etwa durch den Kontext spezifiziert, in welchem das pädagogische Interaktionsgeschehen stattfindet – z.B. Kindergarten, Schule oder Erlebnis- und Freizeiteinrichtung. Pädagogen können demnach z.B. Kindergärtner, Lehrer und Sozialpädagogen sein. Als Hilfeempfänger wären dementsprechend z.B. Zöglinge, Schüler und Ratsuchende zu nennen. Die Rollen von pädagogischen Hilfeempfängern und auch von Pädagogen werden zudem auch durch die Phase des Lebenslaufes spezifiziert, in denen sich diese Akteure jeweils befinden. So können pädagogische Hilfeempfänger z.B. Kinder im frühen Kindesalter, aber auch Erwachsene im Seniorenalter sein.
- Im pädagogischen Verhältnis hat der Pädagoge zumindest auf einem Gebiet gegenüber dem pädagogischen Hilfeempfänger einen >>Kompetenzvorsprung<<, z.B. einen Vorsprung an Erfahrungen, an Wissen oder an Fähigkeiten. Dieser ist Voraussetzung für die >>pädagogische Autorität<< des Pädagogen gegenüber dem Hilfeempfänger, für das >>Vertrauen<< des Hilfeempfängers in den Pädagogen und insofern konstitutiv für das pädagogische Verhältnis.
- Im pädagogischen Verhältnis gewährt der Pädagogen dem Hilfeempfänger eine >>spezielle Form der sozialen Hilfe<<. Das Verhältnis besteht im Interesse des Hilfeempfängers.
- Diese Hilfe kann als eine >>Hilfe zur Bewältigung von Lebens- und Entwicklungsaufgaben und zur Verwirklichung von Lebens- und von Entwicklungszielen<< des pädagogischen Adressaten verstanden werden. Sie kann ebenso als >>Aufforderung zur Bildung und als Unterstützung des Bildungsprozesses<< gedeutet werden. Bildung wie auch die Bewältigung von Lebens- und Entwicklungsaufgaben sowie -zielen können in einem Wechselspiel zwischen dem Individuum (Hilfeempfänger) und dessen natürlicher und sozialer Umwelt gesehen werden, in welches entwicklungsspezifische, subjektive Voraussetzungen des Individuums und objektive Anforderungen der Umwelt einfließen.
- Im Bildungsprozess muss der pädagogische Hilfeempfänger lernen. Er muss lernen, um u.a. die sich ihm stellenden Lebens- und Entwicklungsaufgaben zu

[16] Die Begriffe „Pädagoge" und „pädagogisch" werden hier mit Blick auf die Handlungsformen (Erziehen, Unterrichten, pädagogisches Beraten) und die Adressaten (Kind, Jugendlicher, Erwachsener, Senior) im übergreifenden Sinne verstanden. Insofern sind die Begriffe vom Begriffsursprung >>Pädagogik als Knaben- oder Kinderführung<< und vom eingeengten Verständnis >>Pädagogik als Erziehung<< entfernt zu sehen. Die alternativen Bezeichnungen >>Lernhelfer<< und >>Empfänger der Lernhilfe<< wurden nicht gewählt, weil der disziplinäre Bezug dabei wenig in Erscheinung tritt.

bewältigen. Pädagogische Tätigkeit kann demnach als >>Lernhilfe<< gesehen werden, bei welcher der Pädagoge den Hilfeempfänger motiviert und diesem dabei hilft, sich die Kompetenzen – u.a. Wissen, Fähigkeiten, Fertigkeiten und Haltungen – anzueignen, die erforderlich sind, um die sich stellenden Lebens- und Entwicklungsaufgaben lösen zu können.
Der Aspekt der Lernhilfe ist ein wesentliches Unterscheidungskriterium pädagogischen Handelns von anderen Formen sozialen Handelns.

- Die soziale Hilfe, resp. Lernhilfe bzw. pädagogische Tätigkeit wird durch >>Grundformen pädagogischen Handelns<< realisiert, durch >>Erziehen, Unterrichten und pädagogisches Beraten<<.
- Kennzeichnend für pädagogische Tätigkeit ist die >>pädagogische Interaktion<<, die wesentlich sprachliche Kommunikation ist. Pädagogische Interaktion zielt perspektivisch auf die Selbsttätigkeit und Selbstbestimmung des pädagogischen Adressaten im Bildungsprozess, auf selbständiges und selbstbestimmtes Lernen. Ihre jeweilige situative Ausgestaltung hängt wesentlich von den pädagogischen Adressaten, von den `subjektiven´ Voraussetzungen, und von den objektiven Anforderungen, z.B. von dem zu lernenden Sachverhalt, sowie von den eingesetzten Interaktions- und Lernmedien ab. Das Verhältnis zwischen instruktiver und konstruktiver Interaktion und das Verhältnis zwischen Führung und teilnehmender Begleitung muss mit Rücksicht auf subjektive Voraussetzungen und objektive Anforderungen angemessen arretiert werden. Gleiches trifft auf das Verhältnis der pädagogischen Face-to-Face Interaktion und der medial vermittelten pädagogischen Interaktion zu.
- Beim Lernprozess im Rahmen pädagogischer Interaktion findet ein >>Ausgleich des Kompetenzgefälles<< zwischen dem Pädagogen und dem pädagogischen Hilfeempfänger statt. Der Hilfeempfänger holt also durch das Lernen den Kompetenzvorsprung des Pädagogen auf. Der pädagogische Hilfeempfänger wird so sukzessive unabhängiger von der Lernhilfe, die ihm der Pädagoge bietet. Der Pädagoge macht sich mit zunehmender Kompetenz des Hilfeempfängers überflüssig. >>Pädagogische Tätigkeit<< ist in Bezug auf einen Hilfeempfänger >>zeitlich befristet<<.
- Pädagogische Ziele lassen sich hierarchisch ordnen und im Hinblick auf den Adressaten und auf seine Umwelt hin beschreiben. Pädagogische Ziele hängen von kulturellen sowie gesellschaftlichen Werten und Normen, von objektiven gesellschaftlichen Anforderungen und Verhältnissen sowie vom verbreiteten Menschenbild der jeweiligen Epoche ab.[17]

---

[17] In freiheitlich demokratisch verfasster Gesellschaften der Moderne und Postmoderne stellen Humanität, Freiheit, Mündigkeit, Vernunft, Solidarität, soziale Verantwortung und Nachhaltigkeit zentrale Werte dar, welche sich im gesellschaftlichen Minimalkonsens zu pädagogischen Richtzielen dieser Gesellschaften wiederspiegeln. - Pädagogische Tätigkeit sollte dementsprechend anstreben, dass der Mensch den Anforderungen einer solchen Welt /

Pädagogisches Handeln sollte auf die Verwirklichung von übergreifenden Zielen gerichtet sein, zu denen in der Gesellschaft ein Konsens besteht. Dieser existiert auch in pluralistisch verfassten Gesellschaften (Minimalkonsens).[18] Die Verwirklichung partikularer pädagogischer Ziele, die nicht zu den übergreifenden Richtzielen beitragen, sollte diesen Richtzielen nicht zuwider laufen.

- Pädagogisches Handeln hängt von Bedingungsfeldern ab, wirkt aber auch auf diese zurück. Dabei können ein >>institutionelles Bedingungsfeld<< und ein >>gesellschaftliches Bedingungsfeld<< pädagogischen Handelns unterschieden werden. Diese Bedingungsfelder tragen wesentlich zur Spezifizierung pädagogischer Ziele, zur Ausgestaltung pädagogischen Handelns, zur Konkretisierung der Rollen von Pädagogen und pädagogischen Adressaten bei.
- Pädagogisches Handeln in institutionellen Kontexten sichert dem Hilfeempfänger ein >>Moratorium<< bzw. ein zeitlich befristeten Schutz vor Anforderungen, denen der Hilfeempfänger noch nicht ganz gewachsen ist, bis er gelernt hat, diese Anforderungen voll zu bewältigen. Für diesen Zeitraum kann der Pädagoge die Interessen der Hilfeempfänger im Sinne einer stellvertretenden Inklusion in gesellschaftlichen Teilsystemen vertreten.

Zentrale Kategorien bzw. Grundbegriffe der „Erweiterten pädagogische Perspektive“ sind:

- Pädagoge;
- Pädagogischer Hilfeempfänger bzw. pädagogischer Adressat;
- Lebenslauf und alterstypische Lernaufgaben;
- pädagogischer Lernbegriff und Bildung;
- pädagogische Hilfe als Lernhilfe und als Sicherung eines Moratoriums;
- pädagogische Interaktion;
- Grundformen pädagogischen Handelns - Erziehen, Unterrichten, pädagogisches Beraten;
- pädagogische Ziele;

Gesellschaft (Welt im weitesten Sinne, Umwelt und Gesellschaft im engeren Sinne), in der diese Werte leitend sind, selbständig gewachsen ist, dass er sich selbstkritisch betrachten, sich selbständig und selbstbestimmt bilden kann, dass er die Welt und die Gesellschaft, in der er lebt, kritisch betrachten, sie sozial verantwortungsbewusst und nachhaltig mitgestalten kann.

[18] Eine konsensorientierte Bestimmung solcher übergreifenden pädagogischen Ziele setzt selbstverständlich eine demokratisch verfasste Gesellschaft voraus, in welcher Meinungsfreiheit und Mitwirkungsmöglichkeiten in Bezug auf die Bestimmung dieser Ziele existieren. In anders verfassten Gesellschaften können solche übergreifenden Ziele auch ohne die Beachtung der Ansichten einzelner Gesellschaftsgruppen und ohne Mitwirkungsmöglichkeiten gesellschaftlicher Gruppen durchgesetzt werden. Sie beruhen dann nicht auf einem Konsens.

- Moratorium;
- institutionelle Bedingungen pädagogischen Handelns;
- gesellschaftliche Bedingungen pädagogischen Handelns.

Diese Kategorien könnten den Pädagogikunterricht im Sinne einer kategorialen Bildung leiten. Sie sollten den Schülern in der ersten Phase eines pädagogischen Bildungsganges in ihrem Zusammenhang an wenigen Beispielen exemplarisch verdeutlicht werden, so dass sich den Schülern erschließen kann, was Pädagogik bedeutet und was die pädagogische Perspektive ausmacht. Die Schüler erhalten auf diese Weise einen Orientierungsrahmen. Der weitere Verlauf des Pädagogikunterrichts könnte von einer Abfolge von Unterrichtseinheiten bestimmt sein, bei der jede einzelne pädagogische Kategorie in jeweils einer Unterrichtseinheit an exemplarischen Inhalten vertieft und in ihren Zusammenhängen zu anderen Kategorien genauer geklärt wird. Zu jeder Kategorie lassen sich pädagogische Grund- und Leitfragen formulieren, die für eine problemorientierte Anlage der Unterrichtseinheiten sinnvoll erscheinen und die so auch eine aktive Auseinandersetzung der Schüler mit den Inhalten anregen.

7 Berufspropädeutischer Pädagogikunterricht im Hinblick auf die „Erweiterte pädagogische Perspektive“

Die Erweiterte pädagogische Perspektive ist vor allem mit Blick auf die Expansion des pädagogischen Berufssektors entwickelt worden. Es stellt sich die Fragen, wie ein Pädagogikunterricht unter einer erweiterten pädagogischen Perspektive gestaltet werden kann, welcher die Schüler auf die Fülle und Vielfalt pädagogischer Berufe und Tätigkeiten hin orientiert.
Berufspropädeutik kann als ein didaktisches Prinzip verstanden werden, das nicht nur allein im Pädagogikunterricht, sondern in allen Unterrichtsfächern eine Rolle spielen sollte, ebenso wie die Prinzipien der Wissenschafts- und Handlungspropädeutik. Einige Begründungen, theoretische Fundierungsmöglichkeiten und Bestimmung für den berufspropädeutischen gymnasialen Oberstufenunterricht und für die Konturen eines berufspropädeutischen Pädagogikunterrichts habe ich bereits in einem früheren Beitrag (vgl. Schützenmeister 2009) beschrieben. Ich lege der Berufspropädeutik zwei wichtige Funktionen zugrunde, die eng aufeinander bezogen sind.

- Erstens zielt die Berufspropädeutik auf die Verbindung allgemeiner und beruflicher Bildung.
  Es geht dabei einerseits darum, Schüler im Fachunterricht allgemeinbildender Schulen auf die Berufs- und die Arbeitswelt vorzubereiten. Im Unterschied zu einer Berufsausbildung an einer Berufsschule wird kein vollwertiger Berufsab-

schluss angestrebt und erreicht. Berufliche Bildung stellt sich im Sinne der Berufspropädeutik gewissermaßen als eine berufliche Vorbildung dar. Sie ist bezüglich des Berufsspektrums breiter und polyvalenter als eine Berufsausbildung. Berufspropädeutik fördert den Übergang in eine berufliche Ausbildung oder in ein berufliches Studium.

Andererseits geht es bei der Berufspropädeutik um Allgemeinbildung. Vieles von dem pädagogischen Wissen und von den pädagogischen Kompetenzen, die im allgemeinbildenden Pädagogikunterricht mit Blick auf alltägliche Lebenszusammenhänge vermittelt werden, ist auch in pädagogischen Berufsausbildungs- und Studiengängen und bei der Ausübung entsprechender pädagogischer Berufe relevant.[19] Es ist bezüglich >>nicht beruflicher<< und >>beruflicher<< Kontexte polyvalent. Beim berufspropädeutischen Unterricht wird nun der Kontext des Beruflichen zur Vermittlung und zur Übung des polyvalenten pädagogischen Wissens und der polyvalenten pädagogischen Kompetenzen bewusst gewählt. So lassen sich bspw. Inhalte einerseits gezielt aus der Perspektive pädagogischer Berufe problematisieren, thematisieren und vermitteln. Im Anschluss an eine solche Vermittlung gilt es, exemplarisch zu zeigen, in welchen außerberuflichen Zusammenhängen das dabei erworbene Wissen und die dabei erworbenen Fähigkeiten auch eine Rolle spielen. Andererseits ist auch der umgekehrte Weg denkbar, nämlich die Vermittlung des Wissens und der Fähigkeiten im Kontext des Außerberuflichen und die anschließende exemplarische Verdeutlichung ihrer beruflichen Relevanz.

- Die zweite wichtige Funktion der Berufspropädeutik besteht in der Berufsorientierung und Berufswahlvorbereitung. Anknüpfungspunkte für die Umsetzung in ein didaktisches Prinzip können hierbei Passungstheorien der Berufswahl bieten. Jene zeigen, dass bestimmte Merkmale, Charakteristika und Eigenschaften von Berufswählern, wie z.B. Interessen, mit bestimmten Berufen, deren Tätigkeiten, Anforderungen und Bedingungen korrespondieren bzw. zu diesen passen. Auf dieser Grundlage lassen sich Vorhersagen treffen, mit welcher Wahrscheinlichkeit ein Berufswähler einen bestimmten Beruf wählt. Dies ist bspw. für die Berufsberatung sehr praktikabel.

  Beim berufspropädeutischen Pädagogikunterricht lassen sich diese Aspekte entsprechend didaktisch umsetzen: 1. Information der Schüler über pädagogische Berufe, über deren Anforderungen, deren Adressaten, deren Bedingungen usw.; 2. Erkundung der pädagogischen Schülerinteressen, -kompetenzen und Entwicklungspotentiale bezüglich der kennengelernten pädagogischen Berufe (z.B.

[19] Beim pädagogischen Studium spielen dieses pädagogische Wissen und diese pädagogischen Kompetenzen auf einem höheren Bildungsniveau und bei der pädagogischen Berufsausbildung unter einem stärkeren Praxisbezug als im gymnasialen Oberstufenunterricht eine Rolle.

Selbsterkundung); 3. Feststellung und Dokumentation der Präferenzen (persönlicher Passungen) bezüglich der kennengelernten pädagogischen Berufe.

Im Weiteren konzentriere ich mich auf folgende Fragen der didaktischen Entwicklungsarbeit: Vor dem Hintergrund welcher zentralen Kategorien kann die große Fülle und Vielfalt pädagogischer Berufe und Tätigkeiten exemplarisch verständlich verdeutlicht werden? Welches Kategoriensystem sollten Schüler dementsprechend für ihre Berufsorientierung im pädagogischen Berufssektor verinnerlichen? Inwiefern korrespondieren Kategorien dieses Systems mit der >>Erweiterten pädagogischen Perspektive<<? Wie kann der im Kontext des Beruflichen stattfindende Pädagogikunterricht am besten zur Vermittlung der Kategorien der >>Erweiterten pädagogischen Perspektive<< beitragen?
Die Klassifikation der Berufe 2010 (KldB 2010, vgl. Bundesagentur für Arbeit 2010) oder das BERUFENET der Bundesagentur für Arbeit bieten zwar Informationsmöglichkeiten über pädagogische Berufe.[20] Sie sind allerdings für eine Konzeptualisierung der Berufsinformation unter einer pädagogischen Perspektive im allgemeinbildenden Pädagogikunterricht nur sehr bedingt nutzbar. Ich habe eine an die >>Erweiterte pädagogische Perspektive<< anschlussfähige Ordnungsmöglichkeit pädagogischer Berufe für diese Konzeptualisierung der pädagogischen Berufspropädeutik begründet und entwickelt: das >>Modell zur Analyse und Berufsorientierung im pädagogischen Beschäftigungssektor<< (vgl. Schützenmeister 2008a).
Mit diesem Modell wird davon ausgegangen, dass jeder pädagogische Beruf als ein spezifisches >>Mischungsverhältnisse<< von Handlungsformen und Handlungsoperationen beschrieben und charakterisiert werden kann. Werden Publikationen zu den spezifischen Aufgaben und Tätigkeiten in pädagogischen Berufen gesichtet, so stimmen viele darin überein, dass Erziehen, Unterrichten und Beraten zu den Kerntätigkeiten in pädagogischen Berufen gehören. Beraten ist auch in nichtpädagogischen Kontexten verbreitet, insofern soll es hier als besondere Form des Beratens, als >>pädagogisches Beraten<< bezeichnet werden. Diese drei Tätigkeiten – Erziehen, Unterrichten, pädagogisches Beraten - werden als Grundformen pädagogischen Handelns angesehen. Neben diesen sind eine Vielzahl anderer Tätigkeiten in pädagogischen Berufen anzutreffen, etwa Organisieren, Diagnostizieren oder Innovieren. Bei der genaueren Betrachtung erweisen sich diese jedoch als keine spezifischen pädagogischen Tätigkeiten, sondern sie sind im Grunde genommen Teilspezialisierungen auf einzelne Handlungsoperationen, welche die pädago-

[20] Die KldB 2010 unterscheidet Berufsbereiche, Berufshauptgruppen, Berufsgruppen, Berufsuntergruppen, Berufsgattungen (vgl. Bundesagentur für Arbeit 2010, S.16), wobei in den Berufshauptgruppen 83 „Erziehung, soziale und hauswirtschaftliche Berufe, Theologie" sowie 84 „Lehrende und ausbildende Berufe" die meisten pädagogischen Berufe zusammengefasst sind.

gischen Handlungsrundformen konstituieren. Für das Erziehen ist Organisieren, Diagnostizieren und Innovieren ebenso erforderlich wie bspw. für das pädagogische Beraten und das Unterrichten. Jede Handlung und damit auch jede pädagogische Handlungsgrundform wird durch die Handlungsoperationen Planen, Organisieren, Durchführen, Diagnostizieren/Evaluieren und Innovieren/Korrigieren konstituiert.[21]
In den meisten pädagogischen Berufen kommen alle Grundformen des pädagogischen Handelns - Erziehen, Unterrichten und pädagogisches Beraten – vor. Allerdings zu jeweils unterschiedlichen Anteilen und Gewichtungen. Einfach erklärbar wird dies an den pädagogischen Grundberufen. Bei den Erziehern steht die Erziehung im Vordergrund, Unterrichten und pädagogisches Beraten sind nachgeordnet. Bei den Lehrern liegt der Schwerpunkt der Tätigkeit beim Unterrichten und bei den Sozialpädagogen beim pädagogischen Beraten. Welche Handlungsform im Vordergrund der pädagogischen Tätigkeit steht und unter welcher Berufsbezeichnung diese pädagogische Tätigkeit dann firmiert, das hängt wesentlich vom Kontext ab, in welchem die pädagogische Tätigkeit stattfindet.[22]
Der Handlungskontext bzw. die Bedingungen spezifizieren auch über die Handlungsoperationen das Mischungsverhältnis der pädagogischen Handlungsgrundformen innerhalb pädagogischer Berufe. Nach Koring lassen sich drei Kontexte unterscheiden: der soziokulturelle Kontext, welcher das Erziehen konstituiert, der kulturell-kommunikative, ökonomische Kontext, welcher für das Unterrichten konstitutiv wirkt, sowie der Kontext individueller Probleme und biographischer Krisen, der das Beraten spezifiziert. Pädagogische Kontexte sind jeweils spezielle Mischungen dieser drei Kontexte, so dass pädagogische Tätigkeiten als Mischungen der drei pädagogischen Handlungsgrundformen charakterisierbar werden (vgl. Abb. 2).
Zwischen den pädagogischen Grundberufen gibt es zahlreiche Nuancierungen bzw. Spezialisierungen bezüglich der Ausprägung der einzelnen Handlungsgrundformen – etwa bei den Lehrern solche, die mehr oder weniger Unterrichten, diejenigen, die mehr oder weniger Erziehen und solche, die mehr oder weniger Beraten. Viele pädagogische Spezialisierungen beziehen sich allerdings weiterführend auf einzelne oder mehrere Handlungsoperationen, welche Erziehen, Unterrichten oder pädagogisches Beraten konstituieren. Exemplarisch seien hier der Schulleiter und der Fach-

---

[21] Hier sind unterschiedliche Klassifikationen der Handlungsoperationen geläufig. Sehr detailliert werden solche für das „erzieherische Handeln" bspw. im Handlungspropädeutischen Modell für den Pädagogikunterricht von Klaus Beyer gelistet (vgl. Beyer 1997a, S. 153).

[22] Hier wird der Anregung Korings gefolgt, der Grundformen als bereichsabhängige Konkretisierungen von Handlungsoperationen beschreibt (vgl. Koring 2001b, S.22, Koring 2001a). Im Unterschied zu Koring wird hier aber nicht von einer bereichsspezifischen Konkretisierung der Handlungsoperationen Zeigen und Deuten ausgegangen, sondern von der bereichsspezifischen Konkretisierung der Handlungsoperationen, die den Handlungsablauf konstituieren.

didaktiker genannt. Der Schulleiter hat sich teilweise auf das Planen und Organisieren für das Unterrichten in der Institution Schule spezialisiert. Der Fachdidaktiker kann als ein Spezialist für das Diagnostizieren, Analysieren und Innovieren von Fachunterricht und Fachstudium gedeutet werden. Die eigentliche Handlungsgrundform, auf die diese Operationen jeweils bezogen sind, wird infolge der Spezialisierung auf die Operationen weniger oder gar nicht mehr ausgeführt. Im Beispiel des Schulleiters betrifft dies das Unterrichten. Infolge der Spezialisierung des Schulleiters auf Planen und Organisieren unterrichtet er deutlich weniger als andere Lehrer.

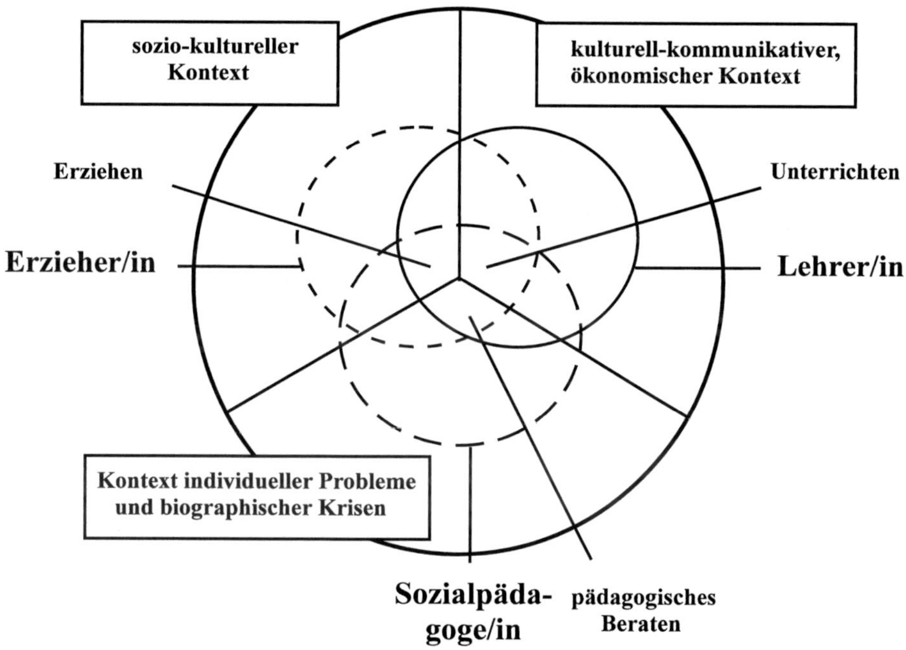

Abb.2: Spezialisierung auf die Grundformen pädagogischen Handelns, Tätigkeitsprofile von Erzieher, Lehrer und Sozialpädagoge (pädagogische Grundberufe)[23]

Sicherlich konstituieren neben den institutionellen Bedingungen bzw. dem Handlungskontext weitere Faktoren die Ausprägung von Handlungsmustern in pädagogischen Berufen. Maßgeblich zählen hierzu die jeweiligen Adressatengruppen, auf welche sich einzelne pädagogische Berufe beziehen. Es gibt zahlreiche Möglichkei-

[23] Vgl. Schützenmeister 2008a, S.74 f.

ten diese Adressatengruppen zu gliedern. Eine nahe liegende Gliederung ist jene nach den Phasen des Lebenslaufes bzw. nach Altersabschnitten.
Damit sind nun die drei Kategorien zur Schaffung eines systematischen Überblicks über pädagogische Berufe angesprochen, welche im >>Modell zur Analyse und Berufsorientierung im pädagogischen Beschäftigungssektor<< zusammengeführt sind:

- Ausprägung der einzelnen Handlungsgrundformen und Handlungsoperationen in pädagogischen Berufen,
- Kontexte und institutionelle Bedingungen, unter denen die pädagogischen Berufe ausgeübt werden,
- Adressatengruppen der pädagogischen Berufe.

Der berufspropädeutische Pädagogikunterricht könnte diese drei Kategorien den Schülern anhand ausgewählter pädagogischer Berufe exemplarisch vermitteln. Mit diesen Kategorien bekämen die Schüler ein einfaches Orientierungs- bzw. Koordinatensystem an die Hand, das es ihnen gestattet, die Fülle und Vielfalt pädagogischer Berufe zu fassen.
Der Vorteil dieses Kategoriensystems besteht darin, dass es kompatibel mit jenem der >>Erweiterten pädagogischen Perspektive<< ist und dass es insofern zur Vermittlung dieser pädagogischen Perspektive beitragen kann. Durch die berufspropädeutische Beschäftigung mit pädagogischen Berufen können >>alle<< Kategorien der >>Erweiterten pädagogischen Perspektive<< berührt und vermittelt werden, aber insbesondere die Folgenden:

- Pädagoge,
- Grundformen pädagogischen Handelns - Erziehen, Unterrichten, pädagogisches Beraten,
- Pädagogischer Hilfeempfänger bzw. pädagogischer Adressat,
- Lebenslauf und alterstypische Lernaufgaben,
- institutionelle Bedingungen pädagogischen Handelns.

Es ist empfehlenswert berufspropädeutischen Pädagogikunterricht >>obligatorisch<< im Hinblick auf die drei pädagogischen Grundberufe Erzieher, Lehrer und Sozialpädagoge zu gestalten und so die drei pädagogischen Handlungsgrundformen Erziehen, Unterrichten und pädagogisches Beraten herauszuarbeiten. Nach der Interessenlage der Schüler könnten >>fakultativ<< pädagogische Berufe thematisiert werden, welche Spezialisierungen auf Handlungsoperationen oder auf Adressatengruppen innerhalb des pädagogischen Beschäftigungssektors repräsentieren – z.B. Internatsleiter, Oberstufenkoordinator, Erziehungswissenschaftler, Heilpädagogen, Geragogen, Tätigkeiten im Wissensmanagement, in der Produktion medialer Bildungsangebote, in der Erwachsenenbildung usw.

Um die drei Kategorien des >>Modells zur Berufsorientierung im pädagogischen Beschäftigungssektor<< zu vermitteln, sollten diese anhand der ausgewählten pädagogischen Berufen im Pädagogikunterricht systematisch berücksichtigt werden. Das bedeutet, Aufgaben- und Tätigkeitsmuster mit dem Ziel, typische Handlungsgrundformen und Handlungsoperationen herauszuarbeiten, typische Adressatengruppen sowie institutionelle Bedingungen und Kontexte bei jedem im Pädagogikunterricht thematisierten Beruf anzusprechen und festzuhalten. Darüber hinaus kann berufspropädeutischer Pädagogikunterricht je nach individuellem Bedarf der Schüler weitere Berufsinformationen bereit halten, etwa zu den Ausbildungs- und Studienwegen, zu den Verdienst- und Karrieremöglichkeiten usw. Das Modell zur Berufsorientierung mit seinen drei Kategorien könnte als Strukturierungs- und Vergleichshilfe am Beginn des berufspropädeutischen Pädagogikunterrichts direkt vermittelt werden. Es könnte aber auch gegen Ende des pädagogischen Bildungsgangs aus den gewonnenen Berufsinformationen abstrahierend herausgearbeitet werden.

Es ist anzunehmen und zu hoffen, dass ein berufspropädeutisch akzentuierter Pädagogikunterricht den Schülerwartungen an den Pädagogikunterricht entgegenkommt und dass er pädagogische Interessen bei den Schülern weckt und fördert. Es ist bekannt, dass viele Schüler pädagogische Kurse anwählen, weil sie sich für pädagogische Berufe interessieren, diese als Berufswahloptionen erwägen und weil sie sich dem entsprechend Informationen und Hilfen vom Pädagogikunterricht versprechen. Der erwartete Berufsbezug des Faches und Berufswünsche der Schüler sind wichtige Motive für die Anwahl pädagogischer Kurse in der gymnasialen Oberstufe (vgl. Bubenzer 2010, S.201 ff.) und auch in der Sekundarstufe I (vgl. Menn 2005, S. 142 f.). Der Anteil der Schüler mit pädagogischem Berufswunsch im Pädagogikunterricht der gymnasialen Oberstufe liegt zwischen ca. 15 und ca. 50% (vgl. Schützenmeister 2008b, S. 20, Schützenmeister/Buschmann 2009, S. 24).[24]

Berufspropädeutischer Fachunterricht hat gegenüber der in der Praxis verbreiteten Berufsorientierung, die nach wie vor schwerpunktmäßig auf Maßnahmen außerhalb des allgemeinbildenden Fachunterrichts setzt (etwa auf den Besuch des Berufsinformationszentrums und auf das Berufspraktikum), wohl einige Vorteile. Durch den berufspropädeutischen Fachunterricht kommt wahrscheinlich ein größeres Spektrum an Berufen in den Blick der Schüler. Selbst wenn alle Fächer nur zentrale fachadäquate Grundberufe berufspropädeutisch aufgreifen, wird insgesamt eine beachtliche berufsorientierende Bildungsbreite erreicht. Dadurch, dass Berufspropädeutik als Unterrichtsprinzip in den gesamten Bildungsgang integriert ist und zu verschiedenen Zeiten immer wieder eingespielt wird, kann Berufsorientierung nachhaltiger wirken als das bei zeitlich punktuellen Maßnahmen der Berufsorientierung außerhalb des Fachunterrichts der Fall ist. Dadurch, dass die Berufsinformation von Leh-

[24] Ca. 15 % der Schüler sind sich dabei sicher, wohingegen die übrigen ca. 35% dazu tendieren, aber noch nicht ganz sicher sind.

rern gestaltet wird, welche die Interessen, Kompetenzen und Potentiale ihrer Schüler relativ gut kennen, können Schüler bei der Berufsinformation und bei der berufsbezogenen Selbsterkundung durch die Lehrer besonders gut begleitet und beraten werden. Wesentlich ist, dass eine im Sinne der Berufspropädeutik in den Pädagogikunterricht eingebettete Berufsorientierung nicht als Zusatzaufgabe neben dem Bildungsauftrag des Faches wahrgenommen wird, sondern eben als ein ganz konkreter Beitrag zur Allgemeinbildung und als eine Möglichkeit zur Klärung der pädagogischen Perspektive.

Literatur

Bär, A. (2006): Der Allgemeinbildungsauftrag des Pädagogikunterrichts – zur fachdidaktisch-legitimatorischen Aktualität des Bildungsgedankens bei Wolfgang Klafki. In: Pädagogikunterricht. Sonderheft Referendare, Mai 2006. Aus der Ausbildung für die Praxis. Anregungen von und für Pädagogiklehrer/innen im Vorbereitungsdienst hrsg. von Melanie Schink und Slavica Popovic, S.5-15.

Benner, D. (2001): Allgemeine Pädagogik. Eine systematisch-problemgeschichtliche Einführung in die Grundstruktur pädagogischen Denkens und Handelns. 4., völlig neu bearbeitete Auflage. Weinheim und München: Juventa Verlag.

Beyer, K. (1997a): Handlungspropädeutischer Pädagogikunterricht. Eine Fachdidaktik auf allgemeindidaktischer Grundlage. Teil I: Aufgaben, Prinzipien und Lernziele. Bd.2 der Reihe Didactica Nova. Baltmannsweiler: Schneider Verlag.

Beyer, K. (1997b): Handlungspropädeutischer Pädagogikunterricht. Eine Fachdidaktik auf allgemeindidaktischer Grundlage. Teil II: Inhalte – Arbeitsformen – Sozialformen. Bd.3 der Reihe Didactica Nova. Baltmannsweiler: Schneider Verlag.

Beyer, K. (2004): Vorwort. In: Beyer, K. (Hrsg.), (2004): Planungshilfen für den Pädagogikunterricht. Die Praxisbedeutung der wichtigsten allgemein-didaktischen Konzeptionen. Baltmannsweiler: Schneider Verlag, S.V.

Beyer, K. (2010): Entfaltung der pädagogischen Perspektive. In: Pädagogikunterricht 30(2010)2/3, S.40-53.

Beyer, K. (2012): Pragmatische Fachdidaktik Pädagogik. Zehn zusammenhängende Studien. Bd. 19 der Reihe Didactica Nova. Baltmannsweiler: Schneider Verlag.

Beyer, K. / Storck, C. (2004): Die Bedeutung der „Kritisch-konstruktiven Didaktik" für den Fachunterricht. In: Beyer, K. (Hrsg.), (2004): Planungshilfen für den Pädagogikunterricht. Die Praxisbedeutung der wichtigsten allgemein-didaktischen Konzeptionen. Baltmannsweiler: Schneider Verlag, S.40-78.

Bubenzer, K. (2010): Schulfach Pädagogik – Formale Gleichheit, diskrete Differenzierung? Entwicklung und aktuelle Situation in der gymnasialen Oberstufe. Bd. 18 der Reihe Didactica Nova. Baltmannsweiler: Schneider Verlag.

Bundesagentur für Arbeit (2010), (Hrsg.): Klassifikation der Berufe 2010. Band 1. Systematischer und alphabetischer Teil mit Erläuterungen. Nürnberg. http://www.statistik.arbeitsagentur.de/Statistischer-Content/Grundlagen/Klassifikation-der-Berufe/KldB2010/Printausgabe-KldB-2010/Generische-Publikationen/KldB2010-Printversion-Band1.pdf [Abruf: 30.03.2014].

Ebert, J. (1986): Kategoriale Bildung. Zur Interpretation der Bildungstheorie Wolfgang Klafkis. Frankfurt am Main: Haag + Herchen Verlag.

Gesell, M. / Heindrihof, F. / Röken, G. / Wortmann, E. (2010): Pädagogikunterricht als lernendes Fach. In: Pädagogikunterricht 30(2010)2/3, S.54-68.

GFDP (2013), (Gesellschaft für Fachdidaktik Pädagogik): Stellungnahme der Gesellschaft für Fachdidaktik Pädagogik (GFDP) zum Entwurf des Kernlehrplans für das Unterrichtsfach Erziehungswissenschaft in der Sekundarstufe II (Gymnasien / Gesamtschulen) des Landes Nordrhein-Westfalen. In: Pädagogikunterricht 33(2013)2/3, S.45-54.

Giesecke, H. (2013): Pädagogik als Beruf. Grundformen pädagogischen Handelns. 11. Auflage. Weinheim und Basel: Beltz Verlag.

Grunert, C. / Krüger, H.-H. (2003): Entgrenzung des Pädagogischen. Theoretische Diskurse und empirische Trends. In: Krüger, H.-H. u.a. (2003): Diplom-Pädagogen in Deutschland. Survey 2001. Weinheim und München: Juventa Verlag, S.281-297.

Jank, W. / Meyer, H. (1994): Didaktische Modelle. 3. Auflage. Berlin: Cornelsen Verlag Scriptor.

Kaiser, A. / Kaiser, R. (2001): Studienbuch Pädagogik. Grund- und Prüfungswissen. 10., überarbeitete Auflage. Berlin: Cornelsen Scriptor.

Klafki, W. (1964): Das pädagogische Problem des Elementaren und die Theorie der kategorialen Bildung. 3./4. durchgesehene und ergänzte Auflage. Weinheim: Beltz Verlag.

Klafki, W. (1970): Einleitung. Hauptfragestellungen der Erziehungswissenschaft. In: Klafki, W. / Rückriem, G.M. / Wolf, W. / Freudenstein, R. / Beckmann, H.-K./ Lingelbach, K.-C. / Iben, G. / Dietrich, J. (1970): Funk-Kolleg Erziehungswissenschaft. Bd.1. Frankfurt am Main: Fischer Taschenbuch Verlag, S.27-51.

Klafki, W. (1993): Neue Studien zur Bildungstheorie und Didaktik. Zeitgemäße Allgemeinbildung und kritisch-konstruktive Didaktik. 3. Auflage: Weinheim und Basel: Beltz Verlag.

Klafki, W. (2004): Kritisch-konstruktive Didaktik zu Beginn des 21. Jahrhunderts. In: Beyer, K. (Hrsg.), (2004): Planungshilfen für den Pädagogikunterricht. Die Praxisbedeutung der wichtigsten allgemein-didaktischen Konzeptionen. Baltmannsweiler: Schneider Verlag, S.28-39.

Klafki, W. (2013): Kategoriale Bildung. Konzeption und Praxis reformpädagogischer Schularbeit zwischen 1948 und 1952. Herausgegeben und mit einer Einleitung versehen von C. Ritzi und H. Stübig. Bad Heilbrunn: Klinkhardt Verlag.

(Abdruck der Arbeit Klafkis zur 2. Staatsprüfung für das Lehramt an Volksschulen von 1951).

Klafki, W. / Rückriem, G.M. / Wolf, W. / Freudenstein, R. / Beckmann, H.-K. / Lingelbach, K.-C. / Iben, G. / Dietrich, J. (1970a, b, 1971): Funk-Kolleg Erziehungswissenschaft. 3 Bde. Frankfurt am Main: Fischer Taschenbuch Verlag.

Koring, B. (1992): Grundprobleme pädagogischer Berufstätigkeit. Eine Einführung für Studierende. Bad Heilbrunn: Julius Klinkhardt Verlag.

Koring, B. (1999): Erziehung und Information – Untersuchungen über das Zeigen als Grundoperation der Erziehung. In: Fuhr, T. / Schultheis, K. (1999), (Hrsg.): Zur Sache der Pädagogik. Untersuchungen zum Gegenstand der allgemeinen Erziehungswissenschaft. Bad Heilbrunn / Obb.: Verlag Julius Klinkhardt, S.122-135.

Koring, B. (2001a): Allgemeine Erziehungswissenschaft – jetzt erst recht! http://www-user-tu-chemnitz.de/~koring/virkor/homekor1.htm [Zugriff: 07.12.2004].

Koring, B. (2001b): Allgemeine Erziehungswissenschaft – jetzt erst recht! Manuskript. Dateiname: aew.konzept01korr-ohne-zwischentexte (Version vom 30.04.2001, 18:17 Uhr) [Zusendung 03/2007].

Krüger, H.-H. (1994): Allgemeine Pädagogik auf dem Rückzug. Notizen zur disziplinären Neuvermessung der Erziehungswissenschaft. In: Krüger, H.-H. / Rauschenbach, T. (1994), (Hrsg.): Erziehungswissenschaft. Die Disziplin am Beginn einer neuen Epoche. Weinheim und München: Juventa Verlag, S.115-130.

Krüger, H.-H. (1995a): Erziehungswissenschaft in den Antinomien der Moderne. In: Krüger, H.-H. / Helsper, W. (1995), (Hrsg.): Einführung in Grundbegriffe und Grundfragen der Erziehungswissenschaft. Opladen: Leske+Budrich, S.319-326.

Krüger, H.-H. (1995b): Erziehungswissenschaft und ihre Teildisziplinen. In: Krüger, H.-H. / Helsper, W. (1995), (Hrsg.): Einführung in Grundbegriffe und Grundfragen der Erziehungswissenschaft. Opladen: Leske+Budrich, S.303-318.

Krüger, H.-H. / Rauschenbach, T. / Fuchs, K. / Grunert, C. / Huber, A. / Kleifgen, B. / Rostampour, P. / Seeling, C. / Züchner, I. (2003): Diplom-Pädagogen in Deutschland. Survey 2001. Weinheim und München: Juventa Verlag.

Krüger, H.-H. / Rauschenbach, T. (2004), (Hrsg.): Pädagogen in Studium und Beruf. Empirische Bilanzen und Zukunftsperspektiven. Wiesbaden: VS Verlag für Sozialwissenschaften.

Lenzen, D. (1997): Lebenslauf oder Humanontogenese? Vom Erziehungssystem zum kurativen System- von der Erziehungswissenschaft zur Humanvitologie. In: Lenzen, D. / Luhmann, N. (1997), (Hrsg.): Bildung und Weiterbildung im Erziehungssystem. Lebenslauf und Humanontogenese als Medium und Form. Frankfurt am Main: Suhkamp Verlag, S.228-247.

Lenzen, D. / Luhmann, N. (1997), (Hrsg.): Bildung und Weiterbildung im Erziehungssystem. Lebenslauf und Humanontogenese als Medium und Form. Frankfurt am Main: Suhkamp Verlag.

Luhmann, N. (1997): Erziehung als Formung des Lebenslaufs. In: Lenzen, D. / Luhmann, N. (1997), (Hrsg.): Bildung und Weiterbildung im Erziehungssystem. Lebenslauf und Humanontogenese als Medium und Form. Frankfurt am Main: Suhkamp Verlag, S.11-29.

Menn, B. (2005): Pädagogikunterricht in der Sekundarstufe I. Bd. 15 der Reihe Didactica Nova. Baltmannsweiler: Schneider Verlag.

MSW (2013a), (Ministerium für Schule und Weiterbildung des Landes Nordrhein-Westfalen): Kernlehrplan für die Sekundarstufe II. Gymnasium/Gesamtschule in Nordrhein-Westfalen. Erziehungswissenschaft (Entwurf. Verbändebeteiligung: 17.03.2013). www.standardsicherung.schulministerium.nrw.de/lehrplaene/upload/klp_SII/GOSt_Erziehungswissenschaft_2013-03-17_Verbaendebeteiligung.pdf [Abruf: 01.04.2013].

MSW (2013b), (Hrsg.), (Ministerium für Schule und Weiterbildung des Landes Nordrhein-Westfalen): Erziehungswissenschaft. Kernlehrplan für die Sekundarstufe II. Gymnasium/Gesamtschule in Nordrhein-Westfalen. 1. Auflage. Düsseldorf. http://www.standardsicherung.schulministerium.nrw.de/lehrplaene/upload/klp_SII/pa/GOSt_Erziehungswissenschaft_Endfassung2.pdf [Abruf: 12.03.2014].

MSWWF (1999), (Ministerium für Schule und Weiterbildung, Wissenschaft und Forschung des Landes Nordrhein-Westfalen): Erziehungswissenschaft. Richtlinien und Lehrpläne. Sekundarstufe II. Gymnasium / Gesamtschule. Frechen: Ritterbach Verlag.

Otto, H.-U. / Rauschenbach, T. / Vogel, P. (2002), (Hrsg.): Erziehungswissenschaft: Arbeitsmarkt und Beruf. Opladen: Leske + Budrich.

Röken, G. (2009): Pädagogikunterricht reloaded. Vorüberlegungen zu einem pädagogisch durchdrungenen und pädagogisch identifizierbaren Pädagogikunterricht oder: die Notwendigkeit des paradigmatischen Perspektivwechsels in der Realität des erziehungswissenschaftlichen Unterrichts. (Eine Darstellung in zehn Statements). In: Pädagogikunterricht 29(2009) 2/3, S.12-18. (Veröffentlichung des Vortrages auf der Jahrestagung der Fachleiterinnen und Fachleiter für das Fach Erziehungswissenschaft in Westfalen am 18.03.2009 in Münster).

Schützenmeister, J. (2007): Allgemeine Erziehungswissenschaft und Fachdidaktik Pädagogik. Defizite und Entwicklungsperspektiven. In: Pädagogikunterricht 27(2007)4, S.2-12.

Schützenmeister, J. (2008a): Pädagogische Berufe. Ein Modell zu ihrer systematischen Analyse und zur Berufsorientierung im pädagogischen Beschäftigungssektor. Hamburg: Verlag Dr. Kovac.

Schützenmeister, J. (2008b): Berufspropädeutik des erziehungswissenschaftlichen Unterrichts? Ergebnisse einer Schülerbefragung. In: Pädagogikunterricht 28(2008)4, S.19-30.

Schützenmeister, J. (2009): Berufspropädeutik in der allgemeinbildenden gymnasialen Oberstufe – Eine Entwicklungsstrategie zur Annäherung allgemeiner und beruflicher Bildungsgänge sowie Konturen eines berufspropädeutischen Pädagogikunterrichts. In: ders. (Hrsg.): Zeitgemäße pädagogische Bildung. Beiträge zur Entwicklung und zum Studium der Fachdidaktik Pädagogik. Bd. 17 der Reihe Didactica Nova. Baltmannsweiler: Schneider Verlag, S.201-236.

Schützenmeister, J. (2011a): Schülerinteressen und Pädagogikunterricht. Ein Beitrag zur Interessenforschung und zur Fachdidaktik Pädagogik. Aachen: Shaker Verlag.

Schützenmeister, J. (2011b): Anregungen zur Vermittlung des Themas „bildungstheoretische Perspektiven nach PISA". In: Pädagogikunterricht 31(2011)2/3, S.17-27.

Schützenmeister, J. (2012): Interkulturelle Pädagogik im Pädagogikunterricht. In: Fürstenau, S. (2012), (Hrsg.): Interkulturelle Pädagogik und Sprachliche Bildung. Herausforderungen für die Lehrerbildung. Wiesbaden: Springer VS, S.183-199.

Schützenmeister, J. / Buschmann, R. (2009): Interessen und Orientierungen von Schülerinnen und Schülern des Unterrichtsfaches Erziehungswissenschaft. In: Pädagogikunterricht 29(2009)1, S.20-29.

Schützenmeister, J. / Wortmann, E. (2014): Die pädagogische Perspektive und die pädagogische Profilierung des Pädagogikunterrichts. In: Bolle, R. / Schützenmeister, J. (2013), (Hrsg.): Die pädagogische Perspektive. Anstöße zur Bestimmung pädagogischer Bildung und zur Profilierung des Pädagogikunterrichts. Baltmannsweiler: Schneider Verlag. (in diesem Band)

Stiller, E. (2001): Zur methodischen Erschließung der Erziehungswirklichkeit – Vorschläge für ein methodisches Spiralcurriculum. In: Gesper, G. / Lehmann, U. / Remmert, C.A. / Thiem, W. (2001), (Hrsg.): Methoden im Pädagogikunterricht – gemeinsames Werkzeug von Lehrern und Schülern. Bd.9 der Reihe Didactica Nova. Baltmannsweiler: Schneider Verlag, S.32-56.

Wigger, L. (1996): Die aktuelle Kontroverse um die Allgemeine Pädagogik. Eine Auseinandersetzung mit ihren Kritikern. In: Zeitschrift für Pädagogik 42(1996)6, S.915-931.

Wigger, L. (2002): Ein Neubeginn der Allgemeinen Erziehungswissenschaft. In: Zeitschrift für Erziehungswissenschaft, 5.Jg., Beiheft 1, S.5-8.

Wortmann, E. (1999): Verantwortung und Methode im wissenschaftspropädeutischen Pädagogikunterricht. Bochum: projekt verlag.

Zinnecker, J. (1997): Sorgende Beziehungen zwischen Generationen im Lebenslauf. Vorschläge zur Novellierung des pädagogischen Codes. In: Lenzen, D. / Luhmann, N. (1997), (Hrsg.): Bildung und Weiterbildung im Erziehungssystem. Lebenslauf und Humanontogenese als Medium und Form. Frankfurt am Main: Suhkamp Verlag, S.199-227.

ECKEHARDT KNÖPFEL

Pädagogik – das Bildungsfach
Bildungsfinalität als didaktische Kategorie

„Hat das Fach Pädagogik unter dem ersten Gesichtspunkt betrachtet die Aufgabe, zusammenzufassen, was in verschiedenen Fächern verstreut an Einzelaspekten zum Thema Bildung zu finden ist, so erhält das Fach unter dem zweiten Gesichtspunkt betrachtet eine besondere subsidiäre Aufgabe: im letzten Teil des gesamten Bildungsganges, dessen besondere pädagogische Aufgabe *gezielte Überleitung von Fremd- zu Selbstbildung* sein muß, sollen über gezielte Problematisierungen geeignete Interessen und Motivationen entwickelt werden, die der jetzt beginnenden Selbstbildung Fundament und Richtung geben können.“ (Knöpfel 2013a, 112)

Der Bonner Erziehungswissenschaftler E. E. Geißler hat in den 70er Jahren zwei Manuskripte zur Fachdidaktik des Pädagogikunterrichts erstellt. Das erste aus dem Jahr 1973 trägt den Titel „Pädagogik als Lehrfach“. Die erweitere Form aus dem Jahr 1975 hat denselben Titel mit der Unterschrift „Handbuch zur didaktischen Analyse des Faches, seiner Lernziele und Inhalte“. Beide Texte hat Geißler nicht veröffentlicht. Erst 2013 sind sie als Band 20 in der Reihe Didactica Nova - Arbeiten zur Didaktik und Methodik des Pädagogikunterrichts - erschienen. Im Rahmen von Geißlers Ausführungen spielt der Bildungsbegriff in doppeltem Sinn eine zentrale Rolle. Deswegen ist es berechtigt, seine Fachdidaktik als bildungstheoretische zu kennzeichnen.
Geißler hat dem Unterrichtsfach in seiner Fachdidaktik eine Bedeutsamkeit zugeschrieben, die weit über den Wahlpflichtbereich mit seinen fakultativen Möglichkeiten hinausgeht. Pädagogik wird wegen seiner Bildungsbedeutung als Pflichtfach für jeden gymnasialen Ausbildungsgang gefordert. Pädagogik muss mehr sein als ein Unterrichtsprinzip aller Fächer, es muss u.a. wegen seiner Überleitungsfunktion zum obligatorischen Unterrichtsfach werden.

Bildungsfinalität: Von der Fremd- zur Selbstbildung

Folgt man den fachdidaktischen Vorstellungen E. E. Geißlers, dann gehört die Anbahnung von Bildungsfinalität zu den zentralen Aufgaben des Pädagogikunterrichts. Geißler meint damit jenen integrativen Vorgang, der die Bildungserträge der verschiedenen Fächer zusammenfasst und für den Schüler so aufbereitet, dass sich für ihn die Bildungsaufgabe stellt. Ziel dieses Integrationsvorgangs ist die Überleitung von der Fremd- zur Selbstbildung. Edukative Integration ist daher ein Kernan-

liegen im fachdidaktischen Konzept Geißlers. Aus diesem Grund ist für ihn Pädagogik das Bildungsfach schlechthin.
Der Überleitungsvorgang von der Fremd- zur Selbstbildung soll unter der Bezeichnung Erlangung von Bildungsfinalität zusammengefasst werden. Unter Bildungsfinalität wird jener Zusammenhang verstanden, der es dem Subjekt ermöglicht, die verstreuten Bildungsbemühungen einzelner Unterrichtsfächer als edukativen Ertrag zu generieren und darüber hinaus die unterschiedlichsten bildungsbedeutsamen sozialisatorischen Einflüsse zu einem vorläufigen Bildungsabschluss zu runden; das dadurch gewonnene Selbst- und Weltverständnis ist nicht zu verwechseln mit dem formalen Bildungsabschluss, den einzelne Bildungsinstitutionen am Ende einer Schullaufbahn vergeben. Denn bei der Vergabe von institutionellen Bildungsabschlüssen wird im Einzelfall nicht sichergestellt, dass Bildungsfinalität erreicht wurde. Festgestellt wird allein, ob fächerbezogen die Summe der Einzelleistungen den behördlich vorgegebenen Forderungen entspricht. Das deckt sich aber nur selten mit den fachlichen Referenzvorgaben für Bildungsfinalität. Das Erreichen von Bildungsfinalität kann nur dann angenommen werden, wenn beim Einzelnen die Überleitung zu einem selbstständigen Sich-selber-bilden-wollen stattgefunden hat. Wegen der edukativen Streuung und Diffusion im Lern- und Lebensalltag weist Geißler, um den Erfolg sicherer zu machen, dem überleitenden Vorgang im Schulganzen einen bestimmten Ort zu. Dieser Ort der bildungsfinalen Bündelung ist bei ihm der Pädagogikunterricht. Geißler begründet dies vor allem mit der inhaltlichen Vorrangstellung, die der Bildungsbegriff in diesem Fach besitzt. Diese Überlegung wird durch den gerade erschienen Kernlehrplan Gymnasium/Gesamtschule für Nordrhein-Westfalen nachdrücklich unterstrichen; im Inhaltsfeld 1 wird die unterrichtliche Bearbeitung von Bildungs- und Erziehungsprozessen obligatorisch vorgegeben (vgl. MSW NRW 2013).

Überleitung durch Bildungsintegration

Die inhaltliche Bestimmung von Geißlers Opus ist zusammenfassend am ehesten durch die subsidiäre Überleitungsfunktion des Faches als eines integrativ-edukativen Moments zu fassen. Der Begriff „edukativ“ markiert dabei die bildungstheoretische Fundierung seines Ansatzes. Das unterscheidet ihn auch von anderen Fachdidaktiken wie z.B. der von Beyer oder Stiller, die ihr fachdidaktisches Konstrukt eher vom Erziehungsgedanken aus explizieren. Geißler begreift Bildung als anthropo-ontologische Kategorie, die in ihrem Bestand und ihrer Entwicklung vom Menschen selber abhängig ist. Bildung als Konstituens des In-der-Welt-Seins rückt Geißlers Anthropologie in die Nähe der Fundamentalontologie Heideggers, ohne sich seines Ansatzes in der Gänze bemächtigen zu wollen. Seinen Bildungsbegriff grundlegend generiert Geißler didaktisch-reduktiv drei Globalzielsetzungen für das Fach (a. Ausbildung von Erziehungskompetenz; b. Ausbildung von bildungspolitischer Entscheidungskompetenz und c. die Überleitung des Schülers von der Fremdbildung zur Selbstbildung). Voraussetzung für das Gelingen der Überleitungsfunktion im Pädagogikunterrichts ist die Integrationsfunktion, die wiederum einen komplementären Vorgang voraussetzt, indem sich beim Schüler die ihm im Unterricht bewusst gemachten Bildungsvorgänge internalisieren und damit persönlichkeitsstrukturell festigen können. Darin besteht die besondere Aufgabe des Pädagogikunterrichts. Mit diesem Modell ermöglicht Geißler eine Antwort auf die bislang ungelöste Frage der Bildungstheorie, unter welchen Bedingungen Bildung freigesetzt, also Bildungsfinalität erreicht, werden kann.

Das Theorem von der Bildungsfinalität

Geißlers dritte Globalzielsetzung, sein Theorem von der Bildungsfinalität, macht er bindend für jeden Pädagogikunterricht in der Sekundarstufe II, sowohl im allgemein- als auch im berufsbildenden Bereich. Mit dieser Zuschreibung gewinnt das Fach einen Bedeutungsgehalt, der weit über die bisher gültigen Maßgaben eines Unterrichtsprinzips hinausgehen; seine unbedingte Forderung lautet deshalb: Pädagogik muss obligatorisches Unterrichtsfach werden. Bei Geißler wird Bildung – und im Gefolge Bildungsfinalität - nicht nur zur didaktischen Kategorie und Pädagogik zum Bildungsfach schlechthin, er erhebt Bildung – anders als in allen Zielkatalogen vor und nach ihm – zur fachdidaktischen Zentralvokabel. Darin besteht sein Verdienst, dass er den finalen edukativen Aspekt im Globalzielbereich des Faches angesiedelt hat. Auf diese Weise will er seine Dominanz nachhaltig sichern. Beyers Forderung nach dem „Gelingen von Erziehungspraxis" aber auch Stiller Ruf nach einer „Stärkung des Subjekts" haben eine primär paideutische oder pädagogische Ausrichtung; eine edukativ Bestimmung im Sinne der Entfaltung von Bildungsbedeutung und der Anbahnung von Bildungsfinalität als Zentrum der Fachdidaktik beschreibt das Proprium im fachdidaktischen Denken E.E. Geißlers.

Zur Bedeutung von Geißlers integrativ-edukativem Ansatz

Die Bedeutung von Geißlers Entwurf wird am ehesten sichtbar durch seine bildungstheoretisch fundierte, integrativ-edukative Auslegung des Faches. Seine Grundfrage lautet: Wie kann es beim einzelnen Schüler zum Bildungserlebnis kommen? Geißler setzt in diesem Zusammenhang nicht auf edukationale Zufälligkeiten im fachunterrichtlichen Geschehen, nicht auf funktionalistische Aspekte wie die mögliche Selbstregulation hinsichtlich des Bildungsgeschehens beim Schüler. Er beschränkt sich auch nicht auf Teilaspekte wie Klafki sie mit seinem Konzept des „Unterrichts über den Unterricht" vorschlägt. Geißler verfolgt im Zielbereich der Selbstbildung entschieden das Moment des Komplementären. Diese Akzentsetzung ist erstmalig bei Geißler zu finden und in der Folge auch nicht wiederverwandt worden. Geißler beschreibt – ohne den Begriff selbst zu verwenden – den Bildungsweg als Erlangung eines edukationalen Vollkreises. Dieser besteht aus den beiden Energiehälften, aus Lehrerwissen und Schülerwissen, Lehrererkenntnissen und Schülererkenntnissen, aus Lehrerhandeln und Schülerhandeln. So ergibt sich im Pädagogikunterricht, eo ipso, über die materialen und formalen curricularen Vorgaben des Faches das edukationale Komplement. Komplementarität als Generierung des Bildungsvorgangs gehört für Geißler im Pädagogikunterricht deswegen zum Unbedingten und Selbstverständlichen. Durch diese Überlegungen bestimmt sich die Besonderheit des Modells von Geißler. Daher ist das Unterrichtsfach wie kein anderes geeignet, den Prozess der Bildungsintegration zu bewerkstelligen und beim Schüler das finale Bildungserlebnis zu bewirken. Ob die Bildungswirkung der anderen Fächer vom Lernenden als solche erkannt wird, hängt in einem großen Maße davon ab, „ob der Lernende sie selber als einen wichtigen Teil seiner eigenen Bildung erkennt." (Knöpfel 2013a, 113) Hier gewinnt der Pädagogikunterricht seine besondere Bedeutung. Stellt es doch die Voraussetzungen zur Verfügung, um den bildungsintegrativen Prozess einzuleiten und die Überleitung von der Fremd- zur selbständigen Selbstbildung möglich zu machen. Freilich ist Geißler Realist genug, diese komplementär-edukationale Position als Ziellage zu beschreiben. Er weiß, dass Bildung als anthropologisch notwendige zugleich eine unverfügbare Größe ist. Und dennoch ist er hoffnungsvoll, dass integrativ-edukative Prozesse den Schüler zur Bildungsfinalität führen. Grund dafür sind die komplementären Leistungen des Bildungsfaches Pädagogik. Dass der Begriff Bildungsfinalität keinen Abschluss im Sinne von Endgültigkeit markiert, ja markieren kann, ergibt sich schon aus einem Bildungsverständnis, welches ein lebenslanges „Sich-selber-bilden-Wollen" voraussetzt.

Kritische Bemerkungen zu Geißlers Konzept

Kritische Einlassungen ergeben sich vor allem hinsichtlich des Verhältnisses von didaktischem Konstrukt und dessen curricularer Konkretion. In der Relationierung beider entsteht ein doppeltes Missverhältnis: Einerseits durch die allzu knappen, für die Unterrichtskonstruktion wenig aussagekräftigen inhaltlichen Vorschläge und andererseits wegen der fehlenden Funktionalität dieser Vorgaben hinsichtlich der im Didaktikteil vorgezeichneten Globalziele. Befremdlich erscheint die unentschiedene Einbeziehung von fachlichen bzw. bildungspolitischen Vorschlägen bzw. Vorgaben, wie z.B. die Stufenlehrergesetzgebung oder die Curriculumreform Robinsohns. Beide Vorhaben werden von Geißler aus grundsätzlichen Erwägungen abgelehnt, dennoch nimmt er sie in seiner Konstruktion begrifflich immer wieder auf. Insgesamt ist die Bedeutung der Fachdidaktik Geißler für den Pädagogikunterricht erheblich. Geißler Zielsetzungen erweitern das intentionale Spektrum des

Faches und binden neben dem Paideutischen das Edukationale entscheidend mit ein und macht es zum didaktischen Spitzenwert des Faches. In der Konsequenz gewinnt der Pädagogikunterricht gesamtschulisch eine Bedeutung, die weit über den Status eines Wahlpflichtfaches hinausgeht. Geißler ist der Überzeugung, dass ohne die bildungsintegrativen Anstrengungen der Schule Bildungsfinalität nur schwer angebahnt werden kann. Das ist der Grund dafür. warum für Geißler Pädagogik das Bildungsfach ist.

Bildungsfinalität – eine didaktische Kategorie?

Ohne Zweifel ist für Geißler Bildungsfinalität eine wichtige, wenn nicht die wichtigste fachdidaktische Kategorie. Die Ermöglichung von Bildungsfinalität beschreibt ein zentrales Ziel des Unterrichtsfaches Pädagogik. Durch diese Maßgabe wird vorgegeben, wie sich die Redaktionsvorgänge im Fach organisieren lassen, wie Distanzbeschreibungen und Kooperationsmöglichkeiten mit allen anderen Fächern zu gestalten sind und wie die curricularen Konstruktion des Lehrfachs Pädagogik zu organisieren ist. Auf diese Weise gewinnt Pädagogik als Lehrfach eine Supportfunktion für alle Fächer und gibt eine Antwort auf die bislang unbeantwortete Frage nach dem Zustandekommen und dem „Abschluss" des Bildungsvorgangs.

Literatur

Beyer, K.: *Handlungspropädeutischer Pädagogikunterricht. Eine Fachdidaktik auf allgemeindidaktischer Grundlage. Teil I - Aufgaben, Prinzipien und Lernziele*, (=Didactica Nova Bd.2) Hohengehren 1997 (1997a)

Beyer, K. (Hg.): *Grundlagen der Fachdidaktik Pädagogik. Studientexte zum fachdidaktischen Anteil der Lehrerbildung im Fach Pädagogik,* (=Didactica Nova Bd.8) Hohengehren 2000

MSW NRW (Ministerium für Schule und Weiterbildung des Landes Nordrhein-Westfalen), (Hg.): *Kernlehrplan für die Sekundarstufe II – Gymnasium / Gesamtschule in Nordrhein-Westfalen*, Düsseldorf 2013

Knöpfel, Eckehardt (Hg.): *E.E. Geißlers integrativ-edukative Fachdidaktik des Pädagogikunterrichts. Teil 1: Rekonstruktion der Manuskripte* (=Didactica Nova Band 20), Hohengehren 2013 (2013a)

Knöpfel, Eckehardt: *E.E. Geißlers integrativ-edukative Fachdidaktik des Pädagogikunterrichts. Teil 2: Darstellung – Einordnung-Kritik* (=Didactica Nova Band 21), Hohengehren 2013 (2013b)

Stiller, E.: *Dialogische Fachdidaktik Pädagogik. Neue didaktische und methodische Impulse für den Pädagogikunterricht*, Bd.1 Paderborn 1997

Autoren

Prof. Dr. Dr. h.c. mult. Dietrich Benner, Humboldt-Universität zu Berlin. Forschungsschwerpunkte: Allgemeine Pädagogik und Systematische Erziehungswissenschaft; Theorien der Erziehung, der Bildung und der pädagogischen Institutionen; Theoriegeschichte der Erziehungswissenschaft und der Reformpädagogik; Allgemeine Didaktik, Lehrplan- und Schultheorie; Bildungs- und Kompetenzforschung im Bereich von Ethik und Moral, Theologie und Religion.

Prof. Dr. Armin Bernhard, Professor für Allgemeine Pädagogik am Institut für Pädagogik der Universität Duisburg-Essen, Campus Essen. Schwerpunkte: Erziehungs- und Bildungstheorie, Geschichte und Theorie Kritischer Pädagogik, Demokratische Reformpädagogik, Analyse und Kritik neoliberaler Bildungspolitik.

Prof. Dr. Klaus Beyer, Studienprof. für Erziehungswissenschaft an der Universität zu Köln von 1975 bis 2007, Lehr- und Forschungstätigkeit mit den Schwerpunkten Schulpädagogik, Allgemeine Didaktik und Fachdidaktik Pädagogik. Ehrenvorsitzender der Gesellschaft für Fachdidaktik Pädagogik (GFDP).

Dipl.-Päd. Nicole Börner ist wissenschaftliche Mitarbeiterin im Forschungsverbund DJI/TU Dortmund an der Fakultät für Erziehungswissenschaft und Soziologie der TU Dortmund. Ihre Arbeitsschwerpunkte sind Ganztagsschule und Familie.

Prof. Dr. Rainer Bolle ist seit 2002 Vertreter einer wissenschaftlichen Allgemeinen Pädagogik an der Pädagogischen Hochschule Karlsruhe. Schwerpunkt seiner Arbeit ist die Eruierung einer Akademisierungs- und Professionalisierungsperspektive im Schulischen Lehramt auf der Grundlage und in der Tradition klassischer Pädagogik und Bildungstheorien.
Weitere Schwerpunkte liegen im sehr engen Anschluss daran in einer bildungstheoretischen Verzahnung von Studium und Portfolio Schulpraktischer Studien.
Darüber hinaus stehen Verbindungen zwischen Pädagogik und Religionspädagogik und zur Individualpsychologie Alfred Adlers im Fokus von Forschung und Lehre.

Prof. Dr. Friedhelm Brüggen lehrt Erziehungswissenschaft am Institut für Erziehungswissenschaft der Universität Münster. Zu seinen Arbeitsbereichen gehören Allgemeine und historische Erziehungswissenschaft, Theorie der Erziehung und der Bildung, Wissenschaftstheorie der Erziehungswissenschaft sowie Allgemeine Didaktik.

Dr. Claudia Equit ist Erziehungswissenschaftlerin und vertritt an der Fernuniversität Hagen das Lehrgebiet der Allgemeinen Bildungswissenschaft. Arbeitsschwerpunkte sind u.a. qualitative Bildungsforschung, Anerkennung und Bildung in der

Lebensphase Jugend, ausgewählte Aspekte der Geschlechtersozialisation, Partizipation von Kindern und Jugendlichen in institutionellen Kontexten. Darüber hinaus arbeitet sie an einem Forschungsprojekt zur Beteiligung von Kindern und Jugendlichen, die in Heimen leben.

Dipl.-Päd. Monika Gesell ist Lehrerin für Erziehungswissenschaft und Sozialwissenschaften an einem Gymnasium.

Fred Heindrihof arbeitet an der Gesamtschule Waltrop und ist Lehrer und Fachberater bei der Bezirksregierung Münster für das Fach Erziehungswissenschaft. Er führt darüber hinaus Fortbildungen für Fachlehrer/innen des Faches durch.

Mag. Dr. phil. Eckehardt Knöpfel arbeitete bis 2011 als Lehrer am Gymnasium und als Fachleiter für Erziehungswissenschaft und Evangelische Religionslehre am Studienseminar Oberhausen und als Fachberater für Erziehungswissenschaft bei der Bezirksregierung Düsseldorf; Lehraufträge für Didaktik an den Universitäten Duisburg-Essen und Potsdam. Berufung in Lehrplankommissionen verschiedener Bundesländer; Vorsitzender des Verbandes der Pädagogiklehrer/innen (VdP) von 1995 bis 2005; Mitherausgeber der Zeitschrift Pädagogikunterricht, Schulbuchautor und Reihenherausgeber „Didactica Nova" und „Propädix".

Prof. Dr. Volker Ladenthin, Professor für Historische und Systematische Erziehungswissenschaft an der Rheinischen Friedrich-Wilhelms Universität Bonn, Forschungstätigkeiten zur Werterziehung, Theorie der Schule und Schulorganisation, zum Internat, zum Homeschooling, Herausgebertätigkeiten, u.a. Mitherausgeber der „Vierteljahresschrift für wissenschaftliche Pädagogik".

Dr. Barbara Platzer, Technische Universität Dortmund, Institut für Allgemeine Erziehungswissenschaft und Berufspädagogik. Schwerpunkte: Erziehungs- und Bildungsphilosophie, Sprachtheorie, pädagogische Ethik, Forschung zu Konzepten der Sichtbarkeit im pädagogischen Kontext.

Dr. Gernod Röken, Lehrbeauftragter am Institut für Erziehungswissenschaft der Westfälischen Wilhelms-Universität Münster und am Institut für Politische Wissenschaften der Leibniz-Universität Hannover, Fachdezernent für Erziehungswissenschaft für Westfalen, Dezernent für Politische Bildung bei der Bezirksregierung Münster.

Prof. Dr. Jörn Schützenmeister ist Erziehungswissenschaftler und arbeitet an der Westfälischen Wilhelms-Universität Münster mit dem Schwerpunkt Fachdidaktik Pädagogik. Zu seinen aktuellen Projekten zählen die didaktische Konzeptualisierung eines berufspropädeutischen Fachunterrichts unter besonderer Berücksichtigung des Pädagogikunterrichts, die Erforschung pädagogischer Schülerinteressen und die Entwicklung von Optionen zu deren Förderung sowie die zeitgemäße thematische Profilierung des Pädagogikunterrichts unter pädagogischer Perspektive. Er beschäftigt sich zudem mit Fragen der Professionalisierung und Polyvalenz des Lehrerberufs und der Lehrerausbildung.

Prof. Dr. Lothar Wigger ist Erziehungswissenschaftler und arbeitet seit 2000 an der TU Dortmund als Professor für Allgemeine Erziehungswissenschaft. Seine Arbeitsschwerpunkte sind die allgemeinen Theorien von Erziehung und Bildung, philosophische Grundlagenfragen wie Anerkennung, Gerechtigkeit und Normbegründung, und vor allem die Verbindung von klassischen Bildungstheorien mit qualitativ empirischer Forschung in Hinblick auf die Erforschung von Jugendlichen mit Schulproblemen und in schwierigen Lebenslagen. Er beschäftigt sich auch mit der Analyse von aktuellen Problemen und Programmen der Bildungspolitik, u.a. im Vergleich mit Japan, und mit Fragen der Allgemeinen Didaktik.

Dr. Elmar Wortmann ist Fachleiter am Zentrum für schulpraktische Lehrerbildung in Dortmund, Fachberater bei der Bezirksregierung in Arnsberg und Vorsitzender des Verbandes der Pädagogiklehrer (VdP). Seine Veröffentlichungen beschäftigen sich vor allem mit Fragen der Wissenschaftspropädeutik und Kompetenzorientierung im Pädagogikunterricht sowie Konzepten zu seiner bildungstheoretischen Profilierung. Er ist Mitherausgeber und –autor des Lehrwerks „Perspektive Pädagogik“ (Klett-Verlag).